번암집

한국고전번역원 한국문집번역총서

번암집 14

樊巖集

채제공 지음
蔡濟恭

전백찬 옮김
정문채
김정기

일러두기

1. 이 책의 번역 대본은 한국고전번역원에서 간행한 한국문집총간 235~236집 소재 《번암집(樊巖集)》으로 하였다. 번역 대본의 원문 텍스트와 원문 이미지는 한국고전종합DB(http://db.itkc.or.kr)에서 확인할 수 있다.
2. 역주는 내용이 간단하면 간주(間註)로, 길면 각주(脚註)로 처리하였다.
3. 한자는 필요한 경우 이해를 돕기 위하여 넣었으며, 운문(韻文)은 원문을 병기하였다.
4. 문장 부호는 '한글 맞춤법'에 규정된 용법을 따랐으며, 그 밖에 새로 만들거나 용법을 달리하여 사용한 부호는 다음과 같다.

   「 」: ' ' 안의 재인용을 나타낼 때 사용한다.

   『 』: 「 」 안의 재인용을 나타낼 때 사용한다.

   《 》: 책명 및 각주의 전거(典據)를 나타낼 때 사용한다.

   〈 〉: 편명, 작품명, 논문 제목을 나타낼 때 사용한다.

   …… : 번역문에서 원문의 '云云'을 처리할 때, 각주에서 긴 인용문을 처리할 때, 각주의 표제어가 네 어절 이상일 경우 생략되는 말을 처리할 때 사용한다.

   - - : 본문에서 소자(小字) 원문 주(註)의 처음과 끝에 사용한다.

차례

번암집 제55권

번암집 제56권

발 跋

번암집 제57권

비 碑

번암집 제58권

명 銘

송 頌

찬 贊

반교문 頒教文

전 箋

번암집 제59권

번암집

제54권

묘지명 墓誌銘

묘표 墓表

묘지명 墓誌銘

통정대부 승정원우승지 겸 경연참찬관 춘추관수찬관 석북 신공 묘지명

通政大夫承政院右承旨兼經筵參贊官春秋館修撰官石北申公墓誌銘

내가 한번은 승상(陞庠)[1]을 시행하는 자리에 나가 참여한 적이 있었는데, 당시는 내가 어릴 때여서 문필에 종사하는 일세의 선비들을 경시하였다. 그러나 유독 신군 성연(申君聖淵)은 홰나무 그늘 아래 있으면서 날이 저물어 갈 때에야 비로소 붓을 휘둘러 구기(口氣)[2]를 토해 냈는데 나는 일찍이 위축되어 늘 양보하는 뜻이 있었으니, 신성연은 참으로 외우(畏友)이다. 군은 문장으로 이름이 나서 명성이 일국에 자자하였다. 그러나 운명이 기구하여 39세에 진사가 되고 50세에 음관으로 관계

1 승상(陞庠) : 성균관 대사성이 사부 학당(四部學堂)의 유생(儒生) 가운데 15세가 된 이들을 대상으로 매년 10월에 시부(詩賦)로 시험을 보여 성적이 우수한 사람을 성균관 기재(成均館寄齋)에 입학시키는 제도로, 여기에 합격한 이들은 생원, 진사로 구성되는 상재생(上齋生)과 별도로 하재생(下齋生)이 되었는데, 비록 정규 학생은 아니었으나 성균관 유생의 모든 특권을 누렸다. 승상 과시(陞庠課試) 혹은 승보시(陞補試)라고도 한다.

2 구기(口氣) : 입에서 뿜어내는 숨이나 기운으로, 여기서는 문장의 기운을 가리키는 말로 보인다.

에 진출하였으니, 재능 있는 선비를 예우하는 마땅한 도리가 아니다.

공이 여가가 있을 때 나를 찾아왔는데, 눌러쓴 청빈한 갓에 가려진 맑은 눈동자와 시원한 눈썹에 쓸쓸하게 불평한 기색이 있는 것을 보니 내 마음에 연민의 정이 생겼다. 문득 술을 권하자 한 잔을 다 마시기도 전에 두 볼에는 이미 희미하게 홍조가 돌았는데 음성이 이에 씩씩하게 펴지면서 근래 지은 오언시와 칠언시를 읊고 간간이 해학을 섞어 가며 마치 곁에 사람이 없는 듯이 호탕하게 이야기하였다. 나는 다시 그 지기(志氣)가 오히려 예스러움을 기뻐하면서도 위에 있는 사람들이 군을 등용할 줄 모르는 것을 탄식하지 않은 적이 없었다.

영조 48년 임진년(1772) 봄에 군은 기로과(耆老科)에 장원으로 발탁되었으니 당시 61세였다. 대신들이 문장에 능한 선비를 얻었다고 서로 경하하자 상이 매우 기뻐하여 바로 통정대부의 품계로 올리고 3일 후에 곧바로 우승지에 제수하였으니, 이로부터 은총이 곡진해져서 아침저녁으로 품계를 올려 등용할 것만 같았다. 그러나 결국 64세로 세상을 떠나고 말았으니, 오호라, 운명이 그러하였나 보다.

군의 선세(先世)는 고령(高靈) 사람이다. 11대조 암헌(巖軒) 선생 휘(諱) 장(檣)은 세종을 섬겨서 관직이 집현전 대제학(集賢殿大提學)에 이르렀다. 이분이 휘 중주(仲舟)[3]를 낳았으니, 단종(端宗)이 왕위를 손위했을 때 지순창군사(知淳昌郡事)로 있다가 관직을 버리고 동생 귀래공(歸來公) 말주(末舟)[4]와 함께 순창에 머물러 살았다. 4대를 내

3 중주(仲舟) : 신중주(申仲舟, ?~1456)로, 본관은 고령이다. 증조는 신덕린(申德麟), 조부는 공조 참의 신포시(申包翅), 부친은 공조 참판 신장(申檣)이고, 영의정을 지낸 신숙주(申叔舟)의 형이다.

려와 증(贈) 이조 참판 휘 영원(永源)에 이르러 비로소 호서(湖西)의 한산(韓山)에 살았다.

군은 자질과 성품이 매우 영특하고 총명하였다. 5, 6세 무렵부터 독서에 각고의 노력을 기울이지는 않았지만 책을 읽고 기억을 잘하였으니, 장로(長老)들이 고실(故實)을 고증할 때 혹 의심나는 곳이 있으면 군이 더벅머리의 어린 나이로 그 곁에 있다가 문득 "그 일은 아무 책 몇 권 몇 판(板)에 있습니다."라고 대답하였는데, 고증한 것이 조금도 차이가 나지 않으니 장로들이 크게 놀라고 기특하게 여겼다. 장성해서는 고문사(古文詞)를 힘써 공부하여 일찍이 좌구명(左丘明)과 사마천(司馬遷)의 글을 즐겨 읽었는데 시에 더욱 뛰어났다. 뛰어난 작품은 이당(李唐 당나라)의 시풍을 계승하였고 비록 하승(下乘)에 속하는 작품이라도 창엄(滄弇)[5]을 능가하고자 하였으니, 대체로 힘써 동방의 말을 버리지 않아도 고문(古文)에서 벗어나지 않았다. 하정(苄亭) 이덕주(李德胄)[6]는 은거하였지만 문장으로 드러난 사람인데, 한번 군의 시

4 말주(末舟) : 신말주(申末舟, 1429~1503)로, 본관은 고령, 자는 자집(子楫), 호는 귀래정(歸來亭)이다. 문충공(文忠公) 신숙주의 동생이다.

5 창엄(滄弇) : 창명(滄溟) 이반룡(李攀龍)과 엄주산인(弇州山人) 왕세정(王世貞)을 가리킨다. 이들은 명대(明代) 시문(詩文)의 성격 형성을 주도했던 후칠자(後七子)에 속하는 문인으로, 현실적 감각을 중시하는 개성적 시인들이 출현한 당대의 상황 속에서 "문장은 반드시 진・한을 따라야 하고 시는 반드시 성당을 따라야 한다.〔文必秦漢, 詩必盛唐.〕"라는 복고주의적 문학관을 제시하였다. 그러나 이 부류의 문학가들은 제재와 표현을 속박하고 모방과 답습을 위주로 하였기 때문에 독창성이 결여되었다는 평가를 받았다. 《문학비평용어사전, 2006. 1. 30. 국학자료원》

6 이덕주(李德胄) : 1696~1751. 본관은 전주(全州), 자는 직심(直心), 호는 하정이고, 이수광(李睟光)의 5대손이다.

문(詩文)을 보고 흔쾌히 웃으며 말하기를 "이 사람은 천재이다."라고 하였다. 또 국포(菊圃) 강박(姜樸)[7]은 큰 명망을 지니고 일세(一世) 인재의 고하(高下)를 논하였는데, 군의 시를 보고는 크게 놀라고 감탄하여 곧장 군의 거처에 왕림하여 매우 기뻐하고 돌아갔다.

군은 일찍이 포의(布衣)의 신분으로 관서(關西)의 범비류강(泛沸流江)을 유람한 적이 있었다. 하루는 청류벽(淸流壁) 아래에 배를 정박하였는데, 인사하기 위해 찾아온 서방(西方)의 인사(人士)들이 빈자리가 없을 정도로 많았다. 당시 관서백(關西伯) 정휘량(鄭翬良)이 군의 명성을 사모하여 저사(邸舍)로 가서 만나 보고 교유하기를 원하였으나 군은 끝내 가서 사례하지 않았으니, 그 자중(自重)함이 이와 같았다.

조정에서 그 재주를 아까워해서 천거하여 영릉 참봉(寧陵參奉)에 제수하고 의금부 도사(義禁府都事)로 천전(遷轉)하게 하였다. 얼마 뒤에 선공감 봉사(繕工監奉事)와 예빈시 직장(禮賓寺直長)으로 옮겼다가 돈녕부 주부(敦寧府主簿)로 승진하였다. 부친상을 만나 상기(喪期)를 마친 뒤에는 다시 서부 도사(西部都事)에 제수되고 외직으로 나가 연천 현감(漣川縣監)이 되었다.

다음 해에 상께서 특별히 기로과(耆老科)를 설행하였다. 당시 군은 과거 공부를 하지 않은 지 이미 17년이나 지난 상황이었지만 대부인의 명으로 인하여 억지로 몸을 일으켜 응시하였는데, 급제자를 발표할 때에는 상께서 음악을 하사하며 총애하였다. 승지가 되었을 때는 친히 '사호각(四皓閣)'이라는 세 글자를 적어 상서성(尙書省)에 게판(揭板)하라고 명하였으니, 대개 승지 4인이 모두 기로과를 통해 들어온 사람

7 강박(姜樸) : 1690~1742. 본관은 진주(晉州), 자는 자순(子淳), 호는 국포이다.

이었기 때문이다. 당시에 군의 아들 우상(禹相)이 한림(翰林)으로 상을 모시고 있었는데, 우상에게 명하여 앞으로 나오게 하고는 이르기를 "너의 아버지에게 노모가 있다고 들었다. 너에게 휴가를 내리니, 너는 너의 아버지와 함께 너의 대모(大母)를 찾아뵙도록 하라." 하였다. 또 군에게 명하기를 "내 그대를 위해 숙야(夙夜)의 직임을 체차하고 그대에게 〈양주악(楊州樂)〉을 내리니, 연천(漣川)으로 가서 그대의 어머니를 보살피라." 하였다. 얼마 지나지 않아 돈녕부 도정(敦寧府都正)에 제수되고 다시 병조 참지에 임명되었다가 참의로 천전되었는데, 일로 인하여 파직되었다가 얼마 후 다시 도정에 제수되었다. 상께서 집경당(集慶堂)에서 군을 소견(召見)하고 어머니의 나이가 얼마나 되었는지 물어본 뒤에 전교하기를 "도정 아무개는 어머니를 데리고 도성으로 오게 하라. 그런데 거처할 집이 없다고 들었으니 내가 몹시 딱하게 생각한다. 장원급제한 사람에게 집을 하사하는 중국의 고사(故事)를 준용하여 호조로 하여금 집 한 채를 매입하여 지급하게 하고, 그 어머니에게는 남종과 여종을 각각 한 명씩 내리도록 하라." 하였다. 군이 황공하여 "죽어도 감히 받지 못하겠습니다."라고 상소하여 진달하니, 상이 허락하지 않았다. 대신이 "신광수(申光洙)가 감히 받지 못하는 것은 옳은 일입니다. 차라리 고을 한 곳을 주어 편히 모친을 봉양하게 하는 것이 낫지 않겠습니까."라고 상주(上奏)하니, 상이 그 상주를 옳다 여기고 바로 순천 부사(順天府使)에 제수하였다. 길을 떠나 임지로 가던 도중에 상께서 지방관으로 나가 있는 문임 시종신(文任侍從臣)을 모두 파직한 일로 인하여 군도 파직되었는데, 뒤에 상이 깨닫고는 선부(選部)에 신칙하기를 "아무개를 파직한 것은 나의 본의가 아니었다." 하였다. 얼마 지나지 않아 영월 부사(寧越府使)에 제수되었다. 영월에 부임한 후 군은 향호(鄕豪)가 강성함을 병통으로 여겨 이정청(釐正廳)을 설치하고 민호부(民戶簿)를 열람하여 거호(巨豪)와 소민(小民)의 부세 등을 균등하게 하였으며, 포흠(逋欠) 난 환곡을 조사해 내고 포악하고 교활한 아전은 곤장을 쳐서 징계하였다. 이에 아전들은 은연중에 유감을 품었고 향호들은 신임 방백(方伯)이 부임하는 것을 기다려 방백의 귀에 유언(流言)이 들어가게 해서 마침내 포폄(褒貶)에서 중고(中考)를 맞게 하였다. 그러나 군은 태연하게 있으면서 걱정하지 않았다. 을미년(1775, 영조51) 봄에 다시 우부승지에 제수되었다. 응제 십운시(應製十韻詩)가 장원으로 뽑히자 특별히 표피(豹皮)를 하사하고 조금 뒤에 또 비단 표리(表裏)를 내리셨으니, 상이 군에게 보인 예우는 실로 세상에 드문 것이었다. 이해 4월 26일에 세상을 떠나고 6월 15일에 장사 지냈으니, 무덤은 한산(韓山) 선영의 남쪽 산등성이 해양(蟹陽)의 언덕이다.

군은 흉금이 충광(沖曠)하고 풍도가 소산(蕭散)하였다. 생업과 사소한 세속의 일에는 담박하여 마음을 두지 않았으니, 사람들은 셋집에서 곤궁하게 사는 것을 괴로워하였지만 군은 날로 그 사이에서 시를 읊으며 영욕과 득실이 무엇인지 알지 못하였다. 평소 즐기고 좋아하는 것은 없었지만 유독 당세의 문장가 6, 7인과 즐거운 마음으로 노닐었는데, 의기투합하여 형체마저 잊고 서로 함께 추중하여 고인의 풍모가 있었다. 때로 이름난 동산에서 열리는 좋은 모임에 가면 반드시 오래도록 정담을 나누었는데, 비록 낮이 다하고 밤이 되더라도 싫증을 내지 않았다.

영릉 참봉(寧陵參奉)으로 있을 때의 일이다. 영릉은 본래 여강(驪江)에 임해 있어서 산수가 매우 아름다웠으니, 날로 붕우들과 배를 띄워 창수(唱酬)하면서 늘 말하기를 "나는 여강에서 가장 기분 좋게 유람한다." 하였는데, 당시에 지은 시도 그러하였다.

금부 도사(禁府都事)로서 죄인을 잡아 탐라(耽羅)로 이송해 갈 때의 일이다. 하루에 300리 길을 말로 달리고 한나절을 배를 타고 가서 탐라부(耽羅府)에 들어갔다가 다음 날 배를 타고 순무 어사(巡撫御史)와 함께 앞뒤로 출발하였는데, 한밤중에 700리 해양에 도착하니 큰바람이 일어나 하늘은 칠흑같이 깜깜해지고 파도가 돛대 위로 10장이나 일어서 배가 별안간 표류하게 되었다. 앞에서 상선(商船) 두 척이 갑자기 부서지는 것을 보고 뱃사람들이 크게 두려워하며 울음을 터뜨리고 동료 낭관들이 공의 손을 잡고 통곡하니, 공은 천천히 말하기를 "두려워하지 말라. 죽고 사는 일은 운명에 달렸으니, 통곡한들 무슨 소용이 있겠는가." 하였다. 그러다가 동이 틀 무렵 배를 정박하니 뱃사람들이 "반드시 소주(蘇州)나 항주(杭州)일 것이다." 하였는데, 아침에 해가 뜨고 살펴보니 바로 탐라였다. 순무 어사가 군의 배가 풍랑을 만나 표류하였다고 보고하니, 그 말을 들은 사람들은 모두 대경실색하면서도 "아무개는 충성스럽고 신실한 인물이니 어찌 바다에서 죽을 사람이겠는가." 하였다. 군은 〈부해록(浮海錄)〉[8]을 지어 세상에 유행시켰으니, 군이 특별한 선비였기에 하늘이 또한 특별한 일로 군을 희롱하여 요컨대 특별한 문장으로 드러내게 하였던 것이다.

오호라, 이것이 밖으로 드러난 군의 행적이거니와, 그 순수하고 지극한 집안에서의 행실 같은 경우는 오직 지우(知友)들만 알고 있으니 사람들이 반드시 다 알지는 못할 것이다. 13세에 계모 이 부인(李夫人)

8 부해록(浮海錄) : 《석북집》 권7에 〈탐라록(耽羅錄)〉이라는 제목으로 실려 있다.

을 섬겼는데, 늙어 흰머리가 될 때까지 한결같이 효성스럽고 부지런하여 오직 이 부인의 뜻을 봉양하였다. 여러 아우와는 우애가 매우 돈독하였고, 사람을 만날 때는 충서(忠恕)에 지나친 점이 있기도 했지만 마음에 맞지 않는 일이 있으면 반드시 온화한 말로 규계(規戒)하였다.

군의 휘는 광수(光洙)이고, 자는 성연(聖淵)이며, 호는 석북(石北)이다. 휘 담(湛)은 관직이 부제학(副提學)에 이르고 이조 판서에 증직되었으며 소재(穌齋) 노수신(盧守愼), 고봉(高峯) 기대승(奇大升)과 도의(道義)로 사귀었으니, 실로 군의 5대조이다. 증조 휘 흡(潝)은 성현 찰방(省峴察訪)이다. 조(祖) 휘 태제(泰濟)는 진사이니 문행(文行)으로 당세에 명망이 있었다. 고(考) 휘 호(澔)는 첨지중추부사이니, 청렴함과 엄격함으로 스스로 수양하여 고을에서 그 의리에 감복하였다. 비(妣)는 성산 이씨(星山李氏)이니 통덕랑(通德郎) 이휘(李徽)의 따님이다.

군은 해남 윤씨(海南尹氏)에게 장가갔으니, 고산(孤山) 선생 윤선도(尹善道)의 현손(玄孫)이고 진사 윤두서(尹斗緖)의 따님이다. 완순(婉順)하고 온유하여 부인의 덕이 지극하였다. 군보다 20년 앞서 세상을 떠났으며 숙부인(淑夫人)에 추증되었다.

5남 3녀를 낳았으니, 장남 우상(禹相)은 문과에 급제하여 정언(正言)이 되었고, 차남 이상(履相)은 진사이고, 삼남은 위상(渭相)이다. 사남 석상(奭相)은 출계(出系)하여 중부(仲父) 광연(光淵)의 후사(後嗣)가 되었고, 오남 보상(甫相)은 출계하여 계부(季父) 광하(光河)의 후사가 되었다. 딸은, 장녀는 이현문(李顯文)에게 시집가고 차녀는 한공권(韓公權)에게, 삼녀는 한석당(韓錫堂)에게 시집갔다. 장남 우상은 자녀가 없어서 삼남 위상의 둘째 아들 헌동(憲東)을 세워 후사로 삼았다. 차남 이상은 아들 둘이 있는데 어리다. 두 딸은, 장녀는 유원명

(柳遠鳴)에게 시집갔고 차녀는 어리다. 삼남 위상은 아들이 둘이 있는데 장남 현동(顯東)은 장가가지 않았고 차남은 바로 출계하여 장남 우상의 후사가 되었다. 딸 한 명은 어리다.

오호라, 바야흐로 군이 탐라의 바다에 표류했을 때 나도 군이 이미 죽었다고 의심하여 정신이 나간 듯이 슬퍼하고 가련히 여기면서 회포를 가눌 줄 몰랐다. 그러다가 어느 날 저녁의 꿈에 홀연 군이 웃으며 내게 말하기를 "나는 죽지 않았네." 하였는데, 이윽고 과연 그 말과 같았으니, 정신으로 교유하였음을 알 수 있다. 뒤에 죽는 내가 지금 눈물로 붓을 적셔 가며 군의 평소 언행을 서술하니, 만일 한마디 외람된 말이 있더라도 어둡지 않은 군의 영령은 기꺼이 "정신으로 교유하였다, 정신으로 교유하였다."라고 할 것인가? 명(銘)은 다음과 같다.

군은 동방에 태어났으나	君生于東
다짐한 것은 동방의 말이 아니라 고문사(古文詞)였으니	誓不東語
아아, 동방 속학(俗學)의 틀을	嗟東之臼
군이 실로 깎아 내 버렸네	君實剔去
주옥같은 시문(詩文)은	玉佩瓊琚
그 위의가 영롱하였으니	其儀陸離
영조의 조정에	英考之廷
백발의 나이로 의젓하였네	皓首委蛇
균천[9]에 사람이 없어서	勻天無人

9 균천(勻天) : 천상(天上)을 가리킨다. 균천(鈞天)이라고도 하며 전설 속의 옥황상제(玉皇上帝)가 거주하는 곳을 말한다.

상제가 명하여 군을 데려갔으니[10] 帝命君來
그 벗이 명을 지으매 其友作銘
거문고의 현이 끊어진 듯 애통하네[11] 斷絃之哀

10 상제가……데려갔으니 : 문인(文人) 재사(才士)가 일찍 죽은 것을 비유하는 말이다. 당(唐)나라의 천재 시인 이하(李賀)는 몰락한 종실의 후예로서 뜻을 펴지 못하고 요절하였는데, 그가 병이 깊어졌을 때 갑자기 하늘에서 붉은 옷을 입은 사람이 붉은 용을 타고 내려와서 "옥황상제가 지금 그대를 불러와 새로 지은 백옥루(白玉樓)의 기문을 짓게 하라 하였소." 하고는 천상으로 데리고 갔다는 고사에서 온 말이다. 《李義山文集箋註 卷10 李賀小傳》

11 거문고의……애통하네 : 서로의 마음을 알아주는 벗이 세상을 떠난 데 대한 슬픔을 의미한다. 춘추 시대에 거문고를 잘 탔던 백아(伯牙)가 지음(知音)의 벗인 종자기(鍾子期)가 죽자 자신의 거문고 소리를 들을 사람이 없다 하여 현(絃)을 모두 끊어 버리고 다시는 거문고를 타지 않았다는 고사에서 온 말이다. 《列子 湯問》

지산 김공 묘지명
芝山金公墓誌銘

공의 휘는 팔원(八元)이고 자는 순거(舜擧)이며 처음의 자는 수경(秀卿)이다. 강릉 김씨(江陵金氏)는 본래 신라(新羅)의 종성(宗姓)이니, 비조(鼻祖) 주원(周元)은 명원군(溟源君)에 봉해졌다. 8대조 인철(仁轍)이 안동부(安東府)로 이주하여 자손들이 마침내 영남(嶺南) 사람이 되었다. 증조 효안(孝安)은 국자 생원(國子生員)이고, 조(祖) 광로(光璐)[12]는 제릉 참봉(齊陵參奉)이며, 황고(皇考) 적(績)은 삼척 훈도(三陟訓導)이다. 비(妣)는 영춘 이씨(永春李氏)이니 이자운(李自芸)[13]의 따님이다.

공은 가정(嘉靖) 갑신년(1524, 중종19) 4월 25일에 태어났다. 32세에 생원시(生員試) 3등, 진사시(進士試) 2등으로 입격하고, 이어 다시 대과(大科)에 발탁되어 명성이 크게 알려졌다. 그러나 공은 대수롭지 않은 일로 여기고 날마다 책을 읽고 뜻을 구해서, 세 번의 과거에 급제하여 일생 동안 의식(衣食)이 갖추어진 것[14]을 마음에 두지 않았다.

12 광로(光璐) : 대본에는 '光路'로 되어 있다. 《지산집(芝山集)》 권2의 이유장(李惟樟)이 지은 〈행장(行狀)〉과 번암이 지은 〈묘지명(墓誌銘)〉에 근거하여 '路'를 '璐'로 바로잡아 번역하였다.

13 이자운(李自芸) : 대본에는 '自云'으로 되어 있다. 《지산집》 권2의 이유장이 지은 〈행장〉과 번암이 지은 〈묘지명〉에 근거하여 '云'을 '芸'으로 바로잡아 번역하였다.

14 세……것 : 세 번의 과거에 급제하여 출셋길이 열린 것을 가리킨다. 송(宋)나라 왕증(王曾)이 처음 등제했을 때 유자의(劉子儀)가 장난삼아 "세 번의 시험에서 장원했

무오년(1558, 명종13)에 부친상을 당했는데, 여묘(廬墓)에서 죽을 마시며 3년의 상기(喪期)를 마쳤다. 상기를 마치고 성균관 박사(成均館博士)를 거쳐 전적(典籍)으로 승진하고 예조 좌랑에 천전(遷轉)되었다. 을축년(1565)에 노모의 봉양을 청하여 용궁 현감(龍宮縣監)에 제수되었는데, 백성들이 매우 사랑하고 존경하여 위의(威儀)를 세우지 않아도 아전들이 교화되었다. 공무에서 물러나서는 매번 등불을 걸고 《주역》을 읽어서 한밤중이 되지 않으면 잠자리에 들지 않았다. 공에게 수척한 조짐이 있는 것을 부인이 근심하여 간(諫)하기를 "부자(夫子)께서는 과거에 급제하였는데 어찌 이렇게도 스스로를 괴롭히십니까."라고 하니, 공이 말하기를 "독서는 학문을 진보하게 하는 것이라오. 그대는 과거에 급제한 것으로 장부가 할 수 있는 일을 다 마쳤다고 생각하오?"라고 하였다. 1년이 지난 뒤에 관직을 버리고 돌아왔다.

공은 일찍이 신재(愼齋) 주세붕(周世鵬)의 문하에서 수업하였는데, 학문이 날로 성취되니 동학(同學)하는 사람들이 모두 미칠 수 없다고 여겼다. 이후 다시 퇴도(退陶 이황(李滉)) 노선생(老先生)을 스승으로 섬기면서 질문(質問)하고 강구(講究)하여 터득하지 못하면 그만두지 않았는데,[15] 노선생이 일찍이 시(詩)를 주고 이르기를 "터득한 곳이

으니, 일생 동안 입고 먹는 것이 끝이 없겠다.〔狀元試三場, 一生喫著不盡.〕"라고 하자, 왕증이 정색하며 "나는 평소의 뜻이, 따뜻하고 배부른 데 있지 않다.〔曾平生之志, 不在溫飽.〕"라고 했던 고사에서 온 말이다.

15 터득하지……않았는데 : 학문을 완성하기 위해 노력하였다는 의미이다. 《중용장구》 제20장에 "배우지 않을지언정 배울진댄 능하지 못하면 그만두지 말며,……생각하지 않을지언정 생각할진댄 터득하지 못하면 그만두지 말며,……〔有弗學, 學之, 弗能, 弗措也,……有弗思, 思之, 弗得, 弗措也,……〕"라고 한 데서 온 말이다.

만일 극히 미묘한 경지에 이르지 않았다면, 어찌 시구(詩句)를 토해냄에 문득 사람을 놀라게 할 수 있겠는가.〔得處若非臻妙極 何能吐句便驚人〕"라고 하고 또 손수 주 부자(朱夫子)의 시를 적어 주었으니, 대개 크게 기대하고 장려하였던 것이다. 물러나서는 월천(月川) 조목(趙穆), 백담(柏潭) 구봉령(具鳳齡) 등 제현과 동문계(同文稧)를 만들었는데, 입의(立議)하기를 "매번 사시(四時)의 좋은 절기에 산사(山寺)나 촌사(村社)에서 모이되, 보름 전에 유사(有司)가 기일(期日)을 윤시(輪示)한다. 모일 때가 되면 각기 7일간의 양식을 가져오고 경서(經書)와 사서(史書) 가운데 한 책을 휴대하되, 한잡서(閑雜書)는 가져오지 말아서 강론(講論)과 절차(切磋)를 더하는 바탕으로 삼는다." 하였다. 대개 나가서 벼슬살이하고 들어와 부모를 모시며 살았던 공의 이력에는 이처럼 넉넉한 사우 간에 연원(淵源)이 있었다.

관직을 버리고 나서 이듬해에 모친상을 당하였다. 처음에 공이 태어난 지 7일 만에 모부인이 세상을 떠났기 때문에 장성했을 때에 지극히 애통한 마음을 품고서 계모 부인(繼母夫人)을 한결같이 낳아 주신 모부인처럼 섬겼는데, 이때에 여묘살이하면서 크게 상심하여 앞의 상(喪)처럼 몸이 상하였다. 그래서 3년의 상기를 마치기도 전에 병이 갈수록 깊어졌다. 회곡(晦谷) 권춘란(權春蘭)이 와서 병문안하고 이르기를 "예(禮)에는 경도(經道)와 권도(權道)가 있습니다. 어찌 생강(生薑)과 육계(肉桂)를 복용하여 만에 하나 기력이 더해지는 효과를 기대하지 않는 것입니까."라고 하였다. 그러자 공이 말하기를 "나는 태어난 지 7일 만에 모부인을 잃어서 생모에 대해 정(情)을 다하지 못했는데, 지금 다시 예를 다하지 못한다면 자식의 직분이라고 할 수 있겠습니까. 또 죽고 사는 것은 운명이니, 예제(禮制)를 어기고 삶을 구하는 것은 하고 싶지 않습니다." 하니, 회곡이 그 뜻을 돌릴 수 없다는 것을 알고 탄식하며 돌아갔다. 그러다가 마침내 세상을 떠났으니, 바로 기사년(1569, 선조2) 7월 4일이었고, 향년은 46세였다.

곽(槨)을 사용하지 말라고 유명(遺命)을 하였으니, 대개 생모를 장사 지낼 때 곽을 하지 못했기 때문이다. 집안사람들이 유명을 어기려고 하자 노선생이 친한 사람에게 글을 보내 이르기를 "관(棺)만 쓰고 곽을 쓰지 않은 것은 공성(孔聖)께서 리(鯉)를 장사 지낸 법이었으니, 안연(顔淵)이 죽었을 때, 이를 장사 지낸 법이 예에 맞았던 것처럼 하지 못함을 탄식하였다.[16] 그리고 《가례(家禮)》에 장사 지낼 때 곽을 쓰지 않는 것은 또한 명문(明文)이 있으니,[17] 가난하여 예를 지킬 수 없는 자는 모두 이것을 법으로 삼을 만하다. 더구나 이 사람은 지극히 애통한 마음을 품어서 이렇게 유명을 하였는데, 집안사람들과 붕우들은 인정에 따르고 남긴 뜻을 버리고자 하는가." 하니, 유명에 따라 안동부

16 관(棺)만……탄식하였다 : 안연이 죽었을 때 안연의 아버지 안로(顔路)가 공자(孔子)에게 수레를 팔아 곽을 만들어 줄 것을 청하니, 공자께서 "재주가 있거나 재주가 없거나 간에 또한 각각 자신의 아들이라 말하면서 소중히 여길 것이다. 리가 죽었을 때에 관만 쓰고 곽을 쓰지 않았으니, 내가 수레를 팔아 걸어 다니며 곽을 만들어 주지 못함은 내가 대부의 뒤를 따르기 때문에 걸어 다닐 수 없어서이다.〔才不才, 亦各言其子也. 鯉也死, 有棺而無槨, 吾不徒行以爲之槨, 以吾從大夫之後, 不可徒行也.〕"라고 말하며 안로의 청을 허락하지 않았다.《論語 先進》

17 가례(家禮)에……있으니 :《가례》〈치장(治葬) 작회격(作灰隔)〉에 "광을 파는 일이 끝나면 먼저 숯가루를 광의 바닥에 깔아 두께 2, 3치를 쌓아 다진다. 그 후에 석회와 가는 모래와 황토를 골고루 섞어 그 위에 까는데, 석회 3푼에 모래와 황토는 각각 1푼의 비율이 좋다. 두께 2, 3자로 쌓아서 다지고 별도로 얇은 판을 사용하여 회격을 만드는데 곽의 형상처럼 한다.……대개 곽을 사용하지 않았다면 역청을 바를 데가 없으므로 이 제도를 쓰는 것이다."라고 하였다.

북쪽 분토동(粉土洞) 묘향(卯向)의 언덕에 장사 지냈다.

공이 세상을 떠나고 나서 지헌(芝軒) 정사성(鄭士誠)이 평소의 사행(事行)을 대략 서술한 다음 노선생에게 묘지(墓誌)를 청하였는데, 선생은 당시 병들어 누워 있었기 때문에 묘지를 지을 수 없었다. 후에 다시 백담 구봉령에게 청하니, 백담이 지헌에게 편지를 보내어 이르기를 "이 사람이 심지(心志)를 세우고 일을 행한 것은 고인(古人)에게 부끄러움이 없으니, 후세에 전해야 하는 것은 의심의 여지가 없습니다. 다만 나는 학문이 졸렬하니 어찌 실상에 맞게 찬술할 수 있겠습니까." 하였으니, 대개 정중하게 사양한 것이었다. 배(配)는 진성 이씨(眞城李氏)이니 군자감 정(軍資監正) 이한(李漢)의 따님이다.

삼계(三戒)라는 아들이 하나가 있었는데, 문행(文行)이 있었으나 요절하였다. 삼계가 구기(懼己)를 낳았다. 구기는 석견(石堅)과 옥견(玉堅)을 낳았고, 사위는 금시윤(琴是胤)과 이번금(李蕃今)이다. 내외의 후손이 모두 약간 명이다.

공은 일찍이 거처하는 곳의 동쪽 망지산(望芝山)에 집을 지어 유식(遊息)[18]할 장소로 삼고 '지산와사(芝山蝸舍)'라고 편액을 걸었으니, 학자(學者)들이 지금까지도 지산(芝山) 선생이라 칭송한다고 한다.

공의 8대손 도복(道復)이 발이 부르트도록 고개를 넘어와서 나에게

18 유식(游息) : 장수유식(藏修游息)의 준말로, 언제나 학문에 마음을 두고 열심히 공부하는 것을 의미한다. 《예기》〈학기(學記)〉에 "군자는 학문할 적에 장(藏)하고 수(修)하고 유(游)하고 식(息)한다." 하였는데, 그 주소(注疏)에 "장이란 마음에 항시 학업을 생각함이요, 수란 수습(修習)을 폐하지 않음이요, 유란 일 없이 한가하게 노닐 때에도 마음이 학문에 있음이요, 식이란 일을 하다 쉴 때에도 마음이 학문에 있음을 이른 것이니, 군자가 학문을 할 때 잠시도 변함이 없음을 말한다." 하였다.

묘지를 부탁하니, 그 성의가 매우 지극하여 의리로 볼 때 끝내 사양할 수 없었다. 또 생각건대 지금 공이 세상을 떠난 지 비록 180여 년이 지났지만 노선생께서 기대하고 장려했던 가르침과 월천 등 제현과 맺었던 도의(道義)의 교분이 역력하게 진실하여 증거가 될 만하니, 어찌 감히 유적(遺蹟)이 오래되고 멀다 하여 그윽하게 빛나는 행적을 후세에 드러내기를 생각하지 않을 수 있겠는가. 명은 다음과 같다.

다행히 퇴계 선생 당시에 태어나 幸而生退陶時
찬란하게 문하에 올랐으나 斐然摳衣
불행히도 하늘이 수명을 주지 않아 不幸而天不與年
뜻을 품은 채 세상을 떠나셨네 齎志而歸
실로 나의 명을 읽는 사람이 있으면 人苟有讀我銘者
반드시 공을 위해 경하하고 오도를 위해 슬퍼하리라 必將爲公賀爲吾道悲

첨지중추부사 조공 묘지명

僉知中樞府事趙公墓誌銘

공의 휘는 구주(九疇)이고 자는 천서(天敍)이다. 조씨(趙氏)의 선계(先系)는 한양현(漢陽縣)에서 나왔다. 그 선조는 지수(之壽)이니, 고려조에 첨의중서사(僉議中書事)를 지냈다. 첨의중서사의 손자는 양기(良琪)인데, 21세 때 부원수(副元帥)로서 일본을 정벌하였으며 또 합단(哈丹)을 토벌하고 그를 사로잡아 원(元)나라에 바쳐서 원나라 왕이 매우 기특하게 여기고 금포(錦袍)와 옥대(玉帶)를 하사하였다. 양기의 아들은 돈(暾)이고 손자는 인벽(仁璧)인데, 모두 큰 공로가 있었으니 《고려사(高麗史)》에 실려 있다. 조선에 들어와서 연(涓)은 태조(太祖)의 생질로 가장 친신(親信)을 받아 좌명 공신(佐命功臣)에 책훈되었으며,[19] 지위가 우의정에 오르고 한평부원군(漢平府院君)에 봉해졌다. 시호는 양경(良敬)이다. 5대를 내려와 휘 현(玹)은 공조 좌랑 증(贈) 이조 판서이니 공에게 고조가 된다. 증조의 휘는 익남(益男)이니 사섬시 봉사 증 좌찬성인데, 효성으로 알려졌다. 조(祖)는 용주(龍洲) 선생 휘 경(絅)[20]이니, 판중추부사 양관 대제학(判中樞府事兩館大提學)이고

19 연(涓)은……책훈되었으며 : 조연(趙涓)의 부친인 조인벽(趙仁璧)이 환조(桓祖)의 부마가 되었기 때문에 조연은 태조의 생질이다. 《月汀集 卷6 贈左贊成趙公德源墓誌銘》 조연은 1400년(정종2) 제2차 왕자의 난 때 이방원(李芳遠)을 도운 공으로 좌명공신 4등에 책훈되었다.

20 경(絅) : 조경(趙絅, 1586～1669)으로, 본관은 한양(漢陽), 자는 일장(日章), 호는 용주이고, 시호는 문간이다.

시호는 문간(文簡)이다. 도덕(道德)과 절의(節義)로 사림(士林)의 긍식(矜式)이 되었으니, 조두(俎豆)를 진설하여 제향하는 서원이 세 곳이다. 고(考)의 휘는 위봉(威鳳)이니 홍문관 응교(弘文館應教) 증(贈) 부제학(副提學)이고, 녹문(鹿門)이라 자호(自號)하였다. 지극한 효성으로 알려졌는데, 병이 들었을 때는 현묘(顯廟)께서 태의(太醫)를 파견하여 진찰하게 하였으니 세상에 드문 은총이었다.

비(妣)는 증 숙부인(淑夫人) 초계 정씨(草溪鄭氏)이니, 참판 팔천군(八川君) 휘 정기광(鄭基廣)의 손녀이고 교관(教官) 휘 정석규(鄭錫圭)의 따님이다. 장남은 구로(九輅)이니 관직은 좌랑(佐郎)이고, 차남은 구원(九畹)이니 관직은 정언(正言)이고, 막내가 바로 공이다.

겨우 4세에 부친 응교공(應教公)이 세상을 떠났다. 공은 장성했을 때 부친의 의형(儀形)을 기억하지 못하여 항상 지극히 애통한 마음을 품고 있었는데, 부친에 대한 말이 나오기만 하면 반드시 눈물을 흘렸으니 나이가 팔순이 되어서도 그러하였다. 태부인(太夫人)을 섬길 때는 오직 뜻을 받들어 봉양해서 혹시라도 감히 게을리하지 않았고, 모친의 안색이 혹 풀리지 않을 때면 짐짓 형제자매들과 재롱을 부려서 기쁘게 하지 못하면 그만두지 않았다. 어릴 적에 주량이 세서, 벗들과 모여 술을 마시다가 취하여 돌아온 적이 있는데, 태부인이 경계하니, 마침내 종신토록 다시는 술을 마시지 않았다. 태부인이 세상을 떠나자 과거 공부를 그만두고 눈물을 흘리며 말하기를 "문사(文辭)를 익히며 과거 공부를 하는 것은 장차 부모님을 영광스럽게 하기 위한 일이다. 그러나 부모님이 계시지 않으니 어찌 과거 공부를 하겠는가. 이제 죽기 전까지 정성을 다해 선조를 위한 일을 하는 것이 나의 직분일 뿐이다." 하였다.

조부 문간공(文簡公)과 부친 응교공의 묘의(墓儀)가 오랫동안 갖추어지지 않았기에, 공은 매우 가난한 살림에도 지극한 정성으로 경영하여 풍비(豐碑)와 생석(牲石)[21]을 엄숙하게 의례대로 마련하였다. 전비(前妣) 증 숙부인 이씨(李氏)의 무덤이 다른 곳에 있었는데, 정성을 다해 수치(修治)하여 응교공의 무덤같이 대우하여 단장하였고, 문간공의 영정(影幀)을 엄숙하게 사당에 봉안하였다.

세력 있는 자가 그 권세를 믿고 선영에 점장(占葬)[22]한 적이 있었는데, 종인(宗人)들을 데리고 대궐에 호소하여 무덤을 파 가도록 하였으며, 그렇게 한 뒤에 제전(祭田)을 갖추고 초목(樵牧)을 금지하면서도 수고롭다고 말하는 일이 없었다.

정 부인(鄭夫人)의 재갑(再甲)이 돌아왔을 때는 묘소에 성대하게 전물을 진설하고 축문(祝文)을 읽기를 "122년이 지나 재갑이 돌아오매 천시(天時)는 처음과 같은데, 남겨진 말자(末子)는 78세에 인사(人事)가 옛날과 달라졌습니다."라고 하였으니, 제사를 지내는 자들이 모두 감격하여 슬퍼하였다.

시조 이하의 묘지(墓誌)와 사행(事行)은 듣는 대로 반드시 기록해서 《조씨세승(趙氏世乘)》이라 명명하였다. 비갈(碑碣)에 보이는 황조(皇祖)와 황고(皇考)의 언의(言議)는 제가(諸家)의 문집(文集)에서 얻거나 일기(日記)의 기록에서 찾아내어 한 권으로 묶어 편집하였다.

일찍이 밤에 가림(嘉林)의 들을 지나다가 말발굽에 부딪히는 백골(白骨)을 보고는 마음으로 측은하게 여겨서 고로(故老)들에게 물어보

21 풍비(豐碑)와 생석(牲石) : 풍비는 공적을 새긴 큰 비석이고, 생석 또한 비석을 가리킨다.

22 점장(占葬) : 남의 땅을 차지하여 장사 지내는 것을 말한다.

니 "을축년(1745, 영조21)과 병인년(1746)에 굶어 죽어 묻히지 못하고 굴러다니는 주인 없는 유골들입니다."라고 하였다. 이에 재물을 내고 일꾼을 모아서 모두 거두어 묻어 주었고, 다 묻은 뒤에 제문을 지어 제사를 지내 주었다. 공은 선조에 대하여 마땅히 해야 하는 정성을 다하였고, 인술(仁術)을 미루어 보답이 없는 곳에까지 미친 것이 이와 같았다.

나이 팔순에 이르러서도 손에서 책을 놓지 않았는데, 매번 이르기를 "늘그막에 책을 볼 때는 정신을 수렴하는 것이 가장 중요하다." 하였다. 일찍이 제식(祭式) 1첩(帖)을 만들어 가칙(家則)으로 삼게 하였으며, 또 훈계(訓戒)를 짓고 친히 6폭(幅)을 적어 아들들에게 각각 나누어 주었으니, 이것을 보면 공이 마음속에 간직한 뜻을 알 수 있다.

영조 신미년(1751)에 수직(壽職)으로 첨지중추부사(僉知中樞府事)에 승배(陞拜)되었다. 이듬해 임신년(1752) 6월 7일에 세상을 떠났으니, 태어난 해인 현종 임자년(1672, 현종13)부터 계산해 보면 향년이 81세이다. 선영을 따라 포천현(抱川縣) 북쪽 녹문산(鹿門山)에 장사 지냈으니, 덕릉동(德陵洞) 유좌(酉坐)의 언덕이다. 두 부인을 아울러 합부(合祔)하였다.

초배(初配)는 증 숙부인 선산 김씨(善山金氏)이니, 호조 판서 문강공(文康公) 휘 김세렴(金世濂)의 손녀이자 참의(參議) 김준상(金儁相)의 따님이다. 27세 되던 정축년(1697, 숙종23) 3월 11에 세상을 떠났는데, 공이 그 행장에 기록하기를 "효성스럽고 우애로우며 정숙(貞淑)하고 손순(遜順)하였다."라고 하였다. 계배(繼配)는 증 숙부인 한산 이씨(韓山李氏)이니, 토정(土亭) 선생 휘 이지함(李之菡)의 5대손이고 고(考)의 휘는 이정봉(李禎鳳)이다. 68세 되던 무진년(1748) 3월

1일에 세상을 떠났는데, 공이 그 행장에 기록하기를 "시어머니를 효성으로 섬기고 집안을 화평(和平)하게 다스렸다."라고 하였으니, 사람들이 실제의 일을 기록한 것이라고 여겼다.

7남 2녀를 두었다. 장남 수성(守成)은 전배(前配) 소생인데, 장가가기 전에 요절하였다. 차남은 수문(守文)이다. 삼남은 수검(守儉)이니, 문과에 급제하여 정랑(正郎)이 되었다. 사남은 수량(守亮)이고, 오남은 수흠(守欽)이다. 육남은 수관(守寬)이니, 모부인(母夫人)이 병들었을 때 손가락을 베어 입으로 피를 흘려 넣어 수십 일을 더 연명하게 하였다. 막내는 수간(守簡)이다. 이상은 계배 소생이다. 두 딸은 강세원(姜世元)과 송경운(宋慶運)에게 시집갔다. 수문은 3남 4녀를 두었으니, 아들은 응(應), 덕(悳), 비(泌)이고 사위는 이현우(李賢雨), 김정옥(金廷玉), 심통한(沈通漢), 유몽한(柳夢漢)이다. 수검은 3남 3녀를 두었으니, 아들은 욱(勖), 각(慤), 병(秉)이고 사위는 홍기태(洪起泰), 정법조(丁法祖), 한종렬(韓宗烈)이다. 서녀(庶女)는 정택조(丁澤祖), 신석경(愼錫慶)에게 시집갔다. 수량은 2남 1녀를 두었으니, 아들은 은(慇), 광(廣)이고 사위는 김낙인(金樂仁)이다. 수흠은 2남 1녀를 두었으니, 아들은 덕(悳), 근(懃)이고 사위는 윤행철(尹行喆)이다. 수관은 5남 1녀를 두었으니, 아들은 협(恊), 순(恂), 항(恒), 흡(恰), 열(悅)이고 사위는 정흡(鄭洽)이다. 수간은 1남 3녀를 두었으니, 아들은 화(和)이고 큰 사위는 김유간(金惟幹)이다. 나머지 두 딸은 어리다. 강세원의 아들은 강급(姜伋)이고 사위는 유정(柳烶)이다. 송경운의 계자(繼子)는 송제강(宋濟康)이고 사위는 조□□(趙□□)이다.

내외의 손자와 증손자가 모두 100여 명인데, 너무 많아서 다 기록하지 않는다. 명(銘)은 다음과 같다.

문간공의 손자이고	文簡之孫
응교공의 아들인데	應教爲考
이런 선조의 후손으로 궁하게 늙었으니	斯而窮老
세도가 그러한 것을 어찌하나	奈何乎世道
오직 온축하여 발명한 자손들이 많았으니	惟子孫多有蘊而發
하늘의 뜻이 여기에 있는 것인가	其在是否

처사 서공 묘지명

處士徐公墓誌銘

처사(處士) 오산(梧山) 서공(徐公)의 휘는 창재(昌載), 자는 상보(尙甫)이고, 그 선대는 달성(達城) 사람이다. 어려서부터 부지런히 공부하여 사림(士林)의 추중(推重)을 받았다. 향년 56세 되던 금상(今上) 신축년(1781, 정조5) 3월 2일에 병으로 세상을 떠났으니, 애석하게 여기지 않는 사람이 없었다. 대산(大山) 이공(李公 이상정(李象靖))은 공의 사우(師友)인데, 더욱 크게 상심하여 행장을 지었으니 공의 덕을 매우 자세하게 형용하였다. 그 행장에 이르기를 "공은 사우 간에 가르치고 깨우치며 책선(責善)하지는 않았지만 아름다운 재질(才質)과 전일한 지기(志氣)로 낡고 해진 책 속에서 살피고 찾아 오도(吾道)가 세속의 관습과 다르다는 것 및 이 학문이 겸손한 마음에서 이루어진다는 것을 알았다. 한결같은 마음으로 학문을 추구하고 앞을 향해 나아가기를 게을리하지 않아서, 자신의 뜻을 이룰 수 있다면 소란한 세태 때문에 스스로 그만두지 않았고 성인(聖人)이 배워서 이를 수 있는 경지라면 조금 성취하였다고 하여 스스로 안주하지 않았다." 하였으니, 대개 나면서부터 영민(穎敏)하고 빼어났던 것이다.

겨우 성동(成童)이 되었을 때 기삼백(朞三百)의 집전(集傳)[23]을 묵

23 기삼백(朞三百)의 집전(集傳) : 《서경》 〈요전(堯典)〉에 "제요(帝堯)가 말하기를 '아, 너희 희씨(羲氏)와 화씨(和氏)야. 기(朞)는 366일이니, 윤달을 두어야 사시를 정하고 한 해를 이루어서 진실로 백관의 일을 다스리고 모든 공적이 다 넓혀질 것이다.'

묵히 연구하여 철저하게 깨우친 뒤에 그만두었고, 《주역》을 읽어 스스로 능히 대의(大義)를 깨우쳤으며, 음양(陰陽)과 복서(卜筮)와 병진(兵陣)의 설(說) 역시 두루 통달하지 않음이 없었다. 관례를 올리고 나서는 부모님이 살아 계셨기 때문에 억지로 과거에 응시하여 여러 차례 향시(鄕試)에 합격하였으나, 30여 세가 되어서는 개연(慨然)히 과거 공부를 그만두고 여러 종류의 성리서(性理書)를 가져다가 오래도록 익히고 반복 학습하여 날로 부지런히 매진하였다. 만년(晩年)에는 거처하는 집을 '주정(主靜)'이라 명명하고 《대학》과 《중용》에 가장 정밀하게 공력을 쏟았는데, 마침내 《중용질의(中庸質疑)》를 저술하였다. 또 《수학계몽(數學啓蒙)》[24]을 주해(註解)하여 자실(子姪)에게 보여 주면서 "이 또한 궁리(窮理)의 한 가지 단서이다." 하였다. 예서(禮書)에 더욱 전일하고 정밀하게 뜻을 두어 일찍이 문공(文公 주희(朱熹))의 《가례(家禮)》에 나아가 편목(篇目)을 나누어 《내외편(內外篇)》을 지었는데, 〈관례(冠禮)〉는 이미 완성된 설이 있고 나머지는 모두 단락에 따라 분류하여 비록 병이 들어도 찬집(纂輯)하기를 멈추지 않았다. 사람들이 혹 신기(神氣)가 손상된다고 경계하면 그때마다 "아침에 도(道)를 들으면 저녁에 죽어도 괜찮다."[25]라고 대

하였다.〔帝曰咨汝羲暨和. 朞三百有六旬有六日, 以閏月, 定四時成歲, 允釐百工, 庶績咸熙.〕"라고 한 부분에 대한 채침(蔡沈)의 주석을 말하는데, 1년 동안의 천체 운행을 기술하여 역법(曆法)의 원리를 설명하는 내용이다.

24 수학계몽(數學啓蒙) : 원(元)나라 주세걸(朱世傑)이 쓴 수학 계산 방법에 대한 책이다.

25 아침에……괜찮다 : 공자가 사람에게 도(道)가 중요함을 강조하면서 한 말이다. 《論語 里仁》

답하였다.

공은 효성과 우애가 돈독하였다. 8세에 모친이 세상을 떠나고 당시 막냇동생이 겨우 5세였는데, 손을 잡고 안아 주며 잠시도 곁을 떠나지 않았고 병이 들었을 때는 매우 지극하게 간호하였다. 그러자 동생 역시 공을 편안히 여겨서 먹고 마실 때에 오직 공의 말만 들었다. 훗날 부친상을 당해서는 빈문(殯門)을 밤낮으로 지키며 나가지 않아서 부창(浮脹)의 증세가 생겼지만 또한 스스로 걱정하지 않았다. 백씨(伯氏)가 집상(執喪)을 감당하지 못하고 세상을 떠나자 고아가 된 조카를 돌보았는데, 의방(義方)으로 인도하여 올바르게 나아가도록 하였다. 계씨(季氏) 내외가 모두 일찍 세상을 떠나 아들과 딸 두 명이 남겨졌는데, 딸은 홍역에 걸려 죽었다. 공은 고아가 된 조카까지 감염될까 두려워 조카를 데리고 소백산(小白山)의 가장 깊은 골짜기에 기거하였는데, 중 한 명을 불러서 아침저녁으로 음식을 올리게 하였다. 얼마 지나지 않아 조카마저 과연 홍역에 걸리니 공은 직접 나무하고 물 길으며 밤낮으로 간호하였는데, 한 달 만에 완쾌되었다. 후에 장성하여 독립하게 하였다. 종가(宗家)의 기반이 안정되지 못했을 때는 함께 세 차례 옮겨 다녔는데, 그렇게 한 뒤에야 종가의 일이 완전하게 되었다. 조상을 받들 때는 정성과 공경을 극진히 하려 힘썼으니, 제수 장만하는 일을 전적으로 부녀(婦女)와 비복(婢僕)에게 맡기지 않았고 기일(忌日)에는 비통함이 지극하여 혹 피를 토하기까지 하였다. 생일에는 매우 슬퍼하며 술과 떡을 내오지 못하게 하였다.

사람들이 공의 허물을 고하면 기뻐하며 고쳤고, 사람들이 옳지 못한 행동을 하는 것을 보면 직접 깨우치고 글로 경계하여 뉘우치기를 바랐다. 비복 가운데 형제끼리 다투는 자가 있었는데, 온화한 말로 깨우치기를 "너희들은 유독 천현(天顯)[26]의 정(情)을 생각하지 않는단 말이냐. 옛말에 '얻기 어려운 것이 형제이다.'라고 하였다. 지금 나는 유독 형제가 없으니, 누구와 더불어 즐거움을 같이하겠는가."라고 하고 인하여 눈물을 흘리니, 비복들도 울었고 이후로는 더 이상 다투지 않았다. 매양 자질(子姪)에게 경계하기를 "나는 책을 읽고 나서 비록 얻는 것이 없더라도 진정 추환(芻豢)이 입맛에 맞는 것같이 한다. 때로 어른을 가까이에서 모시고 서론(緖論)을 들을 수 있으면 밤이 다하도록 들어도 스스로 피곤한 줄 모른다. 너희들은 어째서 어른을 싫어하고 피하면서 돌아다니며 놀기만을 좋아하느냐."라고 하였다. 일찍이 훈장(訓長)으로서 단계서원(丹溪書院)의 모임에 나아가서 유생들을 인노하고 도와준 것이 매우 많았다. 또 일찍이 소수서원(紹修書院)의 강좌(講座)에 나아가 경적(經籍)을 토론하였는데, 원근에서 소문을 듣고 오는 사람들이 많았다.

경자년(1780) 1월 1일에 《초역(焦易)》[27]으로 점을 쳐서 "봄에 공이 없는 것과 같아서 학문과 가르침이 전하지 않을 것이다.〔如春無功 爲學敎不傳〕"라는 점괘를 얻었다. 이에 절구(絶句) 한 수를 읊기를,

26 천현(天顯) : 천명(天明)과 같은 말로, 존비(尊卑)의 드러난 질서를 의미한다. 《서경》 〈강고(康誥)〉에 "아우가 하늘의 드러난 이치를 생각하지 않아서 그 형을 공경하지 않으면 형 또한 부모가 자식을 기른 수고로움을 생각하지 않아서 아우에게 크게 우애하지 않을 것이다.〔于弟弗念天顯, 乃弗克恭厥兄, 兄亦不念鞠子哀, 大不友于弟.〕"라고 한 데서 온 말이다.

27 초역(焦易) : 한(漢)나라 초연수(焦延壽)가 《주역》을 바탕으로 쓴 역서(易書)로, 64괘를 겹쳐 4096개의 변괘(變卦)를 만들어 풀이하였다. 《초공역림(焦貢易林)》 혹은 《초공역림(焦贛易林)》이라고도 한다.

조금씩 더위잡고 오른 세월이 오십 년인데　分寸躋攀五十年
공 없다 미리 정해진 운명 제일 가련하네　無功前定最堪憐
죽은 뒤에야 그만두는 것[28]이 오직 나의 직분이니　死而後已惟吾職
전하든 전하지 않든 이는 하늘의 뜻에 따를 뿐일세　傳與無傳只聽天

하였다. 이듬해에 세상을 떠났다. 대산이 공의 덕을 서술한 것은 대체로 이와 같다.

오호라, 나는 비록 공에 대해 알지 못했지만, 대산이 아무리 자신보다 나은 사람이라도 좋아하는 이에게 아첨하지 않는다는 것은 잘 알고 있다. 대산의 말을 믿어 공의 덕을 믿으니, 이미 공의 덕을 믿었으면 어찌 공에 대해 미리 알지 못했다는 이유로 묘지명을 지어 공의 덕을 드러내는 일을 하지 않을 수 있겠는가. 정학(正學)이 날로 거칠어지는 것을 한탄하고 오도(吾道)가 더욱 외로워지는 것을 비통하게 여긴다면 이 한 편 가운데 깊이 마음을 써야 할 것이다.

공은 신라(新羅) 때 아간대부(阿干大夫) 신일(神逸)의 후손이다. 휘 충(衷)에 이르러 대사간(大司諫)으로서 직언하다가 배척을 받아 달성의 화원현(花園縣)에 물러나 살았다. 다시 몇 대를 내려와 휘 한정(翰廷)은 사마시(司馬試)에 합격하였으나 세조(世祖)가 왕위를 이어받자 은거하여 두문불출하였는데, 세상에서 둔암(遯菴)이라고 불렀다. 공에게는 9대조가 된다. 고조의 휘는 후치(後穉)이니 호조 좌랑이고, 증

28 죽은……것 : 굳건한 의지를 가지고 살아 있는 동안 줄곧 무거운 책임을 감내한다는 의미이다. 증자(曾子)가 "선비는 도량이 넓고 뜻이 굳세지 않으면 안 되니, 책임이 무겁고 길이 멀기 때문이다. 인을 자신의 책임으로 삼으니 또한 무겁지 않은가. 죽은 뒤에야 그만두는 것이니 또한 멀지 않은가.〔士不可以不弘毅, 任重而道遠. 仁以爲己任, 不亦重乎? 死而後已, 不亦遠乎?〕"라고 한 데서 온 말이다. 《論語 泰伯》

조의 휘는 위(瑋)이고, 조(祖)의 휘는 천건(天健)이고, 고(考)의 휘는 엽(曄)이다. 비(妣)는 안동 권씨(安東權氏)이니, 처사 권붕석(權朋錫)의 따님이다. 계비(繼妣)는 옥천 전씨(沃川全氏)이니, 전산중(全山重)의 따님이다.

배(配)는 완산 이씨(完山李氏)이니, 온녕군(溫寧君) 이정(李裎)[29]의 후손이자 월포(月浦) 이인부(李仁溥)의 따님이다. 2남 1녀를 두었는데, 장남은 명윤(明胤)이다. 삼가 부친의 사적(事跡)을 모아 발이 부르트도록 고개를 넘어와서 나에게 묘지명을 받지 못하면 돌아가지 않겠다고 간절히 청하였으니, 그 집안의 효(孝)를 이었다고 할 만하다. 차남은 강윤(康胤)이다. 딸은 김노련(金魯鍊)에게 시집갔다. 명윤은 4남을 두었고 강윤은 2녀를 두었는데, 모두 어리다.

공의 장지(葬地)는 순흥부(順興府) 구고산(九皐山) 미좌(未坐)의 언덕에 있으니, 선영을 따른 것이다. 명은 다음과 같다.

그 마음 얼마나 유장하였는데	其心何長
그 수명 어쩌면 이리도 짧았던가	其壽何遽
도가 사라졌으니	道之云喪
하늘이 우리를 돕지 않음일세	天不我助
살았을 때 공을 알지 못한 것 부끄럽지만[30]	生而責沈
죽었을 때 공의 비명 지은 건 부끄럽지 않으니[31]	歿而銘郭

29 이정(李裎) : 대본에는 '裎'으로 되어 있다. 《선원록(璿源錄)》에 근거하여 바로잡아 번역하였다.

30 살았을……부끄럽지만 : 현자(賢者)를 알아보지 못한 자신이 부끄럽다는 의미이다.

나의 사사로운 정이 아니라 匪我私公

사림이 애석하게 여기는 것일세 士林之惜

31 죽었을……않으니 : 서창재의 사적을 알고 그의 비문을 지은 것이 부끄럽지 않다는 말이다.

열녀 숙인 조씨 묘지명

烈女淑人趙氏墓誌銘

고(故) 사헌부 장령(司憲府掌令) 정공 광운(鄭公廣運)[32]에게 어진 부인이 있었으니, 숙인(淑人) 조씨(趙氏)이다. 공이 병자년(1756, 영조 32)에 세상을 떠나자 3년 후 무인년(1758)에 공의 대상(大祥)을 마치고 나서 15일 만에 숙인이 마침내 스스로 목숨을 끊어 공을 따라 황천으로 떠났으니, 사림(士林)이 그 절개에 감복하여 탄식하며 눈물을 흘렸고 예조에 정장(呈狀)하였다. 예조에서 정려(旌閭)를 내리는 일로 상에게 아뢰어 상이 윤허하였으니, 영조 47년 신묘년(1771)에 '열녀숙인배천조씨지문(烈女淑人白川趙氏之門)'이라고 정려하였다.

대개 공의 병이 위독해졌을 때 숙인은 눈물을 흘리며 말하기를 "청컨대 죽음으로 따르겠습니다." 하였고, 속광(屬纊)할 때에는 자결하려 하였으나 자녀들이 껴안고 말려서 끝내 죽지 못하였다. 그러자 이르기를 "3년의 상기(喪期) 가운데 어느 때인들 죽을 수 있는 날이 아니겠느냐." 하고는, 날로 호곡(號哭)하여 곡소리가 끊이지 않았다. 공의 시신을 덮었던 이불과 깔았던 자리를 늘 덮고 깔면서 말하기를 "내가 죽으면 반드시 이 이불과 자리를 가지고 장사 지내라." 하였다. 상생(象生)[33]의

32 정공 광운(鄭公廣運) : 정광운(鄭廣運, 1707～1756)으로, 본관은 해주(海州), 자는 덕이(德而), 호는 휴휴자(休休子)이다. 1730년 정시 문과에 병과로 급제하였다. 성균관 전적(成均館典籍), 병조 좌랑, 해운 판관, 사헌부의 지평·장령 등을 역임하였다. 기개와 절조가 있었다. 오랜 동안 간관으로 있으면서 직언을 서슴지 않아 사람들의 미움을 받았으나 소신을 굽히지 않았다. 안정복(安鼎福)과 깊이 교유하였다.

궤식(饋食) 같은 경우는 초하루와 보름에 성대하게 제전(祭奠)을 올리되 반드시 직접 마련하였는데, 늘 '나의 정성을 다할 수 있는 것은 오직 이것밖에 없다.'라고 여겼던 것이다. 대상(大祥) 3일 전에 독을 마셔서 거의 죽을 뻔하였으나 집안사람들이 급하게 해독하여 다시 일어날 수 있었는데, 마침내 자녀들을 위로하여 마음을 풀게 하면서 말하기를 "죽고자 하였으나 죽지 못했으니, 마땅히 너희들을 위해 살아야겠다." 하였다. 이때부터 거동이 자못 평상을 회복하였기에 여러 날이 지나자 집안사람들은 의심하지 않았다. 그러다가 사람이 없는 틈을 보아 이전같이 독을 마셨는데 전보다 더욱 심하였다. 집안사람들이 발견하고 급히 구해 보았지만 이미 미칠 수가 없었다. 염(斂)할 때에 의대(衣帶) 속에 유서(遺書)가 있었는데, 그 내용은 모두 자녀들에게 권면하고 경계하는 말이었다. 유서의 끝에 다시 말하기를 "따라 죽는 것은 처음에 한 약속을 저버릴 수 없었기 때문이다. 또 너희들이 장성하여 의당 집안일을 잘 꾸려 갈 것이니, 내가 어찌 죽는 것을 애석하게 여기겠느냐." 하였다. 오호라, 열렬하도다.

조씨(趙氏)의 선계(先系)는 배천(白川)에서 나왔다. 숙인은 고려(高麗) 충무공(忠武公) 문주(文冑)의 후손이고, 이조 참의를 지낸 가헌(稼軒) 정견(庭堅)의 5대손이다. 조(祖)의 휘는 명선(明善)이니 참봉(參奉)을 지냈고, 고(考)의 휘는 원규(元規)이다. 비(妣)는 초계 정

33 상생(象生) : 죽은 이를 살아 있다고 여겨서 음식과 의복, 기물 및 의식 절차를 살아 있는 사람에 준하여 행하는 것을 말한다. 《통전(通典)》 권49 〈시향천신부(時享薦新附)〉에 "사당에 신주를 보관하여 사시제를 지내고, 침소에는 의관과 궤장 등 살아 있을 때 쓰던 기구를 두고서 그곳에 새로운 음식물을 올린다.〔廟以藏主, 以四時祭, 寢有衣冠几杖象生之具, 以薦新物.〕"라고 하였다.

씨(草溪鄭氏)이니, 휘 정주주(鄭周冑)의 따님이다.

숙인은 4세에 모친이 세상을 떠났는데, 부친이 매우 가련하게 여겨 몸소 길렀다. 조금 자랐을 때는 《여계(女誡)》와 《삼강행실도(三綱行實圖)》 등의 글을 가르쳤는데 자못 환하게 깨달아 송독하며 익혔고, 또 길쌈을 부지런히 하였다. 부친이 연이어 부인을 잃었기에 숙인은 계례(笄禮)도 올리지 않은 나이로 세 분의 계비(繼妣)를 섬기고 두 번의 상복을 입었는데, 살아 있을 때 봉양하고 죽었을 때 애통해하는 것이 법도에 어긋나지 않았다. 그래서 부친이 등을 쓰다듬으며 말하기를 "부모를 섬기는 일이 어렵고 계모를 섬기는 일은 더욱 어려운데, 너는 일개 어린 여자아이로서 능히 그 일을 해냈구나!" 하였다. 숙인은 간혹 집안의 일을 대신 관리하곤 하였는데, 아우들을 보살피고 출납을 관장함에 사랑이 지극하고 경영이 치밀하였으니 부친이 사람들에게 자랑하기를 "나에게 딸이 있는데 열 명의 아들과도 바꾸지 않겠다." 하였다.

공에게 출가했을 때는 시부모는 효성스럽다 하고 남편은 공손하다 하였으며 자매와 동서 들은 모두 화순(和順)하다 하였다. 제사를 지낼 때에는 더욱 지극하게 정성을 들였다. 영조 경술년(1730) 여름에 공이 기주관(記注官)을 섭행(攝行)하는 일로 매일 상(上)의 앞에 있었는데, 당시 날씨가 매우 더웠지만 의관에 한 점 오물이 보이지 않으니 상께서 돌아보고 이르기를 "이는 반드시 어진 아내가 있기 때문일 것이다." 하고, 비단 필을 하사하며 가상히 여겼다. 공이 술을 즐기고 빈객을 좋아하여 가난한 일가들 가운데 귀숙(歸宿)하는 사람이 많았지만, 숙인은 음식이 있거나 없거나 간에 공을 번거롭게 하지 않았다. 이로 인하여 집에 자주 양식이 떨어졌는데, 아들들이 혹 이익을 꾀하자고 말하면 문득 불편한 안색을 하며 이르기를 "이욕(利慾)은 불과 같은 것이니 단속하지 않으면 스스로를 태우게 될 것이다. 집안의 자제들은 마땅히 효성스럽고 삼가며 학문을 익혀 입신양명해야 하는 법이거늘, 어찌 이익을 말한단 말이냐." 하였다. 시아버지의 상을 당하고 나서는 시계모를 섬기는 데 더욱 정성을 다하였는데, 시계모가 혹 둘째 아들과 셋째 아들의 봉양을 받으러 갈 때면 곧바로 돌아와서 말하기를 "누군들 내 아들 며느리가 아니겠는가마는, 이 집만큼 내 마음이 편안한 곳은 없다." 하였다.

정공(鄭公)이 일찍이 사신 갔다가 책문(柵門)에서 돌아왔을 때 병이 들어 누차 위독하게 앓았는데, 숙인은 밤낮으로 하늘에 기도하여 자신이 대신 죽게 해 달라고 청하였다. 병이 나았을 때 공이 숙인에게 이르기를 "부인이 순절(殉節)하는 것은 그 도리가 한결같지 않소. 난리를 당하여 목숨을 버리는 것은 당연한 도리이고, 청상(靑孀)이 되어 의탁할 곳이 없는 경우에 그 목숨을 버리는 것도 괴이할 것이 없소. 그러나 만일 아들이 있고 며느리가 있어서 의당 가업을 지켜야 하는데 오직 한 가지 절개만 세우는 것은 당연한 도리가 아니오." 하였으니, 대개 풍간(諷諫)한 것이었다.

오호라, 숙인이 어찌 공의 말을 이치에 합당하다고 여기지 않아서 한 번 죽기를 감행하고 두 번 죽기를 감행하다가 세 번 감행하기에 이르러 죽은 뒤에 그만두었겠는가. 생사 간에 약속이 있었기 때문에 실천하기를 생각했던 것이니, 비록 남편이 평소 신신당부하였지만 돌아볼 겨를이 없어서 그렇게 하였을 것이다.

숙인은 향년이 54세였고, 12월 22일에 세상을 떠났다. 광주(廣州) 청량산(淸涼山) 장령공(掌令公)의 무덤 왼쪽에 부장(祔葬)하였으니,

실로 유좌(酉坐)의 언덕이다.

4남 4녀를 낳았으니, 장남은 정응조(鄭應祚), 차남은 정홍조(鄭弘祚), 삼남은 정봉조(鄭鳳祚), 사남은 정인조(鄭麟祚)이고, 사위는 권묵(權默), 이수(李鏞), 정선(鄭譱), 윤동첨(尹東瞻)이다. 정응조는 3남 1녀를 낳았으니, 장남은 정시풍(鄭時豐), 차남은 정시복(鄭時復), 삼남은 정시항(鄭時恒)이고, 사위는 권진(權瑨)이다. 정홍조는 3남 2녀를 낳았으니, 아들은 모두 어리고, 두 딸 가운데 한 명은 한석일(韓錫一)에게 시집갔고 한 명은 어리다. 정봉조는 2녀를 낳았으니, 모두 어리다. 정인조는 2남을 낳았으니, 모두 어리다. 권묵의 아들은 권기(權夔)이다. 정선의 아들은 정낙동(鄭樂東)이다. 윤동첨의 아들은 윤기환(尹基煥)이다.

오호라, 나는 일찍이 예조에 정장(呈狀)한 사람이니, 숙인의 절개와 행실을 매우 상세히 알고 있다. 지금 정응조가 청하여 사양하지 않고 그 숨은 덕행을 기록하니, 대개 풍성(風聲)을 수립하고자 하는 것이다. 명은 다음과 같다.

묘문에 소나무 있으니	墓門有松
서리와 눈을 피할 수 있네	霜雪避之
그 위에 열부의 무덤 있으니	其上烈婦之塚
범하지 말고 무너지게 하지 말지어다	勿犯勿夷

열부 강 유인 묘지명

烈婦姜孺人墓誌銘

영조 38년(1762)에 강원도 관찰사 이최중(李最中)이 급히 장계(狀啓) 하기를 "춘천부(春川府)에 사는 사인(士人) 최창경(崔昌慶)의 처 강씨(姜氏)는 열행(烈行)이 특출하여, 세상의 열부(烈婦)들이 초상에 임하여 슬픔을 이기지 못하고 창졸간에 목숨을 버려 남편의 뒤를 따르는 것과는 같지 않으니, 속히 정포(旌褒)를 거행하여 크게 풍성(風聲)을 수립해야 합니다."라고 했는데, 상(上)이 그 의론(議論)을 묘당에 내려 의논하게 하였다. 이에 예조에서 복계(覆啓)하기를 "마땅히 그 마을에 정표(旌表)해야 합니다." 하니, 상이 윤허하였다. 그 후 10년 뒤에 나는 열부의 행장을 얻어 읽어 보았는데, 읽다가 동생(同生)의 형제[34]에게 영결을 고하는 글을 남긴 대목에서는 목이 메어 소리가 나오지 않았다. 마침내 글을 덮고 탄식하기를 "이 글을 읽고 눈물을 흘리지 않는다면 떳떳한 양심이 있다고 하겠으며, 이 일을 보고 천양(闡揚)하고 표장(表章)하여 천백세(千百世)에 남기기를 생각하지 않는다면 세교(世敎)가 있다고 할 수 있겠는가."라고 하였으니, 나는 실로 차마 읽지 못하고 또 차마 기록하지 않을 수 없어서 이에 눈물을 닦으며 다음과 같이 서술한다.

유인(孺人)은 선계(先系)가 진산(晉山)에서 나왔으니, 국조(國朝)

34 동생(同生)의 형제 : 대본에는 '同生兄'으로 되어 있다. 문맥에 근거하여 뒤에 '弟'를 보충하여 번역하였다.

의 좌찬성 문량공(文良公) 호 사숙재(私淑齋) 강희맹(姜希孟)이 그 9대조이다. 고조의 휘는 태현(太賢)이다. 비(妣)는 안동 권씨(安東權氏)이니, 판서 권징(權徵)의 손녀이고 익위 권사경(權師憬)의 따님인데 효열(孝烈)로 정려(旌閭)가 내려졌다. 증조의 휘는 익주(翊周)이니, 지극한 효성으로 알려져서 특별히 은혜를 내려 관직에 제수하였지만 관직은 봉사(奉事)에 그쳤다. 조(祖)의 휘는 재창(再昌)인데, 아들이 없어서 그 아우인 직장공(直長公) 순창(順昌)의 아들 성좌(聖佐)를 후사(後嗣)로 삼았으니, 바로 유인의 고(考)이다. 직장공 역시 지극히 효성스러워서 조정에서 가상하게 여겨 관직을 하사하였다. 비는 성주 이씨(星州李氏)이니, 이응추(李應樞)의 따님이다. 영조 병오년(1726)에 유인을 낳았다.

유인은 어려서부터 부모를 매우 사랑하였다. 부모가 아들을 잃어서 며칠 동안 전혀 음식을 먹지 않았는데, 유인이 또한 전혀 음식을 먹지 않아서 목숨이 위태로워지자 부모가 부득이 음식을 먹으니 유인도 음식을 먹었다.

17세에 최씨 집의 며느리가 되었으니, 최씨는 수성백(隋城伯) 최영규(崔永奎)의 후손이다. 고(考)의 휘는 최수성(崔守成)이고 비는 밀양 박씨(密陽朴氏)이다. 시집간 후에는 시부모를 모시는 데 정성을 다하고 남편을 섬기는 데 뜻을 어기지 않았는데, 시부모가 혹 기분이 좋지 않으면 문득 애교를 떨어 기쁘게 하였고 남편이 혹 게으르고 방탕하면 문득 온화하고 공손하게 규계(規戒)하였으니, 일가친척들이 모두 감복하였다.

병자년(1756)에 시아버지가 세상을 떠나고 얼마 지나지 않아 시어머니가 또 세상을 떠났는데, 다시 얼마 지나지 않아 남편도 부모의 상사에 심하게 애훼(哀毁)한 나머지 세상을 떠나고 말았다. 빈렴(殯斂)을 마치고 나서 유인도 반드시 죽으리라 다짐했는데, 홀연 돌이켜 생각하고는 말하기를 "나는 아들 하나가 이제 열 살이고, 두 딸 가운데 큰딸은 네 살이고 둘째 딸은 두 살이다. 내가 죽으면 선조의 제사는 누가 주관할 것이며, 세 명의 어린 자녀는 누가 양육할 것인가. 한 집에 있는 세 곳의 궤연(几筵)은 또 어떻게 주리지 않게 할 수 있겠는가." 하고는 드디어 억지로 음식을 먹으며 처음처럼 집안일을 꾸려 나갔다. 상제(喪制)를 마친 뒤에는 아들로 하여금 100리 밖으로 나가 스승에게 나아가게 하였다. 유인은 늘 사람들에게 말하기를 "나의 죽음이 어찌 이리도 더디단 말인가. 우리 아이가 장성하여 독립하기를 기다리면 나의 소원을 이룰 수 있을 것이다." 하고 인하여 울음을 삼키니, 곁에 있는 사람들은 유인을 위해 슬퍼하면서도 말뿐이리라고 여겼다. 그러나 유인의 계획이 평소 정해져 있었다는 것은 알지 못하였다.

신사년(1761, 영조37)에 아들이 장가가서 며느리를 맞이하고 이듬해 임오년(1762)에 며느리가 시어머니를 뵈니, 유인이 슬픔과 기쁨이 가슴에 가득하여 오래도록 눈물을 훔쳤다. 종당(宗黨)의 부인(婦人)들이 한편으로 위로하고 한편으로 경하하니, 유인이 말하기를 "지금 이후로 나의 책임은 다하였으니, 한번 죽어도 늦었다고 한할 것이 없겠다." 하였다. 하루는 아들과 신부(新婦)를 앞으로 불러서 뜻하고 바라던 일을 이미 다 이루었다 말하고 자신이 죽은 뒤의 일을 매우 자세히 부탁한 다음 어린 두 딸을 사랑으로 보살펴서 장성하여 독립할 수 있게 해 달라고 거듭 당부하였다. 그렇게 하고 나서 밤에 드디어 독을 마시고 세상을 떠났으니, 날짜는 7월 10일이고 향년은 37세였다.

집안사람들이 습구(襲具)를 정리할 때 옷상자 안에 유서(遺書) 한

통이 있었으니, 대개 하루 전에 동생(同生)의 형제 및 서모(庶母)에게 영결을 고하는 글을 남긴 것이었다.

그 대략에 이르기를 "병자년(1756) 이후로 완악한 목숨을 구차하게 연명하며 7년이라는 오랜 시간 동안 죽음을 참아 왔던 것은 단지 종사(宗祀)를 부탁할 곳이 없었기 때문이다. 이제 아들이 장성하여 장가가서 며느리를 맞아들여 스스로 제사를 주관할 수 있게 되었으니, 이달 10일에 죽음을 결행하여 지하에서 남편을 따를 것이다. 애처로운 것은 부모를 잃고 남아 있을 두 딸이니, 모름지기 잘 이끌고 보살피도록 하라. 어린 두 딸에 대해서는 참으로 가련함을 이기지 못하겠지만 마음에 이미 다짐하였으니 또한 어찌 바꿀 수 있겠는가. 바라건대 너무 슬퍼하지 말거라." 하였다. 향리(鄕里)에서 그 행적을 기록하여 관부(官府)에 알리고 관부에서 관찰사의 영문(營門)에 급히 보고하였다.

오호라, 결의에 차서 스스로 죽는 것은 쉽지만 차분하게 죽음으로 나아가는 것은 어렵다. 사군자(士君子)도 오히려 그러한데, 더구나 부인(婦人)의 경우야 더 말할 것이 있겠는가. 유인이 미망인(未亡人)이 된 것은 지금부터 7년 전의 일이니, 비록 유인에게 열행(烈行)이 있었더라도 그 슬픔이 혹 조금은 줄어들 수 있었을 것이다. 게다가 신부가 집에 들어와 경사가 시작되었으니, 그 정을 또한 조금 위로할 수 있었을 것이다. 더구나 어린 두 딸이 앞에 있었으니 어찌 연민의 정에 끌리지 않았겠는가마는, 이러한 것들이 모두 한번 죽으려고 다짐했던 유인의 마음을 바꾸지 못한 것은, 어찌 다시 앞을 생각하고 뒤를 헤아려서 이리저리 고민하다 보면 고복(皐復)하던 날 반드시 죽으리라 다짐했던 뜻을 끝내 이룰 수 없다고 여겼기 때문이 아니겠는가. 더구나 일을 처리한 과정이 온화하고 차분하며 말씨가 여유롭고 부드러워서 비록 책을 읽은 남자라 하더라도 거의 따라갈 수 없는 점이 있는 데야 더 말할 것이 있겠는가. 오호라, 어질도다. 효열의 행실은 그 소종래(所從來)가 멀리 있었던 것이다.

이해 9월에 춘천(春川) 회동리(檜洞里) 임좌(壬坐)의 언덕에 합장(合葬)하였다. 아들의 이름은 최지(崔墀)이고 신부는 사인(士人) 황호언(黃浩彦)의 따님이다. 눈물을 흘리며 나에게 묘지명을 청한 사람은 유인의 오빠 강군 원부(姜君源溥)이다. 명은 다음과 같다.

상설같이 열렬한 정절이요	霜雪之貞
일월같이 빛나는 광채로다	日月之光
옛날에 또한 이런 정광(貞光)이 있었던가	古亦有否
동관[35]이 찬란하도다	彤管煌煌
상황에 따라 자신의 분수를 다하여	所在盡分
삼종지도에 어둡지 않았으니	匪昧三從
천만년이 지나도록	萬代千禩
지나가는 사람 의관을 정제하리라	過者斂容

35 동관(彤管) : 옛날 여자 사관(史官)들이 궁중의 정령(政令)이나 훌륭한 여인의 언행 등을 기록한 자루가 붉은 붓으로, 여인의 훌륭한 행실을 기록한 문장을 가리킨다.

생질 이유사 묘지명

甥姪李儒師墓誌銘

나의 누이 이씨 부인에게 아들 삼형제가 있는데 그 가운데 둘째 아들이 유사(儒師)이니, 자는 성로(聖魯)이고 어릴 때 이름은 소갑(小甲)이다. 6세에 어머니가 죽고 10세에 아버지마저 죽었는데, 나의 선비(先妣)께서 매우 가련하게 여겨 그 어머니가 죽은 뒤로 잘 때는 반드시 품에 품고 먹을 때는 반드시 밥상을 같이하여 고복(顧復)의 은혜[36]를 지극히 갖추었으니, 아이도 나의 선비를 어머니로 여겨 자기 어머니가 죽은 것도 몰랐다. 12세에 나의 선비께서도 세상을 떠나시니, 아이는 정말 어머니가 없게 되었다.

나는 일찍이 내 누이가 현숙(賢淑)한 덕이 있으면서 일찍 죽은 것을 애통하게 여겨 제문을 지어 제사 지내고 이르기를 "누이의 아들과 딸은 내가 마땅히 기르고 가르쳐서 시집보내고 장가보내겠다."라고 하였으니, 이는 맹세하는 말이었다. 더구나 나는 4, 5십 세가 되도록 자식이 없어서 실로 그 아이를 자식처럼 보았으니 더 말할 것이 있겠는가. 선비께서 아이를 두고 세상을 떠나셨을 때에는 매우 가련하게 여기고

36 고복(顧復)의 은혜 : 고복은 돌아보고 반복하여 보살핀다는 뜻으로, 자식을 길러 주는 어버이의 은혜를 말한다. 《시경》〈소아(小雅) 육아(蓼莪)〉에 "아버지여 나를 낳으시고 어머니여 나를 길러 주시니, 나를 어루만지고 나를 길러 주시며, 나를 자라게 하고 나를 키워 주시며, 나를 돌아보고 다시 돌아보시며 출입할 때에 나를 가슴속에 두시니, 그 은덕(恩德)을 갚고자 할진댄 하늘처럼 다함이 없도다.〔父兮生我, 母兮鞠我, 拊我畜我, 長我育我, 顧我復我, 出入腹我, 欲報之德, 昊天罔極.〕"라고 한 데서 온 말이다.

돈독하게 사랑하여 전일에 비해 더욱 이 마음이 더하였다. 이 때문에 아이는 말을 배울 무렵부터 나를 아버지라 불렀고 죽는 날에도 그렇게 불렀다.

아이는 10세에 비로소 《소미사(少微史)》[37]를 배웠는데, 매우 총명하고 영민하여 날로 진보가 있는 것을 느꼈다. 내가 은대(銀臺)의 직무에 종사할 때는 새벽에 대궐로 들어갔다가 밤이 되어서야 돌아오는 경우가 많았는데, 아이는 늘 그때 내가 자지 않으면 문득 책을 가지고 곁에 있었다. 그리고 간혹 내가 이불을 덮고 자다가 손을 저으며 짐짓 천천히 하자고 하면 아이는 나를 내려다보며 눈물을 흘렸기에 나는 부득이 곤히 들었던 잠을 몰아내고 일어나 구두(口讀)를 떼어 주었으니, 마음속으로 기특하게 여기지 않은 적이 없었다. 4, 5세가 되었을 때는 학업이 거의 이루어졌는데, 갑자기 풍현(風眩) 증상이 때로 심해졌다. 이때부터는 오직 그 질병을 근심하여 학업을 잃을까 걱정할 겨를이 없었다. 그러나 아이는 저 혼자의 힘으로 사한(詞翰)을 익혀서 노두(老杜) 및 당(唐)나라 시인들의 시 수백 수(首)를 암송하였는데, 시구를 읊으면 말에 왕왕 아름다운 곳이 있었고 글씨가 또한 매우 흡사하여 나도 구분하지 못할 때가 많았으니, 모두 배우지 않고 능했던 것이다. 나는 그를 볼 때마다 묵묵히 놀라고 기특하게 여겼지만, 이는 단지 그의 재주를 말했을 뿐이다. 성동(成童)이 되기 전에 단서(端序)가 보였으니, 내 선비의 상을 당했을 때 아침저녁으로 나를 따라 곡을 하였고, 또 하실

37 소미사(少微史) : 《통감(通鑑)》을 말한다. 송(宋)나라 학자 강지(江贄)의 호가 소미(少微)인데, 그가 사마광(司馬光)의 《자치통감(資治通鑑)》을 요약해서 《통감》을 지었기 때문에 이렇게 불렀다.

(下室)[38]에서 절을 하며 3년의 상기를 마쳤다. 근년 이래로는 지극한 정성으로 나의 아내를 섬겨서 의원에게 증세를 묻고 약을 달이는 일에 게으른 기색을 보이지 않았으며, 일을 만나면 시비와 득실에 대해 논하여 그 말이 모두 온화하게 사리에 맞았으니, 이는 그 밝은 성품과 아름다운 행실이다.

신묘년(1771, 영조47) 겨울에 병이 더해져서 임진년(1772) 1월 16일 마침내 세상을 떠났으니, 태어난 해인 신미년(1751)부터 계산해 보면 향년이 22세이다. 슬프도다.

바야흐로 병이 위독해졌을 때 내가 소갑을 부르며 이르기를 "너의 아내는 내가 딸처럼 보아서 의지하여 살아갈 수 있게 하고, 후일 너의 형제가 아들을 낳으면 마땅히 너의 자식으로 들이게 하겠다. 오호라, 22년 동안 부자지간처럼 쌓아온 정(情)이 여기서 그치는 것이냐." 하였다.

이씨(李氏)는 본래 함평(咸平)의 명족(名族)이니, 대대로 관작(官爵)을 가진 이가 있었다. 휘 관(瓘)은 문과에 급제하여 한림(翰林)이 되고 세상을 떠났을 때 관직이 예조 참판이었으며, 이분의 아들 홍원(弘元)은 또 문과에 급제하여 관직이 좌랑(佐郎)에 이르렀으니, 이분들이 아이의 7대조와 6대조가 된다. 조(祖)의 휘는 수일(壽一)이니, 덕을 숨겨 벼슬하지 않았다. 조비(祖妣)는 양천 허씨(陽川許氏)이니, 현감(縣監) 허상(許鋿)의 따님이다. 고(考)의 휘는 태운(台運)이니, 문장이 일찍 드러나 사류(士流)의 추중(推重)을 받았으나 불행히도

38 하실(下室) : 내당(內堂)이나 연침(燕寢)과 같은 의미로, 생시에 음식을 먹고 일을 보던 곳을 말한다.

요절하였다. 비(妣)는 평강 채씨(平康蔡氏)이니, 증(贈) 좌찬성(左贊成) 채응일(蔡膺一)의 따님이다. 찬성의 배(配)는 연안 이씨(延安李氏)이니, 증 판서 이만성(李萬成)의 따님인데 일찍이 아이를 양육하여 고생을 꺼리지 않았다. 아이의 아내 유씨(柳氏)는 본관이 진주(晉州)이니, 부제학 유순선(柳順善)의 7대손이고 부친은 유재근(柳載根)이다. 시집온 지 겨우 3개월밖에 되지 않았으니, 더욱 애처롭다. 명은 다음과 같다.

아, 한 줌의 황량한 언덕에는	嗟哉一抔荒丘
뒤에 후사를 이은 아이가 술을 따를 것이거니와	後必有孤兒澆酒
한스러운 것은 내가 이미 늙었으니	所恨樊翁老矣
과연 그 장면을 볼 수 있을 것인가	果可以及見也否

서자 홍신 예지

庶子弘愼瘞誌

아이는 번암(樊巖) 채제공 백규(蔡濟恭伯規)가 나이 60에 얻은 아들이다. 아이에게는 어머니가 다른 형이 있으니 이름이 홍근(弘謹)인데, 내가 아이의 이름을 홍신으로 지은 것은 대개 삼가고 삼가서〔謹愼〕 아버지에게 부끄러움을 끼치는 일이 없기를 바라는 마음에서 그렇게 하였다. 아이의 어머니는 김씨(金氏)이니, 평양(平壤) 사람이다.

아이가 젖을 뗄 무렵에 정경부인(貞敬夫人) 권씨(權氏)[39]가 품어 길러서 먹고 잘 때에 잠시도 떨어지지 않았으니, 아이도 부인을 어머니라고 여겨서 생모(生母)가 있는지 몰랐다. 조금 사리를 분별하게 되었을 때 늘 스스로 말하기를 "나는 평강(平康) 채홍신(蔡弘愼)이다."라고 하였는데, 사람들이 혹 "너의 성(姓)이 무엇이냐?"라고 물으면 바로 "채권(蔡權)입니다."라고 대답했으니, 그 생각은 부모의 성을 아울러 가지려 했던 것이다. 그래서 부인이 더욱 기특하게 여기고 사랑하였다. 아이는 두골(頭骨)이 크고 눈은 눈동자가 깊고 총기가 있었다. 목소리는 매우 크고 웃으면 양쪽 속눈썹이 맞닿아서 마치 물건을 볼 수 없을 것만 같았으니, 이는 선조 때부터 그러하였다고 한다. 아이는 비록 어렸지만 속에 지혜가 많아서 말을 하면 사람들이 미처 생각하지 못한 것을 말하였다. 5세가 되었을 때는 나를 따라 명덕산(明德山)에 있는

39 정경부인(貞敬夫人) 권씨(權氏) : 번암의 계배(繼配)인 안동 권씨(安東權氏)를 말한다.

집에 머물렀다. 한번은 신발이 해져서 나가 놀지 못하자 여종이 서울로 들어가는 종에게 부탁하여 그 상황을 부인에게 고하게 한 적이 있었는데, 아이가 그 말을 듣고 이르기를 "고하지 말거라. 어머니께서 돈이 부족하다는 것을 나는 알고 있으니, 걱정을 끼칠까 염려된다. 비록 신발이 없더라도 내가 스스로 견뎌 내야 할 것이다." 하였다. 7세 때에는 나를 보기 위해 처음으로 노량(鷺梁)의 우정(寓亭)에 나왔는데, 문을 나가 놀다가 마을이 있는 곳을 잃어버리자 울면서 저자에 앉아 있는 사람에게 "내 아버지는 병조와 호조의 판서를 역임하였고 수염과 머리가 하얗게 센 분입니다. 그 집이 어디에 있습니까?"라고 물으니 저자 사람들이 내 아들인 것을 알고 손을 잡고 데려왔다. 아이는 말투와 행동거지가 하나같이 나를 닮아서 내가 매우 사랑하였으니, 볼 때마다 입을 벌려 웃었고 하루만 보이지 않으면 아이를 잃어버린 것처럼 근심하였다. 8세에 당진(唐疹)으로 명덕산의 집에서 죽으니, 병오년(1786, 정조10) 2월 17일이었다.

병들었을 때 약을 먹으라고 권하기 위해 내가 붓과 먹과 종이를 주니 아이가 한참을 만지작거리다가 부인을 쳐다보며 말하기를 "잘 간직해 주세요. 다른 날 글자를 연습하겠습니다." 하였다. 병이 갈수록 심해지자 나에게 말하기를 "어떻게 하면 살 수 있습니까?"라고 하기에 내가 대답하기를 "약을 먹기 싫어하지 않으면 살 수 있다." 하였으니, 오호라, 아이는 혹 살 수 있는 도리가 나에게 있다고 생각하여 나에게 물었던 것인가? 나는 지극히 어질지 못하고 운명이 또한 기구하여 마침내 아이를 살리지 못했으니, 내가 아이를 저버린 것이다.

죽은 이튿날 입관(入棺)하여 늦은 새벽에 죽산(竹山) 율현촌(栗峴村)으로 보내어 정결한 곳을 가려 묻게 하였다. 율현은 내가 죽은 뒤에 묻히려고 생각한 곳이니, 다른 날 과연 세상에서 하던 것처럼 부자간에 놀 수 있을 것인가.

아이는 《당음소시(唐音小詩)》를 거의 반 권 정도 배웠기에 그 책과 전날 주었던 붓과 먹과 종이를 관에다 넣어 보냈으니, 그 일이 매우 슬프다. 그 후 4월 을미일에 67세 된 늙은 아비는 통곡하며 예지(瘞誌)를 적나니, 오히려 후인들은 애처롭고 가련하게 여겨서 혹시라도 봉분을 허물어뜨려 드러나게 하는 일이 없기를 바라노라.

임군 묘명
林君墓銘

임군 태숭(林君泰崇)은 길주(吉州) 사람이다. 길주는 오령(五嶺) 밖에 있으니, 경사(京師)에서 거리가 2000여 리이다. 군은 일찍이 무예로 발신(發身)하였는데, 관직이 진장(鎭將)에 그쳤을 뿐이니 마치 세상에 드러낼 만한 것이 없는 듯하였다. 그러나 살았을 때는 향리(鄕里)에서 흠복(欽服)하였고 죽어 장사 지낼 때는 원근의 사람들이 모두 모여 매우 슬프게 곡을 하였으며 지금까지도 잊지 못하고 있으니, 이는 어찌 미더워 감응할 만한 지극한 행실이 있어서 그런 것이 아니겠는가.

군은 성품이 효성스러웠다. 12세에 부친이 병에 걸렸는데, 능히 곁을 지키며 보살펴서 밤에는 옷도 벗지 않았고 20일이 지나도록 피곤한 기색이 없었으니, 사람들이 기특하게 여겼다. 장성했을 때는 힘써 농사를 짓고 깨끗하고 후하게 음식을 차려 봉양하였으니, 부모의 입맛에 맞추고 부모의 뜻을 따르는 도리에 지극하지 않은 점이 없었던 것이다. 그리고 일이 있을 때가 아니면 잠시도 곁을 떠난 적이 없었다. 68세에 거듭 어버이의 상을 당했는데, 어린아이가 부모를 그리듯이 애훼(哀毁)하고 몸에는 늘 최질(縗絰)을 착용하여 자신이 노쇠한 나이에 이르렀다는 것을 스스로 알지 못하였다. 무덤이 집에서 30여 리 떨어져 있어서 초하루와 보름에는 하실(下室)에 제전(祭奠)을 올리고 자신은 따로 제구(祭具)를 배설(排設)해 놓고 달려가 곡하였으니, 상기를 마치고 나서도 그만두지 않고 종신토록 이렇게 하였다. 군자가 이르기를

"예문(禮文)에 없는 예(禮)[40]를 행하였다."라고 하였으니, 또한 그 정성을 살펴볼 수 있다.

평소에는 새벽에 사당에 배알하였고 수묘(守墓)하는 사람을 보면 문득 눈물을 줄줄 흘렸으니, 억지로 그런 것이 아니었다. 종전(宗田)을 설치하여 제사를 주관하는 사람으로 하여금 그 소출을 가져다 제사를 받들게 하였고 부모의 기일이 되었을 때 제사를 주관하는 집에 일이 있으면 따로 신위를 만들어 집에서 제사 지냈으니, 외가(外家)에도 그렇게 하였다. 여러 족질과 친척들을 대할 때는 친애하는 마음을 극진히 하여 응대하였고, 베풀기를 좋아하여 사람을 구제할 때는 물에 빠진 이를 건지듯이 급하게 하였다. 한번은 북관(北關)에 흉년이 크게 든 적이 있었는데, 곡식 수백 섬을 덜어 내어 전후로 진휼하여 살린 사람이 매우 많았다. 벽에는 '효제충신(孝悌忠信)'이라는 네 글자를 걸어 놓았으니 이미 이로써 몸가짐의 부절로 삼았고, 자손들에게 경계하여 실추하지 말게 하였으니 그 행실은 모두 효(孝)에서 근원하였던 것이다.

군의 자는 대준(大峻)이다. 증조는 준(俊)이니 증(贈) 판결사(判決事)이다. 조(祖)는 사길(士吉)이니 증 한성부 좌윤(漢城府左尹)이다. 고(考)는 두만(斗萬)이니 동지중추부사인데, 또한 효성으로 향리에 명성이 있었다.

군은 79세 때인 경자년(1780, 정조4) 2월 4일에 세상을 떠났으니,

40 예문(禮文)에 없는 예(禮) : 예문에는 없더라도 이치를 참작하여 새로운 예를 만들어 내는 의기(義起)의 예를 말한다. 《예기(禮記)》 〈예운(禮運)〉의 "예라는 것은 의리의 열매이니, 의리에 맞추어 보아 적합하면 비록 그러한 예가 선왕의 예법에 없을지라도 의리로 참작하여 새로 만들 수 있는 것이다.〔禮也者, 義之實也, 協諸義而協, 則禮雖先王未之有, 可以義起也.〕"라고 한 데서 온 말이다.

설봉산(雪峯山) 경좌(庚坐)의 언덕에 장사 지냈다. 배(配)는 김해 김씨(金海金氏)이니 학생(學生) 김기언(金奇珍)의 따님이다. 효성스럽고 손순(遜順)하며 자애롭고 어질어서 50년을 하루같이 시부모를 봉양하였으니, 군은 훌륭하다고 여겼고, 시부모는 사람들과 말할 때 반드시 '우리 착한 며느리'라고 하였다. 갑오년(1774, 영조50) 5월 20일에 세상을 떠났으니, 향년이 78세이다.

3남 3녀를 두었으니, 아들은 서무(瑞茂), 서춘(瑞春), 서기(瑞起)이고 사위는 최종(崔琮), 김대유(金大愈), 이상철(李相喆)이다.

외손 김생 환빈(金生煥斌)이 마천령(摩天嶺)을 넘어 경사(京師)로 들어와서 묘명(墓銘)을 얻지 못하면 돌아가지 않겠다고 간절히 청하였으므로, 그 정성에 감동하여 마침내 묘명을 짓는다. 명은 다음과 같다.

학문은 행실을 귀하게 여기고	學貴行
행실은 독실한 효성을 귀하게 여기니	行貴孝於篤
이런 사람 비록 배우지 않았다 말하더라도	若人者雖曰不學
나는 반드시 그를 배웠다고 이르리라[41]	吾必謂之學矣

41 비록……이르리라 : 정성을 다해 인륜(人倫)을 행하는 것이 바로 학문이란 점을 강조한 말이다. 공자의 제자인 자하(子夏)가 "어진 이를 어질게 여기되 색을 좋아하는 마음과 바꿔 하며, 부모를 섬기되 능히 그 힘을 다하며, 인군(人君)을 섬기되 능히 그 몸을 바치며, 붕우와 더불어 사귀되 말함에 성실함이 있으면 비록 배우지 않았다고 하더라도 나는 반드시 그를 배웠다고 이르겠다.〔賢賢易色, 事父母能竭其力, 事君能致其身, 與朋友交言而有信, 雖曰未學, 吾必謂之學矣.〕"라고 한 데서 온 말이다. 《論語 學而》

묘표 墓表

세손익위사 부솔 정군 묘표
世孫翊衛司副率鄭君墓表

성상(聖上) 32년 병자년(1756, 영조32)에 상께서 친히 성균관에 나아가 살펴본 다음 강경 유생(講經儒生)을 선발하였는데, 정군 창조(鄭君昌朝)가 여기에 포함되었다. 연석(筵席)의 신하들이 "이 사람은 실로 경술(經術)로 이름이 났습니다."라고 하니, 상께서 온아(溫雅)한 용지(容止)와 정밀한 문의(文義)를 보시고 탄식하며 이르기를 "반제(泮製)에서 급제를 내리지 못한 것이 한스럽다." 하였다. 임오년(1762) 장릉 참봉(長陵參奉)에 제수되고 계미년(1763) 선공감 봉사(繕工監奉事)로 승진되었다가 곧바로 익위사 부솔(翊衛司副率)로 옮겼는데, 이듬해 7월 13일 병으로 세상을 떠났으니 향년이 겨우 32세였다. 남양(南陽)의 온곡(溫谷)에 장사 지냈다.

군은 어릴 때부터 총명이 탁월하였다. 9세에 시를 지어 사천(槎川) 이병연(李秉淵)[42]에게 질정하였는데, 사천이 그 시고(詩稿)에 '후명(后

42 이병연(李秉淵) : 1671~1751. 본관은 한산(韓山), 자는 일원(一源), 호는 사천·백악하(白嶽下)이다.

溟)'이라고 적어 주었으니 대개 동명(東溟)[43]으로 기약한 것이었다. 이때부터 문장 공부에 더욱 힘을 써서 향학(鄕學)에서 명성이 있었다. 22세에 사마시(司馬試)에 합격하였다. 24세에 반제에 응시하여 장원으로 급제하였으나, 탁호(拆號)[44]할 때에는 도리어 차석이 되어 있었다. 세상을 떠나기 1년 전에 다시 증광시(增廣試)에서 장원을 하였으나 급제하지는 못하였으니, 운명이었나 보다. 군이 세상을 떠났을 때 사우(士友)들이 아는 사람이나 모르는 사람이나 모두 제문을 지어 와서 애통해하였으니, 원망을 하늘로 돌리지 않을 수 없다. 그러나 이는 단지 군의 명성을 사모하고 죽음을 슬퍼하는 것일 뿐이니, 그 고결하고 순수한 지조(志操)와 잘 다스려지고 신실한 내행(內行)에 이르러서는 누가 다 알 수 있겠는가.

군은 어려서 모친을 잃었다. 한번은 암(巖)이라는 이웃 아이와 놀다가 갑자기 입으로 시구(詩句)를 읊기를 "암은 어머니가 있는데 나는 없어서 슬프구나.〔巖有母余無悲〕"라고 한 적이 있었는데, 당시 군의 나이 5세였으니 대헌공(大憲公)[45]이 기특하게 여기면서도 더욱 가련하게 생각하였다. 장성해서는 모친을 섬기지 못한 것을 통한으로 여겨 두 명의 누이를 어머니처럼 사랑하였고, 대헌공을 색양(色養)[46]으로

43 동명(東溟) : 정창조(鄭昌朝)의 고조(高祖)인 정두경(鄭斗卿, 1597~1673)의 호이다. 본관은 온양(溫陽), 자는 군평(君平)이고, 이항복(李恒福)의 문인이다.

44 탁호(拆號) : 합격자의 명단이 적힌 봉투를 열어 호명하는 일을 말한다.

45 대헌공(大憲公) : 정창조의 부친인 정광충(鄭光忠, 1703~?)을 가리킨다. 당시 대사헌으로 있었기 때문에 이렇게 말한 것이다. 본관은 온양, 자는 사원(士元), 본명은 정광진(鄭光震)이다. 1755년(영조31) 영조가 친히 정광충이라는 이름을 내려 주었다.

46 색양(色養) : 공순(恭順)한 안색으로 부모를 섬기는 것을 말한다. 일설에 부모의

섬겨 즐거움을 다하게 하였으며, 출처(出處)와 사위(事爲)는 국정(國政)에 도움이 된 일이 많았다. 익위사 부솔로 연석에서 시강(侍講)할 때는 세손(世孫)께서 군의 경술이 동료들 가운데 뛰어나다는 것을 알고 “선한 것을 말하여 사심을 막는 것을 경이라 이른다.〔陳善閉邪謂之敬〕”[47]라는 7자를 크게 적어 내려 주었으니, 군은 이 일로 인하여 거처를 ‘경와(敬窩)’라고 이름하였다.

군은 병이 들어 스스로 일어날 수 없다는 것을 안 뒤에는 집안사람들에게 부친의 봉양을 간곡히 부탁하였고 자신이 죽은 뒤의 일을 매우 자세하게 조치하였다. 사람들 가운데 너그러운 말로 위로하고 마음을 놓으라고 권하는 이가 있으면 군은 웃으며 말하기를 “죽고 사는 것은 하늘에 달린 일이니, 어찌 슬퍼하겠습니까. 오직 묵묵히 경훈(經訓)을 송독하는 것이 병든 가운데 심신을 관섭(管攝)할 수 있는 일입니다.”라고 하고 사구시(四句詩)를 지어 자신의 뜻을 보여 주었으니, 대개 진덕수업(進德修業)의 정성이 죽고 사는 일 때문에 해이해지지 않았던 것이다.

안색을 살펴 그 뜻을 잘 받드는 것이라고도 한다. 자하(子夏)가 효(孝)에 대해 묻자, 공자가 “얼굴빛을 온화하게 하는 것이 어려우니, 부형(父兄)에게 일이 있으면 제자가 그 수고로움을 대신하고, 술과 밥이 있으면 부형에게 잡숫게 하는 것, 이것을 효라고 할 수 있겠는가?〔色難, 有事, 弟子服其勞, 有酒食, 先生饌, 曾是以爲孝乎?〕”라고 한 데서 온 말이다. 《論語 爲政》

47 선한……이른다 : 맹자가 군주를 모시는 바른 신하의 모습을 설명하기를 “하기 어려운 일을 임금에게 요구하는 것을 공이라 이르고, 선한 것을 말하여 임금의 사심을 막는 것을 경이라 이르고, 우리 임금은 훌륭한 일을 할 수 없다고 말하는 것을 적이라 한다.〔責難於君謂之恭, 陳善閉邪謂之敬, 吾君不能謂之賊.〕” 하였다. 《孟子 離婁上》 적(賊)은 해친다는 뜻이다.

군의 자는 자정(子正)이다. 정씨는 본래 온양(溫陽)의 저명한 성씨이다. 7대조 휘 렴(磏)은 호가 북창(北窓)[48]이니, 세상에서 이인(異人)이라 칭송하였다. 고조 휘 두경(斗卿)은 호가 동명이니, 관직은 예조참판을 지냈고 문장이 동국(東國)에 크게 드러났다. 증조의 휘는 일양(一陽)이니, 증(贈) 이조 참의이다. 조(祖)의 휘는 수륜(壽崙)이니, 직장(直長)을 지냈고 이조 참판에 증직되었다. 부친의 휘는 광충(光忠)이니, 현임 대사헌이다. 비(妣)는 증 정부인(貞夫人) 윤씨(尹氏)이니, 진사 윤경종(尹敬宗)의 따님이다. 배(配)는 조씨(曺氏)이니, 병사(兵使) 조윤성(曺允成)의 따님이다. 1남 1녀를 두었는데 모두 어리다.

나는 대헌공과 교분이 매우 돈독하였고 공 역시 나를 망년지우(忘年之友)로 대하였다. 중간에 나를 찾아와서 눈물을 흘리며 말하기를 "내 아이는 재주는 있지만 수명이 없고 뜻은 있지만 다 채우지 못했으니, 참으로 그 죽음이 애석함을 알겠습니다. 그러나 후세에 민멸되지 않게 하여 생사 간에 한을 위로할 수 있는 이는 오직 그대뿐이니, 그대가 묘표를 지어 주시기 바랍니다." 하였다. 돌이켜 생각하건대 나는 일찍이 연신(筵臣)으로서 군의 경술에 대해 상에게 아뢴 사람이니, 나만큼 군의 참모습을 알고 군을 깊이 애도하는 사람이 없을 것이다. 그래서 마침내 사양하지 못하고 이와 같이 비석에 쓴다.

48 북창(北窓) : 정렴(鄭磏, 1506~1549)의 호이다. 본관은 온양, 자는 사결(士潔)이고, 시호는 장혜(章惠)이다.

증 참판 조공 묘표

贈參判趙公墓表

공의 휘는 덕린(德麟), 자는 성서(聖瑞)이다. 일찍 과거 공부를 그만두고 두문불출 자신을 단속하여 사람들이 알아주기를 원하지 않았다. 그러다가 마침내 영조 경오년(1750, 영조26) 9월 3일 집에서 세상을 떠났으니, 태어난 해인 계해년(1683, 숙종9)부터 계산해 보면 향년이 68세이다. 그 후 장남이 대각(臺閣)에 들어가 시종(侍從)이 되고 차남이 무과로 진출하여 가선대부의 자급에 오르고 손자가 또 문과에 급제하여 낭서(郎署)에 출입하였으니, 군자(君子)가 이르기를 "공이 세상을 떠난 후에 하늘의 보시(報施)가 이와 같이 번성하고 두터웠던 것은 공의 효성스럽고 우애로운 행실에 대한 감응이 있었기 때문이다."라고 하였다.

공은 11세에 부친상을 당하고 16세와 18세에 거듭 승중상(承重喪)을 당한 데다가 을유년(1705)[49]에는 모친상을 당하였으니, 전후로 12년 동안 끝내 강계(薑桂)를 가까이하지 않아[50] 슬픔으로 몸이 상한 나머지 거의 목숨을 잃을 뻔하였다. 공은 간병하는 동안 대변을 맛보아 병세를 살피기도 하고 손가락을 베어 입으로 피를 흘려 넣기도 하였으니, 감탄하지 않는 사람이 없었다. 황고(皇考)께서 병들었을 때는 3년 동안

49 을유년 : 대본에는 '己酉'로 되어 있다. 문맥에 근거하여 '己'를 '乙'로 바로잡아 번역하였다. 기유년은 1729년(영조5)으로 공의 나이 47세이다.

50 강계(薑桂)를 가까이하지 않아 : 상을 당하여 자신의 몸을 돌보지 않았다는 의미이다. 강계는 매운맛을 내는 생강(生薑)과 육계(肉桂)로, 사람의 원기를 보완하는 음식이다.

위독하게 앓았는데, 공은 9세부터 약을 맛보고[51] 달이는 등의 일을 게을리하지 않았고, 상을 당했을 때는 성인들이 하는 것처럼 가슴을 치며 통곡하였으니, 사람들이 더욱 미칠 수 없는 일이라고 여겼다.

공은 비록 어렸지만 두 명의 동생을 지극히 정성스럽게 보살펴서 성장하여 독립할 수 있게 하였고, 늙어서도 따로 살지 않았으며, 시마복(緦麻服)을 입는 먼 친족과도 함께 식사를 하였다. 선조의 제사를 받들 때는 병을 앓고 있어도 자제들로 하여금 대신 지내게 하지 않았고, 할아버지와 아버지의 제사에는 반드시 직접 제기를 살펴보고 종일 눈물을 흘리며 슬퍼하였으니, 자제들이 민망하게 여기면서도 감히 말하지 못하였다. 사람들의 곤궁함을 급하게 구휼하되 가재(家財)의 유무를 따진 적이 없었고, 가숙(家塾)을 설치하여 자제들을 가르칠 때에도 과정이 있었다. 사람들이 혹 그 효성스러움을 칭송하며 조정에 천거하고자 할 때는 문득 엄한 말로 그만두게 하였으니, 이 때문에 마침내 포의(布衣)의 신분으로 세상을 떠났다. 그러나 중자(仲子)의 공으로 인하여 가선대부에 증질(贈秩)되고 이조 참판에 추증되었으니, 하늘이 의당 보답해야 하는데 보답하지 않았던 것이 이에 충족되었다.

조씨(趙氏)는 원래 한양(漢陽)의 대성(大姓)이다. 시조의 휘는 잠(岑)이니 고려(高麗) 사람이다. 본조(本朝)에 들어와서 휘 말생(末生)은 영중추원사(領中樞院事)와 대제학(大提學)을 지냈고 시호는 문강

51 약을 맛보고 : 윗사람에게 약을 올리기 전에 먼저 맛보는 것을 말한다. 《예기(禮記)》 〈곡례 하(曲禮下)〉에 "임금이 병에 걸려 약을 먹을 때는 신하가 먼저 맛보고, 어버이가 병에 걸려 약을 먹을 때는 자식이 먼저 맛본다.〔君有疾, 飮藥, 臣先嘗之, 親有疾, 飮藥, 子先嘗之.〕"라고 한 데서 온 말이다.

(文剛)이다. 4대를 내려와 한천위(漢川尉) 휘 무강(無疆)이 곧 공의 6대조이다. 증조의 휘는 원찬(元纘)이니, 주부(主簿)를 지냈고 좌승지에 추증되었다. 조(祖)의 휘는 상훈(相勛)이니, 호조 참판에 추증되었다. 고(考)의 휘는 중진(重珍)이니, 좌승지에 추증되었다. 비(妣)는 파평 윤씨(坡平尹氏)이니, 서원군(瑞原君) 윤사정(尹士貞)의 6대손이고 현신교위(顯信校尉) 윤지성(尹之聖)의 따님이다.

배(配)는 정부인(貞夫人) 거창 신씨(居昌愼氏)이니, 이조 참의 신후갑(愼後甲)의 후손이고 통덕랑 신사인(愼思仁)의 따님이다. 신유년(1681)에 태어나 계축년(1733) 4월 12일에 세상을 떠났으니, 향년이 53세이다. 처음 양주(楊州)에 장사 지냈다가 송경(松京) 서면(西面) 흑사동(墨寺洞) 오봉산(五峯山) 정좌(丁坐)의 언덕에 이장하였고, 뒤에 공주(公州)에 장사 지내 쌍분(雙墳)으로 만들었다.

아들은, 장남 세선(世選)은 문과에 급제하여 장령(掌令)이 되었고, 차남 세구(世逑)는 무과로 출신하여 내외장(內外將)이 되었다. 삼남은 세진(世進)이다. 세선의 아들은 경한(景漢)이고 두 딸은 이지오(李之五)와 정필(鄭泌)에게 시집갔다. 세구의 사자(嗣子)는 장한(章漢)이니 문과에 급제하여 정랑(正郎)이 되었고, 서자(庶子)는 승한(昇漢)이다. 세진의 사자는 성한(星漢)이고 딸은 임유상(任有常)에게 시집갔다. 경한은 아들 둘을 두었으니, 재성(材成)과 재량(材良)이다.

공의 장남 장령 군은 75세인데, 직접 가장(家狀)을 적은 다음 눈물을 흘리며 나에게 묘표를 청하였으니, 또한 그 집안의 효를 이어 간다고 할 만하다. 나는 이 때문에 감격하여 기뻐하고, 그 가장에 의거하여 위와 같이 찬술(撰述)한다.

부총관 이공 묘표

副摠管李公墓表

공의 휘는 희원(禧遠)이고 자는 계응(季膺)이니, 우리 세종대왕(世宗大王)의 아들 화의군(和義君) 충경공(忠景公) 휘 영(瓔)의 7대손이다. 증조 휘 상지(尙志)에 이르러 종적(宗籍)에서 친진(親盡)되어[52] 작위(爵位)를 세습하지 못하였으니, 호조 판서에 증직되었다. 조(祖)의 휘는 한규(漢珪)로 지중추부사와 도총관(都摠管)을 지내고 좌찬성에 증직되었으며, 고(考)의 휘는 여적(汝迪)으로 동지중추부사와 부총관을 지내고 병조 판서에 증직되었다. 이 두 대는 모두 무과로 진출하였다. 비(妣)는 정부인(貞夫人) 원주 이씨(原州李氏)이니, 통덕랑(通德郎) 이위(李葳)의 따님이다.

공은 풍채와 의범이 훌륭하였으며 신중하고 과묵하여 천거로 금군(禁軍)에 충원되었다. 계묘년(1723, 경종3) 녹시사(祿試射)에 응시하여 사제(賜第)[53]되고 선전관(宣傳官)에 제수되었는데, 얼마 뒤 파방(罷

52 종적(宗籍)에서 친진(親盡)되어 : 친진은 조상의 제사를 받드는 대수(代數)가 다 되는 것을 말하는데, 통상적으로 종실(宗室)에서는 5대, 기타 사대부(士大夫)는 4대까지 조상의 제사를 지낸다. 종적에서 친진되면 그때부터는 종친(宗親)이 아닌 일반 사대부가 된다.

53 사제(賜第) : 절일제(節日製), 춘추 도기(春秋到記), 일차 유생(日次儒生)의 전강(殿講), 외방 별과(外方別科), 권무과(勸武科), 관무재(觀武才), 중일 시사(中日試射), 각종 도시(都試)와 시재(試才), 상시사(賞試射), 별시사(別試射) 등에서 가장 우수한 성적을 거두었을 때 문과(文科)나 무과(武科)의 전시(殿試)에 곧바로 응시할 자격을 내려 주는 것을 말한다. 전시는 급제자의 순위를 정하는 시험이고 이 자격을

榜)되었다가 을사년(1725, 영조1)의 정시(庭試)에 고쳐 부표(付標)되었다.[54] 정미년(1727) 비변사 낭청에 차임(差任)되었는데, 이때부터 내직(內職)으로는 도총부 도사(都摠府都事), 도총부 경력(都摠府經歷), 선전관, 내금위장(內禁衛將), 어영청 별장(御營廳別將), 금위영 별장(禁衛營別將), 훈련도감 별장(訓練都監別將), 도총부 부총관 등을 역임하였고, 외직으로는 영원(寧遠), 중화(中和), 온성(穩城), 칠곡(漆谷), 죽산(竹山), 남양(南陽), 영흥(永興), 영변(寧邊), 강계(江界), 정주(定州) 등의 수령을 역임하였으며, 영장(營將)으로 상주(尙州)를 진무(鎭撫)하였다. 무장(武將)으로는 황해도의 수사(水使)와 병사(兵使)가 되었는데, 병사는 미처 부임하기 전에 남병사(南兵使)로 바꿔 제수되었다. 아장(亞將)으로는 수어청(守禦廳), 총융청(摠戎廳), 어영청(御營廳), 금위영(禁衛營) 등 4영(營)의 중군(中軍)과 용호장(龍虎將)을 역임하였다. 영조 을유년(1765, 영조41) 5월 30일에 세상을 떠났으니, 태어난 해인 무인년(1698, 숙종24)부터 계산해 보면 향년이 68세이다.

공은 이른 나이에 입신(立身)하여 성대하게 부조(父祖)의 가업(家業)을 계승하였으니, 직임과 공적이 의당 여기에 그쳐서는 안 될 것이다. 하지만 중도에 차질이 생겼고 곤경을 딛고 다시 일어나 보니 이미 늙고 병들어 있었다. 그래서 눈에 보이는 명성과 실적은 오직 주목(州

가진 자들은 응시하기만 하면 으레 급제자(及第者)로 방목(榜目)에 붙여지게 되어 있기 때문에 이를 급제할 자격을 주는 은사(恩賜)라는 의미에서 사제라고 하였다.

54 고쳐 부표(付標)되었다 : 원래의 내용 위에 찌를 붙이고 그 찌에 고쳐 기록한다는 의미로, 한번 임금의 재가(裁可)를 받은 문서(文書)에 일부분 고쳐야 할 사유가 있을 때 다시 재가를 받기 위하여 문서의 수정 부분에 황색의 부전(付箋)을 붙인다는 말이다.

牧)에서만 징험할 수 있으니, 논하는 사람들이 애석하게 여기는 점이다. 그러나 안으로는 효의(孝義)가 사람들을 감복시켰고 밖으로는 치적이 백성들에게 드러나서 사람들이 지금까지도 칭송하고 있으니, 또한 무슨 유감이 있겠는가.

처음 영원군(寧遠郡)을 다스릴 때는 봉록을 덜어 내어 창고를 설치하고 봄가을의 호렴(戶斂)을 견감하여 백성들로 하여금 비용을 조금도 부담하지 않게 하였다. 보재(補齋)를 설립하여 유자(儒者)를 권면하고 무청(武廳)을 건립하여 무자(武者)가 흥기하게 하였으며, 노인을 우대하는 정사로는 양로재(養老齋)를 창설하는 등 정치하는 도구가 모두 갖추어졌으니, 방백(方伯)이 상에게 보고하여 통정대부로 자급이 오른 것은 이 때문이었다.

온성(穩城)[55]을 다스릴 때는 더욱 치적이 탁월하게 알려졌다. 당시 청(淸)나라 사람들이 영탑(靈塔)[56]을 쇄신하자 이곳에서 도망한 오랑캐들이 취막(毳幕)[57]을 설치하여 두만강(豆滿江) 가로 숨어들었는데, 이에 백성들이 크게 놀라 대부분 새나 짐승처럼 달아나고 관(官)에서는 또한 성수(城守)를 두어 지키고 있었다. 그런데 공이 도임한 뒤에 일의 기미를 매우 정밀하게 탐문하고 군민(軍民)들을 효유하여 편안히

55 온성(穩城) : 함경북도 두만강 유역에 있는 진(鎭) 이름이다.

56 영탑(靈塔) : 영고탑(寧古塔)을 가리킨다. 만주 길림성(吉林城)에 있는 지명으로, 현재의 중국 흑룡강성(黑龍江省) 목단강시(牡丹江市) 영안현(寧安縣) 일대이다. 조선의 국경과 마주보는 곳에 자리하였으며 육진(六鎭) 가까이에 있었다. 청 태조(淸太祖) 누르하치가 혁도아랍(赫圖阿拉)에서 이곳으로 도읍을 옮겨 와 만주 전역을 정복하고 청나라의 기초를 세웠기 때문에 흥경(興京)이라 부르기도 한다.

57 취막(毳幕) : 유목 민족이 거주하는 천막으로 오랑캐들이 거주하는 곳을 말한다.

생업에 종사하게 하니, 덕분에 변경의 소요가 사라졌다. 큰 흉년을 만났을 때는 관고(官庫)에 비축된 곡식이 없어 관찰사 역시 어떻게 할 방법이 없었는데, 공이 성심을 다해 경영하여 진휼한 백성이 이루 다 기록할 수 없을 정도로 많아지니, 이웃 고을의 백성들이 소문을 듣고 운집하여 모두 공의 백성이 되기를 원하였다. 공은 유학과 무예를 장려하고 호역(戶役)을 견감하여 그 치적이 한결같이 영원군을 다스릴 때와 같았으나 더욱 스스로 면려하였다. 이에 어사(御史)와 관찰사가 서로 이어 조정에 보고하고 상께서 가상하게 여겨 새서(璽書)를 내리고 작질(爵秩)을 더하였으니, 가선대부로 가자(加資)된 것은 또한 이 때문이었다.

상주를 진무(鎭撫)할 때는 옥(獄)에 미결수(未決囚)가 70여 명에 이르렀는데, 공은 정법(情法)이 매우 분명하지 않은 자를 살펴 정하(庭下)로 압송해 오게 한 다음 효유하기를 "너희들도 사람이다. 전토가 있으면 농사를 짓고 전토가 없으면 소작을 할 것이지, 어찌 도둑질을 하여 사지(死地)에 빠지는 짓을 할 수 있단 말인가. 내 너희들을 보내줄 터이니, 농사짓기를 원하는 자는 농사를 짓고 소작하기를 원하는 자는 소작을 하라. 그러나 다시 죄를 범하면 용서하지 않을 것이다." 하였다. 얼마 후 판서공(判書公)의 상사를 만나 분상(奔喪)하기 위해 밤에 출발하였는데, 수십 명의 사람들이 횃불을 잡고 앞뒤에서 부지런히 불을 밝히고 날이 밝자 통곡하며 사례하였으니, 바로 지난번에 석방한 자들이었다. 이에 진졸(鎭卒)들이 비석을 세워 그 덕을 칭송하였다.

영변을 다스릴 때는 열흘도 지나지 않아 또 대부인(大夫人)의 상사를 만나 분상하였는데, 백성들이 벼랑을 갈아 비문을 새겨 그 생각을 부쳤다. 남양에서는 진휼을 잘하고 강계에서는 삼세(蔘稅)를 견감하였으니, 백성들이 지금까지도 잊지 못한다.

대부인을 모실 때는 어린아이처럼 재롱을 부리며 기쁘게 하였고, 거상(居喪)할 때는 석 달 동안 빈실(殯室)에서 모시고 묵으면서 맛있는 음식을 먹지 않고 상복을 벗지 않았으니, 3년의 상기(喪期)를 마치는 동안 한결같았다. 가정을 다스릴 때는 매우 엄격하였으니, 한 명의 아우는 평상시에도 감히 게으른 모습을 보이지 않았고 한 명의 아들은 작은 잘못이라도 범하면 이미 관직에 나아갔음에도 문득 매를 치며 꾸짖었다. 타는 준마를 팔아 곡식과 바꾸어 갈무리한 다음 '의고(義庫)'라 이름하고는 그 이식(利殖)을 취하여 가난한 친족을 진휼하거나 종중(宗中)의 제사를 도왔으니, 족당(族黨) 가운데 그 도움으로 끼니를 이어 간 곳이 10여 집이었다.

소싯적에 송경(松京)의 역려(逆旅)에서 쉬어 간 적이 있었는데, 같이 묵던 사람 가운데 탄식하며 잠을 이루지 못하는 자가 있었다. 괴이한 생각이 들어 물어보니, 안동(安東) 사람으로 고을의 포흠(逋欠)을 지고 있어서 늙은 아버지는 옥에 갇혀 있고 의주(義州)에 빚을 받으러 갔다가 여의치 않아 돌아가는 길이라고 하였다. 그래서 가련한 생각에 일어나 상인들과 모의한 다음 500금(金)을 얻어 그 사람에게 주었다. 그 후 27년 뒤에 칠곡(漆谷)의 수령이 되었을 때 수판(壽板)[58] 2부(部)를 싣고 와서 바친 사람이 있었는데 바로 송경에서 함께 묵던 사람의 아들이었으니, 대개 그는 이미 죽고 그 아들이 아버지의 뜻을 이루어 준 것이었다.

한번은 공의 위탁을 받고 일하던 사람이 재물을 훔쳐 달아난 적이

58 수판(壽板) : 관(棺)을 만드는 데 쓰이는 널빤지를 말한다.

있었다. 오랜 세월이 지난 뒤 공이 중화(中和)에 부임했을 때 여자 한 명이 뜰에 와서 하소연하기를 "남편이 죄를 짓고 모읍(某邑)에 갇히게 되어 식구들이 굶주리고 또 죽었습니다. 원컨대 공께서는 불쌍히 여겨 주소서." 하였는데, 공이 살펴보니 바로 재물을 훔쳐 달아난 자의 아내였다. 이에 공이 이르기를 "그 사람은 실로 악하지만, 그 아내는 불쌍하다." 하고는 넉넉히 구휼해 주었다.

한번은 이웃에 사는 가난한 선비가 멀리 나간 사이에 그 부모가 죽어서 부인 혼자 집에서 호곡(呼哭)하고 있으므로 공이 말과 마구(馬具)를 팔아 상기(喪期)에 맞추어 장사 지내 준 적이 있었는데, 가난한 선비는 공과 일면식도 없는 사람이었다. 공이 재물을 가볍게 여기고 의기(義氣)를 좋아한 것이 대체로 이와 같았다.

부평(富平) 모좌(某坐)의 언덕에 장사 지냈다. 부인은 남원 양씨(南原梁氏)이니, 도사(都事) 양익지(梁益祉)의 딸이다. 공과 함께 합폄(合窆)하였다.

아들은 문덕(文德)이니, 현임 경상 좌병사(慶尙左兵使)이다. 딸은, 장녀는 윤임철(尹任喆)에게 시집갔고 차녀는 권사범(權思範)에게 시집갔다. 문덕은 병사(兵使) 신사언(申思彦)의 딸에게 장가갔는데, 1남 1녀를 낳았다.

병사(兵使) 군이 소매에 공의 행장을 넣고 와서 나에게 공의 묘표를 청하였다. 나는 공과 평소 교분이 있었는데, 그 행장을 읽어 보니 처연하게 옛날 생각이 나서 사양할 수 없었다. 이에 적을 만한 내용을 추려 적어서 후인들에게 보인다.

동지중추부사 성군 묘표

同中樞成君墓表

나라의 제도가 처지에 따라 사람을 규제하고 있어서 비록 명가(名家)의 자제가 재주가 있고 능력이 있더라도 적출(嫡出)이 아니면 으레 현달할 수 없으니, 군자가 애석하게 여긴다. 금상 6년(1782, 정조6) 봄 내가 조정을 떠나 마호(麻湖)에 가 있을 때 성군 훈(成君塤)이 사는 집을 빌려 거처하였는데, 이윽고 성훈이 선대인(先大人) 동지중추부사 군의 행장을 꺼내 나에게 매우 간절하게 묘지를 청하였다. 군은 일찍이 처지에 제약을 받던 사람이기에 실로 내가 애석하게 생각하고 있었다. 더구나 그 아들이 부친의 숨겨진 행실을 드러내고자 하는 것은 지극한 효성이니, 내가 어찌 한마디 말로 그 행실을 드러내는 일을 아까워할 수 있겠는가.

군의 휘는 윤량(胤良), 자는 선보(善甫)이고, 창녕(昌寧) 사람이니, 고려(高麗) 중윤(中尹) 인보(仁輔)가 그 시조이다. 인보의 아들 송국(松國)은 관직이 시중(侍中)인데 효성으로 《삼강록(三綱錄)》에 등재되었다. 5대를 내려와 문효공(文孝公) 사달(士達)에 이르러서는 관직이 보문각 대제학(寶文閣大提學)에 이르렀고 호는 역암(易庵)이다. 다시 4대를 내려와 희옹(希雍)에 이르러서는 공훈으로 창성군(昌城君)에 봉해졌으니, 이분이 8대조이다. 고조의 휘는 대현(大顯)이니 관직은 현령이다. 증조의 휘는 익(釴)이니 평안 절도사(平安節度使)이다. 조(祖)의 휘는 응유(應裕)이니 창천군(昌川君)이다. 고(考)의 휘는 준(儁)이니, 문과에 급제하여 시강원 사서(侍講院司書)가 되었고 세상을 떠난 후에는 이조 참판에 증직되었다. 군이 동지중추부사가 된 것은 이분의 영광이 미친 것이었다. 모친은 원주 원씨(原州元氏)이니 참의 원진탁(元振鐸)의 따님이다.

군은 숙종 을해년(1695, 숙종21)에 태어났다. 나이 70에 영조께서 노인을 우대하는 정사를 만나 수직(壽職)으로 종2품에 이르렀다. 무자년(1768, 영조44) 2월 9일에 세상을 떠났으니, 향년은 74세이다. 군은 용모가 풍성하고 기국이 훌륭하였다. 그러나 처지에 제약을 받아 일찍이 "곤궁하고 가난한 것은 분수이다."라고 하였으니, 사람들에게 알려지기를 구하지 않았고 사람들 역시 그를 천거하지 않았다. 늙어서는 한 아들이 곁을 떠나지 않고 늘 좌우에서 보살피는 봉양을 받았고 손자들이 늘어서서 빼어난 시문(詩文)으로 시봉(侍奉)하여 만년의 복이 화락하였으니, 하늘의 제도는 나라의 제도와 달랐던 것이다. 처음 수주(隋州)에 장사 지냈다가 후에 대흥(大興) 원동면(遠東面) 오리(梧里)의 언덕에 있는 증(贈) 정부인(貞夫人)의 무덤과 합분(合墳)하였으니, 곧 사좌(巳坐)의 언덕이다.

부인은 동복 오씨(同福吳氏)이니, 오상백(吳尙伯)의 딸이자 판서 오정일(吳挺一)의 증손녀이다. 신사년(1701)에 태어나서 을묘년(1735) 10월 22일에 세상을 떠났으니, 향년이 35세이다. 1남 2녀를 낳았다.

아들 훈(塤)은 첨지(僉知)이고, 두 딸은 이성로(李星老)와 정희신(鄭熙臣)에게 시집갔다. 첨지는 윤황(尹滉)의 딸에게 장가가서 아들 하나를 낳았으니 원진(遠鎭)이고, 뒤에 김도호(金道浩)의 딸에게 장가가서 아들 하나를 낳았으니 이진(邇鎭)이다. 두 딸은 어리다. 또 아들 둘이 있으니 용진(龍鎭)과 호진(虎鎭)이다. 이성로의 아들은 이재영(李再榮)이다. 정희신은 후사가 없다. 원진은 별제(別提) 심득빈(沈得

彬)의 딸에게 장가가서 아들 하나를 낳았는데, 어리다. 이진은 생원 이온중(李蘊中)의 딸에게 장가갔다. 용진은 이양명(李陽鳴)의 딸에게 장가가서 딸 둘을 낳았는데, 어리다. 호진은 서기로(徐錤老)의 딸에게 장가갔다. 내외의 증손들이 몇 명 있다.

별제 우군 묘표

別提禹君墓表

송경(松京)에 사는 우명강(禹命康)이 명덕산(明德山)으로 나를 찾아와서 눈물을 흘리며 말하기를,

"저의 형 고(故) 별제(別提) 명천(命天)이 67세 되던 해인 금상(今上) 임인년(1782, 정조6)에 병으로 세상을 떠나 송도(松都) 배야동(排也洞) 진좌(辰坐)의 인덕에 장사 지냈는데, 마침내 행적이 민몰(泯沒)되어 세상에 전해지지 못할까 염려되기에 삼가 비석을 마련하여 묘표를 세우고자 합니다. 다만 한스러운 점은 저의 형에 대해 아는 사람이 매우 드물다는 것입니다. 공은 일찍이 송경을 다스린 적이 있었고 제 형이 또한 문장(門墻)에 출입하여 매우 지극한 보살핌과 사랑을 받았습니다. 그러나 공은 제 형의 외면만 알 뿐이니, 집 안에서의 행실 같은 것은 제가 나열하여 아뢰지 않으면 공이라 한들 어찌 상세히 알 수 있겠습니까. 형은 어버이를 섬김에 효성이 지극하여, 어버이가 살아 계실 때는 뜻을 봉양하여 어기는 일이 없었고 어버이가 세상을 떠났을 때는 어린아이가 부모를 그리듯이 슬퍼하여 효성이 다함이 없었으니, 보는 사람들이 대부분 감동하여 눈물을 흘렸습니다. 아우인 저와는 매우 우애로워 담장을 틔워 같이 지내고 기쁨과 슬픔을 함께 나누었으니, 이것이 제 형의 효성과 우애입니다. 선조의 무덤에 묘비와 위전(位田)이 없으면 반드시 마련하였고, 재실(齋室)이 없으면 반드시 창건하였습니다. 장단(長湍)의 북쪽에 있는 선조 양호당(養浩堂)[59]의 유지(遺址)가 황폐하여 밭이 되었는

데, 종인(宗人)들을 불러 모아 기어이 중건(重建)하였고, 송부(松府)의 구리(舊里)에 찾아가 비석을 세워서 지나는 사람들의 긍식(矜式)이 되게 하였으니, 이것이 제 형이 선조를 위한 정성입니다. 서적을 사서 종자(從子)에게 학문을 권하고 장렴(粧奩)을 갖추어 시집가는 내종매(內從妹)의 혼수를 마련해 주었습니다. 벗이 염병에 걸려 죽자 손수 염(斂)을 하였고 습조장(習操場)이 물에 침식되자 자신의 밭을 헌납하여 물길을 만들었습니다. 족인(族人)이 찾아오면 아는 사람이든 모르는 사람이든 따지지 않고 기꺼이 후하게 접대하고 여비를 보태 주었으며, 친구들과 만나면 번번이 술상을 마련하여 좋은 날 경관이 좋은 곳에서 거문고 타고 노래하며 즐겼습니다. 이것은 제 형이 행했던 대수롭지 않은 일들이지만 또한 그 사람됨을 알 수 있으니, 감히 이것을 바탕으로 지어 주시기를 청합니다."

하였다.

이에 내가 이르기를 "내가 군의 형에 대해 예전에 몰랐던 것을 지금 더욱 잘 알게 되었으니, 명(銘)을 지을 수 있겠다." 하였다.

군의 자는 성심(聖心)이다. 우씨(禹氏)는 원래 단양(丹陽)의 저명한 성씨이다. 고려(高麗)의 시중(侍中) 양호당 선생 휘 현보(玄寶)는 포은(圃隱) 정 선생(鄭先生)과 도(道)가 같고 절개가 나란하여 숭양서원(崧陽書院)[60]에 배향되었으니, 이분이 군의 15대조이다. 시중이 휘

59 양호당(養浩堂) : 우현보(禹玄寶, 1333~1400)로, 본관은 단양, 자는 원공(原功), 호는 양호당, 시호는 충정(忠靖)이다. 무덤은 옛 장단에서 동쪽으로 20리 떨어진 금곡(金谷)에 있다. 《記言 卷20 禹侍中遺事》

60 숭양서원(崧陽書院) : 경기도 개성시 원동에 있는 서원이다. 1573년(선조6) 포은 정몽주(鄭夢周)의 집터에 문충당(文忠堂)이라는 이름으로 창건되어 정몽주와 서경덕

홍강(洪康)을 낳으니, 성조(聖朝)에 들어와 관직이 이조 참판에 이르렀는데, 시호는 안정(安靖)이다. 3대를 지나 휘 세검(世儉)에 이르러서는 중종조에 비단을 하사하여 그 효성을 장려하였다. 다시 7대를 내려와 휘 순걸(舜傑)에 이르고 이분이 휘 숙계(淑繼)를 낳으니, 이 두 분은 모두 좌승지에 증직되었다. 이분들이 4대조와 3대조이다. 대부(大父)는 휘가 사진(士珍)이니, 호조 참판에 증직되었다. 고(考)의 휘는 창문(昌文)이니, 동지중추부사이다. 비(妣)는 증(贈) 정부인(貞夫人) 완산 최씨(完山崔氏)이니, 최원상(崔元相)의 따님이다.

군은 무과로 진출하였으니, 영조 기묘년(1759, 영조35)에 등과(登科)하여 처음 수문장에 조용(調用)되었다. 이듬해에 조지서 별제(造紙署別提)로 옮겼다가 얼마 후에 부모의 상을 만나 더 이상 벼슬하지 않았다. 군은 병신년(1716, 숙종42) 6월 6일에 태어나고 임인년(1782) 4월 13일 집에서 세상을 떠났다.

배(配)는 숙인(淑人) 여흥 이씨(驪興李氏)이니, 통덕랑(通德郎) 이지찬(李枝燦)의 딸이다. 명문가의 부덕(婦德)이 있어서 향리(鄕里)에서 모두 감복하였다. 군보다 1년 뒤에 세상을 떠났으니, 향년이 69세이다. 군의 무덤 왼쪽에 합부(合祔)하였다. 2남 3녀를 두었다.

장남 홍복(弘福)은 요절하였다. 차남 홍록(弘祿)은 무과에 급제하였고, 행률(行律)을 낳았는데 홍복의 후사(後嗣)가 되었다. 홍록은 종제(從弟) 홍모(弘謨)의 아들 행준(行準)을 후사로 삼았다. 세 딸은 모두 시집갔다. 명(銘)은 다음과 같다.

(徐敬德)의 위패를 모셨는데, 1575년 '숭양'이라는 사액을 받아 사액서원으로 승격되었다. 우현보는 1784년(정조8)에 추가로 배향되었다.

태어나서는 어버이의 곁을 떠나지 않았고	生而不離親側
죽어서는 어버이 곁으로 돌아갔으니	歿而親側於歸
거의 평소처럼 기뻐하고 즐거워하리라	庶幾如平昔愉怡

증 좌윤 박군 묘표

贈左尹朴君墓表

박군 찬억(朴君贊億)은 일찍이 번막(藩幕)에서 나를 섬겼는데, 나는 그가 정밀하고 신중하며 성의가 있어 여항(閭巷)에 살면서도 사대부의 행실이 있는 점을 사랑하였다. 하루는 소매에 부친의 행장을 넣어 와서 보여 주며 말하기를,

"부친은 효성스럽고 우애로운 행실이 있었습니다. 상사(喪事)에는 슬픔을 다하고 제사에는 정성을 다하였으며, 어린 아우에게는 우애가 돈독하여 가르치고 길러서 마침내 장성하여 독립하게 하였습니다. 종제(從弟) 부부(夫婦)가 죽어 아들 하나를 남기자 자신의 아들처럼 애처롭게 여겨 속히 거두어 길렀고, 친당(親黨)에 상사나 병고가 있으면 번번이 구휼하였으며, 사람들과 사귈 때는 시종 변함이 없었으니, 이것이 제 부친의 행의(行誼)입니다.

부친의 고조는 기원(奇元)이니 한성부 판윤(漢城府判尹)에 증직되었는데, 월사(月沙) 이 상국(李相國)[61]께서 묘표(墓表)를 지었습니다. 증조는 서남(恕男)이니, 사역원 첨정(司譯院僉正)을 지냈습니다. 조(祖)는 문영(文英)이니, 활인서 참봉(活人署參奉)을 지내고 군자감 정(軍資監正)에 증직되었습니다. 고(考)는 시업(時業)이

61 월사(月沙) 이 상국(李相國) : 이정귀(李廷龜, 1564~1635)로, 본관은 연안(延安), 자는 성징(聖徵), 호는 월사·보만정(保晩亭)·치암(癡菴)이고 시호는 문충(文忠)이다.

니, 판결사(判決事)에 증직되었습니다. 모(母)는 숙부인(淑夫人) 이씨(李氏)이니, 대호군(大護軍) 이의상(李義相)의 따님입니다. 이것이 제 부친의 내외 문벌입니다.

부친은 숙종 무오년(1678, 숙종4) 8월 1일에 태어나고 금상(今上) 병오년(1786, 정조10) 10월 17일에 세상을 떠났는데, 양주(楊州) 도봉(道峯) 명억동(明億洞) 경좌(庚坐)의 언덕에 장사 지냈습니다. 뒤에 장남이 동지중추부사가 되었기 때문에 한성부 좌윤에 증직되었습니다. 이것이 제 부친의 생졸(生卒)의 시종입니다. 부친의 배(配)는 정부인(貞夫人) 한산 조씨(韓山趙氏)이니, 증 공조 참판 조충국(趙忠國)의 딸입니다. 천성이 지혜로워 서적(書籍)의 대의(大義)를 이해하였고 아녀자의 일에 익숙하였습니다. 더욱이 정성을 다해 제사를 지냈으니, 큰 추위나 큰 더위를 만나더라도 직접 제수를 장만하여 조금도 게을리하지 않았습니다. 일찍이 88세에 국가에서 미육(米肉)을 하사하여 은총을 베풀었으니, 이에 여러 자손이 술잔을 받들어 헌수(獻壽)하였습니다.

장남은 71세이고 차남은 67세이고 삼남은 58세입니다. 손자와 증손자는 80여 명입니다. 정해년(1767, 영조43) 8월 7일에 세상을 떠났으니, 향년이 91세입니다. 부친의 무덤에 합부(合祔)하였습니다. 이것이 또 제 모친의 실적(實蹟)입니다. 원컨대 공의 한마디 말을 얻어 유택(幽宅)을 아름답게 꾸미고자 합니다."

하였다.

나는 생각건대 군은 비록 여항의 사람이지만 대대로 행의가 있었기에 일찍이 월사에게 묘표를 얻었다. 월사가 이미 한 일이니 내가 다시 한다고 무슨 불가함이 있겠는가. 더구나 기록할 만한 군의 행실이 군의 행장과 같은 데야 더 말할 것이 있겠는가.

군의 선계는 개성(開城)에서 나왔으니, 이름은 창욱(昌郁)이고 자는 여장(汝章)이다. 아들 찬흥(贊興)은 동지중추부사이고, 찬성(贊盛)은 절충(折衝)이고, 찬경(贊慶)은 요절하였다. 찬억(贊億)은 바로 나를 섬겼던 자이니, 또한 동지중추부사이다. 찬우(贊祐)는 요절하였다. 사위는 이동채(李東彩), 장세령(張世齡), 전이상(全爾常)이다. 대희(大禧), 재희(載禧)는 찬흥의 소생이다. 세희(世禧), 징희(徵禧), 태희(泰禧)는 찬성의 소생이다. 지순(之淳), 지후(之厚), 지돈(之敦), 지검(之儉), 지겸(之謙), 지손(之遜)은 찬억의 소생이다. 내외의 증손과 현손은 너무 많아 다 기록하지 않는다.

진군 묘표
秦君墓表

사람이 선조의 덕행을 기록하여 입언(立言)을 청하는 경우에는 대체로 기이한 행적을 거론하여 사람들을 경탄하게 하고자 하니, 이런 경우에는 비록 입언한 사람이라도 이것을 진부한 말과 사법(死法)[62]이라고 여겨 아무도 중요하게 여기지 않는다. 오호라, 빙리(氷鯉)[63]와 동순(凍笋)[64]은 천고(千古)에 한 번 있었던 일일 뿐이고 도(道)는 윤리와 일상의 사이에 있는 것이니, 기이한 행적은 군자가 따르지 않는다.

진군 백형(秦君百亨)이 자기 선인(先人)의 행장을 가지고 나에게 매우 간절하게 글을 청하였는데, 그 기록한 행장이 사실에 의거하여 화려하게 꾸미지 않았고 질박하고 진실하며 평이하였으니, 요즈음의 사람들과는 달랐다. 그래서 내가 기뻐하며 다음과 같이 적는다.

62 사법(死法) : 트인 마음으로 사물을 대하는 활법(活法)과 반대의 의미로, 융통성 없이 자신의 주장만을 고집하는 편견이나 선입견을 이른다. 《근사록(近思錄)》 권4 〈존양(存養)〉에 정호(程顥)가 "사람의 마음은 항상 살아 있어야 하니, 그렇게 하면 두루 유행함에 다함이 없어서 한곳에 정체되지 않을 것이다.〔人心常要活, 則周流無窮而不滯於一隅.〕"라고 한 데서 온 말이다.

63 빙리(氷鯉) : 진(晉)나라 때 효자 왕상(王祥)의 모친이 추운 겨울에 생선을 먹고 싶다고 하자 왕상이 강가로 내려가 얼음을 깨고 고기를 잡기 위해 옷을 벗으니, 갑자기 얼음이 절로 깨지면서 잉어 두 마리가 뛰어올랐다는 고사에서 온 말이다.《晉書 王祥列傳》

64 동순(冬笋) : 삼국 시대 오(吳)나라의 효자 맹종(孟宗)이 한겨울에 자기 모친이 좋아하는 죽순을 구하기 위해 대숲에 들어가 슬피 울며 탄식하자, 죽순이 갑자기 솟아올랐다는 고사에서 온 말이다.《三國志 吳書 孫晧傳 孟仁註》

군의 휘는 중서(重瑞), 자는 홍첨(興瞻)이다. 선계(先系)는 남원(南原)에서 나왔다. 고조 효승(孝昇)은 동지중추부사이고, 증조는 의일(義一)이고, 조(祖)는 우방(佑訪)이고, 고(考)는 정석(鼎錫)이다. 비(妣)는 남원 박씨(南原朴氏)이니, 박계순(朴繼舜)의 따님이다.

군의 뜻은 과거와 벼슬길에 있지 않았고 오직 효제(孝悌)를 독실하게 행할 뿐이었다. 어릴 적에는 집이 가난하여 부모의 봉양을 위해 서쪽으로 유력(遊歷)하였는데, 미처 돌아오기도 전에 부친이 세상을 떠났으니 돌아오는 길에 수차례나 기절했다가 깨어났다. 상을 치를 때는 심한 슬픔으로 몸이 상한 나머지 거의 목숨을 잃을 뻔하였고, 상제(喪制)는 비록 마쳤지만 상여(喪餘)[65]를 만나면 마치 처음 단괄(袒括)[66]할 때처럼 곡을 하였다. 이때부터는 잠시도 모친의 곁을 떠나지 않고 몸소 맛난 음식을 장만하고 직접 가볍고 따뜻한 옷을 지으며 즐거운 마음으로 봉양하여 피곤한 줄 몰랐다.

평소 거처할 때는《소학(小學)》및 예서(禮書)를 즐겨 읽어 침식(寢食)을 잊을 정도로 탐닉하였고, 모친상을 당해서는 한결같이 예(禮)에 따라 집상(執喪)하여 3년의 상기(喪期)가 다하도록 질대(絰帶)를 벗지 않았다. 자제들을 가르치고 인도하여 모두 장성하여 독립하게 하였고, 부녀자들에게도 고인(古人)의 가언(嘉言)과 선행(善行)을 가르쳐서 사모하여 본받게 하였다. 전택(田宅)을 경영하여 종손(宗孫)이 밑천으

65 상여(喪餘) : 거상(居喪)을 마치고 난 나머지라는 뜻으로, 삼년상을 치르고 나서 지내는 기제(忌祭)를 이르는 말이다.

66 단괄(袒括) : 단문(袒免)과 괄발(括髮)을 가리키는 말로, 처음 부모의 상(喪)을 당했을 때 하는 예법이다. 두루마기 등 웃옷의 오른쪽 소매를 드러내는 것을 '단(袒)'이라 하고 관(冠)을 벗고 괄발하여 머리에 사각건(四角巾)을 쓰는 것을 '문(免)'이라 한다.

로 삼게 하였고, 제수는 직접 장만하여 정결히 하기에 힘썼다. 묘의(墓儀)를 세우고 재사(齋舍)를 창건하여 영구하게 지속되기를 도모하였고, 조행(操行)이 갖추어진 사람이 아니면 함께 교유하지 않았다. 이것은 모두 군의 실덕(實德)이고 실행(實行)이니, 기이한 행적이 있는 경우와는 비교할 바가 아니다.

숙종 정유년(1717, 숙종43) 4월 22일에 태어나고 영조 을미년(1775, 영조51) 8월 5일에 세상을 떠났으니, 향년이 59세이다. 군의 4대 선조들은 송악(崧嶽) 북쪽 기슭의 소월로동(小月老洞)에 장사 지냈는데, 군이 세상을 떠났을 때는 풍덕(豐德)의 호현(虎峴) 서쪽 기슭의 목련동(木蓮洞)에 묘지를 잡아 장사 지냈으니, 실로 간좌(艮坐)의 언덕이다. 배(配)는 설성 김씨(雪城金氏)이니, 김한령(金漢玲)의 딸이다.

장남 백형(百亨)은 무신겸선전관(武臣兼宣傳官)이고, 차남 백령(百齡)은 무과에 급제하였다. 딸은 최순유(崔順裕)에게 시집갔다. 서자(庶子) 백훈(百勳)은 무과에 급제하였다. 백형의 아들은 상눌(尙訥)이니, 또한 무과에 급제하였다. 그 후로도 자손이 다하지 않았다. 명(銘)은 다음과 같다.

과거와 벼슬길은 바깥일이라 경시하고	科宦外而輕
효성과 우애는 집안의 행실이라 중시하였으니	孝悌內而重
이를 아는 사람은 드물고	知此者尠
모르는 사람이 많았네	不知者衆
오호라, 군과 같은 사람은	嗚呼如君者
겉으로는 나약한 듯하지만 안으로 용감하다 할 만하네	方可謂外於懦而內於勇也

명숙공주[67] 묘표석 음기
明淑公主墓表石陰記

성상(聖上) 22년(1798, 정조22) 가을에 경릉(敬陵)에 전알(展謁)하였으니,[68] 바로 덕종 회간대왕(德宗懷簡大王)[69]의 상설지소(象設之所)[70]이다. 상께서 서리와 이슬을 밟고[71] 처연하게 하교하기를 "안대(案對)[72]

67 명숙공주(明淑公主) : 1456~1482. 세조의 큰아들인 덕종(德宗)과 소혜왕후(昭惠王后)의 딸이고, 성종의 누이이다. 본관은 전주(全州), 이름은 경근(慶根)이다. 1466년(세조12) 12세 때 좌의정 홍응(洪應)의 아들 홍상(洪常)과 혼인하였다. 1471년(성종2) 성종이 부친 의경세자(懿敬世子)를 덕종으로 추존한 뒤 명숙공주에 책봉되었다.

68 성상(聖上)……전알(展謁)하였으니 : 1798년 8월 29일 덕종의 구갑(舊甲)이 되는 해를 맞이하여 정조가 경릉을 참배한 뒤에 국구(國舅)와 종친, 충신 들의 묘를 돌보고 그들의 후손들을 보살피게 하였다. 《正祖實錄 22年 8月 29日》 덕종은 이해와 간지가 같은 무오년(1438, 세종20) 9월 15일에 태어났다.

69 덕종 회간대왕(德宗懷簡大王) : 1438~1457. 본관은 전주, 자는 원명(原明), 초명은 숭(崇), 이름은 장(暲)이다. 세조와 정희왕후(貞熹王后) 사이에서 태어났다. 서원부원군(西原府院君) 한확(韓確)의 딸 소혜왕후 한씨(韓氏)를 비(妃)로 맞아 월산대군(月山大君)과 성종을 낳았다. 1471년 덕종으로 추존되었다.

70 상설지소(象設之所) : 능(陵)을 의미한다. 상설은 능 앞에 시설한 석인(石人), 석마(石馬) 등의 의물(儀物)을 말한다.

71 서리와 이슬을 밟고 : 돌아가신 부모를 그리는 효자의 마음을 뜻한다. 《예기》 〈제의(祭義)〉에 "서리와 이슬이 내렸을 때 군자가 그것을 밟게 되면 반드시 슬픈 마음이 생기나니, 이는 날이 추워져서 그런 것이 아니다.〔霜露旣降, 君子履之, 必有悽愴之心, 非其寒之謂也.〕"라고 한 데서 온 말이다.

72 안대(案對) : 혈 앞으로 보이는 모든 환경을 안(案)이라고 말하는데, 주로 마주하고 있는 산을 말한다. 산이 있으면 안산(案山)이고 물이 있으면 안수(案水)이며, 안에

의 국내(局內)에 있는 한 줌 흙과 같은 무덤은 명숙공주(明淑公主)의 묘소가 아닌가. 내가 어찌 성묘(成廟)의 마음을 마음으로 삼지 않겠는가.[73]" 하였다. 이에 친히 제문을 지어 치제(致祭)하고 사릉(思陵) 국내에 정씨(鄭氏)의 무덤을 그대로 둔 예[74]에 의거하여 자손들로 하여금 제사를 지내고 묘역을 수축하고 깨진 비갈(碑碣)을 고쳐 세우도록 허락하고, 또 도위(都尉) 당양군(唐陽君)[75]에게 치제하도록 명하였다. 이는 성인(聖人)의 다하지 않는 효심을 미루어 넓힌 것이다.

공주는 덕종(德宗)의 따님이다. 경태(景泰) 병자년(1456, 세조2)에 태어나 성화(成化) 임인년(1482, 성종13)에 세상을 떠났으니, 향년이 27세이다. 소혜왕후(昭惠王后)가 매우 애통해하며 애도하였다. 성종이, 돈독한 우애가 또한 하늘에 사무쳐서 애절한 윤음을 내리기를 "송(宋)나라 때 장공주(長公主)가 죽자 5일간 조회(朝會)와 시장(市場)을

있으면 내안(內案)이고 밖에 있으면 외안(外案)이라 한다.

73 성묘(成廟)의……않겠는가 : 성종이 누이에 대한 우애가 지극하여 명숙공주가 세상을 떠나자 부모의 능인 경릉 국내에 배장하라고 명했기 때문에 한 말이다. 《正祖實錄 22年 8月 29日》

74 사릉(思陵)……예 : 왕실의 능원(陵園)에 사대부의 봉분을 그대로 두고 자손들에게 관리하도록 허락했던 일을 가리킨다. 사릉은 단종(端宗)의 비 정순왕후(定順王后) 송씨(宋氏)의 능이다. 정순왕후 송씨가 당초 해주 정씨(海州鄭氏) 집안에 의탁하였기 때문에 그대로 정씨의 선산에 장례 지냈는데, 1698년(숙종24) 단종이 복위(復位)된 이후 조정에서는 정순왕후의 능과 같은 국내에 있는 정씨 집안의 묘를 이장하지 않고 그대로 두어 후손들이 관리하도록 하였다. 《承政院日記 英祖 卽位年 10月 9日》

75 당양군(唐陽君) : 덕종의 부마(駙馬)인 홍상(洪常, 1457~1513)을 가리킨다. 본관은 남양(南陽), 자는 자강(子剛), 시호는 소이(昭夷)이다. 명숙공주와 혼인하여 당양위(唐陽尉)에 책봉되었다. 갑자사화에 연루되어 제주로 유배되었다가 중종반정으로 풀려나 조정에 돌아온 뒤 원종공신(原從功臣)이 되었다.

열지 않았다고 하니, 지금 또한 이 예에 따라 시행하도록 하라."[76] 하고, 또 경릉 대안의 땅에 배장(陪葬)하라고 명하였다. 공주가 비록 지극히 존귀한 왕실의 자손이지만 이미 하가(下嫁)하여 사가(私家)의 식솔이 되었으니, 사가의 장례가 능원(陵園)의 국내를 침범하는 것은 나라의 제도가 아니다. 그래서 공주의 시아버지인 좌의정 홍공 응(洪公應)[77]이 소차(疏箚)로 진달하여 사양하였는데, 성종께서 허락하지 않았다.

소혜왕후가 공주를 위하여 도량(道場)을 설치하니, 진산군(晉山君) 강희맹(姜希孟)이 〈찬참불문(讚懺佛文)〉에서 "공주는 명문가에 하가하여 부도(婦道)를 지켜 더욱 부지런하였고 위로 여러 전(殿)을 받듦에 효성이 지극하여 어긋나지 않아서 훌륭한 의범(儀範)이 척리(戚里)에 드러나고 아름다운 명성이 방가(邦家)에 자자하였으니, 이로 볼 때 가방(家邦)에 행해진 성조(聖朝)의 교화를 징험할 수 있고 엄숙하고 온화한 왕희(王姬)[78]의 아름다움을 이루었다고 할 만하다."라고 하

76 송(宋)나라……하라 : 왕실에서 상을 당하거나 기일(忌日)을 맞은 경우, 2품 이상의 벼슬을 지낸 신하가 사망한 경우 등에는 일정한 기간 동안 관청에서는 공무를 보지 않았고 시장에서는 장사를 하지 않았다. 《銀臺便攷 禮房攷 停朝市》《연려실기술》에 "성종 임인년(1482)에 당양공주(唐陽公主)가 세상을 떠났다. 예조에서 아뢰기를 '공주의 상사에는 조회와 시장을 정지하는 일이 없었습니다.' 하였는데, 임금이 특명으로 1일간 정지하게 하고 홍문관으로 하여금 전대의 일을 상고하게 하였다. 송나라 장공주가 죽었을 때 5일간 정지하게 한 일이 있다고 하니, 임금이 이르기를 '옛날에도 이렇게 하였는데, 지금이라고 어찌 할 수 없겠는가.' 하고, 명하여 3일간 정지하게 하였다." 하였다. 《燃藜室記述 別集 卷1 國朝典故 公主, 駙馬》

77 홍공 응(洪公應) : 홍응(1428~1492)으로, 본관은 남양(南陽), 자는 응지(應之), 호는 휴휴당(休休堂)이다.

78 엄숙하고 온화한 왕희(王姬) : 왕희는 주(周)나라 공주를 가리킨다. 《시경》〈소남

였다.

도위 당양군의 휘는 홍상(洪常)이니, 성종이 특별히 예우하여 늘 손수 서찰을 내렸다. 퇴계(退溪) 이 문순공(李文純公)이 〈구첩발(九帖跋)〉을 지어 이르기를 "한 번 하사하고 한 번 소명(召命)을 내린 것이 모두 지극한 정을 드러내는 것이었다." 하였다. 연산조(燕山朝)에 이르러 충직한 말로 임금의 뜻을 거슬러 거제(巨濟)에 안치(安置)되고 제주(濟州)에 천극(栫棘)되었다가, 중종이 반정(反正)하자 바로 소환(召還)하여 그 충절을 포상하고 원종공신(原從功臣)의 호(號)를 하사하였다. 간쟁(諫諍)이 반드시 의빈(儀賓)의 책무는 아니지만 공의 천성이 그러하였으니, 오호라, 훌륭하도다.

홍백경(洪伯慶)이라는 아들 한 명을 두었으니 무과에 급제하여 관직이 참판에 이르렀는데, 32세에 세상을 떠났다. 지금 제사를 주관하는 자손이 향리에 유락(流落)하여 사제(賜祭)와 수갈(竪碣)의 은전(恩典)을 받들 사람이 없으므로 상께서 포마(舖馬)와 양료(糧料)를 지급하게 하고[79] 특별히 소명(召命)을 내려 경사(京師)에 있게 하였다. 제사를 주관하는 사람은 11대손 홍원건(洪元健)이다.

무오년(1798, 정조22) 9월에 대광보국숭록대부(大匡輔國崇祿大夫)

(召南) 하피농의(何彼禯矣)〉에 주나라 천자(天子)의 딸이 경건하고 온화한 덕을 갖추고 제후(諸侯)에게 시집가는 것을 두고 노래하기를 "어찌 엄숙하고 온화하지 않으랴. 왕의 딸이 시집가는 수레로다.〔曷不肅雝, 王姬之車.〕"라고 한 데서 온 말이다.

79 제사를……하고 : 정조가 경릉에 전알한 후 국내(局內)에 있는 명숙공주의 묘소가 훼손되고 비갈(碑碣)이 파손된 것을 보고, 봉분을 다시 쌓고 비석을 고쳐 세우도록 명한 다음 영남에 있는 봉사손(奉祀孫)이 기한에 맞춰 올라와 함께 검사할 수 있도록 해당 도(道)로 하여금 즉각 양료와 포마를 지급하게 하였다. 《正祖實錄 22年 9月 7日》

원임(原任) 의정부영의정 겸 영경연홍문관예문관춘추관관상감사 규장각검교제학(議政府領議政兼領經筵弘文館藝文館春秋館觀象監事奎章閣檢校提學) 채제공(蔡濟恭)은 삼가 짓다.

번암집

제55권

유사 遺事

전 傳

유사 遺事

선고 부군 유사
先考府君遺事

부군의 휘는 응일(膺一)이고 자는 경언(敬彦)이다. 평강 채씨(平康蔡氏)는 실로 우리 동방의 드러난 성씨이다. 6대조 휘 난종(蘭宗)은 사헌부 집의(司憲府執義)이다. 5대조 휘 경선(慶先)은 호가 죽촌(竹村)이니, 홍문관 응교(弘文館應敎)이다. 고조 휘 충연(忠衍)은 성균 진사(成均進士)이니, 일찍 세상을 떠났고 이조 판서에 추증되었다. 증조 휘 진후(振後)는 일찍부터 유림(儒林)의 중망을 받았는데, 화순 현감(和順縣監)으로 졸관(卒官)하였고 이조 참판에 추증되었으며, 태학사(太學士) 문혜공(文惠公) 호주(湖洲) 휘 유후(裕後)의 동생이다. 조(祖) 휘 시상(時祥)은 동지중추부사(同知中樞府事)를 지내고 이조 참판에 추증되었다. 이분이 아들 다섯을 두었으니, 장남 휘 명윤(明胤)은 홍문관 수찬(弘文館修撰)을 지냈고 호는 오시재(五視齋)이다. 차남 휘 성윤(成胤)은 한림(翰林)을 거쳐 경조 아윤(京兆亞尹)을 지냈으며 호는 구봉(九峯)이다. 삼남 휘 정윤(禎胤)은 진사시(進士試)에 합격하였으나 일찍 세상을 떠났다. 사남 휘 팽윤(彭胤)은 한림을 거쳐 호당(湖堂)에 선발되었고 예문관 제학(藝文館提學)을 지냈으며 호는 희암(希菴)

오남의 휘는 굉윤(宏胤)이다.

구봉공(九峯公)은 안동 김씨(安東金氏)에게 장가들었으니, 성균 진사 휘 김황(金鎤)의 따님이다. 두 명의 아들을 두었으니, 장남 휘 응만(膺萬)은 시강원 문학(侍講院文學)을 지냈고, 차남이 바로 부군이다.

부군은 숙종 병인년(1686, 숙종12) 12월 19일에 태어났다. 32세에 진사시에 합격하고 늦은 나이에 벼슬을 시작하여 두 고을의 현감을 지냈으나 자신이 뜻한 바는 아니었다. 불초로 인하여 아경(亞卿)이 되었으며, 국가에서 노인을 우대하는 은전(恩典)을 베풀어 자헌대부(資憲大夫) 지중추부사(知中樞府事)에 올랐다. 을유년(1765, 영조41)에 불초가 정세를 아뢰고 부친의 봉양을 청하여 상께서 해서(海西)의 안악군(安岳郡)에 제수하셨는데, 군에 도임한 지 몇 개월이 지나 8월 1일에 사유헌(四維軒)에서 불초를 버리고 세상을 떠났으니, 향년이 80세였다. 오호라, 하늘이여!

부군은 오시재공(五視齋公)에게 수학하였다. 오시재공은 방정하고 엄격하고 간략하고 담담하였으며 매우 지극하게 가르치고 독려하여 한 가지 일과 한마디 말도 검속하지 않은 적이 없었으니, 대개 어릴 때부터 몸에 밴 교화가 문장의 학업에 있을 뿐만이 아니었다.

이우당(二憂堂) 이공(李公 이만원(李萬元))[1]은 선비(先妣)의 백부인데, 선비께서는 공에게 양육되었다. 당시 공은 호서(湖西)의 별업(別業)으로 물러나 거처하여 덕망(德望)이 조야(朝野)에 자자하였는데,

1 이우당(二憂堂) 이공(李公) : 이만원(1651~1709)으로, 본관은 연안(延安), 자는 백춘(伯春), 호는 이우당이다.

부군의 기도(氣度)가 응중(凝重)하고 문학(文學)이 일찍 성취된 것을 보고는 크게 기특하게 여겨서 늘 사람들에게 말하기를 "채랑(蔡郞)이 나이가 어리다고 말하지 말라. 지금 호조 판서를 맡기더라도 처리하지 못하는 일이 없을 것이다." 하였다.

부군은 어려서부터 지취(志趣)가 매우 높아 임금을 보좌할 것을 스스로 기약하였다. 이우당공의 계자(季子)인 지성(之晟) 역시 조리(操履)가 독실(篤實)하여 선비들에게 명망이 매우 높았는데 부군과 함께 도의(道義)의 교분을 맺었으니, 영달(榮達)하면 천하를 겸하여 구제하고 곤궁하면 그 몸을 홀로 선하게 하여[2] 함께하기를 기약하였다.

부군에게는 신혼 때 마련한 연갑(硯匣)이 있었는데 붉은색이 아주 선명하였다. 하루는 이공이 연적(硯滴)을 손에 들고 있다가 고의로 앞으로 넘어지며 연갑에 부딪쳐 깨뜨리고 말았다. 그러자 부군이 천천히 말하기를 "그대는 이것으로 나를 시험하려 합니까? 그러나 쓸모 있는 물건을 쓸모없게 만들어 버렸으니, 나는 그것이 옳은 일인지 모르겠습니다." 하였는데, 이공이 더욱 탄복하였다.

부군은 의표가 높아 자신의 뜻을 게시하고 성품이 간항(簡亢)하였으니, 돌아보건대 이 세상에서 그 뜻을 감당할 만한 사람이 없었다. 더불어

2 영달(榮達)하면……하여 : 곤궁할 때나 영달했을 때나 자신을 수양하는 선비의 도리를 말한다. 《맹자》〈진심 상(盡心上)〉에 "옛사람들은 뜻을 얻으면 은택이 백성에게 더해지고 뜻을 얻지 못하면 몸을 닦아 세상에 이름이 드러나니, 곤궁하면 그 몸을 홀로 선하게 하고 영달하면 천하를 겸하여 선하게 하는 것이다.〔古之人, 得志, 澤加於民, 不得志, 修身見於世, 窮則獨善其身, 達則兼善天下.〕"라고 한 데서 온 말이다.

벗한 사람은 이공뿐이었는데 불행히도 이공이 친상(親喪)을 치르면서 지나치게 애훼(哀毁)한 나머지 세상을 떠나고 말았으니, 부군은 종신토록 애석하게 여기면서 늘 "이언광(李彦光 이지성)이 세상을 떠났으니 이후로 나는 누구와 더불어 벗하겠는가." 하였다. 언광은 이공의 자이다.

부군은 일찍이 말하기를 "20세 이전에는 오시재공께서 조금도 용납하지 않았으니, 나도 나의 문사(文思)가 과연 어떠한지 알지 못하였다. 하루는 문밖에서 들으니 오시재공께서 희암공(希菴公)을 향해 나의 이름을 거론하면서 이르기를 '그 아이의 마음은 반드시 「나의 학업이 비록 여기에 그치지만 금세의 대제학(大提學)은 내가 하지 않으면 누가 하겠는가.」라고 여길 것이다. 아이들은 스스로 만족하는 마음이 생기게 해서는 안 되니, 그대 또한 절대로 그에게 칭찬하는 말을 하지 말아야 할 것이다.' 하였다. 이때부터 비로소 자신감과 자부심이 생겼다." 하였다.

부군은 남달리 총명하였고 공부하는 과정에 매우 독실하였다. 어릴 적에는 단정히 앉아 책을 읽어서 무더위에도 그만두지 않았으니, 얼굴이 땀에 흠뻑 젖어 갓끈이 헐어 끊어져도 느끼지 못할 정도로 몰두하였다. 50세 이후에도 겨울밤이 되면 늘 불초와 마주 앉아 글을 읽었는데, 깊은 밤에 불초는 졸음을 이기지 못하고 엎드려 잠이 들었다가 한참 뒤에 놀라 깨어나면 새벽닭이 이미 울었거나 들창에 새벽빛이 밝아 오기도 하였지만, 부군은 전혀 게으른 기색 없이 글 읽는 소리가 더욱 높았다.

정유년(1717, 숙종43)에 부군은 백부(伯父) 문학공(文學公)과 함께 사마시(司馬試)에 합격하였다. 회시(會試)에 응시했을 때 백부가 답안을 작성했지만 서수(書手)[3]가 없어서 부군이 그 답안을 옮겨 적기를 청하니, 백부가 말하기를 "너의 나이도 적지 않으니, 나 때문에 너에게 누가 되는 일은 하고 싶지가 않다." 하였다. 부군이 말하기를 "제 나이는 형님보다 적습니다. 더구나 형님의 답안을 옮겨 적더라도 제 일은 충분히 할 수 있으니 더 말할 것이 있겠습니까." 하고, 백부의 시권(試券)을 신중하게 옮겨 적은 다음 다시 자기의 시권을 옮겨 적어서 저녁 종이 울릴 때에야 제출하였다. 합격자를 발표하자 백부와 함께 합격하였는데, 부군이 지은 답안이 초등(超等)으로 휘장(揮場)하여 장원급제하였다.

기해년(1719)에 부군은 증광 대과(增廣大科)의 양시(兩試)에 합격하였다. 복시(覆試) 때에 어떤 고관(考官)이 부군의 시권을 장원에 발탁하려고 매우 힘을 썼는데, 참고관(參考官)이 사사로이 합격자를 의중에 두고 있다고 자못 의심하였다. 그래서 고관이 크게 화를 내며 급하게 탁명(拆名)하니 바로 부군이었다. 고관이 그 시권을 들어 보이며 "이 사람이 어찌 일찍이 나와 성식(聲息)이 있었던 사람인가." 하니, 참고관이 크게 부끄러워하고 한스러워하였다. 그러나 이미 어떻게 할 수 없는 일이 되고 말았다. 이때부터 부군은 왕고(王考)의 명이 있었기

3 서수(書手) : 응시자가 작성한 답안을 정서(淨書)하여 옮겨 적는 사람을 가리키는 말로, 당시에는 과장에 서수를 대동하여 들어갈 수 있었다고 한다.《樊巖集 卷29 監試初試科弊議》

때문에 감히 과거를 그만두지는 않았지만, 마음으로는 대업(大業)을 멀리하였고 심지어 장옥(場屋)을 단지 유희로 여길 뿐이었다. 그리고 세속의 고시관들이 끝내 발탁하지 않았지만 부군은 태연하게 있으면서 염두에 두지 않았다.

왕고께서 누차 주부(州府)를 맡아 다스렸는데, 부군은 따라가서 마치 처자처럼 몸가짐을 공경히 하였으니 관례(官隷)들이 그 말소리를 들은 적이 없었다. 공주(公州) 관아에 갔을 때 문학공이 부군의 신이 심하게 해진 것을 보고 "공고(工庫)에 신이 많은데 어찌 가져오라 명하지 않느냐." 하니, 부군이 말하기를 "관부(官府)의 신을 어찌 제 발에 신을 수 있겠습니까." 하고 끝내 가져와 신지 않았다. 후에 상서(尚書) 윤순(尹淳)[4]이 사람들에게 이 일을 이야기하고는 탄식하기를 "내가 재상이 되었을 때 미처 이 사람을 등용하지 못했으니, 한스러운 일이다." 하였다.

부군은 천하의 백가서(百家書) 가운데 읽지 않은 책이 없었고 총명이 또한 능히 관통하였으니, 사람들이 혹 의심스러운 것을 가지고 와서 질문하면 비록 구문(鉤文)이나 극자(棘字)라도 그 내력을 분석해 주지 않은 적이 없었다. 중년 이전에는 시(詩) 읊기를 좋아하여 개천(開天)[5]의 음률이 아니면 달갑게 여기지 않았는데, 만년에는 주자서(朱子書)

4 윤순(尹淳) : 1680~1741. 본관은 해평(海平), 자는 중화(仲和), 호는 백하(白下)·학음(鶴陰)이다.

5 개천(開天) : 당 현종(唐玄宗)의 연호인 개원(開元)과 천보(天寶) 연간을 병칭한 말이다. 이때에는 이백(李白), 두보(杜甫), 맹호연(孟浩然) 등 많은 시인이 활약한 시기로, 시학상(詩學上)으로는 성당(盛唐) 시기에 해당한다.

를 좋아하였다. 일찍이 불초를 불러 이르기를 "이 책이 아니면 의리(義理)를 체험할 수 없다. 그리고 세간의 좋은 인재들은 대부분 사장(詞章)을 작은 결실로 여기지만, 너는 반드시 크게 여겨야 한다." 하였다.

부군은 일찍이 서문(序文)을 지어 조국신(趙國藎)을 송별한 적이 있었는데, 조국신은 바로 약천(藥泉) 남구만(南九萬)[6] 문하의 선비였다. 약천이 그 서문을 보고 경탄하여 이르기를 "이 사람은 문명(文名)이 호당숙(湖堂叔)[7]과 비교하여 어떠한가?" 하니, 조국신이 대답하기를 "이 사람은 나이 어린 유생입니다. 어찌 호당의 큰 명성에 미칠 수 있겠습니까." 하였다. 그러자 약천이 이르기를 "후생이 두려워할 만하다.[8] 내 생각에 이 사람은 반드시 한 걸음 양보할 필요가 없을 듯하다." 하였다.

희암공(希菴公)은 부군을 가정의 지음(知音)으로 여겨서 글을 지으면 번번이 부군에게 하문(下問)하였는데, 부군이 간간이 한두 글자를 고

6 남구만(南九萬) : 1629~1711. 본관은 의령(宜寧), 자는 운로(雲路), 호는 약천 또는 미재(美齋), 시호는 문충(文忠)이다.

7 호당숙(湖堂叔) : 번암의 부군 채응일(蔡膺一)의 숙부인 희암(希菴) 채팽윤(蔡彭胤, 1669~1731)을 가리킨다. 한림을 거쳐 호당(湖堂)에 선발되었기 때문에 이렇게 말한 것이다.

8 후생이 두려워할 만하다 : 부단히 공부하는 후배들의 성취를 기약하는 말이다. 공자가 "후생이 두려워할 만하니, 뒤에 오는 후배들이 앞으로 지금의 나만 못하리라고 어찌 보장할 수 있겠는가.〔後生可畏, 焉知來者之不如今也?〕"라고 한 데서 온 말이다. 《論語 子罕》

쳐서 드리면 따르지 않은 적이 없었다. 다른 자제들이 일찍이 묻기를 "진사(進士) 형의 문장은 오영백(吳永伯)[9]과 비교하여 누가 낫습니까?" 하니, 공이 대답하기를 "서로 장점과 단점이 있다." 하였다. 진사 형은 바로 부군이고, 영백은 약산(藥山)의 자(字)이다.

부군은 일찍이 호주공(湖洲公)[10]의 가장(家狀)을 초(草)하여 재종숙(再從叔)으로 하여금 서당(西堂) 이덕수(李德壽)[11]에게 비문(碑文)을 청하게 하였는데, 이덕수가 "가장은 누구의 손에서 나왔습니까?"라고 물었다. 재종숙이 부군이라고 대답하자 이덕수가 탄식하기를 "호옹(湖翁)의 기상을 모두 잘 묘사하였으니, 문원(文苑)의 큰 고수(高手)입니다." 하였다.

불초가 어린 시절 "한석봉(韓石峯)[12]이 꿈에 왕 우군(王右軍)[13]을 보았다고 하는데, 이런 말은 거짓에 가깝지 않겠습니까?"라고 물으니, 부군이 이르기를 "그렇지 않다. 나도 일찍이 꿈에 한퇴지(韓退之)[14]를 보았

9 오영백(吳永伯) : 오광운(吳光運, 1689~1745)으로, 본관은 동복(同福), 자는 영백, 호는 약산, 시호는 충장(忠章)이다.

10 호주공(湖洲公) : 채유후(蔡裕後, 1599~1660)로, 본관은 평강(平康), 자는 백창(伯昌), 호는 호주, 시호는 문혜(文惠)이다.

11 이덕수(李德壽) : 1673~1744. 본관은 전의(全義), 자는 인로(仁老), 호는 서당·벽계(蘗溪), 시호는 문정(文貞)이다.

12 한석봉(韓石峯) : 선조 때의 명필(名筆) 한호(韓濩, 1543~1605)로, 석봉은 그의 호이다.

13 왕 우군(王右軍) : 진(晉)나라의 왕희지(王羲之)로, 우군 장군(右軍將軍)을 지냈기 때문에 이렇게 지칭한 것이다. 해서, 행서, 초서에 뛰어나 서성(書聖)이라고 불린다.

으니, 이치가 실로 그런 점이 있다." 하였다. 부군은 평소 겸손하여 크게 자랑하는 말을 듣지 못했는데, 자임(自任)하는 점에 이르러서는 이와 같이 의연(毅然)하였다.

국포(菊圃)[15]가 늘 말하기를 "채경언(蔡敬彦)이 곤궁하여 아래에 있었으니, 오도(吾道)를 어찌 논할 수 있겠는가." 하였다.

부군이 지은 시문(詩文)이 매우 많았으나 평소 원고를 모아 놓은 적이 없었는데, 재종(再從) 백공씨(伯恭氏)가 이것을 개탄하여 약간의 시문을 모아 책으로 엮었다. 그러나 그 일을 마무리하지 못한 채 요절하였고, 그 책마저 잃어버렸다. 불초는 부군이 늦게 얻은 아들인데 끝내 흩어져 버린 귀한 글을 수습하여 후학들에게 전하지 못하였으니, 이것은 불초의 죄이다.

왕고(王考)께서 공주(公州)를 다스릴 때 병을 앓은 적이 있었는데, 부군은 의원에게 증세를 묻기 위해 큰 눈보라를 맞으며 태령(泰嶺)을 넘어서 하룻밤에 수백 리 길을 왕래하였다. 이때부터 양쪽 눈꺼풀에 흑훈(黑暈)이 깊이 끼었으나, 눈동자는 빛이 나서 눈을 깜박이는 사이에 새벽별처럼 정채(精彩)가 있었다.

14 한퇴지(韓退之) : 당(唐)나라의 문장가 한유(韓愈)로, 퇴지는 그의 자이다. 시호는 문공(文公)이고 창려(昌黎) 사람으로, 당송팔대가(唐宋八大家)의 한 사람이다.

15 국포(菊圃) : 강박(姜樸, 1690~1742)의 호이다. 본관은 진주(晉州), 자는 자순(子淳)이다.

왕고께서 일찍이 북읍(北邑)에 있을 때 부군에게 삼(蔘) 한 봉(封)을 주어서 약(藥)으로 쓰게 한 적이 있었는데, 고을의 이웃 사람이 마침 어버이의 병을 부군에게 고한 자가 있었다. 그러자 부군은 뜯어보지도 않고 통째로 싸서 내주었으니, 물건에 대해 인색하지 않았던 것이 대체로 모두 이와 같았다.

부군은 평소 거처할 때 두문불출하여 비록 해가 지나가도 일절 다른 사람의 집을 방문하지 않았고, 만년에 벼슬에 종사할 때는 공적인 일이 아니면 말을 타고 문을 나간 적이 없었다. 또한 성품이 엄격하고 담담하여 종일 담소하는 일이 적었지만, 객을 응접할 때는 온화하게 수작(酬酌)하여 화기가 가득하였으니 기뻐하지 않는 사람이 없었다. 평소 생계에 연연하지 않아서 아침과 저녁을 제때에 먹지 못했으나, 해가 저물도록 글을 읽어서 다 읽고 나면 편안하게 여겼고 혹시라도 집안 사정을 돌아보지는 않았다. 질문하는 사람이 있으면 시간이 많지 않아도 급한 기색을 보이지 않았고 급하게 말하지 않았다. 곁에 있는 사람들은 희로(喜怒)의 감정을 드러내는 것을 보지 못하였고 복례(僕隷)들은 꾸짖으며 말하는 것을 듣지 못하였다. 벼슬에 종사할 때는 아랫사람을 매우 엄하게 단속하여 아전들이 경외(敬畏)하는 마음을 품었으니, 임기가 다하는 날까지 한결같았다.

부군은 왕고의 상제(喪制)를 지킬 때 나이가 이미 50이었으나, 아침저녁으로 하실(下室)[16]에 올리는 궤식(饋食)에 3년의 상기(喪期)가 다하

16 하실(下室) : 내당(內堂)이나 연침(燕寢)과 같은 의미로, 생시에 음식을 먹고 일

도록 참석하지 않은 적이 없었고 새벽과 저녁의 참곡(參哭)을 하루도 거르지 않았으며 심한 더위에도 질대(絰帶)를 잠시도 풀지 않았다. 상기를 마치고 나서 문학공(文學公)이 가산(家産)을 나누려는 뜻을 보이니, 부군은 "우리 선인께서는 능히 청빈한 덕을 유지하시어 전답과 소작인이 원래 넉넉하지 않았으니, 만일 가산을 나눈다면 어떻게 선인을 제사 지내겠습니까."라고 하면서 굳이 사양하여 마침내 그만두게 하였는데, 가난하여 떠돌아다니며 감당할 수 없는 고통을 겪었으나 마음에 두지 않았다.

외읍(外邑)의 수령이 되었을 때는 왕고비(王考妣)의 사우(祠宇)와 5대조 증(贈) 판서공(判書公)의 조위(祧位)를 받들고 부임하였으니, 삭망(朔望)과 명절(名節) 및 기일(忌日)을 만날 때마다 하루 전에 반드시 새벽에 일어나 상복(上服 예복(禮服))을 갖추어 입고 저녁이 다할 때까지 단정히 앉아 있었다. 제기를 씻고 제수를 장만하는 일은 친히 살피지 않은 적이 없었고, 시수(時羞) 여러 가지는 힘써 풍성하게 갖추면서 말하기를 "관직에 있을 때 제사 지내는 것은 집에 있을 때와는 다르다." 하였다.

늘 오시재공(五視齋公)이 교육해 준 은혜를 생각하여 사시제(四時祭)와 묘제(墓祭)의 제수(祭需)에 특별히 정성과 예법을 지극히 하였다. 문학공의 상을 당해서는 빈렴(殯斂)에 쓰이는 물품과 관곽(棺槨)에 부장(附葬)하는 물품에서부터 우제(虞祭)와 부제(祔祭)에 이르기까지 한결같이 모두 직접 주관하여 사소한 물품이라도 상소(喪所)에서 내게 하지 않았고, 애통해하고 슬퍼하기를 한결같이 부모의 상을 당한

을 보던 곳을 말한다.

날같이 하였으니, 고을의 이웃들이 모두 감복하였다.

가난한 벗과 어려운 친척이 찾아오면 각각 그들의 기한(飢寒)을 진념하여 문득 방편을 마련해 주었으며, 돌아간다고 고할 때에는 그들이 원하는 것을 스스로 말하게 한 다음 그 수량대로 도와주지 않은 적이 없었고 게다가 더해 주었다.

부군은 7세에 왕모(王母)를 여의어 증왕모(曾王母) 권 부인(權夫人)의 애육(愛育)을 받았다. 그래서 매번 기일(忌日)을 만나면 팔순의 나이로 깊은 병을 앓고 있어도 반드시 3일 동안 소식(素食)하였으니, 불초가 그만두기를 간절히 청해도 듣지 않았다. 집에 증 판서공의 조위(祧位)를 봉안하고 있었는데, 사옥(祠屋)이 층층의 계단 위에 있어서 올라가기가 매우 어려웠다. 그러나 팔순을 바라보는 나이가 되어서는 비록 배궤(拜跪)하지는 못했지만 매일 한 번씩 올라가서 사당의 담장을 한 바퀴 둘러보고서야 돌아왔다.

이씨(李氏) 집안의 며느리가 된 누님이 영남에 살았는데, 비안 현감(比安縣監)으로 있을 때 받들어 맞이하고는 일마다 힘껏 뜻을 따라서 어머니처럼 섬겼다. 그러다가 서쪽으로 돌아온 이래로는 늘 불초를 불러서 "네가 만일 남쪽 고을의 수령이 되어 내가 다시 누님의 안색을 받들 수 있게 된다면 나는 더 이상 유감이 없겠구나." 하였다. 불초는 이때부터 외읍(外邑)으로 나가기를 청했으나 정성과 효심이 부족하여 끝내 뜻대로 할 수 없었다. 부군은 비록 억지로 서군(西郡)으로 나아갔으나 마음에 울적한 회포를 풀지는 못하였다.

부군은 두 현(縣)의 현감을 지냈는데, 늘 이르기를 "삼대(三代) 이후로 선비가 대략 경륜을 펼친 것은 마땅히 외읍에 있었을 뿐이다." 하였다. 공무의 여가에는 주자서(朱子書)를 읽었고 정법(政法)이 조금도 구차하지 않아서 매번 도내(道內)에서 최(最)를 받았으며[17] 돌아오는 행장에는 한 가지 물품도 가져오지 않았으니, 백성들이 모두 비석을 세워 거사(去思)의 뜻을 부쳤다.[18]

단성(丹城)에서 임기를 마치고 돌아온 다음 날 아침에 선비(先妣)가 상자 꾸러미에서 무언가를 열심히 찾고 있었다. 불초가 그 까닭을 물으니, 선비가 말하기를 "현(縣)에 있을 때 일찍이 60전(錢)을 얻어서 갈무리해 두었는데, 아침밥을 지을 쌀을 사기 위해 찾는다." 하였다. 불초가 말하기를 "6년 동안 수령을 지내고 나서 다해 봐야 60전밖에 안 되는 돈을 벌어서 돌아왔으니, 오가는 길이 또한 수고롭지 않았습니까?" 하니, 선비도 크게 웃었다.

부군은 어릴 때부터 《퇴계집(退溪集)》을 익숙하게 강습(講習)하여 한결같이 경전(經傳)처럼 존신(尊信)하고 경모(敬慕)하였으니, 의심나는 예(禮)를 질문하는 사람이 있으면 번번이 노선생(老先生)의 설을

17 최(最)를 받았으며 : 관원의 성적 평가, 즉 고적(考績)에서 우등(優等)의 점수를 받았다는 말이다.

18 백성들이……부쳤다 : 경북 의성군 비안면 용남리에 〈현감채응일영세불망비(縣監蔡膺一永世不忘碑)〉가 남아 있다. 거사는 선정(善政)을 베푼 수령(守令)에 대하여 그 지방 백성들이 떠나고 난 뒤에도 항상 생각한다는 의미로, 《한서(漢書)》에 "왕성, 황패, 주읍, 공수, 정굉, 소신신 등은 관에 있을 때는 백성들이 부유하였고 관을 떠났을 때는 백성들이 생각하였다.〔王成黃霸朱邑龔遂鄭宏召信臣等, 所居民富, 所去見思.〕"라고 한 데서 온 말이다. 《漢書 循吏傳》

거론하여 대답하였다. 불초가 독서할 때 혹 주자(朱子)의 주(註)에 대해 의심을 일으켜서 불초의 의견으로 질문하면 늘 이르기를 "글에는 의심나는 곳이 없을 수가 없다. 그러나 이미 주자와 퇴계의 정론(定論)을 거쳤으면 오직 존신하여 체험해야 할 뿐이니, 후생들이 망녕되이 신기(新奇)한 의사(意思)를 내어서는 안 된다." 하였다.

전 傳

충장공 박영서전
忠壯公朴永緖傳

박영서(朴永緖)는 성주(星州) 사람이고 자는 효원(孝源)이니, 단종조(端宗朝)의 충신 박팽년(朴彭年)의 방손(旁孫)이고 의민공(毅愍公) 박이현(朴而絢)[19]의 아들이다. 의민은 선조 임진년(1592, 선조25)에 서생으로 집에 있다가 대가(大駕)가 파천하였다는 소식을 듣고는 동지(同志)들을 불러 모아 의병을 일으켜 왜적을 토벌하였는데, 제봉(霽峯) 고경명(高敬命)의 군대와 함께 기각(掎角)의 형세를 이루어 왜적을 매우 많이 참획(斬獲)하였다. 울산(蔚山)으로 들어갔을 때 읍재(邑宰) 배응경(裵應褧)[20]이 적을 대비하지 않다가 패군(敗軍)하여 장차

19 박이현(朴而絢) : 1544~1592. 본관은 순천(順天), 자는 여수(汝粹), 시호는 의민이다. 성주에 거주했으며, 조식(曺植)의 문인이다. 1592년 임진왜란이 일어나자 집안 동생 박이장(朴而章)과 함께 의병을 일으켰다. 김면(金沔)의 막하에서 동지를 모아 고향에서 진을 치고 호남의 고경명(高敬命) 등과 연계하여 성주의 가천(伽川) 등지에서 많은 왜적을 무찌르고 전사하였다. 뒤에 판서에 추증되고 성주 덕봉사(德峯祠)에 제향되었다.

20 배응경(裵應褧) : 1544~1602. 본관은 성산(星山), 자는 회보(晦甫), 호는 안촌(安村)이다.

처벌을 받을 상황이었는데, 의민은 참획한 왜적의 수급을 주어 처벌을 면하게 하였다. 얼마 지나지 않아 왜적이 크게 이르니 의민은 죽음을 무릅쓰고 힘써 방어하였는데, 날이 저물자 군사가 흩어져서 마침내 전사하였다.

박영서는 부친이 왜적에게 죽은 것을 통한으로 여겨 겨우 약관의 나이에 말타기와 활쏘기를 익혔는데, 재능이 뛰어나고 기량이 민첩하여 부친과 같은 풍모가 있었다. 무과(武科)로 발신(發身)하여 창성부사(昌城府使)에 제수되고 전봉장(前鋒將)으로 도원수(都元帥) 장만(張晩)을 따라 관서(關西)로 나갔는데, 당시 부원수(副元帥) 이괄(李适)이 거병(擧兵)하여 반란을 일으키고 승승장구(乘勝長驅)하며 동쪽으로 향하고 있었다. 이괄은 평소 흉악하고 사나운 데다 거느리고 있는 병사가 모두 항왜(降倭)[21]와 용사(勇士)였기에, 도원수의 군대 뒤를 돌아 지나갈 때 도원수의 군대가 두려워서 감히 공격하지 못하였다. 그러나 박영서는 싸우기를 자청하여 남이흥(南以興), 정충신(鄭忠信)과 함께 각각 병사 3000명씩을 거느리고 적을 뒤쫓아 황주(黃州)의 신교(薪橋)에서 전투를 벌였는데, 남이흥과 정충신의

21 항왜(降倭) : 조선에 투항한 왜적을 말한다. 《연려실기술(燃藜室記述)》에 "계사년(1593, 선조26)과 갑오년(1594) 사이에 영남(嶺南)에 주둔하고 있던 왜적들로 오랫동안 수자리 사는 데 염증을 내어 항복해 오는 자가 많았으며, 김응서(金應瑞)가 불러들인 것도 거의 100여 명에 이르렀다. 그 우두머리 왜인은 김상의(金尙義)라고 하는데, 그 무리들과 함께 전공(戰功)을 많이 세웠으므로 벼슬이 가선대부(嘉善大夫)에 이르렀다. 그 뒤로부터 30년 동안 항복한 왜인들이 밀양(密陽) 등지에 살면서 자손을 기르고 농사에 힘쓰니, 그 마을을 이름하기를 '항왜촌(降倭村)'이라고 하였다. 그중에 공이 없는 사람들은 서북 방면에 나누어 살게 하였는데, 뒤에 역적 이괄을 따르다가 모두 죽음을 당하였다." 하였다. 《燃藜室記述 別集 卷18 邊圉典故 西邊》

병사가 먼저 무너지자 박영서는 홀로 말을 타고 적진으로 달려 들어가 이괄을 잡으려 하다가 말이 갑자기 넘어지는 바람에 적에게 사로잡히고 말았다.

이괄은 평소 박영서의 용력(勇力)을 사모하였고 이괄의 장수 한명련(韓明璉)은 그를 더욱 특별히 사랑하였다. 그래서 항복하게 하려는 계획을 세워 바로 죽이지 않고 좋은 말로 타이르며 가두어 두었는데, 박영서는 더욱 노하여 칼을 뽑아 타고 온 말을 벤 다음 적에게 보이며 꾸짖기를 "나를 너에게 사로잡히게 한 것은 이 말이다. 또 조정에서 너를 부원수에 제수하고 너를 부원군(府院君)에 봉하였으니 어찌 너를 저버린 것이냐. 그런데도 너는 반란을 일으켰단 말이냐. 나는 너의 뼈를 으스러뜨리지 못하는 것이 한스럽다. 어찌 속히 나를 죽이지 않느냐. 나는 죽어서 마땅히 귀웅(鬼雄)[22]이 되어 너를 주륙하여 남겨 두지 않겠다." 하였다. 적이 노하여 막사 밖에 묶어 두었는데 마침 날씨가 매우 추워지니 한명련이 밤에 일어나 몰래 초모(貂帽)를 박영서의 머리에 씌워 주고 자상하게 이르기를 "효원은 어찌 이처럼 스스로를 괴롭히는가. 오늘 나를 따르면 대사마(大司馬)를 얻을 수 있을 것이다." 하였다. 그러자 박영서는 머리를 흔들어 모자를 떨어뜨리고는 말하기를 "이 머리는 이미 끊어졌다. 역적의 초모로 충신의 머리를 더럽히지 말라." 하였다. 역적의 졸개 가운데 평소 같은 동네에 살던 자가 있어서 박영서가 목말라하는 것을 보고 몰래 물을 가져다주니 벌떡 일어나

22 귀웅(鬼雄) : 귀신 중에서도 힘이 있는 우두머리 귀신이라는 뜻으로, 《초사(楚辭)》 〈구가(九歌) 국상(國殤)〉에 "몸은 이미 죽었으나 정신은 신령하니, 혼백이 굳세어 귀웅이 되리라.〔身旣死兮神以靈, 魂魄毅兮爲鬼雄.〕"라고 한 데서 온 말이다.

발로 물을 차면서 말하기를 "너는 역적의 졸개이다. 감히 나에게 물을 마시게 할 수 있느냐." 하였다. 이에 적이 끝내 굴복시킬 수 없다는 것을 알고 마침내 큰 칼로 해쳤는데, 좌우로 베어진 살점이 조각조각 땅에 떨어졌지만 꾸짖는 소리가 여전히 입에서 끊이지 않았다.

일이 알려지자 인조는 탄식하고 애석해 마지않으며 병조 참판에 추증하고 그 고을에 정려(旌閭)를 내린 다음 예관(禮官)을 보내어 치제(致祭)하게 하였다. 우복(愚伏) 정경세(鄭經世) 선생이 도내에 통문(通文)을 돌려 박영서가 역적을 꾸짖으며 굴복하지 않은 상황을 갖추어 기술하니, 백헌(白軒) 이경석(李景奭), 택당(澤堂) 이식(李植), 지봉(芝峯) 이수광(李睟光), 다산(茶山) 목대흠(睦大欽), 현주(玄洲) 조찬한(趙纘韓), 오봉(五峯) 이호민(李好閔), 창석(蒼石) 이준(李埈), 서경(西坰) 유근(柳根) 같은 한 시대의 명석(名碩) 여러 공이 만사(輓詞)를 지어 애석하게 여겼는데, 시어(詩語)가 모두 상산 태수(常山太守) 안고경(顏杲卿)[23]에 비유하였다.

영조 11년(1735)에 네 도(道) 유생의 상소로 인하여 병조 판서에 가증(加贈)하고 태상시(太常寺)에 시호를 정하라고 명하여 충장(忠壯)이라는 시호를 내렸으니, 충심에 보답하고 절의를 장려하는 일이 이에 유감이 없게 되었다. 대제학 이광덕(李匡德)이 지은 박영서의

23 안고경(顏杲卿) : 692~756. 당 현종(唐玄宗) 때의 충신으로, 상산 태수를 지내 안 상산(顏常山)이라고도 한다. 안진경(顏眞卿)의 사촌 형이다. 상산 태수로 있을 때 안녹산(安祿山)의 난이 일어나자 불리한 상황에서도 6일 동안 밤낮으로 격전을 벌이다가 마침내 식량과 화살이 떨어져 성이 함락되면서 포로로 붙잡혔는데, 갖은 회유와 악형(惡刑)을 받으면서도 끝까지 굴복하지 않고 준열하게 안녹산을 꾸짖다가 혀가 잘려 죽음을 당하였다. 《新唐書 顏杲卿列傳》

전(傳)이 자못 자세한데,[24] 내가 그 글을 읽고 기뻐서 부연하여 〈박충장전(朴忠壯傳)〉을 짓는다.

24 대제학……자세한데 : 이광덕의 문집인 《관양집(冠陽集)》 권11에 박영서와 그의 부친 박이현의 시장(諡狀)이 실려 있다. 이광덕(1690~1748)은, 본관은 전주(全州), 자는 성뢰(聖賴), 호는 관양·존재(尊齋)이다.

이 절도전

李節度傳

절도사(節度使) 이징옥(李澄玉)은 양산(梁山) 사람이다. 어릴 때부터 무용(武勇)이 절륜하였는데, 그의 형 이징석(李澄石) 역시 용력(勇力)으로 주리(州里)의 으뜸이 되었다. 한번은 모친이 살아 있는 산돼지를 보고 싶어 하자 이징석은 그날로 활을 쏘아 돼지 한 마리를 잡아 돌아왔는데, 이징옥은 문을 나간 지 이틀 만에야 빈손으로 돌아와서 모친이 의아하게 여겼다. 이징옥이 모친과 함께 외정(外庭)으로 나가니 큰 돼지 한 마리가 마당에 누워 있었는데 숨을 몰아쉬며 눈을 부릅뜨고 있는 모습이 매우 사나웠다. 대개 이징옥은 반드시 모친으로 하여금 살아 있는 돼지를 직접 보게 하려고 돼지의 자취를 쫓아갔는데, 산을 넘고 골짜기를 건너 낮밤으로 발로 차고 겁박하여 반드시 돼지가 기진맥진하여 이런 지경이 되게 했던 것이다. 또 매양 범을 쏠 때는 눈을 부릅뜨고 꾸짖었으니, 그러면 범이 문득 눈을 감고 고개를 숙인 채 달아나고는 하였다.

김종서(金宗瑞)가 강계 부사(江界府使)로 있을 때 이징옥이 충성스럽고 용맹한 것을 알고 자신의 후임으로 천거하였으니, 당시 이징옥은 22세였다. 얼마 지나지 않아 북방 절도사(北方節度使)로 승배(陞拜)되었는데, 새서(璽書)에 효유하기를 “경의 위무(威武)가 크게 떨쳐졌으니 옛사람도 이보다 뛰어날 수 없고, 오랑캐가 모두 두려워 복종하였으니 내가 매우 가상하게 여긴다. 모름지기 과인의 지극한 뜻을 체인(體認)하고 길이 북방의 훌륭한 장수가 되어서 나의 마음에 부응하라.”

하였다. 절도영에 부임하고 나서는 육진(六鎭)의 번호(藩胡)에서 용감하고 말타기와 활쏘기를 잘하는 자 3000명을 선발하여 모두 아하(牙下)[25]에 예속시키고 나누어 대(隊)를 만든 다음 매번 열읍(列邑)을 순행할 때 각각 경계에 나와 맞이하고 전송하게 하였다.

광묘(光廟 세조(世祖))가 수선(受禪)한 뒤에 비밀리에 박호문(朴好問)을 보내어 교대하게 하니, 이징옥이 의심하기를 "일찍이 밀교(密敎)가 있어서 나라에 큰일이 있지 않으면 나를 소환하지 않을 것이라고 하였는데,[26] 지금 다른 장수가 소리 없이 와서 교대하는 것은 무엇 때문인가?" 하였다. 이에 신임 절도사를 잡아 끌어내리고 물어보니, 박호문이 감히 숨기지 못하고 사실대로 말하였다. 마침내 그를 죽이고, 거병(擧兵)하여 곧장 경사(京師)로 쳐들어가겠다고 모의한 다음 휘하의 장수들에게 약속하기를 "나는 강을 건넌 뒤에 천조(天朝)에 명(命)을 청할 것이니, 상왕(上王 단종(端宗))을 복위시키는 일은 이룰 수 있을 것이다." 하고 다음 날 강을 건너기로 결의하였다. 종성 부사(鍾城府使) 정종(鄭種)이 그 모의를 알고 이날 밤 판상(板上)에 사람을 매복하게 하였는데, 이 사람이 이징옥이 깊이 잠든 틈을 타서 오른팔을 베었다. 그러자 이징옥이 깜짝 놀라 일어나서 그 검을 빼앗아 맨몸으로 나는 듯이 뛰쳐나와서는 왼손으로 수백 명을 격살하고 자신도 어지러이 날아오는 화살에 맞아 죽었으니, 당시 그는 24세였다. 충신(忠臣)

25 아하(牙下) : 아하친병(牙下親兵)의 약칭으로, 대장의 휘하에서 군무를 수행하는 군사를 일컫는 말이다.

26 일찍이……하였는데 : 세종이 김종서의 추천으로 이징옥을 함길도 도절제사(咸吉道都節制使)로 삼으면서 은밀히 이렇게 유시하였다고 한다. 《大東野乘 五山說林草藁》

의사(義士)들이 그 소식을 듣고 암암리에 눈물 흘리지 않는 사람이 없었다.

광묘 3년(1457)에 원통하게 죽은 사람들을 위해 초혼(招魂)하고 동학사(東鶴寺)에 설공(設供)하였는데,[27] 이징옥을 금성대군(錦城大君)[28] 및 육신(六臣)의 반열에 특서(特書)하였다. 오호라, 성인(聖人 세조)께서 혐의 때문에 의(義)를 해치지 아니하여 천고(千古)의 신하 된 자들이 섬기는 바에 마음을 다했던 충(忠)을 권면하셨으니, 그 뜻이 또한 굉달(宏達)하지 않은가!

27 동학사(東鶴寺)에 설공(設供)하였는데 : 1458년(세조4) 세조가 계룡산 동학사에 건물을 세워 단종조에 억울하게 죽은 인물들의 초혼을 거행하고 향사를 올리게 하였는데, 비단에 '병자원적(丙子冤籍)'이라 쓴 다음 이들의 명단을 부기하고 위토(位土) 25결을 하사하였다고 한다. 《逋翁先生實記 卷1 東鶴寺招魂記序》

28 금성대군(錦城大君) : 이유(李瑜, 1426~1457)로, 어머니는 소헌왕후(昭憲王后) 심씨(沈氏)이다. 세종의 여섯째 아들이며 단종의 숙부이자 세조의 동생이다. 1433년(세종15)에 봉군(封君)되었다.

계암 김 선생전
溪巖金先生傳

계암(溪巖) 김 선생(金先生)은 예안(禮安) 사람이니, 휘(諱)는 령(坽)이고 자는 자준(子峻)이다. 광해(光海) 임자년(1612, 광해군4)에 등제(登第)하여 추천으로 사직(史職)에 제수되었으나, 당시 북인(北人)이 국권을 주도하여 조정이 혼탁해지자 선생은 관직을 버리고 고향으로 돌아갔다. 이윽고 모후(母后)가 서궁(西宮)에 유폐되었다는 소식[29]을 듣고는 탄식하기를 "인륜이 사라졌다." 하고, 이에 독서구지(讀書求志)[30]하며 두문불출하였다. 승정원에서 사직일기(史職日記)를 편수하는 일로 독려하여 본도(本道)의 도백(道伯)으로 하여금 상경(上京)하게 하니, 선생은 부득이 국도(國都)에 나아갔으나 성문 밖에서 일기(日記)를 편수하고 끝내 도성에는 들어가지 않았다.

29 모후(母后)가……소식 : 모후는 인목대비로, 선조의 계비(繼妃)이다. 연안 김씨(延安金氏)로, 존호는 소성정의명렬(昭聖貞懿明烈), 휘호(徽號)는 광숙장정(光淑莊定)이다. 영돈녕부사 김제남(金悌南)의 딸이자, 선조의 적자(嫡子)인 영창대군(永昌大君)의 어머니로, 1602년(선조35) 왕비로 책봉되었다. 1608년 광해군이 즉위하자 광해군 대신 영창대군을 왕으로 추대하려던 소북(小北)의 유영경(柳永慶) 일파가 몰락하고 대북(大北)의 정인홍(鄭仁弘)과 이이첨(李爾瞻) 등이 득세하였는데, 정인홍을 중심으로 인목대비의 폐모론이 주창되었고 이이첨 등이 적극 주장하였다. 1612년 이들의 사주를 받은 윤인(尹訒)에게 살해될 뻔했으나 박승종(朴承宗)의 저지로 목숨을 보전하였다. 1613년 대북파의 모략으로 영창대군이 강화도로 유배되었다가 김제남 등과 함께 사사(賜死)되었고, 결국 폐모론(廢母論)이 일어나 1618년 서궁에 유폐되었다.

30 독서구지(讀書求志) : 산림에서 책을 읽으며 자기의 뜻을 이루기를 구한다는 뜻이다.

계해년(1623, 인조1) 인조반정(仁祖反正) 이후 사헌부 지평(司憲府持平)으로 선생에게 소명이 내려졌을 때 명을 받고 즉시 달려갔는데, 중도에 경사(京師)에서 오는 사람을 만나 "여러 훈귀(勳貴)가 거의(擧義)하여 추대하기를 도모할 때 상께서 알고 있었는가, 알지 못하였는가?"라고 물어보고는 바로 말머리를 돌려 병을 이유로 물러나기를 청하여 돌아갔다. 이때부터 병을 이유로 손님을 사절하고 침상에 드러누웠는데 일어나고 용변을 볼 때 곁에 있는 사람이 부축하지 않으면 움직이지 못했다. 이렇게 19년을 하루같이 보내니 처자(妻子)도 그가 병에 가탁한 것임을 알지 못하였다. 상께서 7, 8차례 대관(臺官)으로 불렀으나 소명에 달려가지 않았다. 그사이 역적 이괄(李适)의 변란을 만나 구원하러 달려갔으나 기전(畿甸)에 이르렀을 때 역적이 평정되었다는 소식을 듣고는 즉시 돌아오고 아들이 남아 대신 사직하게 하였다. 그러자 여러 훈귀가 선생이 끝내 소명에 응하지 않는 것을 노여워하여 "신하의 예가 없다."라고 하고 자주 유언비어를 퍼뜨려 비난하였으며 몰래 도신(道臣)으로 하여금 염탐하게 하였다.

이 당시 선생의 지구(知舊) 가운데 조정에 있는 사람들은 선생을 위해 두려워하지 않는 이가 없었으니, 오리(梧里) 이 상국(李相國)[31]은 선생에게 심하게 앓고 있는 병의 증상을 상소하여 아뢰도록 권하였다. 그러나 선생이 움직이지 않아서 참언(讒言)이 날로 이르렀는데, 상께서 시종 너그럽게 포용해 주신 덕분에 온전할 수 있었다. 동계(桐溪) 정 선생(鄭先生)[32]은 일찍이 방백(方伯)으로서 선생을 방문하여 함께

31 오리(梧里) 이 상국(李相國) : 이원익(李元翼, 1547~1634)으로, 본관은 전주(全州), 자는 공려(公勵), 호는 오리, 시호는 문충(文忠)이다.

동숙(同宿)하였는데, 한밤중에 선생을 부축하여 일으키니 선생이 그를 위해 일어나 배회하였다. 이에 정 선생이 탄식하기를 "우리 임금께서 공을 둔 것은 주(周)나라 무왕(武王)이 백이(伯夷)를 둔 것[33]과 같은데, 한스럽게도 나는 공이 했던 일을 하지 못하였습니다." 하였다. 졸재(拙齋) 유원지(柳元之)[34]는 말하기를 "선생의 일은 서산(西山)[35]에서 굶어 죽었던 백이에 비유되지만 도리어 그보다 더 어려운 점이 있었다."라고 하였으니, 세상에서 명언(名言)이라 여겼다.

선생의 부친 김부륜(金富倫)[36]은 일찍이 퇴도(退陶) 노선생(老先生)의 문하에서 수학하여 깊이 기대를 받았으니, 선생이 몸으로 수양하여 언행에 나타난 것이 오직 의(義)에 근거해서 사생(死生)과 화복(禍福) 때문에 그 마음이 움직이지 않았던 것은 대개 가정에서 함양한 덕에서 말미암았다. 선생은 인조 19년 신사년(1641)에 집에서 세상을 떠났으니, 향년이 65세이다. 숙종께서 특별히 선생을 도승지에 추증하여 사림(士林)의 긍식(矜式)이 되게 하였다.

32 동계(桐溪) 정 선생(鄭先生) : 정온(鄭蘊, 1569~1641)으로, 본관은 초계(草溪), 자는 휘원(輝遠), 호는 동계·고고자(鼓鼓子), 시호는 문간(文簡)이다.

33 주(周)나라……것 : 무왕에게 직간(直諫)하는 충신이 있었다는 의미이다.

34 유원지(柳元之) : 1598~1674. 본관은 풍산(豐山), 자는 장경(長卿), 호는 졸재이다.

35 서산(西山) : 백이가 고사리를 캐 먹으며 숨어 살다가 굶어 죽었던 수양산(首陽山)의 다른 이름이다.

36 김부륜(金富倫) : 1531~1598. 본관은 광산(光山), 자는 돈서(惇敍), 호는 설월당(雪月堂)이다.

군자는 다음과 같이 말한다.

"천하의 일은 양쪽이 다 옳은 경우가 없지만, 오직 무왕이 옳았고 백이가 또한 옳았다. 무왕의 성스러움은 백이가 잘못되었다고 만류한 일 때문에 손상되는 바가 없었고 백이의 성스러움 또한 무왕이 성인이라는 사실을 알지 못한 것 때문에 혐의되는 바가 없었으니, 일이 진실로 이치에 맞으면 정도(正道)도 성스럽고 권도(權道) 또한 성스러울 따름이다. 선생이 병에 가탁하여 벼슬하지 않은 것이 어찌 일찍이 위로 우리 인조께서 거의(擧義)하여 반정(反正)한 광명정대함에 누가 된 적이 있었던가. 그러면서도 선생의 출처(出處)의 기본 원칙에서는 정의입신(精義入神)[37]의 경지라고 말하지 않을 수 없으니, 동계 정 선생이 백이의 경우로 선생에게 허여했던 일은 까닭이 있었던 것이다. 그러나 무왕 이후 성강(成康)[38]의 현명함으로도 백이를 포숭(褒崇)하는 고명(誥命)이 있었다는 말은 듣지 못했는데, 우리 숙종께서는 선생에게 특별히 증직을 내려 그 지조(志操)와 풍절(風節)을 장려하였으니, 위대하도다. 왕의 말이여! 백대(百代)에 밝게 드리웠으니, 숙종의 현명함은 성왕이나 강왕보다 훨씬 뛰어나도다."

37 정의입신(精義入神) : 의리(義理)를 정밀하게 연구 분석하여 신묘한 경지에 들었다는 말로, 《주역》 〈계사전 하(繫辭傳下)〉에 "의를 정밀히 연구하여 신묘한 경지에 들어가는 것은 치용(致用)을 위해서이다.〔精義入神, 以致其用也.〕"라고 한 데서 온 말이다.

38 성강(成康) : 주(周)나라 무왕을 이어 즉위한 2대 성왕(成王)과 3대 강왕(康王)의 병칭이다. 이 시대에는 천하가 안정되고 죄수가 없어 감옥이 텅 비는 등 태평성대를 이루었으므로, 후세에 지치(至治)의 시대를 이야기할 때 흔히 인용된다.

백 의사전

白義士傳

백 의사(白義士)는 경상도 양산(梁山) 사람이니, 이름은 수회(受繪)이고 자는 여빈(汝彬)이다. 성품이 탄이(坦夷)하여 평소 겉치레를 하지 않았으나 언의(言議)를 분석할 때는 추상처럼 맹렬하였다.

선조 임진년(1592, 선조25)에 왜구가 바다를 뒤덮을 정도로 쳐들어와 우리 생령(生靈)들을 포살(砲殺)하기에 이르렀는데, 양산은 지역이 바닷가에 있었기 때문에 이들의 독봉(毒鋒)을 가장 먼저 입었다. 의사는 당시 산중의 암자에서 독서하다가 피하지 못하고 마침내 왜적에게 사로잡혔는데, 왜적이 함께 바다를 건너자고 겁박하면서 무릎을 꿇게 하자 의사는 우뚝 서서 굽히지 않고 분개하여 꾸짖기를 그치지 않았다. 왜적이 크게 노하여 어두운 방 안에 잡아 가두고 온갖 방법으로 힘들고 고통스럽게 하였지만, 의사는 왼팔에 "차라리 이씨의 귀신이 될지언정, 개나 양 같은 오랑캐의 신하는 되지 않겠다.〔寧爲李氏鬼 不作犬羊臣〕"라는 열 글자를 문신으로 새겨 넣었다. 구류된 지 3개월 만에 왜적이 노지(露地) 위로 끌고 나와 칼날을 하얗게 갈아 베려 하니, 의사는 안색도 변하지 않고 목을 빼면서 "속히 나를 베어라." 하였다. 이에 왜적이 급하게 불을 때 가마솥에 물을 끓였는데, 부글부글 물 끓는 소리가 들리니 의사는 웃으며 말하기를 "내가 원하던 바이다." 하고 가마솥으로 뛰어들어 가려 하였다. 그러자 만추(蠻酋) 한 명이 급히 손을 잡고 저지하며 이르기를 "진정 의사(義士)이다. 진정 의사이다." 하였다. 이때부터 그를 존중하여 마침내 절개를 온전히 하여 본국(本

國)으로 돌아올 수 있었다. 본국으로 돌아온 뒤에는 원근에서 팔의 문신을 보고자 집으로 찾아오는 사람이 시장처럼 많았으니, 이에 백 의사의 이름이 나라 안에 가득하게 되었다.

광해군의 난정(政亂) 때에 적신(賊臣)이 모후(母后)를 폐(廢)해야 한다는 논의를 발의하니,[39] 태학(太學)의 유생(儒生)이 그 말을 전하여 사방에 널리 알리고 기한을 정하여 상소로 청하게 하면서[40] 말하기를 “따르지 않는 자는 멸족될 것이다.” 하였다. 그 글이 양산에 이르렀을 때 의사는 통곡하며 이르기를 “삼강(三綱)이 끊어졌구나. 내 차라리 몸소 화(禍)에 저촉될지언정, 흉역(凶逆)의 글이 다시 사람의 이목을 더럽히게 할 수는 없다.”라고 하고는 마침내 찢이서 땅에 던져 버렸으니, 보는 사람들이 모두 두려워하였다. 인조가 반정(反正)하고 나서 전부(銓部)에 명하여 등용하게 해서 사옹원 참봉(司饔院參奉)에 제수되었으나 나아가지 않았고, 얼마 후 다시 예빈시 참봉(禮賓寺參奉)에

39 광해군의……발의하니 : 선조 생전에 당시 세자이던 광해군을 폐하고 어리지만 적자(嫡子)인 영창대군(永昌大君)을 세자로 책봉해야 한다는 주장이 소북(小北)의 유영경(柳永慶) 일파에 의해서 계속 제기되었는데, 선조가 갑자기 붕어하고 광해군이 즉위하자 소북 세력이 몰락하고 정인홍(鄭仁弘), 이이첨(李爾瞻) 등의 대북(大北) 세력이 득세하였다. 대북 세력은 인목대비를 위험 세력으로 여겨 끊임없이 폐서인할 것을 주장하였는데, 계축옥사(癸丑獄事)로 영창대군을 서인(庶人)으로 강등(降等)하여 죽인 뒤에 기자헌(奇自獻), 이항복(李恒福) 등의 반대에도 불구하고 폐모의 정청(庭請)을 단행하여 인목대비를 서인으로 강등하고 서궁(西宮)에 유폐하였다. 119쪽 주29 참조.

40 태학(太學)의……하면서 : 1617년(광해군9) 11월 폐모론(廢母論)이 결정되어 유생과 대간 들의 상소가 빗발쳤는데, 유생 이위경(李偉卿) 등이 관학(館學)을 선동하여 흉소(凶疏)를 올리게 하였으므로 온 나라 안이 소란하였다. 《光海君日記 9年 11月 5日, 10年 2月 11日》《仁祖實錄 1年 4月 3日》

제수되었으나 한번 사은(謝恩)한 뒤에 바로 관직을 버리고 돌아갔다. 뒤에 다시 자여도 찰방(自如道察訪)에 제수되었다.

인조가 일찍이 재앙을 만나 구언(求言)한 적이 있었는데, 의사는 〈육조소(六條疏)〉를 올려서, 공신(功臣)들이 탐욕을 부리고 방종하기가 오히려 지난날의 여습(餘習)을 답습하고 있다는 점, 인성군(仁城君)[41]의 옥사(獄事)는 매우 원통하니 마땅히 과부가 된 아내와 어린 자식을 구휼하여 골육의 은혜를 잊지 말아야 한다는 점, 연좌되어 원통함을 품고 있는 자들은 마땅히 차츰 석방하여 억울하게 걸려들지 말게 해야 한다는 점, 조정에서 인재를 등용할 때 편당(偏黨)으로 취사(取捨)하지 말아야 한다는 점을 통렬히 말하고, 기타 군보(軍保)가 고제(古制)에 맞지 않는 문제와 군적(軍籍)이 백성들에게 폐단을 끼치는 문제에 대해 명확하고 절실하게 지적하여 회피하는 바가 없었다. 그러나 후사(喉司)에서, 직접 올리지 않았다고 핑계를 대면서 물리쳐 봉납하지 않았다. 수고(手藁)가 집 안의 상자 속에 보관되어 있다.

69세에 세상을 떠났는데, 현종 11년(1670)에 호조 참의에 추증되고 정려가 내렸다. 사림(士林)에서 서원을 건립하여 향사하였는데 숙종이 '송담서원(松潭書院)'이라고 사액(賜額)하였으니, 송담은 의사의 자호(自號)이다. 양산군(梁山郡)의 북쪽 10리쯤에 백 의사총(白義士塚)이 있다고 한다.

41 인성군(仁城君) : 선조의 일곱째 아들 이공(李珙, 1588~1628)으로, 호는 백인당(百忍堂)이고, 어머니는 정빈(靜嬪) 민씨(閔氏)이다. 1628년(인조6) 유효립(柳孝立) 등이 대북파(大北波)의 잔존 세력을 규합하여 모반을 기도할 때에 왕으로 추대되었다 하여 진도(珍島)에 유배되었다가 자결을 강요받고 죽었다. 시호는 효민(孝愍)이다.

군자는 다음과 같이 말한다.

"의사는 바닷가 모퉁이에서 나고 자라 사우(師友) 간에 강론하는 유익함이 없었지만 수립한 바가 이와 같이 탁월하였으니, 이는 천성이 그러하였던 것이다. 지금 경학(經學)으로 자임하는 자는 평소 옷깃을 여미고 걸핏하면 정자(程子)와 주자(朱子)를 말하지만, 조그마한 이해(利害)가 앞에 닥치면 단지 자신을 위해 모의할 줄만 알아서 천리(天理)가 사라지는 데 이르지 않는 경우가 거의 드무니, 의사의 풍도와 비교해 보면 또한 부끄러워할 만하다."

이 진사전
李進士傳

진사 이지성(李之晟)은 자는 언광(彥光)이고 연안(延安) 사람이니, 목릉(穆陵)[42]의 명신(名臣) 연원부원군(延原府院君) 이광정(李光庭)의 5세손이고 평안도 관찰사 연릉군(延陵君) 이만원(李萬元)의 차자(次子)이다.

연안 이씨(延安李氏)는 효성스럽고 우애로우며 친족 간에 화목하여 대대로 가법(家法)이 되었는데, 연릉공에 이르러 더욱 지극한 효성으로 알려지고 도량이 한량없이 넓었으니 사람들이 모두 희문(希文)[43]과 군실(君實)[44]처럼 우러러보았다.

공은 어릴 때부터 부친의 가르침을 승습(承襲)하여 마음가짐과 몸가

42 목릉(穆陵) : 선조(宣祖)와 비 의인왕후(懿仁王后) 박씨(朴氏), 계비 인목왕후(仁穆王后) 김씨(金氏)의 능이다. 여기서는 선조를 가리킨다.

43 희문(希文) : 북송(北宋)의 유학자이자 정치가인 범중엄(范仲淹)의 자이다. 시호는 문정(文正)이다. 참지정사(參知政事)에 이르러 귀하게 되었을 때 오현(吳縣)의 자기 일족들을 위해 의전택(義田宅)을 설치하고 종중의 대소사에 그 경비를 충당하게 하는 한편 가난한 일족을 도왔던 일이 있는데, 이것을 의장(義莊)이라고 한다. 《宋史 范仲淹列傳》

44 군실(君實) : 송나라의 학자인 사마광(司馬光)의 자이다. 호는 우부(迂夫) 또는 우수(迂叟), 시호는 문정(文正)이다. 형 백강(伯康) 사마단(司馬旦)과 우애가 돈독하여 백강의 나이 여든이 되도록 잘 섬기고 보살폈는데, 항상 식사한 뒤에 얼마 되지 않아 배고프지 않느냐고 묻고 날씨가 조금 차면 그의 등을 어루만지면서 옷이 얇지 않느냐고 물었다고 한다. 《小學 善行》

짐에서 차선의 방도에 머물지 않았으니, 한 가지도 공리(功利)에 관계되는 일을 행한 적이 없고 한마디도 부미(浮靡)한 말을 가까이한 적이 없었다. 그래서 사람들이 모두 다른 날의 공경 보상(公卿輔相)으로 기약하였다. 연릉공은 가범(家範)이 매우 엄격하여 자제들도 때를 정하여 나아가 뵙게 하였으니, 공은 새벽에 일어나 세수하고 빗질하고 엄숙하게 곁에서 모셨으며 나가는 곳을 물으면 대답하였고 그렇지 않으면 감히 먼저 말하지 못하였다. 서안(書案)을 대할 때는 옷깃을 여미고 앉아서 머리 숙여 책을 읽고 고개 들어 생각하며 오직 치군택민(致君澤民)의 도리를 기약하였다.

약산(藥山) 오광운(吳光運)[45] 공(公)은 어릴 적에 스스로 그 몸을 아껴서 안하무인이었는데, 공의 명성을 듣고 찾아가 만나 보고는 돌아와 집안사람들에게 말하기를 "이모(李某)는 과연 태산 교악(泰山喬岳)과 같다." 하였다. 우리 선자(先子)께서는 공의 집안에 들어가 공의 종매서(從妹壻)가 되었는데, 공이 서로 만난 것을 매우 기뻐하여 늘 말하기를 "인기(人器)와 문장(文章)은 세상에서 채랑(蔡郎)에 비견될 자가 없다." 하였다.

선자께서 생관(甥館)[46]에 거처할 때 곁에 옻칠의 색깔이 아주 선명한 왜연갑(倭硯匣)을 가지고 있었다. 하루는 공이 연갑을 가지고 일어나 옮겨 둘 것처럼 하다가 고의로 넘어지며 그 연갑을 던졌는데, 우레처럼

45 오광운(吳光運) : 1689~1745. 본관은 동복(同福), 자는 영백(永伯), 호는 약산, 시호는 충장(忠章)이다.

46 생관(甥館) : 췌관(贅館)과 같은 말로 사위가 거처하는 방을 가리키는데, 전하여 처가를 의미한다.

큰 소리가 들리더니 연갑의 모서리가 조금 부서졌다. 그러고는 공이 선자의 안색을 유심히 살펴보았는데, 선자께서 천천히 말하기를 "그대는 나를 시험해 보려고 그렇게 한 것입니까? 그러나 이것은 유용한 물건이니, 일부러 넘어져서 부순 것은 내가 인정할 수 없습니다." 하였다. 이에 공이 웃으며 손을 잡고 말하기를 "그대는 나의 친구입니다." 하였다.

공은 계부(季父) 진사공(進士公) 만철(萬徹)의 후사(後嗣)로 나갔다. 후사로 나간 집의 모부인 남씨(南氏)는 정절(貞節)이 남달리 굳건하여 미망인이 된 이래 18년을 하루같이 소식(素食)하였는데, 공이 주야로 눈물을 흘리고 따라다니며 지성으로 애걸하니 남씨 부인이 감동하여 마음을 돌리고는 비로소 강계(薑桂)[47]를 가까이하였다.

숙종 기축년(1709, 숙종35)에 연릉공이 세상을 떠나니 공은 더 이상 살고 싶지 않은 것처럼 가슴을 치며 통곡하였다. 당시 생모 윤 부인(尹夫人)이 앓고 있던 부종(浮腫)이 위독해져서 안으로 곪고 밖으로 딱딱해졌는데, 의원이 말하기를 "침으로는 효험을 볼 수 없으니, 모름지기 사람이 입으로 빨아야 고름을 빼낼 수 있습니다." 하였다. 공은 여막에 있으면서 끊임없이 곡을 하였기에 기력이 쇠하여 일어날 수가 없어서 건장한 노복(奴僕)의 등에 몸을 맡기고 들어가 모부인의 종기를 입으로 빨았는데, 입에 고름이 가득해지면 뱉어 내기를 며칠이 지나도록

47 강계(薑桂) : 매운 맛을 내는 생강(生薑)과 육계(肉桂)로, 사람의 원기를 보완하는 음식이다. 《예기》 〈단궁 상(檀弓上)〉에 "증자가 이르기를 '거상 중에 병이 나면 고기를 먹고 술을 마시되 반드시 초목의 반찬을 곁들여야 한다.' 하였으니, 생강과 육계를 말한다.〔曾子曰: "喪有疾, 食肉飮酒, 必有草木之滋焉." 以爲薑桂之謂也.〕" 하였다.

계속하니 모부인의 병이 마침내 나았다. 그러나 공은 마침내 상사(喪事)를 견디지 못하고 세상을 떠났으니, 세상을 떠날 당시 나이가 30여 세였다. 그 소식을 들은 벗들은 마치 친척을 잃은 것처럼 슬퍼하지 않는 사람이 없었다.

선자의 동서(同壻)인 한종욱(韓宗煜) 공은 공이 세상을 떠난 뒤로 친지(親知)들의 정효문(旌孝文)을 한 번도 쓰지 않으면서 말하기를 "우리가 이언광(李彦光)을 위해 효자문(孝子門)의 정려를 세우지 못했으니, 차마 다른 사람을 위해 글을 쓸 수 있겠는가." 하였다. 우리 선자께서는 노년에 이르러 늘 공의 집안에서의 행실을 말하고 그때마다 눈물을 흘리며 이르기를 "언광이 세상을 떠난 뒤에 나는 마침내 벗이 없어졌다." 하였다. 공은 국자 진사(國子進士)가 되었는데, 아들이 없어서 후에 족질(族姪)의 아들을 공의 후사로 삼았다.

임 효자전

林孝子傳

임 효자(林孝子)는 상주(尙州) 단밀현(丹密縣) 사람이다. 처지는 비록 미천하지만 성품이 효성스러워서 지성으로 어머니를 섬겼으니, 가족들이 이에 감화되었다.

하루는 그의 아내가 제사를 지내기 위해 기름을 짜서 두 개의 사기 항아리에 담아 방 안에 두었는데, 시어머니가 80세가 넘었기에 늙고 혼몽하여 항아리를 요강으로 착각하고는 채소밭으로 가지고 들어가 파 두둑을 따라 뿌려 주고 있었다. 어린 손녀가 그 모습을 보고 다급하게 소리치기를 "할머니 왜 그러세요. 착각하셨어요." 하니, 그 어머니가 달려와 입을 막으며 말하기를 "노인을 놀라게 해서는 안 된다." 하였다. 그런 다음 천천히 나아가 나지막한 목소리로 시어머니에게 이르기를 "오줌은 모름지기 물과 섞어서 뿌려 주어야 합니다. 그리고 노인은 또한 이렇게 수고로운 일을 직접 하실 필요가 없습니다." 하고, 자신이 대신 하기를 청하였다. 그러고는 몰래 그 기름을 도로 가져다 놓고 다시 요강을 들고 나와 물을 섞어 고랑에 뿌려 주었는데, 오줌을 다 뿌리고는 그만두어서 끝내 그 시어머니가 알지 못하게 하였다.

저녁 무렵이 되어 효자가 시장에서 돌아오자 어린 딸이 아버지를 맞이하며 낮에 있었던 일의 전말을 이야기하니, 효자가 문득 섬돌을 내려가서 처를 향해 두 번 절하였다.

청풍 의부전

清風義婦傳

의부(義婦)는 청풍(淸風) 촌가(村家)의 딸로 시집가서 같은 군(郡)에 사는 사람의 아내가 되었는데, 남편은 아직 어려서 장부가 되기 전의 나이였다.

하루는 시집에서 부모가 계신 친정으로 돌아가기 위해 좋은 말에 술과 고기를 실은 다음 그 말을 타고 남편은 그 뒤를 따라 골짜기 사이 사람이 없는 길로 질러가고 있었다. 그런데 갑자기 숲속에서 도적이 뛰쳐나와 몽둥이로 남편을 쳐서 남편이 길 아래로 거꾸러졌다. 여자는 그 광경을 보고도 보지 못한 것처럼 빨리 말을 채찍질하여 달려갔다. 그러자 도적이 그 여자를 놓칠까 봐 남편을 버려두고 급히 추적하여 따라왔다. 얼마 지나지 않아 여자가 말을 멈추고 머리를 돌리며 도적에게 말하기를 "네가 이런 짓을 하는 것은 말을 탐해서이냐, 아니면 나를 탐해서이냐?" 하니, 도적이 말하기를 "너를 탐해서이다." 하였다. 여자는 그 말을 듣고 말에서 내려 웃으며 말하기를,

> "그대는 그 아이를 보았을 때 오히려 사람의 모습이라고 논할 수 있겠던가. 겉으로는 명색이 남편이지만 속으로는 섬기기에 탐탁하지 않다고 생각하여 버리고 떠나려 한 지가 오래되었다. 다만 그렇게 할 틈을 보지 못했을 뿐이었는데, 이제야 그 기회를 만났다. 또 그대의 모습을 보니 나 또한 마음이 없지 않다. 그대가 만일 생각이 있으면 내가 어찌 감히 사양할 수 있겠는가."

하니, 도적이 기뻐하며 겁탈하려 하였다. 여자가 말하기를,

“이미 몸을 허락하였으니, 밤에 함께 운우의 정을 나누더라도 늦지 않을 것이다.”

하고는, 길가로 데리고 올라와서 이르기를,

“나에게 술과 고기가 있으니, 그대는 한번 실컷 취할 수 있을 것이다.”

하였다. 그런 뒤에 선뜻 자신의 행낭을 풀어 술병을 꺼내고는 일부러 기울어진 땅에 놔두어서 술병이 넘어져 술이 아래로 쏟아지게 하였다. 도적이 급히 손으로 잡으니 여자가 말하기를 “술을 따를 그릇이 없으니, 모름지기 병째로 직접 마셔야겠다.” 하고, 도적이 허리에 차고 있던 칼을 달라고 해서 태연히 고기를 썰었다. 도적이 술을 마시려 할 때 술병이 이미 반은 비었기 때문에 두 손으로 술병을 잡고 온 신경을 다하여 술병을 기울이자니 얼굴이 자연 위로 들릴 수밖에 없었다. 그때 갑자기 여자가 칼날을 날려 목을 찌르니 도적은 선 채로 즉사하였다. 그런 뒤에 여자가 남편이 있는 곳으로 돌아와 보니 목구멍 속에서 골골 소리가 나면서 숨이 곧 끊어질 듯하였는데, 마침 지나가는 사람을 만나서 그의 도움으로 남편을 싣고 돌아와 살릴 수 있었다. 군(郡)에서 그 일을 아뢰니, 조정에서 의부의 집에 복호(復戶)하라고 명하였다.

이상 두 가지 이야기는 병곡(屛谷) 권구(權榘)[48] 공의 유집(遺集)에 실려 있는데, 권공은 영남의 독학 군자(篤學君子)이니 그 말을 믿을 만하다. 따라서 그 일을 전하지 않을 수 없어서 그 글에 산삭(刪削)과 윤문(潤文)을 더한 다음 〈청풍 의부전〉과 〈임 효자전(林孝子傳)〉을 짓는다.

48 권구(權榘) : 1672~1749. 본관은 안동(安東), 자는 방숙(方叔), 호는 병곡이다.

박 진사전
朴進士傳

진사 박지문(朴趾文)은 자가 세능(世能)이니, 무안 박씨(務安朴氏)의 후인이다. 부친 박정(朴涏)[49]은 중서 사인(中書舍人)이 되었고 졸관(卒官)은 은대(銀臺)이니, 학문과 행실로 사류(士流)의 추중을 받았다.

공은 오직 부친의 가르침을 잘 받들어 매우 준엄하게 자신을 단속하였으니, 행보(行步)와 추주(趨走)가 법도에 맞고 말하는 것이 신중하여 사람들이 급하게 안색을 바꾸는 경우를 보지 못하였다. 성품이 지극히 효성스러워 종일 부친의 곁을 떠나지 않았다. 부친이 혹 한마디 말에 약간의 실수가 있으면 천천히 말하기를 "이러한 말씀이 과연 이치에 맞는지요?" 하였는데, 그럴 때면 부친이 용모를 고치고 이르기를 "내말이 잘못되었구나." 하였다.

책 읽기를 좋아하여 경사자집(經史子集)의 글이 가슴속에 농욱(醲郁)하였는데,[50] 어린 시절 성균관에서 유학할 때 시로 세상에 크게 이름

49 박정(朴涏) : 1653~1725. 본관은 무안, 자는 거원(巨源), 호는 정소헌(淨疎軒)이다. 1686년(숙종12) 춘당대시 문과에 병과로 급제하여 1689년 검열이 되고 1690년에는 홍문관 11인에 뽑혔으며, 그 후 수찬에 제수되었다. 이듬해 암행 어사가 되어 지방의 민정을 살피고 이들의 피해를 시정하는 데 진력하였다.

50 경사자집(經史子集)의……농욱(醲郁)하였는데 : 경사자집의 글을 익숙하게 읽어 그 이치를 가슴속 깊이 음미하였다는 의미이다. 한유(韓愈)의 〈진학해(進學解)〉에 "농욱한 글에 푹 젖어 들고 그 묘미를 머금고 씹어서 문장을 지어 내니, 그 글이 집에 가득하다.〔沈浸醲郁, 含英咀華, 作爲文章, 其書滿家.〕"라고 한 데서 온 표현이다.

을 떨쳤으니 후진(後進)들이 암송하며 모범으로 삼았다. 그러나 이 일은 공에게 자랑할 만한 것이 못 된다. 국자감 상상(國子監上庠)[51]에 오른 뒤에는 학문(學問)에 전심하여 오직 정자(程子)와 주자(朱子)의 글을 암송하고 법으로 삼았으니, 충장공(忠章公) 오광운(吳光運)[52]과 하정(苄亭) 이덕주(李德胄)[53]가 항상 외우(畏友)로 생각하였다. 조정에서 그 행의(行誼)가 독실하다는 말을 듣고 능침랑(陵寢郎)에 제수하였는데, 공이 당시에 마침 대령(大嶺) 밖으로 나가 있어서 미처 알지 못하여 기한이 지나도록 숙배(肅拜)하지 못했기 때문에 체차(遞差)되었다.

영조 경술년(1730, 영조6)에 역옥(逆獄)이 크게 일어났는데, 역적 정사공(鄭思恭)[54]은 바로 정사효(鄭思孝)[55]의 얼제(孽弟)였다. 평소 소

51 국자감 상상(國子監上庠) : 성균관 생원(成均館生員)을 의미한다.

52 오광운(吳光運) : 1689~1745. 본관은 동복(同福), 자는 영백(永伯), 호는 약산(藥山), 시호는 충장이다.

53 이덕주(李德胄) : 1696~1751. 본관은 전주(全州), 자는 직심(直心), 호는 하정으로, 이수광(李睟光)의 5대손이다.

54 역적 정사공(鄭思恭) : 1730년 3월에 세자와 옹주를 저주하기 위해 궁인(宮人)들이 흉물(凶物)을 파묻은 사건이 발생하였는데, 이 사건은 이해(李垓), 이기(李圻), 정사효 등이 사주한 것으로 밝혀졌다. 이어 4월에 정사효 등의 뜻을 이은 박재창(朴再昌), 정도륭(鄭道隆), 정사공 등이 다시 세자의 모해를 계획한 것이 발각되었다. 정사공은 정사효의 서제(庶弟)였는데, 4월 21일 국문에서 직초(直招)한 다음 바로 음독자살하였다. 《英祖實錄 6年 3月 9日, 4月 16日・21日》

55 정사효(鄭思孝) : 1665~1730. 자는 자원(子源), 본관은 온양(溫陽)이다. 1727년에 전라도 관찰사로 부임하였는데, 이듬해에 이인좌가 반란을 일으키자 이에 가담하였다. 그러나 박필현(朴弼顯)이 반란군을 거느리고 전주성(全州城)에 도착하였을 때 형세가 불리하게 돌아가는 것을 깨닫고 문을 열어 주지 않았는데, 뒤에 반란에 가담하였던

행이 많이 요사(妖邪)하여 공이 만날 때마다 조금도 사정을 봐주지 않고 엄하게 꾸짖었기에 정사공이 뼈에 사무치도록 공을 원망하였는데, 이때에 이르러 공을 끌어대어 그와 함께 통모(通謀)했다고 말하였다. 체포되었을 때 상께서 국문(鞫問)하는 자리에 친림(親臨)하여 일이 모두 명백하여 무죄가 밝혀졌지만, 시기하는 자들이 나아와 말하기를 "초사(初仕)의 은명(恩命)에 사은하지 않았으니, 이것이 의심스럽습니다." 하니, 이에 고문이 더해져서 붉은 피가 온몸에 흘러내렸다. 형틀에 묶였을 때는 비록 모진 고문으로 정신이 혼몽하였지만 혀를 내밀어 아래위로 깨끗하게 피를 다 핥은 뒤에야 그만두었는데, 국문하는 신하가 괴이하게 여겨 이유를 물으니 대답하기를 "이 피는 부모께서 남겨 주신 것이니 차마 국정(鞫庭)에 흘려 버릴 수 없어서 그렇게 하였습니다." 하였다. 그러다가 마침내 옥중에서 죽었다.

공은 아들이 없고 딸만 한 명 있었는데, 계례(笄禮)를 할 나이가 되어서도 혼례를 치르지 못하였다. 이에 원외랑(員外郞) 목만중(睦萬中)[56]이 당시에 경탄(敬歎)하며 말하기를 "나는 세능이 어질고 원통하다는 것을 아니, 어찌 차마 세능의 딸로 하여금 돌아갈 곳이 없게 할 수 있겠는가." 하고 마침내 자부(子婦)로 삼았다. 후에 영조께서 공의 딸이 연로(輦路)에서 원통함을 호소한 일로 인하여 크게 깨우치고는 그 원통함을 신설(伸雪)하고 초사의 직첩(職牒)을 도로 주라고 명하였

정상이 드러나 유배되었다. 그러다가 1730년에 다시 순정(順正)과 세정(世貞) 등의 궁인이 무고(巫蠱)한 사건과 환관 최필웅(崔必雄)이 방화(放火)를 계획한 사건의 배후로 지목되어 국문을 받다가 물고(物故)되었다.

56 목만중(睦萬中) : 1727~1810. 본관은 사천(泗川), 자는 유선(幼選), 호는 여와(餘窩)이다.

다.[57] 충장공 오광운은 일찍이 말하기를 “나는 경술년 국정(鞫庭)의 문랑(問郎)으로서 세능이 죽는 것을 목격하였는데, 구원하는 말을 한마디도 하지 못하였으니 형세가 그러하였다. 그러나 국정이 얼마나 지엄한 곳인가. 그런데도 세능은 응대(應對)함에 예를 잃지 않았고 죽을 때에 이르러서는 또한 능히 부모의 유체(遺體)를 생각하였으니, 어질구나, 세능이여!” 하였다. 나는 이 말을 매우 익숙하게 들어서 마음속으로 어여삐 여기지 않은 적이 없었는데, 지금 팔순의 상석(牀席)에서 홀연 가슴속으로 ‘내가 만일 선배에게 들은 이야기를 기록하여 후인들에게 보여 주지 않는다면, 공의 이름이 사라져서 전해지지 않을까 걱정스럽다.’라고 생각하였다. 그래서 마침내 〈박 진사전〉을 짓는다.

57 영조께서……명하였다 : 1754년 10월 29일의 정사(政事)에서 박문수(朴文秀)의 건의로 이렇게 명하였다. 《英祖實錄 30年 10月 29日》

이충백전

李忠伯傳

이충백(李忠伯)은 서경(西京)의 대협객이다. 술 마시고 기세부리기를 좋아하여 마음에 편치 않은 일을 만나면 번번이 싸우다가 사람을 죽였으니, 그가 드나들 때는 사람들이 감히 오시(忤視)하지 못하였다. 광해군 당시에 박엽(朴燁)[58]이 평안도 관찰사가 되었는데, 박엽은 범처럼 사나워서 하루라도 사람을 죽이지 않으면 즐거워하지 않았다. 항상 말하기를 "천 명의 사람을 죽이더라도 나는 죄를 면할 수 있을 것이다." 라고 하였으니, 서경 사람들이 발을 포개고 숨을 죽인 채 두려워하며 아침저녁으로 죽음을 기다렸다.

한번은 박엽이 매우 총애하는 아름다운 기생과 이충백이 몰래 간음하다 발각된 적이 있었다. 그러자 박엽은 급히 기병(騎兵)을 내어 체포하게 하였는데, 잡으러 가는 자를 앞으로 나오라고 명하여 활과 화살을 주며 경계하기를 "바로 생포해 올 수 없으면 사살(射殺)하도록 하라." 하였다. 이충백이 뛰어 달아나 마둔(麻屯) 포구(浦口)에 이르니 봄이라 얼음은 녹아 있고 추격하는 자는 뒤를 쫓아오고 있었다. 이충백은 옷을 벗고 맨몸으로 헤엄쳐서 급히 달아나 애포(艾浦)의 민가에 숨어

58 박엽(朴燁) : 1570~1623. 본관은 반남(潘南), 자는 숙야(叔夜), 호는 약창(葯窓)이다. 1597년(선조30) 별시 문과에 급제하였고, 1618년(광해군10) 평안도 관찰사에 제수되었다. 광해군 당시에 권신 이이첨(李爾瞻)을 모욕하고도 무사하리만큼 권세가 있었으나, 1623년 인조반정 뒤 부인이 세자빈의 인척이라는 이유로 그를 두려워하는 훈신(勳臣)들에 의해 학정(虐政)의 죄를 쓰고 평양 임지에서 처형되었다.

있었는데, 얼마 지나지 않아 갑자기 가슴이 두근거리며 두려운 마음이 들어서 족인(族人)들에게 포(布) 100필을 얻어 말에다 싣고 남쪽으로 갔다. 이윽고 추격하는 자가 과연 이르러 크게 마을 안을 수색하였으나, 이충백이 없자 그만두고 돌아갔다.

이충백은 한경(漢京)에 들어온 뒤로 개백정이나 노름꾼 들과 어울려 놀았는데, 더욱 호기(豪氣)를 부려 세상에 거리끼는 바가 없었다. 하루 저녁에는 창루(娼樓)에 들어가 자고 있을 때 창기의 서방 악소년(惡少年)이 은미한 소리를 듣고 밖에서 들어와 발로 문을 차 넘어뜨리고는 급히 등잔을 당겨 방 안을 비추었는데, 예리한 비수가 손에서 반짝이고 있었다. 그 상황에서도 이충백은 창기를 껴안고 누워서 움직이지 않으니, 악소년이 더욱 노하여 꾸짖기를,

"너는 뭐하는 자이기에 유독 검을 무서워하지 않느냐?"

하니, 이충백이 말하기를,

"나는 서경의 역사(力士) 이충백이다."

하였다. 악소년이 말하기를,

"그렇다면 너는 나와 술을 마실 수 있겠느냐?"

하니, 이충백이 말하기를,

"좋다."

하고, 바로 일어나 옷을 걸쳐 입었다. 소년이 창기를 꾸짖으며 술 한 말과 큰 고깃덩이를 가져오게 한 다음 선 채로 큰 잔을 당겨 스스로 마시고는 술을 따라 이충백에게 주니, 이충백은 단숨에 다 마셔 버렸다. 소년이 이에 고깃덩이를 칼날에 꽂아 이충백의 입에 넣어 주었는데, 이충백이 크게 입을 벌리고 받아먹으니 소년은 조금 꺼림직한 마음이 생겼다. 이충백이 이에 스스로 허리에 차고 있던 칼을 뽑아 태연하

게 자기 허벅살을 베어 술을 마신 다음 씹어 먹으니, 소년이 뒷걸음질 치며 말하기를 “너는 진실로 장사(壯士)이다. 나는 너만 못하다.” 하고, 마침내 죽음을 같이하는 벗이 되었다. 이때부터 이충백의 명성이 자자해져서 한경의 여러 소년의 위에 우뚝하게 되었다.

처음 이충백이 달아났을 때 박엽이 그 아버지를 잡아 옥에 가두고 말하기를 “네 아들이 오지 않으면 너를 풀어 주지 않을 것이다.” 하였다. 반년이 지났을 때 감사가 날로 아버지를 다그친다는 소식을 이충백이 듣고 마침내 검을 짚고 서쪽으로 내려와 보니, 마침 감사가 관아에 앉아 있었는데 호위병들이 매우 많았다. 이충백은 곧장 들어가 뜰아래에 서서 “이충백이 감히 감사를 뵙습니다.” 하였다. 박엽이 뜻밖의 일이라 오래도록 눈여겨 살펴보았는데, 이충백의 모습이 고요하고 매우 씩씩하여 박엽은 안색이 조금 누그러졌다. 당시 김한풍(金漢豐)이라는 자가 열교(列校)로 감사를 시위(侍衛)하고 있었는데 박엽이 시험 삼아 이충백과 각저희(角牴戲)[59]를 하게 하니, 이충백은 마음속으로 벌을 면할 수 있다고 생각하여 다행으로 여겼다. 또 스스로 ‘김한풍이 나보다 힘이 세기 때문에 감사가 그를 지목한 것이고 김한풍도 마음으로 그것을 알고 있다.’라고 생각하였다. 그래서 이충백은 오랫동안 잡고 대치하며 결판을 내지 않고 있다가, 김한풍이 힘을 늦추는 틈을 타서 일거에 거꾸러뜨렸다. 그러자 박엽이 예의 주시하고 있다가 크게 웃으며 말하기를 “내가 잘못하여 장사를 죽일 뻔하였다.” 하고는 술잔을 내려 준 다음 이끌어 자신의 막하에 두었다.

59 각저희(角牴戲) : 옛날 중국의 유희로, 두 사람이 맞붙어서 힘을 겨루는 놀이이다. 고구려에서도 행해졌으며, 각희(角戲)라고도 한다.

인조 정묘년(1627, 인조5)의 난리에 오랑캐를 참수한 공으로 호군(護軍)의 직품(職品)에 올랐으니, 당시 27세였다. 얼마 후 벼슬에 나아가 도원수(都元帥) 김자점(金自點)[60]의 중군(中軍)으로 부름을 받고 오위장(五衛將)에 제수되었다.

병자년(1636, 인조14)에는 돌격장(突擊將)으로 평안도 관찰사 홍명구(洪命耈)[61] 공을 따라 근왕(勤王)하여 김화(金化)에 나아갔는데, 길에서 적군을 만나 약간의 수급을 베었고 백전(柏田)[62]의 전투에서 크게 호령하며 곧장 전진하여 먼저 올라온 적들을 사살하였다. 홍명구의 군대가 패하였을 때는 절도사(節度使) 유림(柳琳)[63]의 군대에 투신하여 용맹을 떨치며 힘써 싸웠으나, 남한산성이 함락되었다는 소식을 듣고는 군진을 파하고 향리로 돌아가서 다시는 벼슬하지 않았다.

60 김자점(金自點) : 1588~1651. 본관은 안동(安東), 자는 성지(成之), 호는 낙서(洛西)이다.

61 홍명구(洪命耈) : 1596~1637. 본관은 남양(南陽), 자는 원로(元老), 호는 나재(懶齋)이고, 시호는 충렬(忠烈)이다. 1636년에 평안도 관찰사가 되었는데, 이해에 병자호란(丙子胡亂)이 일어났다. 처음에는 자모산성(慈母山城)을 지키다가 남한산성(南漢山城)이 포위되었다는 소식을 듣고는 근왕병(勤王兵)을 거느리고 남쪽으로 내려왔는데, 도중에 김화에서 적병을 만나 싸우다가 전사하였다.

62 백전(柏田) : 강원도 철원과 김화 사이의 지명으로, 병자호란 때 평안도 절도사 유림이 어가(御駕)가 포위되었다는 소식을 듣고 남한산성으로 가다가 적군을 만나 적장 야빈대(耶彬大)를 죽이고 공적을 이룬 곳이다. 또 이곳은 당시 평안도 관찰사 홍명구가 순절한 곳이기도 하다. 승첩비(勝捷碑)와 충렬사(忠烈祠)가 있다. 《關東邑誌》

63 유림(柳琳) : 1581~1643. 본관은 진주(晉州), 자는 여온(汝溫), 시호는 충장(忠壯)이다. 병자호란 때 평안도 병마사로 있으면서 강원도 김화에서 청군(淸軍)을 격퇴하였다. 왕이 남한산성에서 항복하고 화의하자 임경업(林慶業)과 함께 원병장(援兵將)으로서 청나라에 갔으나, 병으로 명나라와의 싸움을 피하였다.

이충백이 일찍이 선암(扇巖) 곁에 매우 넓고 거창하게 집을 지을 당시 겨울에 마을의 장정들을 동원하였는데 마을의 장정들이 그의 위세를 두려워하여 감히 늦게 오는 자가 없었다. 겹겹이 방을 만들고 벽을 여러 겹 쌓은 다음 하룻밤에도 여러 번 거처를 옮겼으니, 예측하지 못한 변고가 있을까 염려해서였다. 오위장으로 있다가 돌아왔을 때는 문밖에 하마비(下馬碑)를 세우고 누각에 올라 내려다보았는데, 사람들이 감히 말을 타고 지나지 못하였다. 첨지중추부사(僉知中樞府事)로 집에서 생을 마쳤으니 향년이 대략 64세였다.

번암자(樊巖子)는 다음과 같이 말한다.

"이충백은 개백정 가운데 영웅일 뿐이었지만 그 용감무쌍한 점은 또한 세상에서 보기 드문 자이다. 나는 어린 시절부터 이충백이라는 자가 박엽의 노여움을 사고도 죽지 않을 수 있었다는 말을 듣고 자못 장하게 여겼다. 그러다가 평안도 관찰사가 되었을 때 기성(箕城)의 문사(文士) 김점(金漸)[64]이 지은 글을 살펴보았는데, 이충백의 사적을 서술한 것이 자못 상세하였다. 그러나 자질구레한 내용 서너 단락이 뒤섞여서 대협객의 호협(豪俠)한 풍모가 도리어 가려진 것이 애석하였다. 그래서 마침내 수정하고 다듬어서 〈이충백전〉을 짓는다."

64 김점(金漸) : 1695~? 평양 출신으로 본관은 김해(金海), 자는 중홍(仲鴻), 호는 현포(玄圃)이다.

신기금전
辛起金傳

신기금(辛起金)은 동래(東萊) 사람이다. 13세에 임진왜란을 만나서 아버지는 봉적(鋒鏑)에 죽고 자신은 포로가 되어 만국(蠻國)으로 들어갔다. 신기금은 비록 어린 나이였지만 고국을 잊지 못하였으니, 수구(首丘)의 마음[65]이 오매불망 가슴속에 맺혀서 잠시라도 고국으로 돌아가지 못할까 걱정하였지만 오히려 말과 안색에는 그런 기미를 드러내지 않았다. 스스로 시를 읊기를 "어찌 바다에 빠져 죽는 것이 어렵겠는가마는, 의당 부모의 나라에 묻혀야 할 것이다.〔豈難蹈海死 宜葬父母邦〕" 하고, 섬나라에서 지내는 13년 동안 배 젓기를 배우고 수영을 익히며 아침저녁으로 자리를 떠나지 않았다. 오래도록 배우고 익힌 뒤에 마음속으로 생각하기를 '비록 만 이랑의 운도(雲濤)가 넘실대고 있지만 내가 하고자 하는 바를 한다면 못 이룰 일이 없을 것이다.' 하고, 몰래 작은 배 한 척을 마련하여 먼 하늘로 날아가는 새처럼 길을 떠났다.

울릉도(鬱陵島)에 도착했을 때 마침 왜선(倭船)을 만났는데, 왜놈들은 그가 도망하여 돌아가는 것을 알고는 텅 빈 섬에 끌어내려 두고 배는 부수어 바다에 던져 버린 다음 떠나 버렸다. 신기금은 속으로 생각하기를 '죽는 것은 마찬가지일 뿐이니, 차라리 서쪽으로 머리를

65 수구(首丘)의 마음 : 고향을 그리워하는 마음을 뜻한다. 《예기(禮記)》 〈단궁 상(檀弓上)〉에 "옛사람이 말하기를 '여우가 죽을 때 머리를 자기 굴이 있는 언덕 쪽을 향하는 것은 인이다.' 하였다.〔古之人有言曰: "狐死正丘首, 仁也."〕"라고 한 데서 온 말이다.

돌리고 죽어서 혼백이라도 고국으로 돌아가는 것이 낫지 않겠는가.' 하고, 마침내 큰 바다 가운데를 헤엄쳐서 고래나 용에게 잡아먹히는 것을 자신의 분수로 여겼다. 그러다가 홀연 우리나라 고깃배를 만나 뱃사람들이 잡아 건져 올려서 한 가닥 위태로운 목숨이 다시 이어졌다. 육지에 내린 후 얼마 지나지 않아 갑진년(1604, 선조37) 3월 고향으로 돌아갔다.

옛날에 살던 곳은 산천이 황량하여 오히려 눈에 암울하게 비쳤는데, 경황없이 기어가 보니 아득히 쑥대밭이 되어 있었다. 그래서 스스로 방황하며 소리 높여 눈물만 흘릴 뿐이었는데, 홀연 늙은이 한 명이 앞으로 와서 묻기를,

"그대는 어떤 사람인데, 이곳에서 이처럼 비통하게 통곡합니까?"

하니, 대답하기를,

"이 땅은 바로 내가 옛날에 살던 곳이니, 부친의 이름은 아무개이고 나의 이름은 아무개입니다. 13년 동안 일본에 포로가 되어 나갔다가 지금 다행히 돌아왔는데, 나이는 금년에 25세입니다."

하자, 늙은이가 다 듣기도 전에 눈물을 흘리며 손을 잡고 말하기를,

"당신은 우리 집의 작은 도련님이 아닙니까? 저는 옛날에 머슴 살던 선발(善發)입니다. 도련님께서 목숨을 보전하셨을 것이라고는 기대도 하지 못했는데, 더구나 살아서 이 땅에 돌아오리라고 기대할 수 있었겠습니까. 하늘이 우리 주인님의 집안을 도와서 오늘 같은 일이 있을 수 있었습니다."

하였다. 그러고는 서로 부둥켜안고 온종일 통곡하다가 마침내 옛터에 여막을 짓고 선조의 제사를 받들었는데, 이후로 부지런히 학문을 닦았으나 현달하기를 구하지는 않았다. 또 평생 동쪽을 향해 앉지 않았으

니, 왜놈들과 같은 하늘 아래 사는 것을 수치로 여겼기 때문이다.

한강(寒岡) 정 선생(鄭先生)[66]이 일찍이 온정(溫井)에 목욕하러 갔을 때 신기금이 제자의 예를 갖추고 가르침 받들기를 청하여 선생이 동방의 열사(烈士)로 허여하였으니, 이름이 《한강집(寒岡集)》[67]에 실려 있다. 그 자손들이 끊이지 않아서 지금까지 한 고을의 명족(名族)이 되었다. 오호라, 신기금이 시종 겪은 일은 천우신조가 있는 듯하니, 천년 뒤에도 듣는 사람들이 한편으로 슬퍼하고 한편으로 기뻐하지 않겠는가. 다만 먼 지역에서 있었던 일이기 때문에 이름이 인몰(湮沒)되어 사람들에게 드러나지 않았으니, 내가 이것을 슬퍼하여 〈신기금전〉을 짓는다.

66 한강(寒岡) 정 선생(鄭先生) : 정구(鄭逑, 1543~1620)로, 본관은 청주(淸州), 자는 도가(道可), 호는 한강, 시호는 문목(文穆)이다.

67 한강집(寒岡集) : 대본에는 '寒岡沐浴集'으로 되어 있다. '沐浴'은 연문(衍文)으로 보아 번역하지 않았다.

백사량전
白士良傳

백사량(白士良)은 전주부(全州府) 부내(府內) 사람이다. 성상 43년 정해년(1767, 영조43) 봄에 전주에 화재가 발생했는데, 이날 마침 바람이 크게 불어서 성 안팎의 수천여 호(戶)가 얼마 지나지 않아 남김없이 다 타 버렸다. 백사량의 집은 불길이 충천하는 길목에 있어서 뜨거운 불꽃이 지붕 위로 10장이나 치솟아 오르며 사방에서 모여들었는데, 이윽고 하늘이 가만히 도와주는 것처럼 불길이 집을 빙 돌아 나갔다. 불이 꺼진 다음 성에 올라 바라보니 검은 잔불이 끝도 없이 타고 있었는데, 그 가운데 한 점 선명한 모옥(茅屋)은 오직 백사량의 집뿐이었으니, 사람들이 모두 신기하게 생각하였다.

백사량은 성품이 지극히 효성스러웠다. 일찍이 영부(營府)의 역(役)에 종사하였는데, 차마 역 때문에 모친을 떠날 수가 없어서 스스로 그 역을 사양한 뒤에 재물을 빌려서 매우 지극하게 모친을 봉양하였다. 모친이 세상을 떠났을 때는 3년 내내 수묘(守墓)하였는데, 자기 아들이 병들어 집안사람이 불러도 가지 않았고 아들이 죽었을 때도 가지 않았으니, 부내의 사람들이 모두 지극한 효자라고 칭송하였다.

이때에 이르러 군자는 다음과 같이 말하였다.

"백사량의 집이 불타지 않은 것은 하늘이 도왔기 때문이니, 하늘이 이런 일을 한 것은 사람들로 하여금 자기 어버이에게 효도하는 사람이 있으면 하늘도 내려다보고 보우해 준다는 사실을 알게 하기 위해서이다. 위대한 일이다. 효자는 하늘이 아니니, 사람이 효도에 대해 면려하지 않을 수 있겠는가."

애남전
愛男傳

애남(愛男)은 연원부원군(延原府院君) 이광정(李光庭)[68] 공의 노비이다. 선조 임진년(1592, 선조25)에 공은 사서(司書)로 대궐에서 직숙하고 있었다. 하루는 저녁에 왜구가 쳐들어왔다는 위급한 보고가 올라오자 임금이 서쪽으로 몽진하였는데, 공이 호가(扈駕)하여 나갈 때 애남이 말고삐를 잡고 따라갔다.

대가(大駕)가 달려서 임진(臨津)에 도착하니, 앞에는 큰 강이 있고 밤은 칠흑같이 어두운데 사공들은 모두 도망가 숨어 버리고 배는 있는지 없는지조차 알 수 없어서 여러 종관(從官)이 두려워 겁을 먹고 계책을 내놓지 못하였다. 이때 애남이 말고삐를 버리고 달려가니, 공은 말 위에서 탄식하기를 "일이 급박해지니 애남도 나를 배반하고 가는가." 하였다. 이윽고 불이 갈대밭에서 일어나 양쪽 언덕이 대낮처럼 밝아지니 상께서 놀라 까닭을 물었는데, 바로 애남이 주머니 속에서 부시〔火刀〕를 꺼내 불을 붙인 다음 마른 갈대 무더기에 던져서 불길이 언덕 위의 빈 집에까지 번졌던 것이다. 애남이 돌아와 부지런히 말고삐를 잡자 좌우(左右)에서 이로써 대답하니, 상이 이르기를 "기특하구나.

68 이광정(李光庭) : 1552~1629. 본관은 연안(延安), 자는 덕휘(德輝), 호는 해고(海皐)이다. 정언을 지낸 이주(李澍)의 아들이다. 1592년 임진왜란이 일어나자 의주까지 선조를 호종하였다. 1604년 호성 공신(扈聖功臣) 2등으로 연원군(延原君)에 봉해졌고, 이어 보국숭록대부(輔國崇祿大夫)에 올라 부원군(府院君)에 진봉(進封)되었다.

애남이여!" 하였고, 따르던 관원과 군졸 들도 모두 외치기를 "지혜롭구나. 애남이여!" 하였다. 이에 회안(回岸)의 누각에 있던 나룻배를 찾아 상께서 속히 강을 건넜다.

전란이 안정되었을 때 대가가 환도(還都)하여 공신(功臣)을 크게 봉하였는데, 공을 효절협책호성 공신(效節協策扈聖功臣)에 책봉하고, 또 애남을 봉하고자 하였다. 공이 아뢰기를 "신은 이미 공훈이 넘쳤습니다만, 노비가 어찌 함께 조정에 오를 수 있겠습니까." 하니, 상이 비록 책봉하지는 않았지만 특별히 애남에게 가선(嘉善)의 자품을 내렸다. 매번 공을 만나면 묻기를 "경의 애남은 잘 있는가?" 하고, 때로 애남을 불러서 차비문(差備門) 밖에 세워 두고 큰 은제 술잔에 술을 따라 하사주를 보내 주었다.

공이 애남의 노비 문서를 불사르고 집을 사서 따로 살게 하니, 애남이 말하기를 "주인이 계시는데 노비가 가면 어디를 가겠습니까." 하고, 부부가 80여 세를 살다가 마침내 이공(李公)의 행랑채에서 죽었다.

연원공은 내 선비(先妣)의 5대 조고(祖考)이다. 선비께서는 어린 시절부터 가정의 이야기를 익숙하게 들었으므로 애남의 일에 대해 매우 상세하게 말씀해 주셨다. 나는 세월이 오래되어 그 행적이 인멸될까 두려워서 〈애남전〉을 지어 후대의 사람들로 하여금 연원공이 임금에게 충성하였기 때문에 그 덕화(德化)가 노비에게 미친 것이 이와 같았다는 것을 알게 할 따름이다.

칠분전
七分傳

칠분(七分)은 이생 의(李生顗)의 여종이다. 이생(李生)은 현석강(玄石江) 가에 살았는데, 집이 매우 가난하여 종과 전토(田土)가 하나도 없고 있는 것은 오직 칠분뿐이었다. 여종 이름을 칠분이라 한 것은 어렸을 때부터 이미 주인에게 충성할 줄 알아서 진실로 주인에게 이로우면 정수리부터 발꿈치까지 갈아서 온몸이 가루가 된다 해도 근심하지 않았기 때문이다. 이생은 제때 밥을 먹지 못하는 일이 자주 있었다. 칠분은 이것을 근심하여 주인을 섬기는 틈에 낮에는 이웃집에 품팔이를 하고 밤에는 번번이 다른 사람을 위해 물 긷는 일을 그만두지 않아서 그 값을 거두어 주인을 먹여 살렸으니, 이생 집안의 사람들은 칠분이 아니었으면 말린 물고기 파는 가게에서 찾게 되었을 것이다.[69]

경술년(1790, 정조14)에 이생의 장자(長子)가 죽고 열흘도 되지 않아 이생도 세상을 떠났는데, 지구(知舊)들이 도와준 덕분에 목관(木棺)에 갈무리하여 선영 곁에 빈장(殯葬)할 수 있었다. 그러나 이생에게는 과부가 된 아내와 어린 아들 하나만 남아 있어서, 장사 지낼 계책이 없었다. 칠분은 크게 마음 아파하여 이생이 평소 알고 지내던 친지들을 탐문하고 친지가 아니더라도 도와줄 수 있는 힘이 있는 사람이면

69 말린……것이다 : 굶어 죽었을 것이라는 의미이다. 《장자(莊子)》〈외물(外物)〉에 "그대가 이렇게 말을 하니, 일찌감치 나를 말린 물고기 파는 가게에서 찾는 것만 같지 못할 것입니다.〔君乃言此, 曾不如早索我於枯魚之肆.〕"라고 한 데서 온 말이다.

발이 부르트도록 찾아갔는데, 그 모습이 매우 근심스럽고 그 말이 너무도 불쌍했기에 듣는 사람들이 그 정성에 감동하여 어찌할 수 없는 것처럼 도와주었다. 반년 동안 이렇게 한 뒤에 스스로 장구(葬具)를 마련하여 그것을 가지고 100여 리 길을 가서 크고 작은 장례를 무사히 잘 치렀다. 그렇게 한 다음 집으로 돌아가는 날 밤에 병이 나서 죽었으니, 당시 20여 세였다. 사람들이 모두 말하기를 "칠분이 죽었으니, 이생의 아내와 아들은 죽을 수밖에 없겠구나." 하였다. 아, 애통한 일이다.

번암자(樊巖子)는 다음과 같이 말한다.

"부자(父子)와 군신(君臣)과 노주(奴主)는 한가지이니, 처한 상황에서 각각 그 분수를 다한다면 옳은 죽음을 맞이하는 것이다. 진실로 칠분으로 하여금 조씨(趙氏)를 섬기게 했다면 마땅히 공손저구(公孫杵臼)와 정영(程嬰)처럼 되었을 것이고,[70] 조송(趙宋)[71]을 섬기게

70 진실로……것이고 : 자신의 분수를 다하여 윗사람을 잘 섬겼을 것이라는 의미이다. 조씨는 춘추(春秋) 시대 진(晉)나라의 대신인 조삭(趙朔)을 가리키고, 공손저구와 정영은 그의 친한 벗들이다. 진나라 경공(景公) 3년에 대부 도안가(屠岸賈)가 대신 조삭의 집안을 몰살하였는데, 이때 조삭의 부인이 임신한 몸으로 궁중에 숨어서 유복자를 낳았다. 그러자 공손저구와 정영이 조삭의 아이를 보전할 것을 모의하여, 정영은 조삭의 진짜 아들인 조무(趙武)를 안고 산중으로 도피하여 화를 면하게 하고, 공손저구는 다른 사람의 아이를 조삭의 아이인 것처럼 꾸며 숨어 살다가 도안가에게 잡혀 아이와 함께 살해당하였다. 경공 15년에 한궐(韓厥)의 주선으로 조무를 조씨의 후계자로 삼아 조씨의 종사를 다시 계승하게 하였는데, 정영은 조무가 관례를 올리던 날 공손저구의 죽음에 보답하기 위하여 자살하였다. 《史記 趙世家》

71 조송(趙宋) : 조광윤(趙匡胤)이 세운 송(宋)나라를 가리킨다.

했다면 마땅히 육수부(陸秀夫)[72]처럼 되었을 것이니, 신분이 천하다고 하여 어찌 그 행실을 하찮게 여길 수 있겠는가. 나는 이 때문에 그 행실을 드러내어 기록해서, 부자와 군신과 노주의 관계임에도 자신의 분수를 다하지 못하는 세상 사람들로 하여금 부끄러운 마음이 들게 하노라."

72 육수부(陸秀夫) : 송(宋)나라의 충신이다. 송나라가 원(元)나라에 의해 패망하자, 복주(福州)에서 익왕(益王)을 세우고 단명전 학사(端明殿學士)가 되었으며, 익왕이 죽자 다시 위왕(衛王)을 세우고 좌승상(左丞相)이 되었다. 그 후 원나라 군사가 송나라 최후의 보루이던 애산(厓山)을 격파하자, 벗어날 수 없음을 알고는 칼을 들고 처자를 바다에 빠트려 죽게 한 다음 위왕을 등에 업고 함께 바다에 빠져 죽었다. 명(明)나라 송렴(宋濂)의 〈육수부상찬(陸秀夫像贊)〉에 "몸이 황제를 안고 있으니 눈에 물이 보이지 않았어라. 대궐은 비록 멀지만 용당은 가까워라. 옥설처럼 깨끗한 몸 어찌 진흙탕에 더럽히리오. 붉은 해가 바다에 솟아오르니, 그대의 마음은 죽지 않았어라.〔身抱龍髥兮, 眼不見水. 鳳闕雖遐兮, 龍堂則邇. 玉雪皦如兮, 肯汙泥滓? 赤日出海兮, 爾心不死.〕" 하였다. 《宋史 陸秀夫列傳》

만덕전
萬德傳

만덕(萬德)은, 성은 김씨(金氏)이고 탐라의 양인 집 딸인데, 어려서 어머니를 잃고 돌아가 의지할 곳이 없어서 기녀에게 의탁하여 생활하였다. 조금 나이가 들자 관부(官府)에서 만덕의 이름을 기안(妓案)에 올렸는데, 만덕은 비록 뜻을 굽히고 기역(妓役)에 종사하였으나 자신을 기생이라 생각하지는 않았다. 나이 20여 세에 자신의 정상(情狀)을 울면서 관아에 호소하니 관아에서 불쌍하게 여기고 기안에서 삭제하여 다시 양인으로 돌아갈 수 있었다. 만덕은 비록 집에서 용노(傭奴)로 생활하였지만 탐라의 장부를 남편으로 맞이하지는 않았다. 그녀는 재화를 증식하는 데 재주가 뛰어나 물건의 귀천을 때에 맞게 판단할 수 있었으니, 값이 귀할 때는 내다 팔고 값이 천할 때는 사서 저장해 두어서 수십 년이 지나자 자못 부자로 이름이 알려졌다.

성상 19년 을묘년(1795, 정조19)에 탐라에 크게 기근이 들어 백성들이 많이 죽었는데, 상께서 곡식을 선적하여 가서 구휼하라고 명하여 넓은 바다 800리에 돛단배가 베틀의 북처럼 자주 왕래하였으나 오히려 때에 맞추어 구휼하지는 못하였다. 이에 만덕이 천금(千金)을 덜어내어 육지에서 쌀을 샀는데, 여러 군현(郡縣)의 사공들이 때에 맞추어 도착하니 만덕은 그 가운데 10분의 1을 가져다 친족들을 살리고 나머지는 모두 관아로 실어 보냈다. 굶주린 사람들이 소식을 듣고 구름처럼 관아의 뜰로 모이자 관아에서 그들의 완급을 구분하여 차등을 두어 나누어 주니, 남녀노소 할 것 없이 나와 만덕의 은혜를 칭송하며 모두들 "우리를 살린 사람은 만덕이다."라고 하였다.

진휼을 마쳤을 때 목사가 그 일을 조정에 상주(上奏)하니, 상께서 매우 기특하게 여기고 회유(回諭)하기를 "만덕에게 만일 소원이 있거든 어려운 일인지 쉬운 일인지 따지지 말고 특별히 시행하도록 하라." 하였다. 목사가 만덕을 불러 상께서 회유하신 내용으로 유시하기를,

"너는 소원이 무엇이냐?"

하니, 만덕이 대답하기를,

"소원하는 바는 없습니다만, 원컨대 한번 서울로 들어가 성상께서 계신 곳을 바라보고, 이어 금강산으로 들어가 1만 2000봉(峯)을 구경하고 싶습니다. 그러면 죽어도 한이 없겠습니다."

하였다. 대개 탐라의 여인이 바다를 건너 육지에 오르지 못하게 금하는 것은 국법이기 때문이었다. 목사가 다시 그녀의 소원을 상주하니 상께서 그 소원대로 해 주라고 명하였다. 그래서 관아에서 역마를 지급하고 이르는 곳마다 음식을 제공하게 하였다.

만덕은 한번 범선을 타고 만경의 구름 낀 바다를 건너 병진년(1796) 가을에 서울로 들어와 한두 번 채 상국(蔡相國)을 만나 보았는데, 상국이 그 정상(情狀)을 상께 아뢰니 상께서 선혜청에 명하여 다달이 식량을 지급하게 하였다. 그러고 며칠이 지났을 때 내의원 의녀로 임명하여 의녀들의 반수(班首)가 되게 하라고 명하였다. 만덕이 규례에 따라 내합문(內閤門)에 이르러 전궁(殿宮)에 문안하니, 각 전궁에서 여시(女侍)를 시켜 전교하기를 "너는 일개 아녀자로서 의기(義氣)를 내어 굶주린 백성 천백 명을 구제하였으니 기특한 일이다." 하고, 상을 매우 후하게 내렸다.

반년 동안 머물다가 정사년(1797) 늦봄에 금강산으로 들어가서 만폭동(萬瀑洞)과 중향봉(衆香峯) 등 기승(奇勝)을 두루 찾아다녔는데

금불(金佛)을 만나면 번번이 정례(頂禮)를 행하고 정성을 다해 공양하였으니, 대개 불법(佛法)이 탐라국(耽羅國)에 들어가지 않아서 만덕은 당시 58세에야 처음으로 범우(梵宇)와 불상(佛像)을 보았기 때문이다. 마침내 안문령(雁門嶺)을 넘고 유점사(楡岾寺)를 거쳐 고성(高城)으로 내려간 다음 삼일포(三日浦)에서 뱃놀이를 하고 통천(通川)의 총석정(叢石亭)에 오르는 등 천하의 아름다운 절경을 다 구경한 뒤에 다시 서울로 들어와 며칠을 머물렀다. 고향으로 돌아가려 할 때 내의원에 이르러 돌아가겠다고 고하니 전궁에서 모두 전처럼 상을 내려 주었는데, 이때 만덕의 이름이 왕성(王城)에 가득하여 공경(公卿)과 대부(大夫)와 선비 들이 너나없이 한번 만덕의 얼굴을 보기를 원하였다.

만덕이 떠날 때 채 상국에게 사례하고 목이 메어 말하기를,

"이생에서는 다시 상공(相公)의 존안과 모습을 뵙지 못하겠습니다."

하고, 눈물을 줄줄 흘렸다. 상국이 말하기를,

"진 시황(秦始皇)과 한 무제(漢武帝)는 모두 바다 밖에 삼신산(三神山)이 있다고 일컬었는데, 세상에서 말하기를 '우리나라의 한라산이 바로 영주(瀛洲)이고 금강산이 바로 봉래(蓬萊)이다.'라고 하였다. 너는 탐라에서 나고 자랐으니 한라산에 올라 백록담(白鹿潭)의 물을 떠 마셨을 것이고 지금 또 금강산을 두루 답사하였으니, 삼신산 가운데 두 곳은 모두 유람한 셈이다. 천하의 수많은 남자 중에 이렇게 유람할 수 있는 사람이 있겠느냐. 그런데 지금 이별하는 자리에서 도리어 아녀자의 수다스러운 태도를 보이는 것은 무엇 때문이냐?"

하고, 이에 그 일을 서술하여 〈만덕전〉을 지은 다음 웃으며 주었다.

성상(聖上) 21년 정사년(1797) 하지일(夏至日)에 78세의 번암(樊巖) 채 상국은 충간의담헌(忠肝義膽軒)에서 쓰다.

제56권

跋 발

《내원갱재첩》 발문

內院賡載帖跋

임진년(1772, 영조48) 1월 4일 상께서 내원(內院) 소속의 신하들을 집경전(集慶殿)의 침소로 불러 접견할 적에 건공탕(建功湯)[1]을 다 드시고는 칠언 율시 1구를 입으로 불러 주셨다. 그러고는 승지(承旨)에게 명하여 그것을 받아 적게 하는 한편, 입시해 있던 세 제조(提調), 한림(翰林), 주서(注書) 및 태의(太醫)들에게 명하여 화답시를 짓게 하셨다. 이어 잠시 뒤 1구를 더 불러 주어 받아 적게 하고 이전처럼 똑같이 화답시를 지으라고 명하면서 "태의들 중 제대로 짓지 못하는 자에게는 벌직(罰直)을 서게 하겠다."라고 하셨다. 이에 마침내 돌아가며 화답시를 바치고 낭송하면서 잘된 작품이든 못된 작품이든 모두 아뢰니, 상이 웃음 짓는 가운데 화기애애한 분위기가 계속되어 저녁이 지나서야 자리가 파하였다. 이는 실로 태평한 시대의 성대한 일이었으며 내원의 지극한 영광이었다.

그다음 날 상께서 다시 내원 소속의 신하들을 불러서 "어제 일을 민멸시킬 수 있겠는가."라고 한 뒤 후원(喉院)에 명하여 첩(帖)에 기록하여 바치도록 하는 한편, 신 제공(濟恭)으로 하여금 첩의 아랫부분에 그 일을 기록하도록 하셨다. 이에 신은 황공하기도 하고 감사하기도

1 건공탕(建功湯) : 이중건공탕의 약칭이다. 원래는 가감이중탕(加減理中湯)인데, 영조가 이 약을 복용하고 환후가 조금 낫자, 1758년 12월 21일에 이 약을 '이중건공탕'이라고 명명하였다. 《英祖實錄 34年 12月 21日》

하여 무슨 말을 어떻게 해야 할지 몰랐으나, 각자 맡은 기예를 가지고서 간언하는 것은 고인이 임금을 섬기는 원칙이었다.[2]

자사자(子思子)는 "쉬지 않으면 오래가고, 오래가면 효험이 나타난다."라고 하였는바,[3] 대개 성인의 학문만 그러한 것이 아니라 천하의 만사와 만물 역시 그 이치는 마찬가지이다. 우리 성상께서는 조심스럽고 공손한 마음가짐을 지니고 도리에 어긋나지 않는 방법으로 복록을 기원함으로써 강릉(岡陵)과 같은 수명[4]이 의연히 79세가 되셨다. 이것은 당연히 큰 덕의 소유자라면 반드시 얻어지는 징표이니, 하잘것없는 오래된 약초들이 무슨 효력을 발휘하였겠는가. 그러나 때가 되어 혈기가 쇠하는 것은 성인조차도 벗어날 수 없는 문제이므로, 기백(岐伯)과 황제(黃帝), 화타(華佗)와 편작(扁鵲)[5]이 남긴 의술을 또 어찌 소홀히 할 수 있겠는가. 일이란 힘써 노력하는 것에 달려 있을 뿐이니, 학문을

2 각자……원칙이었다 : 《서경》 〈윤정(胤征)〉의 "관사는 서로 규계(規戒)하고, 백공(百工)은 각자 맡은 기예를 가지고 간하라.〔官師相規, 工執藝事以諫.〕"를 두고 한 말로, 옛날에는 하찮은 일에 구애받지 말고 누구나 각자 맡은 전문적인 업무를 통해서 임금에게 간언할 의무가 있었다는 뜻이다.

3 자사자(子思子)는……하였는바 : 자사의 《중용장구》 제26장에 "지극한 정성은 쉼이 없으니, 쉬지 않으면 오래가게 되고, 오래가게 되면 효험이 드러나게 된다. 효험이 드러나면 길이 지속되고, 길이 지속되면 넓고 두터워지게 되고, 넓고 두터워지면 높고 밝아지게 된다.〔至誠無息, 不息則久, 久則徵, 徵則悠遠, 悠遠則博厚, 博厚則高明.〕"라고 한 것을 가리킨다.

4 강릉(岡陵)과 같은 수명 : 《시경》 〈소아(小雅) 천보(天保)〉에 "하늘이 그대를 편안하게 하사 흥하지 않음이 없게 한지라. 산과 같고 언덕과 같으며 산마루와 같고 구릉과 같다.〔天保定爾, 以莫不興. 如山如阜, 如岡如陵.〕"라고 한 데서 유래한 표현으로, 장수한 나이를 가리킨다.

5 기백(岐伯)과……편작(扁鵲) : 모두 중국 고대의 전설적인 명의(名醫)이다.

하면서 힘써 노력하지 않으면 지극히 높은 경지에 걸음을 내딛을 수가 없고, 정사를 하면서 힘써 노력하지 않으면 모든 일이 엉망이 되는 것을 면할 수가 없다. 그러니 어찌 유독 몸을 보호해 주는 약제에만 힘써 노력하지 않아서 대변에 먹기 싫다고 하교할 수 있겠는가. 성상께서는 이 약제를 이미 '오래〔久〕' 복용하셨고 이미 그것을 통해 '효험〔徵〕'도 보셨으므로, 오직 '길이 지속함〔悠遠〕'에 힘써 노력하셔야 할 것이다. 이는 우리 임금을 사랑하고 떠받드는 팔도 생령의 지극한 심정임은 물론이고, 내원의 처지에서 특히나 억누를 수 없는 정성이므로 이에 감히 이렇게 말씀을 올리는 바이다.

내국 제조(內局提調) 숭정대부(崇政大夫) 행 용양위부사직 겸 지춘추관사 오위도총부도총관(行龍驤衛副司直兼知春秋館事五衛都摠府都摠管) 신 채제공은 두 손을 맞잡고 절하고 머리를 조아리며 삼가 발문을 적는다.

《어원갱시첩》 발문

御苑賡詩帖跋

하늘이 봄의 정령을 펼쳐 만물이 각자 제자리를 찾도록 만들면, 성왕(聖王)은 하늘의 뜻을 거스르지 않는 분이기에 한번 노닐고 한번 즐기는 그 어느 거동 하나 화기(和氣)를 불러 맞이하는 행위 아닌 것이 없으니, 그 속에서 시 읊고 노래하는 것을 '군신이 서로를 좋아하는 즐거움'이라고 불러도 지나치지 않다. 우리 성상께서 왕위에 등극한 지 18년이 되는 해[6]에 하늘이 큰 복을 내려 전궁(殿宮)께는 만수무강을 기약하고 원자(元子)께는 무럭무럭 자라게 해 주심에 따라,[7] 온 천지에 조화로운 기운의 향기가 만발하게 되었는데 그 모든 것이 태화(太和)의 기운이었다. 그리하여 마침내 모춘(暮春) 보름날 상이 춘당대(春塘臺)의 별당으로 행차하여 시원임 각신(時原任閣臣)을 불러들이되, 자질(子姪)이 있는 경우는 유생(儒生)이 되었든 음관(蔭官)이 되었든 다 데리고 들어오도록 하셨다. 한편 승지와 사관 들은 모두 그 직임대로 시종하게 하고 영의정은 원로로서 특별히 불렀다. 이에 이 자리에 참석한 자가 모두 51인이었다.

6 우리……해 : 정조가 왕위에 등극한 지 18년째 되는 1794년을 가리킨다.

7 전궁(殿宮)께는……따라 : 전궁은 자전(慈殿)과 자궁(慈宮)으로, 자전은 영조의 둘째 비인 정순왕후(貞純王后)이고, 자궁은 정조의 어머니이자 사도세자의 빈인 혜빈(惠嬪) 홍씨(洪氏)이다. 이 글이 쓰인 1794년은 정순왕후가 50세가 되고 혜빈 홍씨가 60세가 되는 해이므로 이렇게 말한 것이다.《承政院日記 正祖 18年 1月 1日》 원자는 후일의 순조(純祖)로, 이 당시 5세였다.

이때는 아침 해가 막 떠오르며 실바람이 가만히 불어오는 가운데 꽃향기가 공기 중에 가득 퍼지면서 오색구름과 함께 서로 그 기운을 드러내 떨치고 있었다. 상께서 그 광경을 돌아보고는 몹시도 즐거워하면서 신하들에게 여기저기에 있는 상원(上苑)의 누정(樓亭)들을 두루 돌아보도록 명하는 한편, 옥류동(玉流洞)에 도착하면 그곳에 머물면서 옥류동으로 오는 어가(御駕)를 기다리라고 명하셨는데, 옥류동은 바로 대궐의 가장 깊숙한 곳이었다. 폭포를 향해 흐르는 물이 바위 위를 따라 흘러 펼쳐지면서 꺾어지다 곧장 굽이쳐 흐르며 아름다운 자태를 연거푸 드러내다 마지막에 가서는 바위에서 떨어지는데, 바위의 높이는 몇 장 남짓이었다. 이때는 아쉽게도 수량이 적었으나 그 소리는 오히려 쟁쟁하여 듣기가 좋았는바, 만약 큰비가 내리는 상황이라면 장대한 광경이 펼쳐지리라 가히 짐작이 되었다. 그곳에서 동쪽으로 몇 걸음을 가니 붉은색의 정자 셋이 늘어서 있었는데, 오만 가지 꽃과 수천 그루의 소나무가 그 주위를 감싸고 있었다. 멀리서 바라보았을 때에는 분간이 될 듯 말 듯 하다가 가까이 다가가 보니 그제야 그것이 향국(香國)을 형상화해 놓은 것이라는 사실을 알 수 있었다. 이윽고 상께서 보여(步輿)를 타고 정자의 위에 오른 뒤 어제 오언 근체시(御製五言近體詩) 1수[8]를 내보이고는 자리에 참석한 자들에게 모두 화답시를 지어 바치라고 명을 내렸는데, 그러면서 관직의 고하에 구애받지 말고 누구든 한 편이 완성되면 곧바로 앞으로 나아와 직접 읽으며 아뢰라고 하셨다. 이는 가인례(家人禮)를 행한 것이었다. 그렇게 얼마 안

8 오언 근체시 1수 : 《홍재전서(弘齋全書)》 권6에 〈내원상화조어(內苑賞花釣魚)〉라는 제명으로 실려 있다.

있다 뜰 곁에서 화전(花煎)을 부쳐 올리자 향기로운 술 한잔을 권하였다. 배가 부르고 술은 취하고 보니 날은 이미 신시(申時)를 향하고 있었다.

마침내 어가를 돌려 춘당대의 악차(幄次)로 돌아갈 것을 명하고는 시를 지은 자들로 하여금 원하는 대로 활을 쏘게 하였는데, 적중하든 않든 상께서 웃음을 보이셨다. 이윽고 또 전교하기를 "주(周)나라에 태공망(太公望)이 있었고 송(宋)나라에 꽃을 감상하고 고기를 낚는 일[9]이 있었으니, 오늘 경들 또한 낚시를 해야 할 것이다."라고 하고는 마침내 영화당(暎花堂) 뒤편의 태액지(太液地) 주변에 늘어앉아 저마다 낚싯줄을 드리우도록 하고, 상 역시 난간에 기대어 대나무 낚싯대를 손수 들고 바늘에 고기가 걸릴 때마다 방생해 주며 즐거워하셨다. 낚시가 끝나자 영화당의 뜰에 자리를 펴서 신하들을 반차(班次)에 맞게 동서로 앉게 한 다음 각자 백반을 들게 하고, 상께서는 당에 앉아 마찬가지로 식사를 드셨다. 이 광경은 대개 태양이 세상 아래로 내려와 만물과 자리를 함께하는 격이었다. 그러고서는 "이 뒤의 약속은 응당 내년 이때로 정할 것이니, 그렇게 알라."라는 하교를 내리고 마침내 달빛을 맞으며 저마다 집으로 돌아가게 하였다. 그 후 며칠이 지나 상께서 신 제공(濟恭)에게 명하여 《갱시첩(賡詩帖)》의 발문을 쓰도록 하셨다.

9 송(宋)나라에……일 : 송나라 태종(太宗)이 후원(後苑)에서 신하들과 잔치를 하면서 꽃을 감상하고 고기를 낚으며 음악을 연주하고 술을 하사하였는데, 이때 여러 신하에게 명하여 시를 짓고 활을 쏘게 하였고, 그 뒤 인종(仁宗) 역시 보정전(寶政殿)에서 보리를 수확한 뒤 해마다 봄철과 여름철에 꽃구경과 낚시하는 연회를 베풀었다. 《宋史 禮志 宴饗》

신은 삼가 생각건대 꽃을 감상하고 고기를 낚는 일은 송나라 태평성대에 있었던 일로, 군신간의 그 즐거웠던 어울림은 역사서에서 환하게 빛나고 있다. 그로부터 7, 8백 년이 흐른 지금 성상께서 그 일을 따라 행하셨으니, 실로 화기를 불러 맞이하고 태평성대를 장식하는 도에 터득함이 있거니와, 그중 시를 수창하고 활을 쏘았던 것은 모두 하루 사이에 이루어진 일이라 사관들이 이루 다 기록할 수 없을 정도였으니, 그 얼마나 성대한 일인가. 하물며 신은 천재일우로 성상을 만나 뜻과 마음이 어김없이 꼭 맞으니, 그때 잔치에 참석하였던 송나라의 여러 신하 가운데 과연 신과 똑같은 자가 있을지 모르겠다. 연회가 이루어지던 그 시간을 시는 다 표현해 내지 못한다. 그러나 시라는 것은 순(舜) 임금이 신하들과 주고받던 노래[10]의 유풍으로서, 만약 그것을 통하여 "임금이 현명하면 신하가 어질어서 모든 일이 편안할 것이다."라는 뜻으로 거슬러 올라간다면, 성스러움이 더욱 성스럽게 되고 새롭게 하고 또 새롭게 하는 다스림에 이 시첩이 보탬이 안 되지는 않을 것이다.

갑인년(1794, 정조18) 모춘(暮春) 하순에 대광보국숭록대부(大匡輔國崇祿大夫) 영중추부사 원임 규장각제학(領中樞府事原任奎章閣提學) 신 채제공은 손을 모아 절하고 머리를 조아리며 삼가 발문을 적는다.

10 순(舜)……노래 : 순 임금이 "신하들이 기뻐하여 일하면 임금의 다스림이 흥기되어 백관들이 기뻐할 것이다.〔股肱喜哉, 元首起哉, 百工熙哉.〕"라고 노래하자, 신하인 고요(皐陶)가 그에 화답하며 "임금이 밝으시면 신하들도 어질어서 모든 일이 편안할 것입니다.〔元首明哉, 股肱良哉, 庶事康哉.〕"라고 노래한 것을 가리킨다. 《書經 益稷》

유 문충공[11] 성룡 의 집안에 소장된 황조 여러 장수의 서화첩에 쓴 어제발문 아래에, 교지를 받들어 경건히 발문을 쓰다

御製柳文忠公 成龍 家藏皇朝諸將書牘畫帖跋文後奉教敬跋

금상(今上) 18년 봄,[12] 상께서 승정원의 근신(近臣)에게 명하여 유 문충공(柳文忠公)에 대한 사제(賜祭)를 시행토록 하고 하교하기를 "영남(嶺南)은 추로(鄒魯)의 고장이라고 일컬어진다. 혹여 열람에 대비할 만한 옛 사적이 있으면 가지고 오라."라고 하셨다. 그 후 복명할 때 만력(萬曆) 임진년(1592, 선조25) 당시 황조(皇朝)의 여러 장수와 문충공이 주고받은 서화를 담은 첩(帖)을 가져와 바쳤는데, 상께서 그것을 보고는 문충공에 대한 아득한 존모의 감정이 한층 더 일어나, 친히 글을 지어 전대의 공렬을 크게 서술하는 한편 그 서화첩의 후미에 그 내용을 기록하여 돌려주셨다.[13] 이 얼마나 성대한 일인가. 아아, 사람이 천지 가운데 살면서 한번이라도 남이 알아준다면 그것은 곧 인간 세상의 특별한 일에 해당하는데, 더군다나 지엄하기로는 스승이자 존귀하기로는 군부인 존재가 알아주었으며, 멀게는 천하 사람들이 알아

11 유 문충공(柳文忠公) : 유성룡(柳成龍, 1542~1607)으로, 문충(文忠)은 시호이다. 자는 이현(而見), 호는 서애(西厓)이다.

12 금상(今上) 18년 봄 : 정조가 왕에 등극한 지 18년째가 되는 1794년 봄으로, 정확히는 1794년 2월 28일을 가리킨다. 《正祖實錄 18年 2月 28日》

13 친히……돌려주셨다 : 정조가 지은 이 글은 《홍재전서(弘齋全書)》 권55에 〈문충공 유성룡 집안에 소장된 황조 여러 상수의 서회첩에 쓰다〔題文忠公柳成龍家藏皇朝諸將書畫帖〕〉라는 제명으로 실려 있다.

주고 더 멀게는 후대의 사왕(嗣王)이 다스리는 세상에서 알아주었으니, 세상에서 말하는 인간 세상의 특별한 일이 이렇게까지 한 사람 몸에 모조리 다 소유될 수 있는가.

문충공이 젊은 시절 처음으로 퇴도(退陶 이황(李滉)) 선정(先正)에게 인사드릴 적에, 선정이 깜짝 놀라며 "이 사람은 하늘이 낸 자이다."라고 하였다. 그리하여 끝내 심학(心學)을 홀로 전수받으매, 위로는 선조(宣祖)라는 성군(聖君)을 만나 제대로 보좌하여 끝내는 한 손으로 하늘을 떠받치는 공훈을 이루어 냈고, 멀리로는 황조의 여러 장수를 두루 사귀면서 그들로부터 흠모와 탄복을 이끌어 내어 계속해서 편지를 주고받은 것이 흰 명주 띠와 모시옷으로 이어 간 인연[14]의 깊이를 넘어서게 되었다. 이것만으로도 물론 천고에 드문 경우라 하겠는데, 그로부터 200년이 지난 뒤인 현재 또다시 주상 전하께서 "공은 나라에 크나큰 공훈이 있다. 그 점을 후히 여겨 잊을 수 없으니, 시대를 함께하지 못한 것이 한스럽다."라고 추념하면서 예악(禮樂) 및 병농(兵農)과 관련한 모든 중대한 조처에서 오직 문충공이 남겨 준 대책을 상고하여 법도로 삼았고, 개연한 심정으로 망자에 대한 그리운 마음을 품으면서 몸소 빛나는 문장으로 융숭하게 장려해 주기까지 하셨다. 이는 비단 문충공 한 사람만의 영광이 아니라, 이 사실이 사적(史籍)에 전해지는 것을 통해 누군들 선조(宣祖)의 뜻과 사업을 잘 계승하는 우리 성상의

14 흰……인연 : 춘추 시대 오(吳)나라 계찰(季札)이 정(鄭)나라에 사신으로 가서 자산(子産)을 만나 보고는 오래전부터 잘 아는 친구처럼 여기며 흰 명주로 된 띠를 선물하자, 자산이 답례로 모시옷을 보낸 고사에서 유래한 말로, 깊은 우의로 맺어진 관계를 뜻한다. 《春秋左氏傳 襄公29年》

달효(達孝)를 우러러보지 않겠는가. 그 옛날 은종(殷宗)은 옛 선정 보형(保衡)을 추념하면서 "우리 열조(烈祖)를 도와 공이 황천에 이르렀다."라고 하였는데,[15] 먼 훗날 이 글을 읽는 자는 우리 성상의 오늘날 이 일을 두고 저도 모르는 감탄하게 될 것이며, 신하 된 자라면 고종(高宗)으로 하여금 그 옛날에 훌륭함을 독차지하지 못하게 하였다고 여길 것이니, 아아 아름답도다.

상께서 신에게 어제문(御製文)을 쓰도록 명한 뒤 또 신에게 어제문 아래에 발문을 쓰라고 명하셨다. 이에 신은 두려움에 휩싸여 감히 사양할 수 없기에 삼가 이와 같이 쓴다.

만력(萬曆) 임진년 후 네 번째 갑인년(1794, 정조18) 성상 18년 중추절에 대광보국숭록대부 영중추부사 신 채제공은 절하고 머리를 조아리며 바쳐 올립니다.

15 그……하였는데 : 은종은 은(殷)나라 고종이다. 보형은 아형(阿衡)이라고도 하며, 은나라 초기 명재상인 이윤(伊尹)을 가리킨다. 《서경》 〈열명 하(說命下)〉에 은나라 고종이 재상인 부열(傅說)에게 선배 이윤을 본받으라고 하면서 "나의 열조를 도와서 공이 황천에 이르렀으니, 너는 부디 나를 밝게 보좌하여 아형으로 하여금 상나라에서 훌륭함을 독차지하게 하지 말라.〔佑我烈祖, 格于皇天, 爾尙明保予, 罔俾阿衡, 專美有商.〕"라고 하였다.

《어정양경수권》 발문
御定兩京手圈跋

번암(樊巖) 정승에게 《양경수권(兩京手圈)》의 발문을 지으라는 성상의 유시를 붙인다.

"근래에[16] 여러 서적을 볼 적에 과업을 조금 정하여 밤마다 촛불이 다 타도록 글을 읽으며, 번다함을 거두고 간략한 요점으로 돌아가려는 만년의 계획에 대한 일조로 삼았는데, 《삼례(三禮)》, 《사기(史記)》, 《전한서(前漢書)》, 《후한서(後漢書)》, 주자(周子) 및 장자(張子)의 글, 《이정전서(二程全書)》, 《주자대전(朱子大全)》, 육 내상(陸內相)의 전고(全稿), 《당송팔가문초(唐宋八家文鈔)》 같은 책들이 바로 그것이다. 그중 마음속에 부합하는 부분에 푸른 비점(批點)을 찍고 또 붉은 권점(圈點)을 쳤는데, 비점을 찍은 부분이 원본보다 간략하고 권점을 친 부분이 또 비점을 찍은 부분보다 간략하므로, 그 권점을 친 부분을 글로 기록하여 저마다 하나의 계통을 이루게 하여 '수권(手圈)'이라는 이름을 붙였는바, 《사기》와 《한서》를 '양경(兩京)'이라 부르고, 주자와 장자를 비롯한 여러 현인을 '오자

16 근래에 : 이하 내용은 1798년(정조22) 정조가 경사자집(經史子集) 가운데 중요한 구절을 뽑아서 사부수권(四部手圈)을 만들고 번암에게 《양경수권》의 발문을 구하며 했던 말이다. 《홍재전서(弘齋全書)》 권56에 〈여러 수권(手圈)의 발문을 사각의 정승 및 대제학에게 구하다〔求諸圈跋語於四閣相及文衡〕〉라는 제명으로 실려 있다.

(五子)'라고 부른 것이 바로 그 개략이다. 그 상세한 내용은 의례(義例)에 기재되어 있으니 한번 보면 그 내용을 모두 알 수 있다.

내가 보배로 여기는 것을 다른 사람이 어찌 꼭 보배로 여기겠으며, 다른 사람들이 좋아하는 것을 내가 어찌 꼭 좋아하겠는가. 그러나 연석(燕石)[17]과 양조(羊棗)[18]처럼 남들이 심상히 여기는 것들을 내가 가져다가 마침내 책 상자에 간직하고 보니, 어느덧 경사자집(經史子集) 사부(四部)라는 문자의 강을 건너는 뗏목 구실을 하게 되었다.

나는, 경이 소싯적부터 사학(史學)을 익혀 늙은 나이에도 필력이 여전히 건장하여 왕왕 사마천(司馬遷)의 풍채와 골격이 있다는 사실을 일찍부터 알고 있었다. 그러니 양경의 발문을 경 말고 누구에게 부탁하겠는가. 문장을 보는 것은 산을 보는 것과 같으니, 곧게 뻗어 가는 것은 산이 되고 옆으로 뻗어 가는 것은 재가 되며 우뚝 솟아 있는 것은 봉우리가 되는데, 곧게 뻗어 가는 것은 옆에서 보면 재가 되고 옆으로 뻗어 가는 것도 곧게 보면 산이 된다. 하지만 봉우리의 경우는 그렇지 않으니 내가 《사기》에 대해서도 그렇다고 하겠다. 그러니 《전한서》와 《후한서》는 의당 산과 재에서 구해야 할 터인데 경은 어떻게 생각하는가? 경은 모름지기 그 온축된 생각을 발휘하여 나의 공부에 법도로 삼을 것이 있게끔 도움을 마련하라."

17 연석(燕石) : 연산(燕山)에서 나오는 돌이다. 옛날 송(宋)나라의 한 어리석은 사람이 이 돌을 발견하고 큰 보배라 여겨 소중히 간직하였으나, 결국 일반 돌과 다름이 없었다는 고사가 전한다. 《太平御覽 地部》

18 양조(羊棗) : 열매가 작고 색깔이 검은 과일이다. 증자(曾子)의 아버지 증석(曾晳)이 좋아하였다고 한다. 《孟子 盡心下》

문장은 사람의 몸과 같습니다. 무릇 몸이란 반드시 눈과 귀, 코와 입, 팔다리와 골격을 갖추고 난 뒤에야 이루어지는 것으로, 어느 누군들 그렇다는 사실을 모르겠습니까마는, 그 안에 감추어진 정화는 쉽게 확인할 수 없습니다. 문장 역시 그와 마찬가지입니다. 문장이란 반드시 두미(頭尾)와 복배(腹背)와 결구(結構)를 갖추고 난 뒤에야 이루어지는 것으로, 어느 누군들 그렇다는 사실을 모르겠습니까마는, 그 안에 온축된 정화는 쉽게 알 수 없습니다. 단 사람의 몸에는 눈동자가 있고 말과 행동이 있어서 그래도 그것들을 통해서 그 안을 살펴볼 수가 있지마는, 문장의 경우는 완연한 '일색(一色)'일 뿐이기에 천고에 한 번 있을 만한 특별한 눈을 가진 이가 아니라면 그 안에 잠복해 있는 정화를 누가 판별해 낼 수 있겠습니까. 이렇게 문장에 대한 평가가 사람에 대한 평가보다 훨씬 어렵습니다. 이러한 까닭에 고금에 문장을 비평하던 자들 모두 스스로 훌륭한 장인의 고심(苦心)을 터득했다고 자처하면서도, 같은 것을 보고도 지혜로운 자는 그것을 지혜라고 부르고 인(仁)한 자는 그것을 인이라고 부르는 것처럼 저마다 치우친 견해를 가지게 되어 경중과 장단을 재는 법도가 끝내 궁극의 표준으로 모이지 못하게 되어 버리는 것입니다. 자운(子雲)이 후세의 자운을 기다린다[19]고 하는 그 의미가 참으로 또한 슬픕니다.

주 부자(朱夫子)는 비록 제왕의 학문과 벼슬하지 않은 선비의 학문

19 자운(子雲)이……기다린다 : 자운은 전한(前漢) 양웅(揚雄)의 자이다. 그가 《태현경(太玄經)》을 지었는데, 아무도 그 가치를 알아주지 않자 "세상 사람들이 나를 알아주지 않더라도 해가 될 것이 없다. 후세에 다시 양자운이 나오면 반드시 좋아할 것이다." 라고 하였다. 《御定唐宋文醇 卷3 與馮宿論文書》

은 다르다고 말하였지만,[20] 마음을 하나로 집중하여 고인의 본래 뜻과 심오한 경지를 탐구하는 것은 실로 "생각의 처음과 끝을 학문에 몰입한다."[21]라고 하는 뜻이니, 제왕이 어찌 그 둘 사이에 차이를 두겠습니까. 오직 우리 성상께서는 학문을 좋아하는 정성을 실로 하늘로부터 타고 났으니, 좋아하는 것은 천승(千乘) 같은 것이 아니라 오직 성현이 지은 경전일 뿐이셨습니다. 그리하여 동궁(東宮)에 계실 때부터 쉼 없이 부지런히 노력하여, 왕위에 오른 뒤에 낮에는 수많은 업무를 처리하는 과정에서 총명함을 발휘하여 털끝만큼도 빠뜨리는 부분이 없었고, 밤에는 언제나 여러 책을 소리 내어 읽으면서 4경(更)과 5경을 알리는 경고(更鼓) 소리가 울리지 않으면 침소에 들지 않으셨습니다. 그리하여 삼경(三經)과 사서(四書)가 모두 자신의 소유가 되었고 그 뒤에는 또 그 외의 영역까지 널리 열람하여 삼례, 《사기》, 《한서》, 육 내상의 전고, 송현 오자(宋賢五子)의 글로부터 《당송팔가문초》에 이르기까지 반복해서 읽고 깊이 음미하여 작자의 요지를 모조리 터득하셨습니다. 그렇게 하고 난 뒤에는 그중 뛰어난 부분에 푸른 비점을 찍고, 뛰어난 부분 중에서 또 뛰어난 부분에는 붉은 권점을 쳐서, 그것을 모두 통틀어 '수권'이라고 명명하셨습니다. 이로써 한 편에 담긴 정화로서 혹

20 주 부자(朱夫子)는……말하였지만 : 주 부자는 남송의 학자 주희(朱熹)의 존칭이다. 주희의 이 말은 《회암집(晦庵集)》 권25의 〈답장경부(答張敬夫)〉에 보인다.

21 생각의……몰입한다 : 《서경》 〈열명 하(說命下)〉에 "가르침은 배움의 반이니, 생각의 처음과 끝을 학문에 몰입하면 그 덕이 닦여지는 것을 자신도 깨닫지 못할 것이다.〔惟斅學半, 念終始典于學, 厥德脩罔覺.〕"라고 하였다. 은(殷)나라 재상인 부열(傅說)이 고종(高宗)에게 한 말로, 배움과 가르침이 각각 학문의 처음과 끝이 되므로 그 모두에 최선을 다하여야 제왕의 학문이 온전해진다는 말이다.

두미나 복배에 깃들어 있는 것들이 마치 등불에 비쳐진 듯이 환하게 드러나서 제 모습을 숨길 수가 없게 되었습니다.

신이 일찍이 명을 받들고 《사기영선(史記英選)》을 편찬하는 일을 주선하였을 때에 상께서 특별히 친히 지은 시문을 내려 《양경수권》의 뜻을 발휘하도록 하셨습니다. 신은 다만 일개 글줄이나 찾고 글씨나 세는 자에 불과하니, 어찌 감히 그에 대해 논할 자격이 있겠습니까. 그러나 가만히 생각해 보건대 사마천은 소루하고 반고(班固)는 치밀한데, 치밀한 것은 언제고 문단에서 요구되는 규범임에는 분명하지만, 그것을 소루한 것과 비교해 본다면 하늘과 사람의 차이를 넘어섭니다. 사마천은 소루하였기 때문에 지극한 경지에 이르렀습니다. 그 문장에서 기운이 동탕하는 것은 마치 신룡(神龍)이 요동치고 벼락이 산릉을 뒤흔드는데 아래의 땅에 사는 사람은 그 전모를 헤아릴 수 없는 것과 같습니다. 반고의 치밀함은 마치 정불식(程不識)[22]이 척후(斥候)를 엄히 하고 균두(刁斗)[23]를 삼감으로써 군대의 대오가 일사불란해져 있는 것과 같으니, 이는 인공의 영역에서는 최고의 경지이지마는, 이를 가한 것도 없고 불가한 것도 없는 하늘의 경우와 비교해 본다면 어찌 같은 수준에서 말할 수 있겠습니까. 범엽(范曄)의 《후한서》의 경우는 더욱 반고(班固)의 《한서》와 수준이 같다고 할 수 없습니다.

어평(御評) 가운데 봉우리와 산과 재를 가지고 비유한 것은 이전

22 정불식(程不識) : 전한(前漢) 때 변방에서 활약했던 명장이다. 문제(文帝) 때에 이광(李廣)과 함께 변방의 태수로서 흉노를 공격하였는데, 변법과 간이(簡易)함에 능하였던 이광과 달리, 정법으로 군대를 통솔하여 규율을 엄격히 지켰다. 《史記 李將軍列傳》

23 균두(刁斗) : 다리가 셋이고 작은 자루가 달린 그릇이다. 군중(軍中)에서 낮에는 밥 짓는 그릇으로 쓰고, 밤에는 이것을 두드려 야경(夜警)의 신호로 삼았다.

사람이 밝히지 못한 것을 밝혔으니, 그에 대해 신이 무슨 말을 하겠습니까. 사람들 모두 성상의 학문이 여사인 문장에까지 두루 미쳤다고 찬탄과 칭송을 보내면서 그것을 특별한 일처럼 여기고 있으나, 신은 그 경지가 특별히 정신을 집중하고 수고롭게 만들어서 이룬 것이 아니라는 사실을 알고 있습니다. 천하 만물에는 격물(格物)과 치지(致知)가 중요한 법으로, 자신의 앎이 스스로 하루아침에 활연관통하게 되면 뭇 사물의 표리(表裏)와 정추(精粗)가 자연 이르지 않음이 없게 됩니다.[24] 사학과 문장도 뭇 사물 가운데 하나일 뿐입니다. 성상의 궁격(窮格) 공부에 이미 활연관통한 부분이 있으니, 사물이라는 이름을 가진 것들의 표리와 정추가 자연 이르지 않음이 없는 것은 이치상 당연합니다. 먼 훗날 수권을 통해서 사물의 이치가 이르고, 앎이 지극해진 성상의 학문이 이러한 경지를 이루었다는 사실을 알게 된다면, 학자들이 우러러 흠모할 부분이 다만 사학과 문장뿐만이 아닐 것이니, 성대하고 훌륭하지 않겠습니까.

22년 무오년(1798) 동지에 판중추부사 신 채제공은 손을 모아 절하고 머리를 조아리며 삼가 씁니다.

24 천하……됩니다 : 《대학장구(大學章句)》 전 5장에 "힘쓰기를 오래해서 하루아침에 활연관통하게 되면 모든 사물의 표리와 정추가 이르지 않음이 없게 되고 내 마음의 전체와 대용이 밝지 않음이 없게 될 것이니, 이것을 '격물'이라 이르며, 이것을 '지지지'라 이른다.〔至於用力之久, 而一旦豁然貫通焉, 則衆物之表裏精粗無不到, 而吾心之全體大用無不明矣. 此謂物格, 此謂知之至也.〕"라는 말이 있다.

김 교수 시현 집안에 소장한 화축의 발문 뒤에 쓰다
書金教授 時鉉 家藏畫軸跋後

효종(孝宗) 을미년(1655, 효종6) 7월, 효종이 태학(太學)에 은잔 두 개를 하사하고 이어 선온(宣醞)을 명하니,[25] 이때 지관사(知館事)부터 학유(學諭)에 이르기까지 모두 24명이 그 자리에 들어와 참석하였고, 반제(泮製)에 입격한 8명도 참석하였다. 이 당시 나의 백고조(伯高祖)인 호주(湖洲) 선생[26]이 태학사 자격으로 사전(謝箋)[27]을 지어 바치는 한편, 솜씨 좋은 화공(畫工)을 시켜 그 광경을 그리도록 하고, 그 아래에 전문(箋文) 및 입참한 사람들의 직함과 성명과 자(字)를 기록하였다. 몹시도 성대한 일이었다.

금상(今上) 을미년(1775, 영조51) 내가 평안도 병영(兵營)에 있을 때, 김생(金生) 모(某)가 그때의 광경이 그려진 화축(畫軸)을 들고 알현하러 왔다. 대개 그의 선조는 교수공(教授公) 휘 시현(時鉉)[28]으로,

25 효종(孝宗)……명하니 : 1655년 7월 11일 효종은 대제학 채유후(蔡裕後) 등에게 성균관 유생들에게 제술 시험을 시제(試題)할 것을 명하고, 이틀 뒤 대사성 김익희(金益熙)의 건의에 따라 은으로 만든 술잔 2개를 하사하고 관관(館官)과 유생에게 선온하였다. 《孝宗實錄 6年 7月 11日, 13日》

26 호주(湖洲) 선생 : 채유후(1599~1660)로, 호주는 그의 호이다. 본관은 평강(平康), 자는 백창(伯昌)이다.

27 사전(謝箋) : 《호주집(湖洲集)》 권5에 〈성균관사사은종선온전(成均館謝賜銀鍾宣醞箋)〉이라는 제명으로 실렸고, 《효종실록》 6년 7월 13일 기사에도 일부가 수록되었다.

28 교수공(教授公) 휘 시현(時鉉) : 김시현(金時鉉, 1633~1693)으로, 본관은 경주(慶州), 자는 중시(重時)이다.

앞서 거론한 24명 가운데 한 분이다. 그러한 까닭에 여태까지 소중히 간직하여 집안 대대로 전하는 보물로 삼은 것이다. 그러나 화축에 그려진 그림이 분간하기 힘들 정도로 마멸되고 훼손되었기에 내가 화공에게 명하여 그 그림을 보충해 그리고 사면의 가장자리를 보수하도록 하였다. 그러자 태평한 시절의 일들이 마치 어제 일인 듯 또렷하게 그 모습을 드러냈고, 이에 누구 하나 그것을 어루만지며 감탄하지 않는 이가 없었다. 하물며 그분들의 자손인 군과 나의 심정은 어떻겠는가. 금년이 마침 또 을미년이니 신기한 일이다. 이에 김군에게 그 화축을 돌려주고 영원토록 보배로 삼게 한다.

효종 을미년(1655) 후 세 번째 을미년(1775) 동짓달에, 평안도 관찰사 채제공은 삼가 쓴다.

청나라 사신이 선물한 《도시본의》 뒤에 쓰다

題淸使所贈陶詩本義後

금상(今上) 원년(元年)이었던 병신년(1776, 정조 즉위년) 겨울, 나는 원접사(遠接使)의 자격으로 용만관(龍灣館)으로 가 청나라 사신을 영접하였는데,[29] 길을 가던 도중에 부칙사(副勅使) 숭귀(嵩貴)[30]가 역관을 불러 "듣자 하니 원접사가 문장을 잘 짓는다고 하는데, 나한테 노상에서 지은 글들이 있으니 품평을 한번 받아 보고 싶다. 네가 주선해 줄 수 있겠는가?"라고 하므로, 역관이 부칙사의 그 말을 나에게 전하였다. 그리하여 나는 그 시축을 읽어 보고 마음대로 평을 가하여 돌려보냈다. 이후 서울로 들어왔을 적에 부칙사가 역관에게 또 이르기를 "내가 곧 일을 마치고 돌아갈 터인데, 《도시본의(陶詩本義)》 1책으로 원접사의 깊은 정의에 보답하려고 한다. 이 책은 중원의 장주(長洲) 사람 마수주(馬授疇)[31]가 새로이 주석을 낸 것인데, 동국(東國)에는 아직

29 금상(今上)……영접하였는데 : 1776년 번암은, 영조의 승하를 조문하고 정조를 책봉하기 위해 조선으로 온 청나라의 칙사를 영접하는 원접사에 임명되었다. 《正祖實錄 卽位年 8月 28日, 10月 27日》

30 숭귀(嵩貴) : 1733~1789. 자는 무당(撫棠)이고, 몽고(蒙古) 정황기(正黃旗) 사람이다. 1776년 영조의 승하를 조문하고 정조를 책봉하는 칙사단의 부사(副使)에 임명되어 조선에 왔다. 《正祖實錄 卽位年 8月 18日》

31 마수주(馬授疇) : 청나라 장주 사람 마박(馬璞, 1694~?)으로, 수주는 그의 호이다. 청나라 학자 굴복(屈復)의 제자이며 4권 1책 분량의 도잠(陶潛)의 시 주석서인 《도시본의》를 편찬하였다. 《華陽散稿 卷1 記馬授疇》

없을 것이다. 네가 상에게 전달하라."라고 하였다. 그리하여 그 책을 상에게 바쳤는데, 상이 보고는 신에게 명하여 "이를 받으라. 사양치 말라."라고 하였다.

아아, 춘추 열국의 시대에는 사신(使臣)이 서로 응대하며 교제할 때 언제나 《시경》을 인용하여 함께 수작하였으니 이는 고도(古道)이다. 이에 지금 청나라 사신이 나에게 도연명(陶淵明)의 시를 선물로 주니, 내가 그것을 받아 소유하는 것이 의리상 무슨 문제가 있겠는가. 다만 아쉬운 점은 내가 뒤늦은 시대에 태어난 탓에 황명(皇明)의 성대했던 그 시절에 황화(皇華)의 여러 군자와 함께 깊은 우의를 맺지 못한 것이다. 그러한 이유로 책을 어루만지며 탄식하는 바이다.

《병오사마방목》의 말미에 삼가 쓰다
敬書丙午司馬榜目後

유군 태현(柳君台顯)이 나에게 가정(嘉靖) 25년 병오년(1546, 명종1) 생원과 진사의 명단이 실린 방목(榜目) 한 책을 보여 주며 "이 책을 애지중지하는 것은 우리 두 집안 모두 다르지 않을 것입니다."라고 하기에 내가 손을 깨끗이 씻고 그 책을 열람해 보았다. 대개 그 책은 우리 명종대왕이 왕위에 올라 시행한 증광시(增廣試)의 방목을 간행해 펴낸 것으로, 지금까지 252년 된 것이다. 거기에는 우리 7대조 집의공(執義公)[32]이 생원시 3등 제42인으로 입격한 사실 및 성과 휘, 거주지와 본관 등이 분명하게 기재되어 있었다.

삼가 생각건대 우리 선조께서 조정에서 벼슬한 것은 선조(宣祖) 임진년(1592, 선조25) 이전의 일로, 8년간 이어진 병화(兵火)의 여파로 문헌들이 흔적도 없이 사라졌기 때문에 우리 선조의 후손인 나조차도 그와 관련한 사적은 자세히 알지 못하는 실정이다. 다만 동주(東州) 이공 민구(李公敏求)가 우리 집안의 묘명(墓銘)을 지으면서 "집의(執義)는 도를 지켜 선류들로부터 존경을 받았다."[33]라고 하였으니, 평소

32 집의공(執義公) : 번암의 7대조인 채난종(蔡蘭宗, 1513~1573)으로, 사헌부 집의를 역임하였으므로 이렇게 칭한 것이다. 자는 문원(聞遠)이다. 1546년 실시된 증광시에 생원으로 입격한 뒤 1558년 문과에 급제하여 사헌부의 지평과 집의 등을 역임하였다. 《海左集 卷24 領議政諡文肅蔡公神道碑銘》《平康蔡氏大同譜》

33 집의(執義)는……받았다 : 동주 이민구(李敏求)가 번암의 5대조 채충연(蔡忠衍)의 묘갈명에서 평강 채씨(平康蔡氏)의 훌륭한 명망을 칭송하며 한 말로, 집의는 사헌부

언행이 사림들로부터 분명하게 존경받고 숭앙받지 않았다면 그 칭송과 경모가 어찌 이토록 참되고 절절할 수 있었겠는가. 이 구절을 욀 적마다 선조에 대한 존경심이 뭉게뭉게 일어남을 더욱 금할 수 없었는데, 이제 이 책을 열람해 보니, 어렴풋이 직접 뵙는 듯 숙연히 직접 들리는 듯 그 음성과 모습이 마치 내 곁에 있는 것만 같은 기분이 든다. 《시경》에 이르기를 "뽕나무와 가래나무도 반드시 공경해야 한다."라고 하였는데,[34] 하물며 아침저녁으로 가까이해 온 선조의 성과 휘, 거주지와 본관을 어찌 뽕나무와 가래나무와 동렬에 둘 수 있겠는가. 아아, 존경할 만하도다.

유군(柳君)의 8대조 부학공(副學公) 역시 우리 선조와 같이 입격하여 나란히 방목에 이름을 올렸는데,[35] 군의 집안에서는 그 책을 마치 주(周)나라 왕실의 완염(琬琰)과 홍벽(弘璧)[36]처럼 보물로 간직하였다. 이후 그로부터 4갑(甲)의 세월이 흘러 군이 능히 그 책을 꺼내어

집의를 지낸 채난종을 가리킨다. 《東州集 卷9 進士蔡公墓碣銘》

34 시경에……하였는데 : 《시경》 〈소아(小雅) 소반(小弁)〉에 "뽕나무와 가래나무도 반드시 공경해야 하는데, 하물며 우러러뵐 분으로는 아버지 말고 다른 사람이 없으며, 의지할 분으로는 어머니 말고 다른 사람이 없는 데야 더 말해 무엇 하겠는가.〔維桑與梓, 必恭敬止. 靡瞻匪父, 靡依匪母?〕"라고 하였다.

35 부학공(副學公)……올렸는데 : 부학공은 유순선(柳順善, 1516~1577)으로, 그가 홍문관 부제학을 역임하였으므로 이렇게 칭한 것이다. 본관은 진주(晉州), 자는 순중(純仲), 호는 소재(素齋)이다. 1546년 실시된 증광시에 채난종과 함께 생원으로 입격하여 성균관 대사성, 강원도 관찰사 등을 역임하였다. 《東園集 卷2 贈嘉善大夫……柳公墓誌銘》

36 완염(琬琰)과 홍벽(弘璧) : 모두 주(周)나라 때 서서(西序)에 보관되어 있던 보옥(寶玉)이다. 《書經 顧命》

표장(表裝)을 새롭게 꾸미고 그 일을 기록으로 남겼는데, 이는 방목에 기록된 여러 집안의 후손들과 함께 그 책을 똑같이 보물로 여기기 위해서였다. 그러고 보면 생각건대 나의 경우는 무지하여 선조의 훌륭함을 알지도 못하기에 고인(古人)이 말한 부지(不智)와 불인(不仁) 중 반드시 어느 한쪽에는 해당될 것인즉, 그 현명하고 불초함의 차이가 과연 어떠한가? 군의 아들 유중묵(柳重默)은 출중한 재능을 가진 젊은이로서 이 일을 실제로 맡아 왔는데 불행히도 단명하고 말았으니, 인간사 참으로 탄식할 만하다. 집의공의 휘는 난종(蘭宗)이고 자는 문원(聞遠)이며, 부학공의 휘는 순선(順善)이고 자는 순중(純仲)이며 호는 소재(素齋)이니, 훗날 이 책을 보는 자들은 필시 옷깃을 여미고 공경하는 마음을 일으킬 것이다.

금상(今上) 21년 정사년(1797) 봄에 대광보국숭록대부(大匡輔國崇祿大夫) 의정부좌의정 겸 영경연사 감춘추관사 원임 규장각제학(議政府左議政兼領經筵事監春秋館事原任奎章閣提學) 채제공은 78세에 삼가 적는다.

동계 정 선생이 남한산성에서 남긴 서첩 뒤에 삼가 쓰다[37]

敬書桐溪鄭先生南漢遺書帖後

이상은 동계(桐溪) 정 선생(鄭先生)이 남한산성에 포위되어 칼로 배를 찌를 때 아들과 영결하면서 준 편지이다. 아아, 정축년(1637, 인조15)의 일[38]을 차마 말로 할 수 있겠는가. 선생의 그 한 행위가 없었다면 천지는 지탱될 수 없었을 것이고 일월은 광채를 발할 수 없었을 것이며 산천의 귀신은 기대어 의지할 대상이 없었을 것인바, 이 편지는 비록 후손의 세 칸 정도밖에 되지 않는 낡은 집에 보관되어 있기는 해도, 그 기운은 천지를 가득 채우고 그 광채는 일월에 걸려 있으며 그 보배로움은 산천의 귀신이 옹위하고 있다. 이에 훗날 이 편지를 보게 될 자들은 다만 엄숙히 공경하는 마음이 일어나고 눈물을 줄줄 흘리며 세차게 충분(忠憤)의 심정이 격동할 뿐일 것이니, 어찌 한마디 말로 찬탄하는

37 동계(桐溪)……쓰다 : 동계 정 선생은 정온(鄭蘊, 1569~1641)으로, 동계는 그의 호이다. 본관은 초계(草溪), 자는 휘원(輝遠)이다. 1610년(광해군2) 문과에 급제하여 여러 관직을 거치다가, 1636년(인조14) 청나라가 병자호란을 일으켜 그 이듬해 강화도를 함락하고 인조의 항복 결정을 받아 내자, 1637년 1월 28일 남한산성에서 자결을 결심하고 아들에게 남긴 유언 형식의 편지를 남겼다. 이 편지는 《동계집(桐溪集)》 속집 권1에 〈남한산성에서 옷에 넣어 여러 아들에게 부치다〔南漢山城衣帶中寄諸兒〕〉라는 제명으로 실려 있으며, 당시 이 편지에는 핏자국이 흐릿하게 남아 있었다고 한다. 자결 시도가 미수에 그친 뒤에는 관직을 단념하고 덕유산에 들어가 조를 심어 생계를 자급하다가 죽었다. 《記言 卷39 桐溪先生行狀》

38 정축년의 일 : 병자년인 1636년 12월에 발발하여 정축년인 이듬해 1637년 2월에 인조의 항복으로 막을 내린 병자호란을 이른다.

정도에 그치겠는가.

아아, 지면에 찍혀 있는 여러 점의 핏자국이 마치 젖어 있는 듯 선명하니 그것만으로도 가히 그날의 비통한 모습이 어떠하였을지 알 수 있는데, 지금 그 편지에서 사후에 해야 할 일에 대해 매우 상세하게 지도해 주고 있고, 마지막 부분에서는 또 효성으로 모친을 섬기는 일, 거스름 없이 두 숙부를 섬기는 일, 형제들을 사랑하는 일 등에 대해 간곡하게 일러 주고 있으니, 그 말뜻에 담긴 차분하고 정돈되고 여유로운 모습이 방장산(方丈山) 아래에서 책상에 한가롭게 앉아 있던 때와 다름이 없다. 평상시 충만하고 크나큰 학문적 역량을 통해서 사생과 화복이 털끝만큼도 그 마음을 범접하지 못하게 한 분이 아니었다면 어떻게 이렇게 할 수 있었겠는가. 아아, 선생이여. 백이(伯夷)가 아니라면 누구와 함께 돌아갈 것인가.

이죽천의 《항해승람도》 뒤에 쓰다[39]

題李竹泉航海勝覽圖後

이것은 이 충숙(李忠肅) 죽천공(竹泉公)이 바다를 항해하여 천자의 조정에 조회하러 가는 그림이다. 천계(天啓) 계해년(1623, 인조1)에 인조(仁祖)가 반정(反正)을 실시하여 왕위에 오르자 공의 충의는 환히 빛나 일국의 태산북두가 되었다. 그 이듬해에는 왕명을 받들어 배를 타고 요해(遼海)의 광막한 물결을 항해하여 천자의 조정으로 나아가 일을 아뢰었는데, 임무가 끝난 뒤에 채비를 차려 배로 돌아오는 길에 거대한 고래와 악어가 마치 순조로운 항해에 대한 약속이라도 한 듯 숨죽이고 가만히 있어 흡사 일엽편주가 황하를 건너는 것 같은 모습을 연출하였으니, 충신(忠信)이 신명을 감동시키지 않았다면 어떻게 이렇게 될 수 있었겠는가.

게다가 이 그림첩은 본떠 그려 낸 것이 꽤나 자세하다. 사신의 수레가 거쳐 간 제(齊), 조(趙), 연(燕) 지역 수삼천 리에 걸쳐 있는 산천 및 성곽은 물론이고, 고금의 명현(名賢), 거공(鉅公), 충신(忠臣), 열사(烈士)가 살았던 마을이며 그들이 묻혀 있는 묘이며 또 그들이 독서하던 곳까지 모두 다 담겨 있으니, 평소 책을 통해서나마 어렴풋이

39 이죽천(李竹泉)의……쓰다 : 이죽천은 이덕형(李德泂, 1566~1645)으로, 본관은 한산(韓山), 자는 원백(遠伯), 호는 죽천이다. 《항해승람도(航海勝覽圖)》는 인조반정 이듬해인 1624년(인조2) 6월 이덕형이 사은 겸 주청사의 자격으로 바다를 건너 명나라에 가던 일을 그린 그림이다. 《龍洲遺稿 卷21 贈領議政竹泉李公神道碑銘》

상상해 보던 것이 눈앞에 촘촘하게 펼쳐져 흡사 그 얼굴을 직접 대하고 그 말을 직접 듣는 것 같은 느낌이 든다. 그리하여 사람으로 하여금 고인(古人)에 대한 그리운 심정을 더욱 억누르지 못하게 만드니, 이 그림이 나약한 자의 마음을 흥기시키는 것 또한 대단하다.

나의 삶은 방역(方域)에 국한되어 있어 활동하고 생활하는 것이 창호지를 뚫으려는 벌과 구덩이 속의 개미 정도의 수준에 불과할 뿐이었다. 그런데 지금 이 그림 덕분에 바다를 구경하게 되었으니, 바다의 크기가 몇만 리가 될지는 모르지만, 해와 달이 뜨고 지는 곳이며 곤어(鯤魚)와 대붕(大鵬)이 사는 곳이기에, 그 도량은 실로 거대하며 그 풍광은 실로 장관이다. 내가 비록 늙었지만 또한 어찌 공이 하였던 일을 바라지 않겠는가. 다만 신주(神州)의 바다가 뽕나무 숲으로 변한 것[40]이 벌써 100여 년이 되었으니, 비록 배를 타고 가고자 한들 어디로 향해하겠는가. 만약 공의 영령이 굽어보고 있다면 마고(麻姑)[41] 선녀처럼 한번 웃고 한번 한탄하지 않을 수 있겠는가. 이에 책을 어루만지며 길게 탄식하는 바이다.

40 신주(神州)의……것 : 명나라가 망하고 청나라가 들어선 변화를 상전벽해(桑田碧海)의 고사로 비유한 것이다.

41 마고(麻姑) : 전설 속의 선녀 이름이다.

이계 홍 상서 양호 의 〈연운잡영〉 뒤에 쓰다[42]

書耳溪洪尙書 良浩 燕雲雜詠後

성인은 악(樂)을 제정할 때 구슬프고 촉급한 음을 몹시도 꺼렸으니, 시(詩) 역시도 악의 한 부류인바 어찌 그와 같지 않을 수 있겠는가. 삼가 보건대 명(明)나라 말기에 시로 유명했던 자들은 스스로 고인을 능가한다는 마음을 가지지 않았다고 할 수 없으나, 그 성음과 절조를 살펴보면 모두가 촉급하고 처량하여 화순하고 태평한 기상은 찾아볼 수 없다. 그 국가가 사람들에게 망해 버린 조국에 대한 비감을 느끼도록 한 책임에서 어찌 자유로울 수 있겠는가. 이를 가지고 논해 보자면 시도(詩道)는 정치와 통한다고 해도 좋을 것이다.

이계(耳溪) 홍 상서(洪尙書)가 북조(北朝)에 사신으로 갔다 돌아와서는 나에게 〈연운잡영(燕雲雜詠)〉 140여 편을 보여 주었는데, 오칠언(五七言)의 고풍(古風)과 근체시가 찬란하게 문장을 이루어 저마다 법도를 준수하고 있었으니, 참으로 이른바 "위의가 성대히 갖추어져서 특별히 고를 것이 없다."[43]라는 격이었다. 그런데 총괄하여 볼 때 존경

42 이계(耳溪)……쓰다 : 〈연운잡영〉은 상서 홍양호(洪良浩)가 1782년(정조6)에 동지 겸 사은 부사(冬至兼謝恩副使)로 청나라 연경(燕京)에 갔을 때 보고 느낀 것을 읊은 140여 수의 연작시이다. 홍양호의 본관은 풍산(豐山), 자는 한사(漢師), 초명은 양한(良漢)이며, 이계는 그의 호이다. 1794년에 동지 정사(冬至正使)로 다시 연경에 가 〈연운잡영〉의 속편인 〈연운속영(燕雲續詠)〉을 지었다. 두 차례에 걸친 연행으로 청나라 학자들과 교유하였고, 청대의 발전된 문물을 적극적으로 도입하고자 하는 북학 사상을 발전시켰다.

할 만한 점은 따로 있다. 요동(遼東)과 계주(薊州)의 산천을 바라볼 때나 예물을 갖추어 분주히 일을 수행할 그 당시, 상전벽해의 비감 속에서 서대(西臺)에 올라 통곡하고 싶은 마음[44]이 어찌 들지 않았겠는가. 그러나 그 마음속에 맺혀 있는 것을 말로 펼쳐 내면서 〈비풍(匪風)〉과 〈하천(下泉)〉의 감정을 주현소활(朱絃疏越)에 부쳐 드러내어,[45] 그 빛깔은 찬란하면서 편안하고 그 소리는 온화하면서 부드러우니, 비록 평론가들이 지나치게 가혹한 기준을 적용한다 해도 혹 일언일구나마 초쇄한 데에 가까운 부분을 골라내기란 쉽지 않은 일일 것이다. 나는 그러한 까닭에 그 모든 작품들을 총괄하여 "이것은 중용에 맞는

43 위의가……없다 : 《시경》 〈패풍(邶風) 백주(柏舟)〉의 한 구절로, 작품 하나하나가 모두 뛰어나 취사선택의 여지가 없다는 뜻이다.

44 상전벽해의……마음 : 명나라가 망하고 중원 땅이 청나라의 차지가 되어 모든 것이 바뀌어 버린 그 슬픔 속에 망국의 슬픔을 거침없이 시로 표현하고 싶은 마음을 말한다. 송(宋)나라 말기의 충신 문천상(文天祥)이 송나라에 침입한 원(元)나라 군대에 맞서 싸우다가 적에게 사로잡혀 죽음을 당하자 문천상과 함께 원나라에 대항하여 싸우던 사고(謝翶)가 그 소식을 듣고는 서대에 올라 통곡하면서 문천상의 제사를 지내고 〈서대통곡기(西臺慟哭記)〉라는 글을 지어 이 일을 기록하였다는 고사를 원용한 표현이다. 《宋元學案 56》

45 비풍(匪風)과……드러내어 : 망국에 대한 비통한 심정을 곧바로 표출하지 않고 전아하고 온화한 형식으로 형상화하였다는 말이다. 〈비풍〉과 〈하천〉은 《시경》의 편명으로 모두 주나라의 왕업이 쇠퇴하고 정사가 가혹해진 것을 슬퍼하는 내용인데, 여기서는 명나라의 멸망을 슬퍼한 것을 의미한다. 주현소활은 주 문왕(周文王)의 사당에 제사를 지낼 때 연주하던 악기인 슬(瑟)을 가리키는데, 여기에서는 전아하고 질박한 고대의 음악을 뜻한다. 《예기》 〈악기(樂記)〉에 "청묘의 비파는 붉은 줄에 성긴 구멍을 뚫으며, 한 번 연주를 하면 세 사람 정도가 창화하는데, 여음이 있는 것이다.〔淸廟之瑟, 朱絃而疏越, 壹倡而三歎, 有遺音者矣.〕"라고 한 데서 온 말이다.

태평성대의 소리이니, 어찌 외부에서 무언가 갑자기 들어와 터득한 덕분에 이런 작품을 지을 수 있었겠는가."라고 말하는 바이다.

내가 이계와 조정의 관서에서 함께 어울려 지낸 지가 거의 40년이 다 되어 가므로, 나보다 이계를 깊이 아는 자는 없다고 스스로 생각한다. 이계는 그만큼의 재주와 학문을 가지고도 일찍이 당대에 일이 순조롭지 못하였다. 그리하여 그도 세상을 버리고 세상도 그를 버리는 삶을 몇 년 동안 이어 가느라 풍성하게 아름다웠던 수염이 힘없이 다 세고 말았는데, 그럼에도 그는 오히려 처한 상황을 편안하게 받아들이면서 그렇게 그대로 세상을 하직하려는 것처럼 살았다. 그러다 다행스럽게도 성스러운 임금의 지우를 입어 총재(冢宰)와 문형(文衡)의 자리에서 끝내 능력을 발휘해 냈으니, 가슴속 기운이 안에서 온축되어 조화로움을 이루고 밖으로 드러나서 상서로움을 이루지 않았다면 어떻게 이렇게 할 수 있었겠는가.

무릇 시라는 것은 성정(性情)의 표출이다. 그 시를 보면 그 사람이 어떠한지 알 수 있으며, 또한 그 세상이 어떠한지도 알 수 있는 법이니, 세상에 만약 제대로 안목을 갖춘 사람이 있다면 필시 이계의 시를 통해서 시운(時運)이 길이 홍성함을 점쳐 볼 수 있을 것이다. 이러한 까닭에 내가 이와 같이 씀으로써, 신림(神林)의 음침하고 괴이한 언어를 쓰는 데 주력하면서 함부로 그것을 '신성별조(新聲別調)'라고 여기지만 스스로 말세의 음란한 지경에 빠지는 줄도 모르는, 요즘 세상의 글 짓는 선비들을 경계하는 바이다.

송담 채공[46]의 유사 뒤에 쓰다

書松潭蔡公遺事後

금상(今上) 10년(1786, 정조10) 봄에 나는 명덕산(明德山)에 은거하고 있었는데,[47] 그때 채군 윤복(蔡君允復)이 달성(達城)에서부터 찾아와 이렇게 말하였다.

"저는 송담(松潭) 선생의 후손입니다. 저의 선조가 돌아가신 지 200여 년이 다 되었는데 그 사적이 전란으로 다 망실되어 사실을 고증할 만한 남은 자료는 백에 한둘밖에 되지 않는 실정입니다. 그러나 사림들이 긴 세월을 하루같이 숭상하고 앙모하는 것이 어찌 이유가 없겠습니까. 원컨대 공께서는 영원히 변치 않을 집안의 정의(情誼)를 미루어 한 말씀을 남겨 주심으로써 천양해 주시기 바랍니다."

이에 나는 그 유사(遺事) 몇 조목을 보고 탄식을 내뱉으며 다음과 같이 말하였다.

"문헌이 너무 소략합니다. 공자께서는 '남이 알아주지 않아도 성내지 않으면 군자가 아니겠는가.'라고 하셨는데, 그 말씀대로라면 그대의

46 송담(松潭) 채공(蔡公) : 채응린(蔡應麟, 1529~1584)으로, 송담은 그의 호이며, 자는 군서(君瑞)이다.

47 금상(今上)……있었는데 : 1780년(정조4) 홍국영(洪國榮)의 세도가 무너지고 소론계 공신 서명선(徐命善)을 영의정으로 하는 정권이 들어서자 번암이 홍국영과의 친분이 있고 사도세자(思悼世子)의 신원을 주장하여 선왕의 정책을 부정했다는 등의 명목으로 집중 공격을 받아 이후 8년간 서울 근교 명덕산에서 은거 생활을 할 때를 가리킨다.《海左集 卷24 領議政諡文肅蔡公神道碑銘》

선조는 군자다운 사람입니다. 생전에는 뛰어난 재능을 품고 세상에 은둔하여 비록 온 세상이 자신을 몰라주더라도 그것 때문에 지조를 변치 않았는데, 이제는 세상을 떠난 지 이처럼 오래되었고 그가 살던 세상이 이처럼 멀어졌으니, 그 생전의 일로 죽음을 미루어 본다면 천양하는 것이 다행이 되고 천양하지 않는 것이 불행이 되는 것은 분명 아닐 것입니다."

그런데 그렇게 말해 놓고 잠시 뒤 또 이런 생각이 들었다.

'그 옛날 창려(昌黎) 한공(韓公)은 잠덕(潛德)의 유광(遺光)을 드러내 당나라의 경(經) 한 질을 편찬하고자 하였으니,[48] 유광은 물론 잠덕한 자가 드러내지 않으려고 한 것이지만 경(經)을 편찬하는 자의 처지에서 그것을 어찌 가만 놓아둘 것인가. 돌아보건대 나는 한공에 비해 비록 그의 심부름꾼조차도 되기에 부족하지만, 한적하고 적막한 처지에 있다는 점에서 그와 차이가 없고 성조(聖朝)의 경(經) 한 질을 편찬하려는 뜻을 가졌다는 점에서도 그와 차이가 없다. 그러하니 공의 사적에 대해서 어찌 증명할 것이 없다고 하며 잠자코 있을 수 있겠는가.'

공은 학문을 좋아하였는데, 일찍이 계동(溪東) 전공(全公)[49]에게 학

48 창려(昌黎)……하였으니 : 당나라의 대문호인 한유(韓愈)가 792년 진사에 합격한 후 이부(吏部)의 삼시(三試)에 떨어졌을 때 최입지(崔立之)가 편지를 보내 위로했는데, 이에 대한 답장에 "장차 한적한 들에서 밭을 갈고 적막한 물가에서 낚시질을 하며 국가의 유사를 구하고, 현인과 명철한 선비의 끝과 처음을 상고하여 당나라의 경 한 질을 편찬하여 길이 남기겠다.〔將耕於寬閑之野, 釣於寂寞之濱, 求國家遺事, 考賢人哲士之終始, 作唐之一經, 垂之無窮.〕"라고 하였다. 《昌黎文集 卷16 答崔立之書》

49 계동(溪東) 전공(全公) : 전경창(全慶昌, 1532~1585)으로, 계동은 그의 호이다.

문을 배웠고, 학문이 성취되자 낙재(樂齋) 서공(徐公)[50]이 공한테 학문을 배웠다. 계동은 퇴도(退陶)의 문인이고 낙재는 퇴도를 사숙한 자이다. 한 사람은 공이 스승으로 모시고 또 한 사람은 공을 스승으로 모셨으니, 그 학문에 충분한 연원이 있음을 알 수 있다. 달성에서 덕행으로 읍지(邑誌)에 이름을 올린 사람이 10명인데, 공이 그중 세 번째를 차지하였으니, 사림들이 덕을 높이고 어진 이를 본받았다는 사실은 비록 장구한 시간이 흐른 뒤에라도 징험할 수 있을 것이다. 공의 휘는 응린(應麟), 자는 군서(君瑞)이다. 27세에 사마시에 입격하였고, 금호(琴湖) 가에 정자를 짓고 아무런 욕심 없이 즐기며 살다가 세상을 마쳤다.

본관은 경산(慶山), 자는 계하(季賀)이다. 퇴계(退溪) 이황(李滉)의 문인이다. 《慕堂集 卷5 溪東先生全公行錄》

50 낙재(樂齋) 서공(徐公) : 서사원(徐思遠, 1550~1615)으로, 낙재는 그의 호이다. 본관은 달성, 자는 행보(行甫)이다. 한강(寒岡) 정구(鄭逑)의 문인이다. 《東州集 卷9 戶曹正郎樂齋徐公墓碣銘》

이좌훈[51]의 시고에 쓰다

書李佐薰詩稿

이생 좌훈(李生佐薰)이 여러 체의 시 몇 편을 들고 찾아와 나에게 가르침을 청하였다. 나는 그 시를 받아 들고 되풀이해서 읽어 보았으나 경외할 점만 발견했을 뿐 나에게 가르침을 받을 만한 점은 찾을 수 없었다. 이생은 현재 15세인데, 이제 막 시작하려는 때부터 이미 이 정도 수준을 갖추었으니, 이를 이어 나가 계속 중단 없이 나아가고 나아간다면 그 최종 단계에 도달할 수준을 어찌 가늠조차 할 수 있겠는가. 옛날에 구양공(歐陽公)이 소자첨(蘇子瞻)을 딱 한 번 보고는 곧바로 "늙은이가 한 걸음을 양보해야겠다."라고 하였는데,[52] 돌아보건대 나는 구양공에 대해서 그의 마부 노릇조차 할 능력이 없는 사람이므로 감히 그 말을 가져와 비교해 말할 수는 없다. 그러나 나에게 가르침을 청하는 이생의 마음이 구양공을 향한 소자첨의 마음보다 무조건 못하

51 이좌훈(李佐薰) : 1753~1770. 자는 국보(國輔), 호는 연암(煙巖)으로, 어릴 때부터 신동이라 불릴 정도로 탁월한 시적 능력을 발휘하였고 15세에 진사에 입격하였으나 18세에 요절하였다. 사물에 대한 애수와 삶의 무상함을 노래한 시가 많다. 번암은 그의 사후 유고 시집인 《연암유고(煙巖遺稿)》의 서문을 지었다. 《박동욱, 이좌훈(李左薰) 한시에 나타난 비애 의식 연구, 한국언어문화, 2008, 3~6쪽》《樊巖集 卷32 煙巖遺稿序》

52 옛날에……하였는데 : 구양공은 북송(北宋) 때의 문장가인 구양수(歐陽脩)이고, 소자첨은 소식(蘇軾)으로 역시 북송의 문장가이며 자첨은 그의 자이다. 구양수의 〈여매성유(與梅聖兪)〉에 "소식의 글을 취해 읽고는 나도 모르게 땀이 났다. 통쾌하고 통쾌하다. 늙은이가 마땅히 길을 피해 그가 한 걸음 앞서 나가도록 양보해야겠다.〔取讀軾書, 不覺汗出. 快哉快哉! 老夫當避路, 放他出一頭地也.〕"라고 하였다. 《歐陽文忠公集 卷87》

다고는 할 수 없기에, 구양공이 했던 말을 내가 똑같이 이생에게 말해 주려 한다.

단 이생은 더 완전해지기를 추구하지 않아서는 안 된다. 이생의 시에는 이따금 이창곡(李昌谷)[53]에게서 영향을 받은 부분이 나타나는데, 이미 고인 가운데 그의 시에 대해 "뱀의 몸을 한 귀신과 소의 머리를 한 귀신"이라는 말로 비판한 사람이 있다.[54] 하물며 문장은 세도의 승강(陞降)과 연관이 있으니, 이생이 만약 훗날 국가의 흥성함을 노래하는 일에 뜻을 둔다면 어찌 당나라의 쇠락한 말엽의 소리를 부러워할 것이 있겠는가. 시를 지으면서 이두(李杜)와 왕맹(王孟)[55]을 버려둔다면 이는 곧 풀을 헤치고 지름길로 가는 것처럼 정도(正道)를 따르지 않게 되는 것이니, 이생은 이 점을 몰라서는 안 된다. 힘쓰고 힘쓰기를 바란다.

번암(樊巖) 노부(老父)는 쓴다.

53 이창곡(李昌谷) : 당(唐)나라 시인 이하(李賀, 790~816)로, 창곡은 호이고, 자는 장길(長吉)이다. 《昌谷集 李長吉小傳》

54 고인……있다 : 당(唐)나라 시인 두목(杜牧)이 이하 문집의 서문에서 그 시의 환상적인 면모를 평하며 "큰 입을 벌리는 고래와 엄청난 속도로 뛰어오르는 자라, 소머리를 한 귀신과 뱀의 몸을 한 귀신으로도 그의 시의 허황하고 환상적인 면을 형용하기에는 부족하다.〔鯨呿鼇擲, 牛鬼蛇神, 不足爲其虛荒誕幻也.〕"라고 한 것을 말한다. 《樊川集 第7 李賀集序》

55 이두(李杜)와 왕맹(王孟) : 각각 성당(盛唐)의 대표적인 시인인 이백(李白)과 두보(杜甫), 왕유(王維)와 맹호연(孟浩然)의 병칭이다.

정창해 란[56]이 가진 화첩에 쓰다

題鄭滄海瀾所持畫帖

정창해(鄭滄海)는 어디에 얽매이지 않는 사람이다. 처자를 버려두고 명산대천의 유람을 즐겨 하면서 북쪽 변방 끝까지 가 백두산의 못을 굽어보고 큰 바다를 가로질러 한라산의 정상을 등반하였으니, 천하 만물도 그 즐거움을 바꾸지 못하였다.

나는 그와 한번 만나 보기를 원하였으나 그럴 기회를 갖지 못하였는데, 하루는 그가 강표암(姜豹菴)[57]의 그림 한 책을 들고 나의 집에 찾아와 "공의 한마디 말씀을 얻어서 썩어 없어지지 않게 후세에 전하고자 합니다."라고 고하였다. 이에 내가 그를 보고 웃으면서 다음과 같이 말하였다.

"창해도 그것을 원하는가? '사대(四大)'란 '나'이고 '명(名)'이란 '남'이니,[58] 남을 썩어 없어지지 않게 한다고 해서 과연 나의 사대가 썩어

56 정창해 란(鄭滄海瀾) : 정란(鄭瀾)으로, 본관은 동래(東萊), 자는 유관(幼觀), 호는 창해이다. 《癡庵集 卷9 鄭滄海傳》

57 강표암(姜豹菴) : 강세황(姜世晃, 1713~1791)으로, 본관은 진주(晉州), 자는 광지(光之), 호는 표암・첨재(添齋)・산향재(山響齋) 등이다. 시, 서, 화에 모두 뛰어난 삼절(三絶)로 이름났다. 《經山集 卷19 漢城府判尹姜公諡狀》

58 사대(四大)란……남이니 : 사대가 본질이고 명은 말엽이라는 말이다. 사대는 불교에서 말하는 인체를 구성하는 지(地), 수(水), 화(火), 풍(風) 네 가지 원소로 여기서는 인간의 몸을 가리키며, 명은 역시 불교에서 말하는 오법(五法)의 하나로 궁극의 경지인 진여(眞如)와는 달리 망상을 일으키고 미혹하게 만드는 감각 세계를 뜻하며 여기에서는 문자를 가리킨다. 정란이 글을 부탁하였기 때문에 번암이 불교의 용어를 빌려 그것이 본래 허망한 것임을 증명하고자 하였다.

없어지지 않는 것에 보탬이 되겠는가. 창해가 사물 바깥에서 노닐면 사대 역시 능히 사물 바깥을 벗어나니, 남이 썩고 안 썩고의 문제가 창해와 무슨 상관이 있단 말인가. 정말 썩어 없어지지 않기를 원하는가? 창해는 처음부터 썩어 없어지지 않기에 충분하다. 한편 표암의 그림은 창해의 일상생활을 그린 것인데, 이 그림의 붓놀림이 천하에 더없이 정묘하므로 이 역시 창해를 썩어 없어지지 않게 하기에 충분하다. 그러하니 내가 더 보탤 말이 무에 있겠는가. 비록 그렇지만 내 듣기로 그림의 정수는 600년을 가는 데 그친다고 하니, 창해가 나의 말을 부탁한 것은 장차 600년 뒤의 일을 도모하려는 것이다. 고시(古詩)에 '인생은 백 년도 못 되는데, 늘 천 년의 근심을 품고 산다.'[59]라고 하였는데, 내가 창해에게 그 시를 외워 주노라."

59 인생은……산다 : 무명씨(無名氏)의 "인생은 백 년도 못 되는데 늘 천 년의 근심을 품고 산다. 낮은 짧고 밤이 긴 게 괴로운데, 어찌 촛불 밝히고 놀지 않을쏜가.〔生年不滿百, 常懷千歲憂. 晝短苦夜長, 何不秉燭遊?〕"라는 구절을 가리킨다.《文選 卷29 古詩十九首》

안씨의 병풍 그림에 붙이는 발문

安氏屛畫跋

이 병풍은 당나라 사람의 그림이 붙여져 있으며, 8개의 첩으로 이루어져 있다. 옛날에 정암(定菴) 곽공 월(郭公越)[60]이 배신(陪臣)의 자격으로 황명(皇明)에 조회를 갔을 때 이 병풍을 얻어 가지고 돌아왔는데, 그 후 외손인 안씨(安氏)[61] 집안에 전해졌다. 안씨 집안은 현재 5, 6대를 거쳐 오는 동안 이 병풍을 소중하게 간직하여 집안의 보배로 전하고 있다고 한다. 세상에서는 이 병풍 그림을 두고 "그림이 귀신처럼 생동한다."라고 말하곤 하는데, 이는 단청과 수묵의 오묘함만 아는 것일 뿐 그림의 신묘함은 아무나 살필 수 없다는 사실은 모르고 하는 말이다.

옛날 주(周)나라의 구정(九鼎)이 사수(泗水)에 빠져 가라앉은 일이 있었는데,[62] 정(鼎)은 신묘한 물건이었기에 스스로 광포한 진(秦)나라

60 정암(定菴) 곽공 월(郭公越) : 곽월(郭越, 1518~1586)로, 본관은 현풍(玄風), 자는 시정(時靜), 호는 정암이다. 1578년(선조11) 동지사(冬至使)로 명나라에 다녀왔으며, 그 이듬해에 황해도 관찰사에 제수되었으나 사직하고 부임하지 않았다. 《東溟集 卷8 通政大夫守黃海道觀察使贈禮曹判書郭公神道碑銘》

61 외손인 안씨(安氏) : 안숙(安璹, 1572~1624)의 아들을 가리킨다. 안숙은 곽월의 넷째 아들 곽재지(郭再祉)의 딸에게 장가들어 여섯 아들을 두었다. 《星湖全集 卷61 刑曹正郎兼春秋館記注官安公墓碣銘》

62 주(周)나라의……있었는데 : 구정은 우왕(禹王) 때에 구주(九州)에서 쇠를 모아 만든 솥으로, 주나라 때까지 천자의 징표로 전해진 보물이다. 진(秦)나라가 소양왕(昭襄王) 52년(기원전 255) 서주(西周)를 공격하여 구정을 탈취하였는데, 그 가운데 하나가 사수에 빠졌으므로 여덟 개만 진나라로 가지고 왔다고 한다. 《史記 封禪書》

에게 더럽혀지기를 원치 않아 그런 방식으로 능히 자신이 있을 곳을 미리 정하였으니, 사물한테 지각이 전연 없다고 말할 수 있겠는가. 아아, 명나라의 운명이 쇠해 갈 때 천하의 기수(氣數)에 차츰차츰 이천피발(伊川被髮)의 조짐[63]이 나타났는데, 그 와중에 이 그림은 마치 미리 알고 있는 것이 있는 양, 해내(海內)에 있는 다른 그림 및 책들과 뒤섞여 누린내 나는 오랑캐에 같이 물들지 않으면서 기어코 동국(東國)을 귀의할 장소로 삼았으며, 그 가운데 또 기어코 동국에 있는 추로(鄒魯)의 명문 가문[64]을 자신이 의탁할 장소로 삼았던 것이다. 그리하여 지금 그로부터 200여 년의 시간이 흐르는 동안 공벽(拱璧) 또는 영귀(靈龜)[65]처럼 아낌을 받고 보호를 받고 소중히 여김을 받고 있으니, 중국으로 날아들었던 것을 후회한 천축국의 봉우리와 비교해 볼 때 어리석고 지혜로운 차이가 현격하지 않은가. 《주역》에 "기미를 알아차림이 신묘하도다."라고 하였으니, 내가 비록 그 그림을 아직 보지 못하였으나 그 그림이 기미를 알아차리는 신묘함을 지니고 있다는 사

63 이천피발(伊川被髮)의 조짐 : 예(禮)가 없어져 장차 오랑캐의 땅이 될 조짐이라는 뜻이다. 주 평왕(周平王)이 동천(東遷)하였을 때 대부 신유(辛有)가 이천(伊川)에 갔는데, 그곳에서 산발하고 들에서 제사하는 자를 보고는 "100년이 못 되어 이곳이 융(戎)이 되리라. 예가 먼저 없어졌구나."라고 하였는데, 과연 양왕(襄王) 때에 진(晉)나라가 육혼(陸渾) 땅의 융(戎)을 이천으로 옮겼다. 《春秋左氏傳 僖公22年》

64 추로(鄒魯)의 명문 가문 : 곽월이 속한 현풍 곽씨(玄風郭氏) 집안을 가리킨다. 추로는 노(魯)나라는 공자의 고국이고, 추읍(鄒邑)은 맹자의 고향이므로 예교(禮教)가 펼쳐진 유향(儒鄕)이라는 뜻이며, 조선에서는 주로 영남을 가리키는 말이었다.

65 공벽(拱璧) 또는 영귀(靈龜) : 공벽은 양손으로 감싸 잡을 만큼 큰 옥으로 더없이 진귀한 물건을 말한다. 《春秋左氏傳 襄公28年》 영귀는 신화 속에서 만 년 동안 산다는 신령스러운 거북으로 미래의 길흉을 예지할 수 있다고 한다.

실만큼은 알겠다. 이에 멀리서 "그림이여, 그림이여! 제자리를 얻었구나, 제자리를 얻었구나."라고 고하는 바이다.

번암집

제57권

碑 비

양호당 우 선생[1] 유허비

養浩堂禹先生遺墟碑

이곳은 양호당 우 선생의 유허(遺墟)이다. 오호라, 선생은 고려 말에 왕씨(王氏)의 천명이 떠나가려는 것을 보고 단신이나마 쓰러진 나라를 부지하려고 포은(圃隱)[2]과 협심하고 협력하였다. 결국 포은은 죽고 선생은 만번 죽을 고비를 넘기며 떠돌다가 끝내 죽지 않았는데 망복(罔僕)[3]의 절조를 지키며 생을 마쳤으니, 이는 비간(比干), 미자(微子), 기자(箕子)가 나란히 삼인(三仁)[4]이 된 까닭이다.

선생은 명나라로 망명하여 맹세코 동쪽으로 돌아가지 않으려 하였

1 양호당(養浩堂) 우 선생(禹先生) : 우현보(禹玄寶, 1333~1400)로, 본관은 단양(丹陽), 자는 원공(原功), 호는 양호당이다. 1392년(태조1) 정몽주(鄭夢周)의 시체를 수습하여 장례를 치렀다 하여 경주(慶州)에 유배되었다. 1398년 복관되어 이듬해 단양백(丹陽伯)에 봉하여졌다.

2 포은(圃隱) : 정몽주(1337~1392)로, 본관은 영일(迎日), 자는 달가(達可), 호는 포은, 시호는 문충(文忠)이다.

3 망복(罔僕) : 망국의 신하로서 의리를 지켜 새 왕조의 신복이 되지 않으려는 절조를 말한다. 은(殷)나라가 망하려 할 무렵 기자가 "은나라가 망하더라도 나는 남의 신복이 되지 않으리라.〔商其淪喪, 我罔爲臣僕.〕"라고 한 데서 유래한 말이다.《書經 微子》

4 삼인(三仁) : 어진 세 사람을 말하니, 비간, 미자, 기자이다. 은나라가 망할 무렵에 미자는 나라를 떠나고, 기자는 간언하다가 주(紂)의 노여움을 받아 옥에 갇혔다가 마침내 종이 되었으며, 비간은 주에게 간언하다가 죽음을 당했다. 이 세 사람의 일을 두고 공자가 말하기를 "은나라에 세 어진 이가 있었다.〔殷有三仁焉〕"라고 하였다.《論語 微子》

는데, 태조 고황제(太祖高皇帝)[5]가 그 절개를 높이 사, 폐현(陛見)할 때 예우를 매우 극진하게 하고 선생으로 하여금 고국으로 돌아가게 하였다. 우리 태조대왕(太祖大王)께서는 선생에게 백의(白衣)로 알현하는 것을 허락하고 단양백(丹陽伯)에 제수하였으나 선생은 사양하고 부임하지 않았으며 자손에게 경계를 남기기를 "아내를 묘소에 부장(祔葬)하지 말라."라고 하였으니, 이것은 그 뜻이 매우 슬프다.

사람들은 혹 선생이 천명을 알지 못하고 권도에 달통하지 못한 것이 아닌가 의심한다. 오호라, 선생이 천명을 알지 못하고 권도에 달통하지 못한 것이 곧 선생이 선생 된 까닭이다. 300여 년 뒤에 자손이 그 유허를 표시하고자 비석을 세우는데, 그 땅이 포은의 옛집과 서로 가까이 이웃하니, 얼마나 신기하고, 또 얼마나 비통한가. 선생의 휘는 현보(玄寶)이고, 자는 원공(原功)이다.

5 태조 고황제(太祖高皇帝) : 1328~1398. 명나라의 초대 황제로, 이름은 주원장(朱元璋), 묘호(廟號)는 태조(太祖), 초명(初名)은 흥종(興宗)이다. 재위 연호에 따라 홍무제(洪武帝)라고도 한다. 시호는 고황제이다.

송 장군[6] 묘비명

宋將軍廟碑銘

죽주(竹州)[7]는 경기와 영남의 요충지이다. 부(府)의 동쪽에 우뚝 솟은 산이 있고 산 정상에 죽주산성(竹州山城)이 있는데 둘레가 3, 4리 정도 된다. 어느 시대에 산성을 건설했는지 모르겠으나 지금은 수리하지 않아 곳곳이 무너졌다. 송 장군의 사당은 실로 그 가운데 있는데, 장군은 이름이 문주(文胄)이고 고려(高麗) 사람이다.

고종(高宗) 때 몽고군이 성 아래 가까이 몰려와 서너 겹으로 포위했는데, 이때 장군이 죽주 방호별감(竹州防護別監)으로서 군사와 주민을 인솔하여 성에 들어가 사수하였다. 적군이 서로 모의하기를 "성안에 물이 부족하니, 여러 날이 지나면 싸우지 않고도 성을 함락할 수 있을 것이다." 하였다. 공이 염탐하여 그것을 알아내고는 못을 파서 큰 붕어를 잡아 사람을 보내어 몽고군에게 가서 말하게 하였다. 사람이 가서 말하기를 "멀리서 오셨는데 배가 고프지 않으십니까? 삼가 물고기를 드립니다." 하니, 적군이 크게 놀라며, 성안 연못에 물이 풍부하니 포위하는 것은 이로울 것이 없다고 여기고 드디어 포위를 풀고 갔다. 공이

6 송 장군(宋將軍) : 송문주(宋文胄)이다. 1231년(고종18) 병마사(兵馬使)를 따라 귀주성(龜州城)을 사수하고, 그 공로로 낭장(郎將), 죽주 방호별감을 거쳐 좌우위 장군(左右衛將軍)을 역임했다.

7 죽주(竹州) : 지금의 죽산(竹山)이다. 본래 고구려 땅으로 개차산군(皆次山郡)이었으나 신라 때 개산(介山)으로 고쳤고, 고려 초기에 죽주로 고쳤다가 1413년(태종13)에 죽산으로 고쳤다. 《新增東國輿地勝覽 卷8 京畿 竹山縣》

병사를 내보내 그들을 추격하여 매우 많은 적군을 죽여 그 덕분에 온전하였다. 후세 사람이 공의 덕을 연모하여 성 북쪽에 사당을 세우고 제사를 지냈는데, 대개 지금까지 5, 6백 년이 된다.

최근에 사당을 수리하지 않아 들보가 꺾이고 층계가 무너졌으며 희생과 술을 오래 빠뜨렸는데, 부사 유언지(兪彦摯)[8]가 이 고을을 다스리며 사당 건물을 두루 살펴보고 한탄하기를 마지않아 옛 규모 그대로 개축하고, 드디어 정해년(1767, 영조43) 계추(季秋) 정일(丁日)에 삼헌(三獻)을 갖추어 제사를 지내며 크게 음악을 연주하여 신을 맞이하고 보내는 예를 행하였으며, 물러나서는 절목을 만들어 후세 사람으로 하여금 매년 그대로 하게 하였다.

이에 고을 백성과 사녀(士女)들이 모두 모여 보고 감탄하며 말하기를 "송 장군이 아니었다면 우리 선조들은 어육(魚肉)이 되었을 것이고, 우리 선조들이 없었다면 어찌 우리의 몸이 있을 수 있겠는가. 무릇 죽주의 사람이 밭을 갈고 우물을 파서 부모를 우러르고 자식을 굽어볼 수 있는 것은 모두 장군의 은혜 덕분이다. 우리는 소인이라 비록 사당에서 장군을 제사 지내어 잊지 못하는 마음을 부치지 못했지만 이제 유 부사가 하신 일에 관해 비석을 세워 기록하여 후손으로 하여금 폐하지 말고 길이 이어 가게 하는 것은 우리의 일이다." 하고, 서로 더불어 나에게 글을 부탁하였다. 나도 죽주(竹州) 사람이므로 감히 사양하지 못하고, 이에 명(銘)을 짓는다. 명은 다음과 같다.

8 유언지(兪彦摯) : 본관은 기계(杞溪), 자는 은경(殷卿)이다. 무인(武人)이다. 여산 군수(礪山郡守), 홍주 목사(洪州牧使), 죽산 부사(竹山府使)를 지냈다.

죽주에 성이 있으니　維竹有城
비봉산 옆이라네[9]　飛鳳之側
온갖 길을 굽어보며　俯臨百道
나라의 남쪽을 방어했네　捍蔽南國
고려 시대에　在麗之世
몽고 병사 크게 몰려오니　蒙兵大集
까만 까마귀 땅에 가득하고　黑鴉彌地
우리 쇠잔한 성곽을 포위하였네　暈我殘郭
오직 송 장군께서　惟宋將軍
죽어도 굴복하지 않을 것을 맹세하고　矢死靡折
피를 뿌리며 성으로 올라가서　灑血登埤
귀신같은 대비 삼엄하게 늘어세우고　神鬼森列
부드러운 말로 적에게 음식 주니　柔辭餉賊
살아 있는 물고기 뛰어올랐네　活鱗騰躍
적이 둘러서서 서로 돌아보고　賊環相顧
우리의 샘과 못에 휘둥그레져　瞠我泉澤
썰물 빠지듯 포위를 푸니　解若潮退
저들의 사기 쇠하여 다했네　其氣衰竭
공이 이에 북채를 잡아　公乃援枹
북소리 크게 둥둥 울리며　鼓聲訇裂

9 죽주에……옆이라네 : 비봉산은 죽주산성 서쪽 옆에 있는 산이다. 죽주산성은 경기도 안성시 죽산면 매산리에 있고, 비봉산은 매산리 서쪽 삼죽면 내장리와의 경계에 있다.

적을 죽여 골짜기 메우니　殺賊塡谷
풀과 나무 벌겋게 물들었네　草木爲赤
백 리 안이 기뻐하고　晏晏百里
백성이 예전처럼 안도하여　民堵猶昔
닭이 울어도 곤히 잠자며　鷄謠大睡
뽕나무와 삼대 무성하였네　桑麻蔚若
백성이 말하길, 위대하도다　民曰大哉
장군의 공적이여　將軍之績
어떻게 보답할까 하고　何以報之
장엄한 사당 세웠네　立廟翼翼
장군의 신위 의젓하고　神位有儼
서까래 매우 크도다　榱桷孔碩
연대가 점점 멀어지자　年代寖逖
관리들 보호에 힘쓰지 않았네　吏護弗力
휘황찬란한 희생과 폐백　煌煌牲幣
빠뜨린 지 오래되었네　久矣曠闕
유 부사가 부임하여　兪侯至止
둘러보며 한탄하고　周視惋咄
이에 사람들과 도모하여　迺謀於衆
신속하게 재목을 모아　鳩材是亟
들보와 평고대 모습을 고치니　樑梠改觀
적색과 백색[10] 빛났네　煥然赤白

10 적색과 백색 : 아름다운 단청이 칠해진 커다란 집을 말한다. 송나라 왕안석(王安

지난가을 정일(丁日)에	粤秋之丁
부사가 와서 술잔을 올리는데	侯來奠酌
범 같은 군사 헌걸차	虎士桓桓
그 뒤를 따라 들어서고	陪後以入
무인(武人)들도 자리를 찾아 서니	櫜鞬聽位
그 위의 바르고 엄숙했네	其儀整肅
우리의 무악[11]을 연주하여	陳我武樂
산천을 진동하니	轟蹷川嶽
신령 오시매 황홀하고	神來怳惚
신령 가시매 서글펐네	神去悽惻
금빛 투구와 은빛 갑옷	金兜雪甲
흡사 직접 뵙는 듯하니	彷彿如覿
부로들이 모여 보기를	父老聚觀
성가퀴와 골짜기에서 하였네	于堞于谷
죽주가 완전한 것은	維竹之完
오직 우리 공의 덕택이네	緊我公德
유 부사가 와서 제사 올리니	兪侯來祭
오랜 옛날이 어제와 같네	百世如昨
큰 비석에 새김은	勒之豐石

石)의 시에 "현인 구하매 북산의 명아주를 사모하니, 중천 속에 적색과 백색 솟아 두 관청이 열리었네.〔得賢方慕北山萊, 赤白中天二府開.〕"라고 하였다.《王荊公詩注 卷28 張侍郎示東府新居詩因而和酬》

11 무악(武樂) : 무공(武功)을 찬양하는 음악이다.

선비와 백성의 책임이네　　士民之責
내 글을 새겨 보이어　　刻示余文
영원히 전할지어다　　浩劫靡泐

완평부원군 이 상국 원익 의 생사당 유허비

完平府院君李相國 元翼 生祠遺墟碑

오호라, 이곳은 완평부원군 이 문충공(李文忠公)의 생사당(生祠堂)[12]이 있던 옛터이다. 옛날 임진년(1592, 선조25) 왜란 때 서경(西京)이 오랑캐 칼날에 침해를 당해 백성이 거의 한 명도 살아남지 못했는데, 마침 이때 공이 왕명을 받고 평안도 순찰사가 되었다. 공이 지혜와 정성을 다하여 끝내 한 지방을 다시 살려 냈으니, 대개 군대가 무너져 흩어지면 불러 모아 훈련시키고, 명나라 군대가 크게 발하여 이르면 접대와 호궤를 조금도 실수 없이 하였다.

공자궁(孔子宮)을 건축하여 사문(斯文)을 보호하고,[13] 기성사(箕聖祠)[14]를 지어 장보(章甫)를 인도하였다. 백성들에게 곡식을 나누어 주

12 완평부원군……생사당(生祠堂) : 이 문충공은 이원익(李元翼, 1547~1634)이다. 본관은 전주(全州), 자는 공려(公勵), 호는 오리(梧里), 시호는 문충이다. 호조 참의, 도승지, 안주 목사(安州牧使) 등을 거쳐 영의정에 이르고 완평부원군에 봉해졌다. 1591년에 이원익이 이조 판서에 올라 도총관, 지의금부사를 겸하였는데, 이듬해에 임진왜란이 일어나자 평안도 도순찰사로서 왕의 피란길을 선도하였고, 1593년에 이여송(李如松)과 합병하여 평양(平壤)을 수복하였다. 그 공을 기리기 위하여 이곳에 생사당을 세웠다.《記言 卷38 梧里李相國遺事》

13 공자궁(孔子宮)을……보호하고 : 공자궁은 공자의 사당을 설치한 향교를 뜻하는데, 여기서는 평양향교(平壤鄉校)를 말한다. 1592년 임진왜란 때 소실된 것을 이원익이 1595년 평안감사 겸 순찰사로서 복원하였다.

14 기성사(箕聖祠) : 기자묘(箕子廟)이다. 중국 은(殷)나라의 성인인 기자(箕子)의 동래설(東來說)에 따라 후대에 추정하여 만든 묘당(廟堂)으로 평양과 함흥에 기자묘가 있다. 여기서는 평양의 기자묘를 말한다.

고 법규에 따라 해통(海筒)[15]을 만들어 밭 수천 경을 얻어서 만세의 이익을 만들었다. 전쟁을 겪은 나머지 백성들이 기근과 전염병에 걸려 거의 서로 베고 엉켜 죽을 지경이었는데 공이 몸소 미음과 죽을 끓여 가가호호 방문하여 눈물을 흘리고 울며 권하니 사람들이 다시 일어나 사람 노릇을 할 수 있었다. 이것은 공의 자취가 그와 같이 서경에 드러난 것이었다. 가령 내면에 있는 지극한 정성이 타올라 큰 화평을 이루어 백성으로 하여금 자연히 문채 나는 군자를 잊을 수 없는 뜻을 가지게 한 일은, 공은 꼭 스스로 그랬다는 것을 알지는 못했겠지만, 민심은 스스로 그칠 수 없는 것이 있었던 것이다. 이것이 생사당을 짓고 그 초상을 걸어서 애모하는 뜻을 부친 까닭이다.

공이 재상으로 30여 년을 지내는 동안 왕을 보좌한 은택이 가득 넘치고 혁혁하게 드러나, 온 나라 안에서 누군들 교화를 받지 않았겠는가마는 그 입이 다 상하고 손을 바삐 놀리며 부지런히 일한 것[16]을 논하자면 오직 서경이 최고이다.

공이 살았을 때는 수많은 백성들이 그 덕택을 우러렀고, 공이 죽은 뒤에는 태사(太史)가 그 공훈을 기록하였다. 이에 팔역(八域 팔도)의 사람이라면 누군들 고산경행(高山景行)을 생각하지 않으랴만 생사육골(生死肉骨)을 남녀가 가슴에 새긴 것을 논하자면 오직 서경이 최고

15 해통(海筒) : 바닷가 갯벌에 쌓은 둑을 말하는데, 여기서는 간척지를 뜻한다. 통(筒)은 본래 둑을 쌓을 때 기초로 박는 원통형 나무 말뚝이다.

16 그……것 : 부지런히 일한 것을 말한다. 《시경》 〈빈풍(豳風) 치효(鴟鴞)〉에 "내 두 손을 바삐 놀려, 내 갈대 가져오고, 내 쌓아 놓았노라. 내 입 다 상한 것은, 내 아직 집이 없어서라.〔予手拮据, 予所捋荼, 予所蓄租. 予口卒瘏, 曰予未有室家.〕"라고 한 데서 온 말로, 왕실(王室)을 새로 세우는 것을 새가 둥지를 짓는 것에 비유하였다.

이다. 가령 서경의 백성들이 공의 은택을 담담하게 보고 사당을 세워 보답하지 않았다면, 영주(寧州)의 백성들이 적공(狄公)의 사당을 세우거나[17] 성도(成都)의 백성들이 장공(張公)의 사당을 세운 것[18]도 그만둘 수 있는데 그만두지 않은 것이라 말할 수 있을 것이니, 이것이 어찌 옳은 도리이겠는가.

사당이 완성되고 나서 150여 년 동안 백성에게 존경을 받은 관찰사들에 대해 백성들이 번번이 처음처럼 이들을 배향(配享)하고 각각 그 자리에 초상을 모셨는데, 공을 포함해서 20명이다.

내가 익히 들은 것으로 말하자면, 연릉군(延陵君) 이공 만원(李公萬元)[19]이 곧 20명 중에 한 사람인데, 이공 만원은 마침 기근이 든 해를 만나서 진휼로 살린 백성이 수만 명이고, 이공 만원의 사망 소식을 듣고 나서 관찰사를 좌우에서 모시는 이들이 모두 눈물을 훔치며 밖으

17 영주(寧州)의……세우거나 : 적공은 당(唐)나라 때의 명신(名臣) 적인걸(狄仁傑)이다. 일찍이 적인걸이 영주 자사(寧州刺史)로 선정(善政)을 베풀다가, 어사의 추천을 받고 조정으로 진출하였는데, 명(明)나라 때까지도 영주 백성들이 적인걸의 사당에 제사를 올렸다고 한다. 《舊唐書 狄仁傑列傳》《明史 循吏列傳 范希正》

18 성도(成都)의……것 : 장공은 송(宋)나라 때의 명신 장영(張詠)이다. 태종(太宗) 때 이순(李順) 등의 난리가 있자 성도에 익주 지사(益州知事)로 나가 은위(恩威)를 병용한 정사를 하여, 백성들이 그를 두려워하면서도 사랑하였다. 그 후 진종(眞宗)은 이러한 남다른 치적을 알고 그를 다시 익주 지사로 임명했으며, 백성들이 성도에 사당을 세웠다. 《續資治通鑑 卷32 宋紀32》

19 이공 만원(李公萬元) : 이만원(1651~1709)으로, 본관은 연안(延安), 자는 백춘(伯春), 호는 이우당(二憂堂)이다. 번암의 외조부인 이만성(李萬成)의 큰형이다. 1693년(숙종19) 평안도 관찰사가 되었고, 2년 후에 함경도 관찰사를 거쳐 1697년 성주 목사가 되어 혜정(惠政)을 베풀어 백성들의 칭송을 들었으며, 이조 참판에 이르렀다. 연릉군에 봉해졌다.

로 나가고 아래로 병졸과 종까지도 그러하였으며, 관찰사는 그 때문에 업무를 파하였다고 한다. 이것으로 개괄하건대, 배향된 여러 공이 모두 백성에게 큰 혜택을 끼쳤음을 알 수 있다.

그렇지만 봄과 가을의 정제(丁祭)는 비용이 모두 백성에게서 나오는데, 자리가 많아질수록 백성의 지출도 더욱 늘어나서 연신(筵臣)이 이것을 상(上)에게 아뢰어 상이 훼철할 것을 명하였다. 연신의 뜻은 대개 서경의 백성들이 겪는 폐해를 염려한 데 있었지만 지금도 서경의 백성 중에는 그 유허(遺墟)를 지날 때면 소매로 눈물을 훔치며 머뭇거리는 자가 있다.

내가 욕되이 평안도 관찰사를 맡았는데, 마침 일 때문에 한두 번 그 유허를 지나가면서 한숨을 내쉬며 탄식하여 말하기를 "서경에 완평부원군의 사당이 없는가. 그러나 조정에서 훼철한 사당을 복구할 수는 없다." 하고, 이 때문에 돌을 채취하여 그 유허를 표시하였다. 공사가 이미 이루어진 뒤에 우연히 감영에 보관된 옛 장부를 열람했는데, 이 문충공이 관서백(關西伯 평안도 관찰사)을 거쳐서 재상에 제수되어 조정에 들어간 것이 실로 을미년(1595, 선조28) 6월이었으며 이때 생사당이 완성되었다. 지금 해와 달의 간지가 마침 그때의 간지와 부합하는데 유허에 표지석이 섰다. 오호라, 일에는 모두 하지 않으려 해도 하게 되는 것이 있는가.

숭정대부(崇政大夫) 행 평안도관찰사 겸 병마수군절도사 도순찰사 평양부윤 관향사(行平安道觀察使兼兵馬水軍節度使都巡察使平壤府尹管餉使) 채제공은 삼가 쓰다.

곽 장군[20] 의령 유허비명

郭將軍宜寧遺墟碑銘

오호라, 이곳은 홍의(紅衣) 곽 장군(郭將軍)의 유허이다. 장군은 이곳에서 태어났고 이곳에서 창의(倡義)하여 의병을 일으켰다. 고을 사람들이 유허에 비석을 세우는 것은 장군을 잊지 않는 뜻을 부치는 것이다.

선묘(宣廟) 임진년(1592, 선조25) 왜란에 장군이 벼슬 없는 서생으로서 장검을 들고 한번 소리치자 의로운 선비들이 구름처럼 모여 적을 저지하고 가로막으며 흉악한 칼끝을 꺾어 큰 멧돼지와 긴 뱀[21]으로 하여금 70개 주(州)[22]의 백성에게 해독을 끼치지 못하게 하여 의연히 단신으로 장렬하게 나라를 부지하였으니, 장군의 위대한 공적과 풍성한 공훈을 천하가 칭송하고 이정(彝鼎)에 새겼다.[23]

20 곽 장군(郭將軍) : 곽재우(郭再祐, 1552~1617)이다. 본관은 현풍(玄風), 자는 계수(季綏), 호는 망우당(忘憂堂)이다. 임진왜란이 일어나자 제일 먼저 의령에서 의병을 일으켰다. 왜적을 맞아 싸울 때마다 대승을 거두었으며, 이때 홍의를 입고 선두에서 왜적을 무찔렀으므로 홍의장군이라고 불렸다. 시호는 충익(忠翼)이다.

21 큰……뱀 : 포학하고 탐욕스러운 무리라는 말로, 여기서는 왜적을 비유한 말이다. 《춘추좌씨전》 정공(定公) 4년에 "오나라는 큰 멧돼지와 긴 뱀 같아 끊임없이 상국을 침범하고 있다.〔吳爲封豕長蛇, 以荐食上國.〕"라고 하였다.

22 70개 주(州) : 70여 개의 고을로 이루어진 영남(嶺南), 곧 경상도를 일컫는다.

23 이정(彝鼎)에 새겼다 : 공훈을 세웠으므로 이름과 공적을 사서(史書)에 기록하였다는 말이다. 이정은 종묘(宗廟) 제향(祭享) 때 쓰던 술 단지와 세 발 달린 솥으로, 옛날에는 나라에 공훈을 세운 사람의 이름과 공적을 여기에 새겨 후세에 전하도록 하였다.

그 잊지 못하는 뜻을 부친 것은 한 고을이 사사로이 할 수 있는 바가 아니나 바야흐로 창의할 즈음에 장군이 17명의 장수[24]를 배치하여 군영을 차리고 보루를 설치하게 한 것이 대부분 이 땅에서 이루어졌으며 하늘과 부모 같은 나라에 대하여는 더욱 특별함이 있었다. 그렇다면 고을 사람들이 부부자자(父父子子)[25]하고 좌찬우죽(左餐右粥)[26]하면서 지금에 이른 것이 무엇인들 장군의 덕택이 아니겠는가.

금상(今上) 임진년(1772, 영조48)은 마침 네 번째 회갑인데, 현감 조노진(趙潞鎭)[27]이 의령현(宜寧縣)을 다스리며 개연히 사림에게 말하기를 "장군의 유허에 아직도 유적(遺蹟)을 게시하는 한 조각 비석이 없으니, 이것은 의령 사람의 수치이다. 하물며 해의 간지가 똑같음에랴." 하니, 사림이 말하기를 "옳습니다." 하였다. 이에 유생 권필중(權佖中)[28]이 서울로 올라와 나에게 글을 부탁했는데, 내가 글재주가 없다

24 17명의 장수 : 곽재우 휘하의 장수로, 윤탁(尹鐸), 박사제(朴思齊), 오운(吳澐), 이운장(李雲長), 배맹신(裵孟伸), 심대승(沈大承), 정연(鄭演), 권란(權鸞), 정질(鄭蛭), 노순(盧錞), 강언룡(姜彦龍), 허언심(許彦深), 허자대(許子大), 심기일(沈紀一), 안기종(安起宗), 조사남(曺士男), 주몽룡(朱夢龍)이다.

25 부부자자(父父子子) : 아버지는 아버지 노릇을 하고, 아들은 아들 노릇을 하는 것으로, 백성들이 자신의 자리에 맞는 역할을 하면서 평화롭게 삶을 영위한다는 말이다. 《論語 顔淵》

26 좌찬우죽(左餐右粥) : 전란이 끝나고 평화로운 시대를 누리는 것을 말한다. 한유(韓愈)의 〈평회서비(平淮西碑)〉에 "처음에는 채주 사람들이 전쟁터에 싸우러 나갔다가 죽어서 돌아왔는데, 이제는 집에서 느지막이 일어나 왼쪽에서 밥을 먹고 오른쪽에서 죽을 먹게 되었다.〔始時蔡人, 進戰退戮, 今旰而起, 左餐右粥.〕"라는 말이 나온다.

27 조노진(趙潞鎭) : 1739～? 본관은 풍양(豐壤), 자는 언보(彦甫)이다. 세마(洗馬), 의령 현감을 지냈다. 대본에는 '趙魯鎭'으로 되어 있다. 《사마방목(司馬榜目)》에 근거하여 '魯'를 '潞'로 바로잡아 번역하였다.

고 감히 사양하지 못한 것은 대개 고산경행(高山景行)을 사모하는 마음에서 나왔다. 이에 명(銘)을 짓는다.

영남의 신령한 기운 비축하여	嶺氣儲靈
걸출한 이에게 내렸으니	降以傑特
걸출한 이는 누구인가	傑特爲誰
성은 곽씨이네	身姓是郭
목묘[29]의 세대에	穆廟之世
오랑캐가 남쪽을 침략했네	有蠻南突
공이 초가집에 있으면서	公在蔀屋
충성심 열렬하였네	忠膽烈烈
상자에 붉은 비단 있어	篋有紅錦
그 피처럼 찬란한데	爛其如血
자신의 전투복을 마르니	裁我戰服
하늘의 해처럼 빛났고	輝映天日
천마가 스스로 내려와	天馬自來
비바람 갑자기 불었네[30]	風雨倏忽

28 권필중(權佖中) : 1724~1776. 본관은 안동, 자는 장부(章夫), 호는 납신재(納新齋)이다.

29 목묘(穆廟) : 선조(宣祖)의 묘호(廟號)이다.

30 상자에……불었네 : 곽재우가 중국에 갔을 때에 명나라 황제가 붉은 비단을 하사하였는데, 그는 이 비단을 재단하여 전포(戰袍)를 만들어 입고 흰 말을 타고 스스로 하늘에서 내려온 붉은 옷을 입은 장군이라는 뜻의 천강홍의장군(天降紅衣將軍)이라 불렀다고 한다.《刊本 雅亭遺稿 卷3 紅衣將軍傳》 또한 곽재우가 구미시 산동면 성수리

행간에 눈물 뿌리니 灑涕行間
의로운 명성 삽시간에 났네[31] 義聲猋發
뭇 영웅을 안배하니 部分群雄
열일곱 명이었네 一十有七
술 항아리와 쇠고기 구이 酒甕牛炙
병졸에게 큰 잔치 베풀었네 大饗其卒
담소하면서 지휘하니 談笑指揮
천신처럼 변화무쌍하였네 天神恍惚
오랑캐가 아우성치며 달아나 숨으면 蠻哭走藏
동쪽에서 찌르고 서쪽에서 때리니 東搏西撇
적의 수급 쌓이고 賊馘纍纍
정호[32]에 붉은 피 흘렀네 鼎湖蕩赤

에 있는 용샘에서 나온 천마를 타고 왜적을 토벌했다는 전설이 전한다.

31 행간에……났네 : 임진왜란 때 순찰사(巡察使) 김수(金睟)가 왜적을 피해 도의 경계를 벗어나서 왕을 호가하려고 용인(龍仁)에 당도하였다가 왜적에게 패하여 산음(山陰)으로 돌아왔는데, 곽재우가 격문(檄文)을 전하여 김수의 여덟 가지 죄를 말하고 장차 군사를 이동하여 공격하려 하니, 김수가 크게 노하여 곽재우를 반역죄로 행재소(行在所)에 논계하였다. 초유사(招諭使) 김성일(金誠一)이 처음 거창에 도착하여 곽재우의 격문을 보고는 학유(學諭) 박사제(朴思齊)에게 곽재우의 사람됨을 물으니, 박사제가 설명하기를 "사람됨이 강개(慷慨)하여 대절(大節)이 있으니, 매번 역사서를 읽다가 충신(忠臣), 의사(義士)가 절의(節義)를 다한 부분에 이르면 감격하여 눈물을 흘리지 않은 적이 없었습니다."라고 하였다.《葛庵集 卷29 嘉善大夫行咸鏡道觀察使兼巡察使兵馬節度使咸興府尹忘憂堂郭公諡狀》

32 정호(鼎湖) : 경상남도 의령(宜寧)과 함안(咸安)을 가르는 남강(南江)의 나루인 정진(鼎津) 앞에 있는 강을 말하며, 정진은 정암(鼎巖) 나루라고도 불린다. 곽재우가 주둔하여 왜적을 막았던 요충지이다.

하늘 기둥 꺾이지 않았으나 天柱不折
공의 손은 한 짝이었네[33] 公手是隻
주상이 이르기를 아, 主上曰咨
나는 너의 공적을 아름답게 여기노라 하고 予嘉汝績
머나먼 용만[34]에서 逖矣龍灣
임명장 잇따라 내렸네 誥旨相續
공은 절한 후 울며 公拜且泣
신의 공은 하찮습니다 하였네 臣功之薄
우뚝 솟은 비슬산[35]에 琵瑟峥嶸
갑자기 자취를 숨기고 倏爾遯跡
공을 숨기고 내세우지 않으며 收斂若無
아침노을을 들이쉬었네[36] 朝霞是吸
천고를 상론해 보건대 千古尙論
공의 자취 실로 위대하였네 公實偉蹟
이 의령군을 돌아보건대 瞻玆宜郡

33 하늘……짝이었네 : 곽재우가 나라의 운명을 지키는 일을 거뜬히 해냈다는 말이다. 하늘 기둥은 하늘을 받치는 기둥으로, 여기서는 나라의 운명을 뜻한다. 《열자(列子)》 〈탕문(湯問)〉에 "공공씨가 전욱과 서로 제왕이 되려고 겨루다가 노하여 부주산을 들이받은 바람에 하늘을 받치던 기둥이 부러지고 땅을 묶어 둔 밧줄이 끊어졌다.〔共工氏與顓頊爭爲帝, 怒而觸不周之山, 折天柱, 絶地維.〕"라고 하였다.

34 용만(龍灣) : 의주(義州)의 별칭이다.

35 비슬산(琵瑟山) : 현 대구광역시 달성군과 경상북도 청도군의 경계에 있는 산이다.

36 아침노을을 들이쉬었네 : 곽재우는 임진왜란이 끝난 후 출사를 거부하고 도가양생법에 심취했다고 하는데, 임진왜란 때 큰 공을 세워 명성을 떨쳤으므로 음해로부터 자신을 보호하기 위해 솔잎을 먹는 등 신선에 가탁한 것이라고 보는 견해도 있다.

실로 공의 집이네	寔公之宅
보호에 가장 힘을 들이니	庇覆最力
광란의 병화(兵火) 다가오지 못하여	狂燹不逼
밥 짓는 연기 솔솔 피어오르고	煙火晏晏
비가 뽕나무와 곡식을 적셨네	雨濡桑穀
네 번째 회갑 돌아오니	四甲回薄
영웅의 풍모 어제와 같고	英風如昨
유허가 완연하여	宛宛遺墟
나무꾼과 목동 머뭇거리네	蕘牧躑躅
현감이 인도하고 사림이 따르니	侯倡士赴
그 비석 광채 나네	有光其石
우리 장군이 아니었으면	微我將軍
의령 백성들 어찌 먹고살았으랴	宜民曷粒
이 공사의 감독에	惟此董役
어진 현감이 힘쓰니	賢侯之力
혁혁한 추로 지방[37]에서	赫赫鄒魯
의리 사모하는 이들이 세웠네	慕義者立
내 글을 새겨 보여 주노니	刻示余文
영원히 전하여 무궁하게 할지어다	永垂無極

37 추로(鄒魯) 지방 : 공자의 출생지인 노나라 지역과 맹자의 출생지인 추나라 지역을 병칭한 것으로, 공맹의 유학을 전승하여 예의가 밝고 학문이 홍성한 지역을 가리키는 말인데, 여기서는 의령을 뜻한다.

도산 시사단 비명[38]

陶山試士壇碑銘

성상 16년 임자년(1792, 정조16)에 각신(閣臣) 이만수(李晩秀)[39]를 보내어 도산(陶山)의 이 문순공(李文純公 이황(李滉))의 서원에 제사를 지내게 하였다. 이에 앞서 서양의 사학(邪學)이 우리나라에 흘러 들어와 서울부터 점점 물들이더니 기호(畿湖)까지 미쳤는데, 유독 영남 70개 주에는 한 사람도 오염된 이가 없었다. 상이 탄식하며 이르기를 "이것은 선정(先正 이황)이 끼친 교화이다." 하고, 근신에게 제사를 지내 주라고 명했으니, 격세의 감회를 부친 것이다. 제문은 상이 직접 지었고, 또한 어제(御題) 부(賦) 하나와 경의(經義) 하나[40]를 내리며, 제사를 마치면 전교당(典敎堂)에 앉아 유생들을 불러 진도문(進道門) 안으로 들어오게 하여 각자 그 장기에 따라 응제(應製)하게 하고 시권을 받들어 올 것을 명하였다.

각신이 3월 22일 예안현(禮安縣)에 도착하여, 이튿날 서원 아래에

38 도산(陶山) 시사단(試士壇) 비명(碑銘) : 도산은 이황의 학문과 덕행을 추모하기 위하여 경상북도 안동시 도산면 토계리에 세운 도산서원(陶山書院)을 말하고, 시사단은 1792년에 서원 앞 강변 송림에서 과거를 치러 인재를 선발했던 것을 기념하기 위해 1796년에 설치한 것인데, 이때 비와 비각을 세웠다.

39 이만수(李晩秀) : 1752~1820. 본관은 연안(延安), 자는 성중(成仲), 호는 극옹(屐翁)·극원(屐園)이다.

40 어제(御題)……하나 : 정조가 과거 시험의 글제를 부와 경의에 관해 한 문제씩 낸 것이다.

이르러 지형을 둘러보더니 문 안은 땅이 좁아 많은 선비를 수용할 수 없다고 하며 강 남쪽 모래가 평평하고 풀이 부드러운 한 구역을 택하여, 단을 설치하고 안배하여 기다리게 하였다.

그리고 다음 날 이른 아침에 각신이 향축(香祝)을 받들고 오니, 1만 명에 가깝게 모인 유생이 건복(巾服)을 정제하고 몸을 굽혀 맞이하였다. 이에 여러 집사관(執事官) 및 집사 유생(執事儒生)이 동쪽에 차례대로 서고, 제사에 참석하는 조사(朝士)가 서쪽에 차례대로 서며, 나머지는 모두 차례대로 신문(神門)을 향해 섰다가 진도문 밖에 이르렀다. 때가 되자 각신이 알자(謁者)의 인도를 따라 사제(賜祭)를 예법대로 하였다.

25일에 강 남쪽에 과장(科場)을 열었는데, 유생들이 공수(拱手)하고 천천히 걸어 다녀 질서가 정연하고 떠드는 소리가 없었다. 드디어 두 소나무 기둥에 시제(試題)를 내걸자, 무릎을 꿇고 바라보거나 일어났다가 절하며 조금도 예의를 잃는 이가 없었다. 시권을 거두고 보니, 3700여 장이나 되었으며, 시험이 끝나자 시권을 바리에 싣고 왔다.

복명(復命)을 마치자, 상이 친히 고하를 고교(考校)하고 높은 등수의 두 사람에게 특별히 급제를 내려 주고, 그 나머지에게는 차등 있게 분수(分數)를 지급하고 시상하였다. 그리고 각신이 아뢴 것으로 인하여, 윤발(綸綍)을 내려 과거장에 들어간 유생들이 읍양(揖讓)의 풍속을 지녔던 것을 가상하게 여겨 포상하고 본도의 관찰사로 하여금 속히 입격(入格)한 사람들에게 음악을 베풀고 음식을 먹이게 하였다. 그리고 전교(傳敎) 및 제문을 현판에 새겨 전교당에 내걸고, 또한 그 새긴 현판을 인쇄하여 올리며, 우등의 시권 4장과 여러 가지 좌목(座目)이나 방목(榜目)을 여러 목판에 붙여 넣어서 한 책을 만들고 목판은 도산

서원에 보관할 것을 명하였다.

한 도의 장보(章甫)들이 합사(合辭)하여 의논하기를 "이것은 천고에 드문 성대한 일이자 희대의 법전이다. 만약 표지를 만들어 놓지 않는다면 어찌 성은을 크게 드러내어 후인을 일깨우겠는가." 하고, 어제를 매달아 내걸었던 곳에 단을 쌓았다. 단은 모두 3층으로, 상단(上壇)은 돌로 빙 둘러싸고 잔디를 깔아서 비석을 세우고 비각을 건립할 것을 도모하고, 중단(中壇)은 어제를 내걸었던 두 소나무를 중앙에 넣되 한 그루는 동쪽에 한 그루는 서쪽에 배치하니, 바로 전교당과는 강을 사이에 두고 서로 마주하였다. 드디어 '시사단(試士壇)'이라 명명하고, 비석 만들 돌을 채취하고 나서 서둘러 사람을 서울로 올려보내서 나에게 그 일을 기록해 줄 것을 부탁하였다.

내가 글을 지어 회답하기를,

"대저 이 선생(李先生)은 우리 동방의 부자(夫子)입니다. 선생이 전한 것은 부자의 도이고, 부자가 사람을 가르친 것에는 네 과목이 있습니다. 대개 사람은 성인(聖人)이 아니어서 재능에 각기 편벽됨이 있습니다. 비록 제때에 내린 비와 같은 감화일지라도 모두가 그 편벽됨을 완전하게 하여 대성할 수는 없습니다. 이런 까닭으로 그 과목을 네 가지로 설치하여 천하 사람으로 하여금 그 가운데 들어가지 못하는 이가 없게 한 것이니, 그 가르침이 지극합니다. 지금 저 영남의 인사(人士)가 사학에 물들지 않은 것은 참으로 현명한데, 만약 이것으로 자족하고 그치거나 혹 공령문자(功令文字)[41]가 성세(聖世)에 급제하였다 하여 마음속으로 가능한 일을 모두 끝마친 것

41 공령문자(功令文字) : 과거 시험 답안에 사용되는 문장을 말한다.

으로 여긴다면 공령문자가 성인의 가르침에서 무슨 과목에 속할지는 모르겠으나 세속의 공명과 이욕을 마음에 두지 말아야 하는 것은 분명합니다. 원대한 것에 뜻을 세우고 죽은 뒤에 그만두어야 바야흐로 위로는 성조께서 인재를 양성한 아름다움을 저버리지 않고 아래로는 선정께서 끼친 교화를 저버리지 않을 것이니, 또한 아름답지 않습니까."

하였는데, 사랑하고 소중하게 여기는 마음이 독실하여 사양하지 않고 이와 같이 권면한 것이다. 명(銘)은 다음과 같다.

도수[42] 양양한데	陶水洋洋
그 위에 단 있네	其上也壇
단에 등급 있고	壇有階級
물에 연원 있네	水有淵源
단에 올라 물 굽어보니	登壇臨水
부류에 따라 펴 나갔네[43]	觸類而伸
선정의 교화이고	先正之化
성주의 은혜이네	聖主之恩

42 도수(陶水) : 도산서원 앞을 흐르는 낙동강을 말한다.

43 부류에……나갔네 : 이황이 제자들을 각자의 재능에 맞게 교육하고 양성한 것을 말한다. 《주역》 〈계사전 상(繫辭傳上)〉에 "이끌어 펴 나가고 부류에 따라 응용하여 적용하면, 천하에서 가능한 일은 다 마칠 수 있다.〔引而伸之, 觸類而長之, 天下之能事畢矣.〕"라는 말이 있다.

대암 최공 유허비명

臺巖崔公遺墟碑銘

팔공산(八公山)은 영남에서 저명하고 초목과 운연(雲煙)이 아름다워 특이한 기운이 있는 산이니, 어찌 은군자(隱君子)가 일찍이 그 가운데 은거하지 않았겠는가. 군자는 누구인가? 사부(師傅) 최공이시다. 공의 휘는 동집(東集)이고, 자는 진중(鎭仲)이며, 대암은 그의 호이다. 최공은 일찍 한강(寒岡) 정 선생(鄭先生)[44]의 문하에서 노닐어 학문을 하는 요결을 들었고, 물러나 한 시대의 명유들과 도의의 사귐을 맺었으며, 성인의 글이 아니면 강마하지 않았으니, 자기를 위하는 독실함과 공부하는 치밀함을 알 수 있다.

광해군(光海君) 때를 당하여, 최공이 상사생(上舍生)[45]으로서 태학(太學)에서 노닐었는데, 적신(賊臣) 이이첨(李爾瞻)[46]이 함께 사귈 것을 요청하자, 결국 소매를 떨치고 대령(大嶺)[47]을 넘어 돌아갔으며,

44 한강(寒岡) 정 선생(鄭先生) : 정구(1543~1620)로, 한강은 그의 호이다. 본관은 청주(淸州), 자는 도가(道可), 또 다른 호는 사양병수(泗陽病叟), 시호는 문목(文穆)이다.

45 상사생(上舍生) : 소과인 생원시(生員試)와 진사시(進士試)에 입격하여 성균관에 입학한 유생을 말한다. 최동집은 1616년(광해군8) 병진(丙辰) 증광시(增廣試)에 진사 3등 51위로 입격하였다.

46 이이첨(李爾瞻) : 1560~1623. 본관은 광주(廣州), 자는 득여(得輿), 호는 관송(觀松)·쌍리(雙里) 등이다.

47 대령(大嶺) : 경상도의 큰 고갯길인 조령(鳥嶺)을 이른다.

스스로 만족하고 즐거워하며 굶주림을 잊었다. 인조(仁祖) 기묘년(1639, 인조17)에 유일(遺逸)로 천거되어 능참봉에 제수되었다.

다음 해 효묘(孝廟)가 대군(大君)으로서[48] 재차 심양(瀋陽)에 인질로 갈 때 공에게 사부 벼슬을 제수했는데, 공이 명을 듣고 그 자리에서 말을 달려 조정으로 가는 길을 달려갔으나 길이 아득히 멀어서 미치지 못하여 체차되자 통곡하고 옛 마을로 돌아왔다. 갑신년(1644)에 명나라가 멸망하자 최공은 드디어 팔공산에 들어가 농연(聾淵)의 수석 사이에 오두막을 짓고 다시 나오지 않았다.

공이 세상을 떠난 지 100여 년이 지나서, 5세손 전(前) 익찬(翊贊) 최흥원(崔興遠)[49] 보(甫)가 공의 유적이 잡초에 묻히는 것을 두려워하여 농연(聾淵) 가 옛터에 약간의 기둥을 중건하여 자제들로 하여금 그 가운데에서 독서하여 이름난 조상의 사업이 실추되지 않게 하였으나, 오히려 말하기를 "부족하다. 낡은 집은 흥폐가 무상하니, 장구한 계책이 되지 못한다. 장구한 계책은 의당 비석을 세우는 것만 한 것이 없다." 하고, 곧 나에게 편지를 보내어 공의 일을 자못 상세하게 서술하고, 끝에서 말하기를 "아름다운 행적이 없는데 칭송하는 것은 속이는 것이고, 아름다운 행적이 있는데 칭송하지 않는 것은 어질지 못한 짓입니다. 그대는 우리 조상의 유허에 명문을 지어 후손으로 하여금 어질지 못한 짓을 하지 않게 하기를 바랍니다." 하였다.

48 효묘(孝廟)가 대군(大君)으로서 : 효묘는 효종(孝宗)을 말한다. 1626년(인조4) 봉림대군(鳳林大君)에 봉해졌다.

49 최흥원(崔興遠) : 1705~1786. 본관은 경주, 자는 태초(太初), 호는 백불암(百弗菴)이다. 1778년(정조2) 학행으로 천거되어 참봉, 교관(敎官)이 되었고, 1782년 장악원 주부, 공조 좌랑을 거쳐 1784년 세자익위사 좌익찬(世子翊衛司左翊贊)이 되었다.

나는 손을 씻고 편지를 읽고 나서 탄식하여 말하기를,

"대저 요심(遼瀋)[50]으로 말고삐를 잡고 가는 것은 모구(旄丘)와 쇄미(瑣尾)의 일[51]이다. 처자를 돌아보고 시시콜콜 당부하는 자치고 좌우를 돌아보지 않는 자가 드문데, 공은 유독 마치 낙토(樂土)로 가듯이 용감히 달려갔으며, 미치지 못하게 된 뒤에는 북쪽을 바라보며 목 놓아 곡을 하였으니, 이것은 개자추(介子推)가 말고삐를 잡은 정성[52]이다. 갑신년(1644) 이래로 천지가 무너지고 의관(衣冠)이 변하여 성전(腥羶)이 되자,[53] 공은 필부의 몸으로 이미 세상에서 큰일을 할 수 없었으므로 마침내 훌쩍 떠나 초야에 은둔하며 오직 산을 더 깊이 못 들어갈까 염려했으니, 이것은 노중련(魯仲連)이 바다를

50 요심(遼瀋) : 요양(遼陽)과 심양(瀋陽)을 중심으로 하는 요동반도를 말하는데, 여기서는 심양을 뜻한다.

51 모구(旄丘)와 쇄미(瑣尾)의 일 : 전란으로 유리(流離)하는 신세를 뜻한다. 모구는 앞이 높고 뒤가 낮은 언덕이고, 쇄미는 초라한 행색으로 타지를 떠도는 어려운 처지를 가리키는 말이다. 《시경》 〈패풍(邶風) 모구〉에 "초라하고 초라하여, 떠돌아다니는 사람이로다.〔瑣兮尾兮, 流離之子.〕"라고 한 데서 온 말이다. 이 시는 춘추 시대 여(黎)나라 신자(臣子)들이 나라를 잃고 위(衛)나라에 몸을 부치고 있으면서, 위나라가 구원병을 빨리 보내 주지 않는 것을 원망하는 내용이다.

52 개자추(介子推)가……정성 : 개자추가 진 문공(晉文公)의 말고삐를 잡고 수행하며 바친 충성심을 말한다. 개자추는 춘추 시대 진 문공이 19년간 외국을 떠돌 때, 충성을 다해 그를 수행한 사람이다. 그는 문공이 고국으로 돌아와 즉위하고도 상을 내리지 않자 면산(綿山)에 은거하였다. 문공이 그를 나오게 하려고 산에 불을 질렀으나 나오지 않고 불에 타 죽었다. 《春秋左氏傳 僖公24年》

53 의관(衣冠)이……되자 : 갑신년(1644)은 명나라 의종(毅宗)이 죽고, 청나라가 중국을 차지한 해이다. 의관은 예의를 실천하는 문명을 뜻하고, 성전은 비린내가 나는 야만을 뜻한다.

밟으려 한 풍모[54]이다. 공의 충의와 대절이 혁혁하게 사람들의 이목을 비추어, 지금까지 어제의 일처럼 칭송하여 말하니, 공을 불후하게 하는 것이 비석이겠는가. 그렇지만 익찬공이 효에 독실하여 애연(僾然)히 선조를 추숭하기를 시간이 오랠수록 더욱 감히 해이하게 하지 않아서 선조의 덕을 현양하고자 그 방도를 극진하게 하지 않음이 없으니, 내가 어찌 이에 감복하지 않을 수 있겠는가."

하고, 마침내 즐거이 명(銘)을 지으니, 명은 다음과 같다.

팔공산 정상에	八公之頂
해와 달이 높이 임했네	日月高臨
공의 마음 이에 있으니	公心在玆
농연의 비석이네	聾淵之石
물은 천고에 이어지고	水續千古
공의 이름 물과 함께하네	公名與之
저 작은 비갈	彼短者碣
어찌 경중을 말하랴	豈曰重輕

54 노중련(魯仲連)이……풍모 : 중국 전국(戰國) 시대 제(齊)나라의 고사(高士)인 노중련이 조(趙)나라에 가 있을 때 진(秦)나라 군대가 조나라의 서울인 한단(邯鄲)을 포위했는데, 이때 위(魏)나라가 장군 신원연(新垣衍)을 보내 진나라 임금을 천자로 섬기면 포위를 풀 것이라고 하였다. 이에 노중련이 "저 진나라가 방자하게 천자를 참칭하고 주제넘게 천하에 정사를 편다면 나는 차라리 동해를 밟고 빠져 죽을지언정 차마 그의 백성이 될 수 없다.〔彼卽肆然而爲帝, 過而爲政於天下, 則連有蹈東海而死耳, 吾不忍爲之民也.〕"라고 하니, 진나라 장군이 이 말을 듣고 군대를 후퇴시켰다는 고사에서 온 말이다.《史記 魯仲連列傳》

후손의 효성을	維後孫誠
긴긴 세월 전하리라	茫茫浩刦
귀신이 보호하여	鬼護神持
숨은 덕 빛나리라	潛德之輝

육신 사적 비명
六愼事蹟碑銘

우리나라는 예의로 천하에 중시되는데, 영남이 또한 우리나라의 예의가 비롯되는 곳이다. 아들로서 부모에게 효도하고 신하로서 임금에게 충성하는데, 그 습속이 권면한 것이 그러하다. 그런데 불행하게도 영묘(英廟) 무신년(1728, 영조4)에 역적이 영남에서 일어났으니,[55] 참으로 농서(隴西)의 수치[56]이다. 두세 명의 의사(義士)가 목숨 바쳐 나라를 지키지 않았다면 어찌 영남이 영남으로 남을 수 있었겠는가.

55 무신년에……일어났으니 : 이인좌(李麟佐)의 난을 가리킨다. 소론은 경종 연간에 왕위 계승을 둘러싼 노론과의 대립에서 일단 승리하였으나, 경종이 죽고 노론이 지지한 영조가 즉위하자 위협을 느꼈다. 이에 박필현(朴弼顯) 등 소론의 과격파들은 영조가 숙종의 아들이 아니며 경종의 죽음에 관계되었다고 주장하면서 영조와 노론을 제거하고 소현세자(昭顯世子)의 증손인 밀풍군(密豐君) 이탄(李坦)을 왕으로 추대하고자 하였으며, 여기에는 남인들도 일부 가담하였다. 이인좌는 1728년 3월 15일 청주성을 함락하고 경종의 원수를 갚는다는 점을 널리 선전하면서 서울로 북상하였으나 24일에 안성과 죽산에서 관군에 의해 격파되었고, 청주성에 남은 세력도 상당성에서 박민웅(朴敏雄) 등의 창의군에 의해 무너졌다. 영남에서는 정희량(鄭希亮)이 거병하여 안음, 거창, 합천, 함양을 점령하였으나 경상도 관찰사가 지휘하는 관군에 의해 토벌되었다. 호남에서는 거병 전에 박필현 등의 가담자들이 체포되어 처형당했다.

56 농서(隴西)의 수치 : 영남 사람들이 부끄러워하는 일이라는 뜻이다. 한(漢)나라 이릉(李陵)이 농서 사람으로서 무제(武帝)의 명을 받고 흉노(匈奴)를 토벌하러 갔다가 도리어 흉노에 항복하고 우대를 받았는데, 이에 한실(漢室)에서는 그의 처자를 모두 죽였고 그의 문하에 있었던 농서의 사대부들은 모두 그 사실을 부끄러워했던 일을 가리킨다. 《史記 李將軍列傳》

증 승정원 좌승지 의사 신명익(愼溟翊)은[57] 거창(居昌) 사람이다. 안음(安陰)의 역적 정희량(鄭希亮)[58]과 이웅보(李熊輔)[59] 등이 거병하여 반란을 일으켜 거창을 무찌르겠다고 외치니, 현감이 그 어머니를 업고 산골짜기 가운데 숨었다. 적장이 현청(縣廳)에 몰려 들어가 부고(府庫)를 약탈하고 좌수(座首) 이술원(李述原)[60]을 형틀에 묶고 베었다. 의사가 듣고 탄식하며 말하기를 "훌륭하도다. 선숙(善叔)의 죽음이여!" 하였다. 선숙은 이술원의 자(字)이다.

역적이 군사를 옮겨 이웃 고을을 습격할 무렵에 의사가 현에 속한 사람으로서 막고자 하였는데, 역적이 평소 의사의 명성을 들었으므로 밤에 힘센 장사 10여 무리를 보내어 의사를 포박해 와서 칼을 빼어 들고 위협하였다. 의사는 헛되이 죽는 것은 이로울 것이 없다고 생각하고 속여 말하기를 "좋다." 하니, 역적이 드디어 병사를 이끌고 갔다.

57 신명익(愼溟翊) : 1676～1728. 본관은 거창, 자는 남거(南擧)이다. 거창의 향임(鄕任)으로 1728년 이인좌의 난 때, 정희량의 반란군이 거창으로 들어오자 반군의 기밀을 탐지하여 병영(兵營)에 정보를 제공함으로써 적을 무찌르는 데 크게 공을 세웠으나 적에게 잡혀 죽음을 당하였다. 1788년(정조12) 좌승지에 추증되고 거창의 경충사(景忠祠)에 제향되었다.

58 정희량(鄭希亮) : ?～1728. 본관은 초계(草溪)이다. 1728년 이인좌를 도원수로 삼고, 스스로는 원수가 되어 반란을 일으켰다. 청주를 습격하고 한때 안음, 거창, 합천 등의 여러 고을을 제압하였으나, 나중에 관군에 패배하여 참수되었다.

59 이웅보(李熊輔) : 이인좌의 아우로서 정희량 등과 더불어 거창에 웅거하며 이인좌에게 호응하였으나 대구의 정병 300인을 거느린 황선(黃璿)에게 생포되어 죽었다.

60 이술원(李述原) : 1679～1728. 본관은 연안(延安), 자는 선숙, 호는 화촌(和村)이다. 1728년 이인좌가 난을 일으켰을 때 거창의 좌수로서 정희량의 반군에 맞서다 죽음을 당하였다. 난이 끝난 후 가선대부, 사헌부 대사헌에 증직되었다. 거창의 포충사(褒忠祠)에 제향되었으며, 시호는 충강(忠剛)이다.

이때 관찰사가 정재흥(丁再興)에게 격문을 보내 가수령(假守令)에 임명했는데, 의사가 밤에 사람을 보내 정재흥에게 말하여 자신을 임명하여 좌수로 삼게 하였다.[61] 이에 의사는 현의 관사에 앉아 격문을 지어 사민(士民)을 타일렀는데, 그 글에서 말하기를 "애달픈 나의 한 고을은 일찍이 충의지사(忠義之士)가 없었단 말입니까. 의병을 일으켜 역적을 토벌하는 데 때를 놓쳐서는 안 됩니다. 여러분께서는 의병을 선도하고 움직여 속히 흉도를 섬멸하시기를 바랍니다." 하였고, 천부장(千夫長)[62]에게 격문을 보내 말하기를 "비밀스러운 책략으로 사로잡을 것을 도모하여 신민(臣民)의 원수를 갚으라." 하였다. 이미 세 영(營)[63]에 문서를 보내어 역적의 형세를 갖추어 진술하였고, 이만운(李萬運)으로 하여금 성주 방어사(星州防禦使)에게 치달려 가서, 거병하여 와서 합류할 것을 청하게 하고 이경종(李慶宗)으로 하여금 웅양(熊陽)의 창곡(倉穀)을 찧어서 선산(善山)의 군대를 기다리게 하였다.

이 당시는 태평세월이 오래 지속되어 백성들이 늙어 죽을 때까지 징소리와 북소리[64]를 듣지 못했는데, 하루아침에 적의 급변을 보자 모

61 관찰사가……하였다 : 《남강실기(南岡實記)》 권1 〈일기(日記)〉 27일에 "공이 먼저 임시 수령 정재흥이 산사에 도착하였다는 소문을 듣고 밤에 한 병졸을 통하여 밀서를 아들 신석창에게 부쳐 정재흥에게 가서 만나 보게 하였다. 그 밀서에 이르기를 '원컨대 나에게 속리(屬吏) 자리를 빌려주면 마땅히 안에서 도와 적을 섬멸할 것입니다.'라고 하자 정재흥이 기뻐하며 즉시 공을 좌수로 임명하였다.〔公先已聞假守丁再興來到山寺, 夜因一卒, 密書付子碩昌往見丁再興曰 : 願假我以功曹, 則當爲內援以殲賊. 再興欣然卽署公爲座首.〕"라고 하였다.

62 천부장(千夫長) : 1000명의 병졸을 통솔하는 우두머리를 말하는데, 여기서는 천총(千摠)이다. 《南岡實紀 移本縣千摠文》

63 세 영(營) : 감영, 통영, 병영이다. 《南岡實紀 報監統兵三營狀》

두 높고 험한 바위틈에 숨어서 목숨을 보전하였다. 그런데 격문이 나오자 의(義)를 따르는 자가 점점 와서 모였는데, 마침 계책이 누설되어 역적들이 질시하며 군대를 이끌고 돌아왔다. 아들 신석창(愼碩昌)이 눈물을 흘리며 울면서 아뢰기를 "잠시 피하시기를 바랍니다." 하니, 의사가 꾸짖기를 "죽을 곳을 얻었으니, 나는 의롭지 않게 살고 싶지 않다." 하였다. 역적이 이르러 의사의 목을 베어 조리를 돌리려 하자 군사들의 마음이 크게 흉흉하였다. 역적이 변고가 생길까 두려워서 몽둥이로 몹시 때리니, 독혈(毒血)이 땅을 덮었다. 의사가 꾸짖기를 "역적은 속히 나를 죽여라. 내가 네 살점을 씹지 못하고 도리어 너에게 해를 입으니, 이것이 부끄럽다." 하니, 역적이 더욱더 성내며 뼈가 부서지는 것을 본 뒤에야 그만두어 집안사람들이 들것에 실어 돌아왔다. 사람들이 보니 다 죽게 되었으며 며칠 뒤에 과연 죽으니, 실로 무신년(1728) 4월 4일이다.

숨이 끊어지기 전에, 불러 모은 장사들이 관군과 합세하여 정희량 등을 베었다는 소식을 듣고 눈을 부릅뜨고 말하기를 "이제 나는 여한이 없다." 하였다. 관찰사와 어사가 일제히 조정에 알리자 상이 의사에게 사헌부 장령을 증직하고 정려(旌閭)할 것을 명했으며, 후에 좌승지를 더 증직하였다.

처음에 의사가 은밀히 도모하여 창의할 적에 현리(縣吏)로서 성이 신씨(愼氏)인 자 5명이 의사와 협력하여 일을 같이하며, 왕실을 생각하여 끝내 역적을 사로잡는 공을 도왔으니, 신극종(愼克終), 신석현

64 징소리와 북소리 : 군중(軍中)에서 전진할 때 울리는 북소리와 퇴각할 때 치는 징소리로, 곧 전쟁을 뜻한다.

(愼錫顯), 신덕현(愼德顯), 신치근(愼致謹), 신광세(愼光世)이다. 다섯 사람이 비록 출생과 사망에 선후가 있었으나 난리에 임하여 나라를 지키는 데는 그 충성심이 한결같았으니, 오호라, 성대하도다.

처음에 대구 판관(大丘判官) 이세윤(李世玧)이 의사가 죽었다는 소식을 듣고 사당을 건립하자는 의론을 주장하였고, 호남과 영남의 사론(士論)이 그것을 이어받았으며, 마침내 사당을 세우고 그 사당을 경충사(景忠祠)[65]라고 명명하였다고 한다. 금상 12년(1788, 정조12)은 마침 무신년의 주갑(周甲)이다. 상이 옛 사적을 생각하여 향축(香祝)을 내려 의사의 사당에 제사를 지내고 5명의 신씨에게 수부원외랑(水部員外郞)을 증식했는데, 대신(大臣)의 말을 받아들인 것이다.

사림이 사당 옆에 비석을 새겨서 여섯 신씨의 일을 기록하고자 하여, 의사의 종손 신도홍(愼道弘)이 서울에 들어와 나에게 글을 부탁하고 서너 달을 머물며 글을 얻지 못했다고 돌아가지 않으니, 그 정성이 사람을 감동시키기에 충분하다. 더구나 나는 대신으로서 여섯 신씨의 일을 아뢴 자이니, 사양할 수 있겠는가. 마침내 명문을 지으니, 명(銘)은 다음과 같다.

해와 달이 내리비치니	日月照臨
사당의 모습 빛나네	廟貌赫赫
의로운 귀신이 귀웅(鬼雄)[66] 되어	義鬼爲雄

65 경충사(景忠祠) : 신명익을 추모하는 사당으로, 경상남도 거창군 남하면 무릉리에 있다.

66 귀웅(鬼雄) : 귀신 중에서도 힘이 있는 우두머리 귀신이라는 뜻으로, 《초사(楚

저 남은 역적을 씹어 먹었네 　 嚬厥餘賊
그와 함께한 자 누구인가 　 誰其偕者
한 가문에 다섯 명 있었네 　 一門有五
어떠한 사람인지 알지 못했는데[67] 　 不識何狀
우리 성스러운 군주를 걱정하였네 　 慽我聖主
물 맑고 산 높은데 　 水淸山高
옛 갑자 돌아왔네 　 舊甲載回
향축이 하늘에서 내려오니 　 香祝從天
후왕이 훌륭하시네 　 後王烝哉
비석을 새겨 이에 우뚝하니 　 琢碑斯矗
의를 사모하는 마음 같았네 　 慕義攸同
내가 이 명을 짓고 　 我有銘詩
새겨 길이 남기노라 　 刻示無窮

辭)》〈구가(九歌) 국상(國殤)〉에 "몸은 이미 죽었으나 정신은 신령하니, 혼백이 굳세어 귀웅이 되리로다.〔身旣死兮神以靈, 魂魄毅兮爲鬼雄.〕" 하였다.

67 어떠한……못했는데 : 당 현종(唐玄宗) 때의 충신인 안진경(顔眞卿)의 고사에서 온 말이다. 당 현종 때 안녹산(安祿山)이 반란을 일으켜 침범하자 하북(河北) 지방이 모두 붕괴되었는데, 평원 태수(平原太守) 안진경만은 미리 대비하고 있다가 계책을 상주하니, 현종이 매우 기뻐하면서 "짐은 안진경이 어떠한 사람인지 알지 못했는데 이렇게 훌륭한 일을 하는구나.〔朕不識眞卿何如人, 所爲乃若此.〕"라고 하였다.《新唐書 顔眞卿列傳》

해월대사 부도 비명
海月大師浮屠碑銘

죽주(竹州)[68]는 나의 조상의 의리(衣履)[69]가 묻혀 있는 곳이다. 초목도 공경해야 하는데,[70] 더구나 그 고을 사람이겠는가. 또한 더구나 그 고을 사람으로서 재능이 뛰어나 어려서부터 부도(浮屠)를 업으로 하여 늙어 죽을 때까지 삼장(三藏)의 심오한 게송(偈頌)을 통달하여 엄연히 용상(龍象)의 우두머리가 된 자를 더욱이 어찌 공경하고 예우하지 않겠는가.

듣건대 죽주의 칠현산(七賢山)[71]에 해월대사가 있는데 일찍이 표충사(表忠祠) 도유사(都有司)와 선교(禪教) 양종(兩宗)의 도원장로(都院長老)를 맡고 있으면서 염불 삼매에 들어가니, 그 불도들이 지극히 존숭하였다고 한다. 나는 실로 한번 패엽(貝葉 불경(佛經))을 강학하거나 시험 삼아 가릉(迦陵)의 선음(仙音)[72]을 들으려 했으나 미천(迷

68 죽주(竹州) : 지금의 죽산(竹山)이다. 203쪽 주7 참조.

69 의리(衣履) : 무덤에 함께 묻는 옷과 신발인데, 시신의 대유(代喩)로 쓰였다.

70 초목도 공경해야 하는데 : 《시경》 〈소아(小雅) 소반(小弁)〉에 "어버이가 심어 놓은 뽕나무와 가래나무도, 반드시 공경해야 하는 법이다.〔維桑與梓, 必恭敬止.〕"라는 말이 나온다.

71 칠현산(七賢山) : 경기도 안성시의 동쪽 금광면과 죽산면에 걸쳐 있는 산이다. 산기슭에는 칠장사(七長寺)라는 사찰이 있는데, 칠장사의 현판과 당간에는 '칠현산'이라는 산 이름을 사용하고 있다.

72 가릉(迦陵)의 선음(仙音) : 스님의 음성이다. 가릉은 가릉빈가(迦陵頻伽)의 준말로 극락정토(極樂淨土)에 산다는 새 이름이니, 불교의 교리를 전파하는 승려를 뜻하고, 선음은 부처의 음성을 말한다.

川)[73]에 막혀서 머뭇거리다가 실행에 옮기지 못하였다.

신축년(1781, 정조5) 봄에 대사의 고족(高足)인 원일(元一)이 명덕산(明德山)[74]에 있는 나를 방문하여 눈물을 흘리며 말하기를 "대사는 법랍(法臘) 88세[75]로 작년 계추(季秋)에 극락암(極樂菴)[76]에서 입적했고, 화욕(火浴)[77]하는 날 저녁에 상서로운 빛이 우주에 뻗쳤으며, 이윽고 머리뼈가 높이 떠올라 암석 위에 내려앉으니 거리가 100보 정도 되었으며, 사리(闍梨) 등이 부도를 세워 봉안하였습니다."라고 하였다. 아, 기이하도다.

대사의 법휘(法諱)는 경률(敬律)이다. 해월은 그의 호이고, 별호는 취운(翠雲)이다. 속성(俗姓)은 이씨(李氏)이고, 농서공(隴西公)의 후손[78]이다. 모친 김씨(金氏)가 자식이 없어 대해산(大海山)[79]에서 3일

73 미천(迷川) : 현재의 청미천(淸渼川)을 말하는데, 여기서는 청미천으로 흘러드는 죽산천을 뜻하는 듯하다. 죽산천은 칠장산 북쪽 죽산면 장계리에서 발원한 물이 흘러내려 청미천으로 흘러드는 하천이다. 《경세유표(經世遺表)》 권3 〈군현분례(郡縣分隷)〉에 "죽산의 남쪽에 미수(洣水)가 있다." 하고, 주석에 "속명이 천미천(天迷川)이다." 하였다.

74 명덕산(明德山) : 서울 동문(東門) 밖에 있는 산으로, 번암이 노년에 한동안 은거하였다.

75 법랍(法臘) 88세 : 해월대사가 15세에 출가했으므로 세속으로 치면 향년이 103세인 것이다.

76 극락암(極樂菴) : 칠장사의 부속 암자이다.

77 화욕(火浴) : 불로 목욕을 시킨다는 뜻이니, 죽은 이의 시신을 불에 태워 그 유골을 거두는 불교의 장례 방식인 다비(茶毘)를 이른다.

78 농서공(隴西公)의 후손 : 본관이 성주(星州)라는 말이다. 농서공은 성주 이씨의 중시조 이장경(李長庚)을 말하는데, 그가 농서군공(隴西郡公)에 봉해졌기 때문이다.

79 대해산(大海山) : 경기도 광주시의 남부 도척면 유정리와 추곡리에 위치한 태화산(泰華山)이다. 혹은 대하산(大河山)이라고도 하였다.

동안 기도하고 치마로 하늘을 감싸 달을 떨어뜨리는 꿈을 꾼 뒤에, 대사가 태어났다. 해월이라는 호는 이 때문에 얻었다.

대사는 9세 때 시문을 지을 수 있었다. 15세 때 출가하여 설휘(雪輝) 장로에게 귀의하였다. 17세 때 송계당(松溪堂) 여정(呂淨)에게 구족계(具足戒)를 받고 설봉당(雪峯堂) 관성(寬性)에게 학업을 익혔는데, 설봉당은 서산(西山)[80]의 직손(直孫)인 정원(淨源)[81]의 4대손이다.

그리고 계룡산에 들어가 홍파당(泓波堂) 인형(印泂)의 문하에서 노닐며 교해(敎海)[82]를 널리 섭렵해서 의심하여 막히는 데가 없게 되자, 학업을 익히려는 자들이 날로 몰려들었다. 대사는 만년에 죽주 칠현산 극락암에 살며 30년 동안 관심(觀心)하며 좌선하였다.

원일이 나에게 해 준 말이 이와 같다. 명(銘)은 다음과 같다.

생시에 형해가 외물임을 알았는데	生而知形骸外物
죽은 뼈를 탑에 채울 필요 있으랴	尙安用死骨塔以盛之
이것은 오직 원일의 정성 때문이네	是維元一之誠

80 서산(西山) : 서산대사(西山大師) 휴정(休靜, 1520~1604)이다. 평남 안주 출신으로, 호는 청허(淸虛)이다. 서산으로 불리는 묘향산에 오래 머물렀으므로 서산대사로 불린다.

81 정원(淨源) : 1627~1709. 속성은 김씨(金氏), 호는 상봉(霜峯)이다. 의심(義諶)의 법맥(法脈)을 이었다.

82 교해(敎海) : 바다같이 넓은 불교의 가르침이라는 말이다.

봉암대사 비명
鳳巖大師碑銘

나는 소싯적에 아동(衙童)으로서 단성현(丹城縣)에 거의 6년을 살았으며,[83] 율곡사(栗谷寺)[84]가 그 북쪽에 있고 더불어 말할 만한 고승도 많다고 들었다. 그러나 나는 졸렬한 본성을 지키는 것이 처자 같아서 한 번도 가 본 적이 없었다. 작년에 율곡사의 스님이 스승인 봉암대사를 위하여 진영(眞影)을 기리는 글을 부탁하기에, 나는 흔연히 그의 부탁에 부응하면서 오래 묵은 아쉬움을 풀었다.

금년 겨울에 그의 문도(門徒)인 풍신(豐信)[85]이 글을 찾는 임무를 가지고 북쪽으로 서울까지 1000리를 달려왔는데 명문을 얻지 못하여 돌아가지 못하였다. 아, 삼천계(三千界)[86]가 모두 환상이고 환상은 무(無)로 돌아가는데 무로 하여금 유(有)가 되게 할 수 있겠는가. 유는 그대들의 법이 아닌 것이다. 그러나 무를 유로 만들고 유를 오래 남게 하는 것은 문장만 한 것이 없으니, 내가 어찌 거절하겠는가.

대사의 법명은 채환(采歡)이고 속성은 조씨(趙氏)이며 호는 봉암

83 나는……살았으며 : 번암의 부친 채응일(蔡膺一)이 1743년(영조19) 11월에 단성현감으로 부임하여, 1750년 가을에 비안(比安)으로 발령받을 때까지 단성에 있었는데, 번암은 그동안 자주 단성에 내려가 부친을 모셨다.

84 율곡사(栗谷寺) : 경상남도 산청군 신등면 율현리에 있는 절이다.

85 풍신(豐信) : 봉암대사의 제자이다.

86 삼천계(三千界) : 불교에서 말하는 삼천대천세계(三千大千世界)의 준말로, 천지사방, 즉 온 세상을 의미한다.

(鳳巖)으로, 대소헌(大笑軒) 선생 휘 종도(宗道)[87]의 후손이다. 바야흐로 대사가 태어날 적에 모친 윤씨(尹氏)가 기이한 꿈을 꾸었다. 조금 성장하자, 총명과 지혜가 또래보다 훨씬 뛰어났다. 14세 때 산문(山門)에 귀의하였다. 16세 때 구족계를 받고 양암대사(兩巖大師)에게 나아가 배웠는데, 매일 삼장(三藏)을 강학하여 마침내 고족(高足)이 되었다. 이로부터 역내(域內) 이름난 사찰을 두루 유람했는데, 이르는 곳마다 불자(拂子)를 세우고 도를 강론하니, 남악(南嶽),[88] 환성(喚醒),[89] 영해(永海), 호암(虎巖)[90] 등과 같은 여러 법사가 다 자신들이 대사에게 미치지 못한다고 하였다.

대사가 임종할 때, 사리(闍梨)가 울면서 말하기를 "대사께서는 당연히 다시 세상에 태어나시겠지요?" 하니, 대사가 답하기를 "매악(梅嶽)[91]이 무너지면 내가 세상에 태어날 수 있을 것이다." 하였다. 이윽고 입적했는데, 갑자기 절 뒤에서 우레가 울고 천둥이 치는 것 같은 소리가 나서 눈을 휘둥그레 뜨고 살펴보니 매악이 무너져 여러 용상(龍象)

87 대소헌(大笑軒)……종도(宗道) : 조종도(趙宗道, 1537~1597)로, 본관은 함안(咸安), 자는 백유(伯由), 호는 대소헌이다. 현 경상남도 산청군 단성면 소남리(召南里)에 거주하였다. 정두(鄭斗)에게 수학하였다.

88 남악(南嶽) : 태우(泰宇, ?~1732)의 법호이다. 청허(淸虛)의 6세 법손인 추붕(秋鵬)의 법을 이었다.

89 환성(喚醒) : 지안(志安, 1664~1729)의 법호이다. 자는 삼낙(三諾), 성은 정씨(鄭氏)로 춘천 출신이다. 임제종(臨濟宗)의 선지(禪旨)를 철저히 주창하였고, 화엄사상과 선을 함께 닦는 환성문(喚醒門)의 시조이며 대흥사 13대종사(大宗師)의 한 사람이다.

90 호암(虎巖) : 체정(體淨, 1687~1748)의 법호이다. 성은 김씨(金氏), 본관은 흥양(興陽)이다. 지안의 법을 전수받았으며, 대흥사 13대종사 중 제10대종사이다.

91 매악(梅嶽) : 율곡사 북쪽에 있는 황매산을 말하는 것으로 보인다.

이 크게 놀랐다.

혹자가 말하기를 "불가류(佛家類)는 앞으로의 일을 미리 아는 신이한 말로 남에게 과시하는 것이 몹시 심하고, 그 일이 기이할수록 그 말이 더욱 불경하다. 유식한 자가 그대로 기록하여 그 망녕됨을 조장해서는 안 된다." 하였다. 내가 말하기를 "사람의 마음은 허령지각(虛靈知覺)[92]일 뿐이다. 오직 중생(衆生)은 훈혈(葷血)[93]로 그것을 더럽히고 이욕(利慾)으로 그것을 막아서, 허령한 것은 도리어 흐린 것이 되고 지각하는 것은 도리어 어두운 것이 되어, 이미 속눈썹이 있어도 오히려 보지 못하는 것[94]처럼 되었으니, 어찌 앞으로의 일을 미리 아는 것을 논하겠는가. 생각건대 선가(禪家)는 그렇지 않다. 면벽(面壁)하여 가부좌하고 말없이 앉아 관심(觀心)하면 나의 허령지각을 혼란스럽게 하는 세간의 일체 사무가 모두 행해지지 못한다. 그 쓰임이 발하는 것은 비록 우리 유자(儒者)의 전체대용(全體大用)[95]과 다르나, 그 지극

92 허령지각(虛靈知覺) : 허령하여 감지하고 깨닫는 심(心)의 속성을 나타낸 말로, 〈중용장구서문(中庸章句序文)〉에 이르기를 "심(心)의 허령지각은 하나일 뿐인데 인심(人心)과 도심(道心)의 구분이 있다고 한 것은, 혹은 형기(形氣)의 사사로운 것에서 나오고 혹은 성명(性命)의 올바른 것에 근원하여 감지하고 깨닫는 것이 똑같지 않기 때문이다."라고 하였다.

93 훈혈(葷血) : 오훈채(五葷菜)와 어육(魚肉)을 말한다.

94 속눈썹이……것 : 당나라 두목(杜牧)의 〈등지주구봉루기장호(登池州九峯樓寄張祜)〉 시에 "속눈썹이 눈앞에 있는데도 항상 보지 못하는 터, 도는 몸 밖에 없는데 또 어디서 구하려는지.〔睫在眼前長不見, 道非身外更何求.〕"라고 하였다. 《樊川詩集 卷3》

95 전체대용(全體大用) : 모든 행위를 미발(未發)의 체(體)와 이발(已發)의 용(用)으로 규정한 주희의 성리학을 이르는데, 여기서는 마음에 품고 있는 생각과 겉으로 드러난 행위를 이른다.

히 허령하여 막히는 바가 없기 때문에 싹이 트기도 전에 앞서 그것을 알기도 하고 일이 일어나기도 전에 그것을 말하기도 하여 신령하려 하지 않아도 절로 신령한 것이 있다. 이것은 진실로 의심할 것 없는 이치이다." 하고, 그의 문도(門徒)가 지은 행장을 살펴 나의 붓을 먹물에 적시니, 어찌 안 될 것이 있겠는가. 명(銘)은 다음과 같다.

나는 선승이 아닌데	吾非禪
어찌 선학의 깊이를 알랴	安知禪學之淺深
풍신이 발 부르트며 찾아와	豐則重繭
글 부탁 지성으로 하였네	賾是至誠
명 지어 그를 돌려보내며	銘以歸之
마음을 위로하게 하노라	俾也慰心

문곡대사 비명

文谷大師碑銘

대사의 법휘(法諱)는 영회(永誨)이다. 13세 때 출가하여 장수사(長水寺)[96]에 들어가 묘언대사(妙彦大師)에게 의탁하였다. 여러 해 지나서 묘언대사가 그의 총명하고 지혜로움을 기특하게 여겨 타이르기를 "나는 감히 너의 스승이 되지 못하겠다. 너는 회당(晦堂)에게 귀의하라." 하였는데, 회당은 곧 정혜대사(定慧大師)[97]이며 화엄종주(華嚴宗主)로서 이름났다. 대사는 몸을 굽히고 귀의하여 여러 해 배웠다. 또한 법해(法海)와 삼장(三藏)을 부지런히 공부하다가 어느 날 갑자기 말하기를 "입으로 하는 공부는 수고롭고, 마음으로 하는 공부는 고양된다." 하고, 마침내 소매를 떨치고 풍악산(楓嶽山)과 묘향산(妙香山)에 들어가 내면을 고찰하는 데 전념하며 삼매(三昧)가 아닌 것은 즐겨 하지 않았다.

오호라, 우리 유자(儒者)는 불씨(佛氏)를 비난하며 그들을 이단(異端)으로 여기는데, 비난하는 자에게 선한 점이 있고 나서야 비난받는 자가 자신의 잘못을 안다.[98] 오늘날의 배우는 자 중에 어찌 일찍이 마음

96 장수사(長水寺) : 경상남도 함양군 안의면 상원리에 있던 절이다. 《대동지지》에 "기백산(箕白山)은 일명 지우산(智雨山)으로 북쪽 20리에 있다. 장수사가 있고 절 옆에는 폭포가 있으며 그 아래에는 용추(龍湫)가 있다." 하였다.

97 정혜대사(定慧大師) : 1685~1741. 성은 김씨(金氏), 호는 회암(晦庵)이다. 원민(圓旻)에게 구족계를 받았으며, 화엄에 밝았다.

98 비난하는……안다 : 《대학장구》 전 9장에 "군자는 자기에게 선한 점이 있고 나서야

으로 배우고 입으로 배우지 않는 자가 있겠는가. 배우는 것이 만약 정주(程朱)의 글 서너 권을 섭렵할 정도가 되면 피곤할 정도로 말을 많이 하며 "성명(性命)이다." 하고 "이기(理氣)이다." 한다. 명성이 어찌 이것에 있겠으며, 영리(榮利)가 어찌 이것에 있겠는가마는 그 마음이 띠풀로 이미 막혔다. 그와 같은 자는 내 생각에 남을 바로잡을 겨를은 없고 남에게 바로잡히느라 겨를이 없어야 할 것이다. 대사의 풍모를 듣고 보니, 대사가 깨우쳐 준 것을 알 수 있었다.

대사는 만년에 덕유산 향적봉(香積峯)[99] 아래 구천동 백련사(白蓮社)[100]에 머물며 《화엄경》, 《원각경(圓覺經)》, 《능엄경(楞嚴經)》으로 사방에서 오는 자들을 가르쳐 주었다. 71세에 편안히 입적하니, 법랍 55세이다. 사유(闍維)하는 날 저녁에 신이한 조짐이 많았다고 한다.

대사의 속성은 이씨(李氏)이고, 농서공(隴西公)[101]의 11세손이다. 문곡(文谷)은 그의 호이다. 그의 문도인 이성(貽成)이 풍신(豐信)으로 하여금 편지를 가지고 천리 길을 달려와 나에게 명문을 부탁하게 하였으니, 그 의리가 숭상할 만하다. 명(銘)은 다음과 같다.

나는 유학자인데 吾是吾儒
불씨에게 어찌 아첨하랴마는 佛何足媚

남에게 요구하고, 자기에게 잘못이 없고 나서야 남의 잘못을 비난한다.〔君子有諸己而後求諸人, 無諸己而後非諸人.〕"라고 한 데서 온 말이다.

99 향적봉(香積峯) : 전라북도 무주군 설천면에 있는 덕유산의 최고봉이다.

100 백련사(白蓮社) : 광해군 때 지변(智辨)이 덕유산 구천동에 세운 절이다.

101 농서공(隴西公) : 성주 이씨(星州李氏)의 중시조 이장경(李長庚)을 말하는데, 그가 농서군공(隴西郡公)에 봉해졌기 때문에 이렇게 부른 것이다.

명문을 후세에 보여 줌은	銘以示後
한마디 말[102]에 뜻이 맞아서라네	唯是一言契意

102 한마디 말 : 문곡대사가 "입으로 하는 공부는 수고롭고 마음으로 하는 공부는 고양된다.〔口學勞心學高〕"라고 한 말이다.

상월대사 비명
霜月大師碑銘

나는 명덕산(明德山)[103]에 은거하며 마음 부칠 곳이 없어서 날로 성현의 글을 읽는 것을 과업으로 삼았는데, 전주(箋註)의 말이 모호하여 도리어 경전의 뜻이 가리는 것이 있음을 자못 한스러워하였다.

어느 날 방장승(方丈僧) 춘파당(春坡堂) 의일(義一)이, 징오(憕寤)[104]가 찬술한 상월대사(霜月大師)의 행장을 가지고 나에게 와서 명문을 부탁하였다. 나는 유자의 무리이니, 대사의 행장을 나의 문하에서 어디에 쓰겠는가. 춘파당이 반년을 머물며 걸식하고도 글을 얻지 못하여 돌아가지 못하기에, 내가 한번 그 행장을 열람했는데, 내 뜻에 시원하게 들어맞는 것이 있었다. 오호라, 주설(註說)의 지루함을 유자와 석씨가 어찌 달리 느끼겠는가. 그의 행장은 다음과 같다.

"대사의 법명은 새봉(璽篈)이고, 속성은 손씨(孫氏)이며, 순천(順天) 사람이다. 모친 김씨(金氏)가 불상을 목욕시킨 저녁에 범승(梵僧)이 구슬 한 개를 주는 꿈을 꾸고, 이윽고 임신하여 대사를 낳으니, 숙종 정묘년(1687, 숙종13)이다.

대사는 11세 때 조계산(曹溪山)의 선암사(仙巖寺)[105] 극준(極俊) 장

103 명덕산(明德山) : 서울 동문(東門) 밖에 있는 산으로, 번암이 노년에 한동안 은거하였다.

104 징오(憕寤) : 조선 후기 승려이다. 상월대사 새봉의 행장을 지었으며, 새봉의 시문집 《상월대사시집》의 발문을 지었다.

로에게 의탁하였다. 16세 때 문신대사(文信大師)[106]에게 구족계를 받았다. 18세 때 설암(雪巖)[107] 화상을 찾아뵈었는데, 도가 이미 통했다 하여 의발을 전수받았다. 벽허(碧虛),[108] 남악(南嶽),[109] 환성(喚醒),[110] 연화(蓮華)[111]를 두루 찾아뵙고 그들에게 심인(心印)을 얻었다.

27세 때 조계산으로 돌아와 삼승(三乘)의 종지(宗旨)를 설법하니, 사방의 승려들이 많이 귀의하였다. 무용(無用)[112] 화상은 대사가 이치를 담론하는 것을 듣고 탄식하여 말하기를 '섭안(涉安)[113] 이후

105 선암사(仙巖寺) : 전라남도 순천시 승주읍 죽학리에 있는 사찰이다.

106 문신대사(文信大師) : 1629~1707. 대흥사(大興寺) 13대종사 중 1인이다. 성은 김씨(金氏), 호는 화악(華岳)이다. 취여(醉如)가 강론하는 《화엄경(華嚴經)》의 종지(宗旨)를 듣고 법을 전수받았다.

107 설암(雪巖) : 추붕(秋鵬, 1651~1706)의 법호이다. 대흥사 13대종사 중 제5대종사이다. 성은 김씨이다. 도안(道安)의 의발을 전수받았다.

108 벽허(碧虛) : 대우(大愚, 1676~1763)의 법호인 벽하(碧霞)의 다른 표기로 보인다. 대우의 속성은 박씨(朴氏)이다. 대흥사의 13대종사 중 제8대종사이다. 휴정(休靜)의 제5세 법손(法孫)인 장로 조연(照淵)에게서 계를 받고, 문신(文信)에게서 경교(經敎)를, 지안(志安)에게서는 선(禪)을 배우고, 고압(孤鴨)에게서 계율(戒律)을 전수받았다.

109 남악(南嶽) : 태우(泰宇, ?~1732)의 법호이다. 청허(淸虛)의 6세 법손인 추붕의 법을 이었다.

110 환성(喚醒) : 지안(志安, 1664~1729)의 법호이다. 238쪽 주89 참조.

111 연화(蓮華) : 승려 인욱(印旭)의 법호이다. 그는 각성(覺性)에게 법을 인가받았다.

112 무용(無用) : 수연(秀演, 1651~1719)의 법호이다. 성은 오씨(吳氏)이다. 선암사의 침굉(枕肱)을 찾아가서 선의 진수를 물어 대오(大悟)하였다.

113 섭안(涉安) : 국립중앙도서관 소장 《상월대사시집(霜月大師詩集)》(古朝45-가491) 〈상월선사행적(霜月先師行蹟)〉에도 '섭안'으로 되어 있다. '지안(志安)'의 오기일 수도 있으나 확실하지 않다.

제일인자이다.' 하였다.

대사는 늘 강명진해(講明眞解)와 심천지증(心踐智證)[114]을 법문으로 삼았으며, 초학자라 하여 깨닫는 길을 보여 주는 것을 소홀히 하지 않았고 고재(高才)라 하여 계율을 강론해 주는 것을 소략하게 하지 않았으며, 더욱이 주설(註說)의 질곡을 근심하여 반드시 배우는 자로 하여금 문자를 떠나 뜻을 취하여 본원을 훤히 꿰뚫게 하였으며, 한갓 공적(空寂)에 대해 환상을 갖지 말고 반드시 자신의 마음으로 불심(佛心)을 만들게 하였다. 또한 말하기를 '인증(引證)은 곧 검증의 뜻인데 주설의 말이 편벽되고 번잡하여 유가의 비난과 배척을 불러일으켰다. 그러나 유가에서 이른바 미발기상(未發氣象)[115]은 곧 우리 불가의 여여리(如如理)[116]이고, 그 소위 태극(太極)은 곧 우리 불가의 한

114 강명진해(講明眞解)와 심천지증(心踐智證) : 강명진해는 참된 진리를 강론하여 밝히는 것이고, 심천지증은 마음으로 지증을 실천하는 것이다. 지증은 실지(實智)로써 열반을 증득(證得)하는 것인데, 불교에서 말하는 여섯 가지의 신통력(神通力), 즉 신경지증통(神境智證通), 천안지증통(天眼智證通), 천이지증통(天耳智證通), 타심지증통(他心智證通), 숙명지증통(宿命智證通), 누진지증통(漏盡智證通)을 말한다.

115 미발기상(未發氣象) : 대본(大本)이 미발일 때의 기상을 말한다. 《심경(心經)》 천명지위성장(天命之謂性章)에 "주자가 하숙경에게 답한 편지에 다음과 같이 말하였다. '연평 이 선생이 사람을 가르칠 적에 대체로 고요한 가운데에 대본이 미발일 때의 기상을 체인하기를 분명하게 하면 일을 처리하고 사물에 응함에 자연 절도에 맞는다.' 〔朱子答何叔京書曰: "李先生敎人, 大抵令於靜中體認大本未發時氣象分明, 卽處事應物, 自然中節."〕"라고 한 데서 그 뜻을 알 수 있다.

116 여여리(如如理) : 여여(如如)한 이치이다. 여여는 불교 용어로 정지(正智)에 계합하는 이체(理體), 즉 진여(眞如)를 말하는데, 만유제법(萬有諸法)의 이체는 동일평등(同一平等)하므로 여(如)라 하고, 여가 하나만이 아니므로 여여라 한다고 한다. 혜능선사(慧能禪師)의 《단경(壇經)》에 "만경이 스스로 여여하나니, 여여의 마음이 바로

가지 물건이며, 그 소위 이일분수(理一分殊)[117]는 곧 우리 불가의 일심만법(一心萬法)[118]이다. 이것을 말미암아 상하를 인증하면 어찌 일찍이 유가와 불가의 구별이 있겠는가.' 하였다. 또한 말하기를 '배우는 자가 만약 반관(反觀)[119] 공부를 하지 않는다면 매일 천 마디 말을 외우더라도 심성(心性)에 무슨 관계가 있겠는가.' 하였다. 또한 말하기를 '만약 전기(專己)[120] 공부를 하지 않으면 신심(信心)을 지닌 사람의 공양을 받지 않는다 했는데, 이것은 옛사람의 말이다. 나는 하루라도 마음으로 착실히 공부하지 않으면 음식을 마주해도 부끄럽고 밥에 숟가락도 덜 간다.' 하였다. 또한 말하기를 '그 실제가 없이 헛된 명성이 있는 자는 가장 천벌을 받는데, 부처를 배우는 자는 더욱 심하다.' 하였는데, 대개 불심은 등불과 같아서 더욱 자신을 속일 수 없기 때문이다. 이런 까닭에 용상(龍象)의 종사(宗師)로 지낸 30여 년 동안 감화가 문도에 미쳤으니, 거의 근세에 드문 경우이다.

매일 1불(佛) 5보살(菩薩)[121]을 1000번 소리 내 외우고 나무아미

이 진실이니라.〔萬境自如如, 如如之心, 卽是眞實.〕"라고 하였다.

117 이일분수(理一分殊) : 우주의 근원은 하나이지만, 이것이 나누어지면 각각 다른 형태와 성질을 갖게 된다는 성리학의 이론이다. 《性理大全 理氣 總論》

118 일심만법(一心萬法) : 불교에서, 한 마음에 만 가지 법이 갖춰져 있음을 뜻하는 말이다.

119 반관(反觀) : 불교에서, 외면의 사물과는 일절 관계를 끊고 아무 말도 없이 자신의 내면만을 성찰한다는 말이다.

120 전기(專己) : 불교에서, 자기 자신의 내면에 전념하는 것을 말한다.

121 1불(佛) 5보살(菩薩) : 한 명의 부처와 다섯 명의 보살을 말한다. 한 명의 부처는 석가모니불을 말한다. 다섯 명의 보살은 구체적으로 누구인지 알 수 없으나, 대체로 보살에는 관세음보살, 문수보살, 보현보살, 지장보살, 미륵보살 등이 있다.

타불을 1000번 소리 내 외웠는데, 모두 염주로 수를 셌다. 가령 병이 심하여 과업을 폐하게 되면 병이 조금 낫기를 기다렸다가 못 외운 수를 헤아려 채웠다. 중생의 고통을 긍휼히 여기거나 죽은 이를 조문할 때는 반드시 가장 곤궁하고 미천한 자를 먼저 찾아가 보았으며, 성낼 일이 생겨도 곧 잊어서 애초에 성낼 일이 없었던 것 같았다. 우레가 치는 밤에는 우레가 작게 쳐도 자리에 눕지 않았으며, 기판(起板) 소리로 알리는 것을 들으면 병중에도 반드시 부축을 받아 일어났다.

역내(域內)에서 명산으로 특별히 알려진 곳은 가 보지 않은 곳이 없었다. 갑술년(1754, 영조30) 봄에 대사는 선암사에 있으면서 화엄강회(華嚴講會)를 열었는데, 모인 자가 1200여 명이었고 강회는 옛날에도 없었을 만큼 성대하였다. 예조에서 선교도총섭 주표충원장 겸 국일도대선사(禪教都摠攝主表忠院長兼國一都大禪師)에 임명했는데, 이것은 대사에게 외물(外物)이었다. 대사가 늘 말하기를 '세상에서 「사리(舍利)」라고 하는 것을 나는 늘 참인지 거짓인지 의심하였다. 나의 서산(西山)[122] 할아버님은 생전에 잇몸만 남았는데, 돌아가신 뒤에 뼈를 받들 때 정성과 공경으로 사리 5과를 얻었다. 이 이치가 가장 참되다. 내가 죽으면 반드시 나의 유골을 가지고 묘향산에 가서 기도하면 아마도 신령한 감응이 있을 것이다.' 하였다.

영종(英宗) 정해년(1767) 10월에 가벼운 질환이 있어 문도를 불

122 서산(西山) : 서산대사(西山大師) 휴정(休靜, 1520~1604)이다. 평남 안주 출신으로, 호는 청허(淸虛)이다. 서산으로 불리는 묘향산에 오래 머물렀으므로 서산대사로 불린다.

러 말하기를 '나는 이제 가려 한다. 그대들은 진중하라.' 하고, 드디어 입으로 게송 한 수를 불러 주기를 '물은 흘러서 원래 바다로 가고 달은 져도 하늘을 떠나지 않네.〔水流元去海 月落不離天〕' 하고, 태연히 세상을 떠나니, 세속의 나이 81세, 법랍 70세이다. 자색 구름이 허공을 가리다가 7일 만에 사라졌다. 제자들이 그의 아름다운 덕행을 서술하고 '평진대종사(平眞大宗師)'라는 호를 더하였는데 '평' 자는 진실한 덕을 취한 것이고 '진' 자는 진실한 품행을 취한 것이다.

다비를 했는데 나온 사리가 없었다. 승려 탁준(卓濬)이 유골을 받들고 관서의 묘향산에 이르러 전례대로 제사를 지낼 무렵에 동행한 승려 낭총(朗聰)과 암자의 주지 두 승려가 모두 신이한 꿈을 꾸고 밤에 일어나 등불을 들고 비춰 보니, 거듭 봉한 유골 상자에 구멍이 있고 그 안으로 사리 구슬 세 개가 보였다. 마침내 오도산(悟道山)[123]에 부도를 세우고 그중 하나를 안치하였으며, 돌로 감실을 만들어 신령한 유골을 안장하였다. 그중 사리 구슬 두 개는 각각 순천의 선암사와 해남의 대둔사(大芚寺)[124]에 안치하였다."

오호라, 우리 유자들은 불씨(佛氏)를 배척하며 그 사람들을 일반인으로 만들고 그들의 책을 불태우고자 한다. 불씨의 문도가 된 자들이 비록 감히 드러내 놓고 우리 유자를 헐뜯지는 못하나 우리와 사이가 좋지 않은 그들의 마음이 어찌 불가에 대해 갖는 우리 유자의 마음과 다르다고 생각하겠는가. 그러나 대사는 도리어 그들의 도를 유학에

123 오도산(悟道山) : 평안남도 운곡지구 서쪽 문덕군과의 경계에 있는 산이다.

124 대둔사(大芚寺) : 해남 두륜산(頭輪山)에 있던 사찰 이름이다. 지금은 대흥사(大興寺)라고 부른다.

끌어 붙여 위와 아래를 인증하며 그 다름을 동일시하려 하였다. 그 다름을 동일시하는 것은, 비록 그 말이 이치에 부합하는지는 모르겠으나 양자운(揚子雲)이 "오랑캐 땅에 있는 자라면 받아들이겠다."[125]라고 한 것에 가깝다. 더구나 그가 주석에 얽매이지 않은 것은 신묘한 이해를 홀로 터득하지 않고서야 이것을 말할 수 있겠는가. 내가 이것에 감동하였고, 사리 구슬이 신이한지 아닌지에 있지 않다. 이에 명(銘)을 짓는다. 명은 다음과 같다.

유골인가 사리 구슬인가	骨耶珠耶
세 낟알 빛나고 빛났네	三顆之熒熒
승려들 신령하다 하고	衆緇以爲靈
나도 영령의 돌아감 상관 않네[126]	吾亦不妨乎還佗靈

125 오랑캐……받아들이겠다 : 가르쳐 인도할 수 있는 희망이 있는 자는 받아들여 가르쳐야 한다는 말이다. 양자운은 중국 한(漢)나라의 학자 양웅(揚雄)으로 자운은 그의 자이다. 한유(韓愈)의 〈송부도문창사서(送浮屠文暢師序)〉에 "양웅이 말하기를 '그러한 자가 우리 집 문장 안에 있으면 손을 저어 내쫓고 이적에 있으면 받아들여야 한다.' 하였는데, 나는 이를 취하여 법으로 삼으려 한다.〔揚子雲稱在門牆則揮之, 在夷狄則進之, 吾取以爲法焉.〕"라고 한 데서 온 말이다.

126 나도……않네 : 상월대사의 영령이 본원으로 돌아가는 것에 대해 이의를 제기하지 않겠다는 말이다. 상월대사가 임종 때 입으로 불러 준 게송의 내용을 받아서 한 말이다.

여대사 정유 부도 비명
女大師定有浮屠碑銘

대사의 속성은 강씨(姜氏)이고, 평양의 양갓집 딸이다. 성품이 차분하고 욕심이 없어 어릴 적부터 불조(佛祖)에 귀의하려는 마음을 지녀서 입에 훈혈(葷血)[127]을 가까이하지 않고 중얼중얼 패엽(貝葉)의 글을 외우며 아침저녁을 잊었다. 뜻이 이르면 이름난 산수를 오가기를 마치 문지방을 넘듯이 하였다. 자정에는 반드시 마당에서 북두칠성에 절하고 방에 들어가 면벽(面壁)을 하니 마치 앉아서 조는 것처럼 조용했으나 사실은 조는 것이 아니었다.

영종(英宗) 을미년(1775, 영조51)에 나는 관서의 부절을 반납하고[128] 종남산(終南山)[129]의 옛집으로 돌아왔는데, 어느 날 대사가 만나기를 청하였다. 내가 묻기를,

"먼 길 오느라 참으로 수고했네. 어디에 머물 생각인가?"

하니, 대사가 말하기를,

"관서의 백성이 노야(老爺)의 은택을 입은 것이 끝이 없습니다. 제가

127 훈혈(葷血) : 본래 오훈채(五葷菜)를 먹어서 생긴 피를 말하는데, 여기서는 오훈채와 고기를 뜻한다.

128 나는……반납하고 : 번암은 1774년(영조50) 4월 평안도 관찰사로 나갔다가 1775년 겨울 병조 판서로 들어왔다.

129 종남산(終南山) : 남산(南山)의 별칭이다. 본디 당나라 수도 장안(長安)의 남쪽에 있는 산을 가리키는데, 우리나라에서도 한양(漢陽)의 남산을 거기에 비유하여 종남산이라 하였다.

비록 여자이지만 어찌 한번 와서 사례하지 않을 수 있겠습니까."
하고, 그대로 나의 아내인 정경부인을 모시며 여러 달을 머물다가 갔다. 다음 해에도 이와 같이 하고, 또 그다음 해에도 이와 같이 하였는데, 그 몸가짐을 조금도 게을리하지 않았다.

나는 일찍이 온 가족을 데리고 명덕산(明德山)[130]에 거주했는데, 대사가 와서 말하기를 "승려 쾌호(快浩)라는 자가 저와 모자(母子)의 인연을 맺어서, 늙은 몸이 거의 의탁할 곳을 갖게 되었습니다." 하고, 이어서 쾌호를 인사시켰다. 나는 춘성당(春星堂)을 청소하게 하고 대사와 쾌호에게 머물게 하였다. 매일 밤이 깊으면 지팡이에 기대어 광영지(光影池) 가에서 수많은 나무 그늘 사이를 바라보았는데, 외로운 등불이 환히 창문을 비추고 불경 읽는 소리가 높아지기도 하고 낮아지기도 하며 솔바람 소리와 계곡 메아리와 서로 응답하였으니, 대사가 자고 있지 않음을 알 수 있었다. 나는 그때마다 기뻐하며 말하기를,

"이것은 산속 집의 기이한 일이다."

하였다. 얼마 지나지 않아 대사가 행장을 정리하고 말하기를,

"장차 장단(長湍)의 화장암(華藏菴)[131]에 귀의하여 삭발하고 승려가 되려고 이제 하직합니다."

하였다. 이때 대사의 나이가 이미 60이었다. 내가 위로하여 말하기를,

"어찌 스스로 고생하려고만 하는가?"

130 명덕산(明德山) : 서울 동문(東門) 밖에 있는 산으로, 번암이 노년에 한동안 은거하였다.

131 화장암(華藏菴) : 화장사(華藏寺)로, 경기도 장단군 진서면 대원리 보봉산(寶鳳山)에 있는 절이다.

하니, 대사가 말하기를,

"죽을 날이 머지않았습니다. 간절한 바람은 열반에 드는 것입니다. 삭발하지 않으면 소원을 이루지 못할까 두렵습니다."

하고, 이어서 울면서 하직하여 말하기를,

"훗날을 기약할 수 없습니다. 이 때문에 슬플 뿐입니다."

하였다. 몇 달 뒤에 화장암에 있으면서 편지를 보내 말하기를 "이미 아무 날에 삭발했고, 법명은 '정유대법사(定有大法師)'이며 율암(律菴)이라는 곳에서 생활합니다." 하였다. 임인년(1782, 정조6) 11월 15일 대사가 세상을 떠나니, 66세이다. 열반에 든 뒤에 다비를 하는데 사리 구슬이 나왔고, 쾌호가 관서의 칠성암(七星菴)에 부도를 세워 안치하려고 대사의 행적을 기록하는 글을 나에게 부탁하였다.

생각건대 나는 무술년(1778) 여름 연경에 사신으로 갔다가 돌아오면서 밤에 청천강(淸川江)을 건넜는데, 대사가 평양에서 200리를 걸어와 배 안에서 나를 기다리다 만나자 매우 기뻐하며 수박을 갈라 주었으니, 그의 뜻을 어찌 잊을 수 있겠는가.

그 뒤에도 나를 위해 양재(禳災)를 했는데, 깊은 산에 들어가 목욕재계하고 새벽까지 신령께 기도하며 100일을 채우고서야 그쳤다. 대사의 뜻과 일을 보건대 나를 도울 수 있으면 죽음도 사양하지 않았던 것이다. 오호라, 지금 세상에 어찌 다시 얻을 수 있으랴. 나는 차마 대사를 저버릴 수 없어 병을 무릅쓰고 명(銘)을 짓는다. 명은 다음과 같다.

이 세계 얼마나 고생스러운가	此界何苦
서방정토는 얼마나 즐거운가	西方何樂
관곽을 왜 싫어하며	棺槨何厭

다비를 왜 바라는가	茶毘何欲
관곽과 다비를 따질 것 없이	無問棺槨與茶毘
모두 무로 돌아가네	歸於無
필경 무슨 차이가 있으랴	畢竟奚間
나는 그래서 말하노니	吾故曰
천지에 가득한 수많은 일은	盈天地百千萬事
바랄 것도 없고	無可願
또한 바라지 않을 것도 없네	亦無不可願
돌아가 석가모니를 뵙거든	歸謁釋迦牟尼
한번 나의 말로 여쭤보시게	試以吾言問之

설파대사 비명
雪坡大師碑銘

어느 날 나는 일 때문에 우연히 성문 밖으로 나갔는데, 해진 승복을 입은 승려가 갈도소리를 듣지 못한 것처럼 검은 옷을 입은 병졸들을 뚫고 내 앞에 엎드렸다. 그의 안색에 마치 절박하고 다급한 일이 있는 것 같기에 내가 괴이하게 여겨 물어보기를,

"너는 무엇을 하는 자이냐?"

하니, 대답하기를,

"소승은 호남의 사문(沙門)으로 법명을 성연(聖淵)이라 합니다. 법사(法師)인 설파 화상(雪坡和尙)을 위하여 대인의 한마디 귀중한 말씀을 얻어서 시방의 중생을 깨우치기를 바랍니다. 국법으로 금지하여 소승은 도성에 들어갈 수 없고, 재상의 댁에도 사적인 정리를 전달할 수 없기에, 성 밖 여관에서 걸식했는데 여름은 가을이 되고 가을은 겨울이 되어 쓰러져 죽을 날이 조석에 달렸습니다. 그러나 소원을 이루지 못하면 죽어도 돌아가지 않으려 합니다."

하였다. 나는 유연히 그 정성에 감동하여 행장을 올리는 것을 허락하였다. 그 행장은 다음과 같다.

"대법사의 법명은 상언(尙彦)이고 호남의 무장현(茂長縣) 사람이다. 국조 효령대군(孝寧大君)의 11세손이다. 아버지는 이태영(李泰英)이고, 어머니는 파평 윤씨(坡平尹氏)이다. 어린 나이에 부모를 여의고, 집이 몹시 가난하여 스스로 살아갈 수 없었다. 19세 때 선운사(禪雲寺)에 들어가 운섬(雲暹) 장로에게서 머리를 깎고, 연봉(蓮峯)과

호암(虎巖)[132] 두 화상에게 구족계를 받았으며, 또한 회암(晦庵)[133] 장실(丈室)을 찾아뵈었다. 선계(禪系)로 말하자면 서산(西山)의 7세손이 되고, 환성(喚醒)[134]에게는 손자가 된다.

33세 때 대상(大象)[135]이 굳이 청한 것을 계기로 용추사(龍湫寺)의 판전(板殿)[136]에서 높은 자리에 올라 설법을 하였다. 대사는 어려서부터 매우 총명하였으며, 여러 이름난 대사를 찾아뵐 때는 삼승(三乘)과 오교(五敎)를 말하는 대로 즉시 그 오묘한 경지와 신묘한 풀이를 모조리 이해하였다. 《화엄경》을 더욱 독실하게 반복하여 읽은 횟수가 항하(恒河)에서 모래알을 헤아릴 정도였고, 《화엄경》을 강송하면 가릉(迦陵)의 변음(遍音)[137]이 끝내 그 거짓말을 바로잡고 그 귀결을 일치시켜 근세 어리석은 사람들의 잠꼬대 같은 견해를

132 호암(虎巖) : 체정(體淨, 1687~1748)의 법호이다. 성은 김씨(金氏), 본관은 흥양(興陽)이다. 지안의 법을 전수받았으며, 대흥사 13대종사(大宗師) 중 제9대 종사이다.

133 회암(晦庵) : 정혜(定慧, 1685~1741)의 법호이다. 성은 김씨이다. 가야산의 원민(圓旻)에게 구족계를 받았다. 일암(一庵), 환성 등의 고승에게도 수업하였다. 특히 화엄에 밝았고, 《주역(周易)》에도 밝았다.

134 환성(喚醒) : 지안(志安, 1664~1729)의 법호이다. 238쪽 주89 참조.

135 대상(大象) : 큰 스님을 뜻한다. 상(象)은 용상(龍象)의 준말이다.

136 용추사(龍湫寺)의 판전(板殿) : 용추사는 경상남도 함양군 안의면 상원리 덕유산(德裕山)에 있는 사찰이다. 용추사에는 새로 찍은 《묘법연화경》 등 불경 100여 권의 경판이 보존되어 있었던 것으로 보인다.

137 가릉(迦陵)의 변음(遍音) : 승려가 중생을 두루 깨우치는 목소리이다. 가릉은 가릉빈가(迦陵頻伽)의 준말로 극락정토(極樂淨土)에 산다는 새 이름이니, 불교의 교리를 전파하는 승려를 뜻한다. 변음은 중생에게 두루 미치는 부처의 목소리이다. 변은 광명변조(光明遍照)의 '변'과 같은 뜻이다.

씻어 낼 수 있었다. 배우기를 바라는 자들이 날로 모여들자 각각의 사람에게 금승(金繩)과 각로(覺路)[138]를 보여 주었는데 그 설이 막힘없이 줄줄 이어졌다.

지난날 청량대사(淸涼大師)가 찬술하고 초록한 것 중에 소과(疏科)가 있는데 그 뜻이 분명하지 않은 것이 많아 강론하고 풀이하는 자들이 괴로워하였다. 대사가 한번 보고 권점(圈點)을 찍어 표시하니, 소와 과가 각기 머물 곳이 있게 되어 마치 나그네가 돌아갈 곳을 얻은 것과 같았다.[139] 얼마 뒤에 승제(勝濟),[140] 부영(眹穎) 등이 대사에게 아뢰기를 '불경을 초록한 책 중에 인용한 것에도 오류가 없지 않습니다. 어찌 해인사로 거처를 옮겨 여러 책에서 그것을 확인하여 동이(同異)를 보완하지 않으십니까.' 하자, 대사가 해인사에 가서 머물며 다 비교하였다. 이로부터 금강산을 두 번 유람하고, 묘향산을 한 번 유람하였으며, 두류산에서는 늘 면벽(面壁)을 하였다.

138 금승(金繩)과 각로(覺路) : 부처의 가르침과 성불(成佛)할 수 있는 길이다. 금승은 불경에 "이구국(離垢國)에서 경계를 분별하는 데 사용하는 황금 줄이다."라고 하였으니, 곧 부처의 가르침을 비유한 말이다. 각로는 성불할 수 있는 깨달음의 길이다.

139 청량대사(淸涼大師)가……같았다 : 청량대사는 당나라의 고승이자 화엄종의 제4대 조사인 징관(澄觀, 738~839)으로, 《화엄경수소연의초(華嚴經隨疏演義鈔)》를 지었는데, 내용이 어렵고 오해할 여지가 많았다. 이것을 설파대사가 읽고 권점을 찍어 소를 가르고 문단을 나누었다. 소는 소문(疏文)으로, 경전의 원문을 알기 쉽게 풀이한 글이고, 과는 과문(科文)으로, 경론(經論)을 해석하면서 그 문구의 단락을 나누어 놓은 글이다. 과문은 한 불경의 대의를 아는 데 없어서는 안 된다.

140 승제(勝濟) : 법호가 나암(懶庵)이고, 전라남도 화순군에 있는 쌍봉사(雙峯寺)에 출가하여 자우(自優)의 제자가 되었으며, 상언(尙彦)을 찾아가 《화엄경》을 수학하였다. 대흥사 13대 강사 중 한 사람이다.

경인년(1770, 영조46)에 징광사(澄光寺)[141]에 불이 나서 소장한 《화엄경》 80권의 목판이 하나도 남김없이 다 타 버렸다. 대사가 탄식하여 말하기를 '이에 마음을 다하지 않는다면 어찌 감히 여래(如來)에게 정례(頂禮)를 올리겠는가.' 하고, 이에 재목을 구해 판각하니, 사람과 하늘이 힘을 도와 봄에 시작하여 여름에 마쳤다. 그중에 불분명한 것은 오직 대사가 입으로 외워 주는 것에 힘입었다. 목판이 완성된 뒤에 영각사(靈覺寺)[142] 옆에 누각을 새로 건립하였다. 그 며칠 전에 호랑이가 절 뒤에서 땅을 팠으며, 승려가 또한 꿈을 꿨는데 꿈속에 신인(神人)이 고하기를 '이곳은 여래의 불경을 보관할 만하다.' 하였다. 바야흐로 경전의 목판을 누각에 안치할 때 상서로운 빛이 공중에 서려서 모인 자들이 모두 기이하게 여겼는데, 대사는 우연일 뿐이라고 하였다. 그 뒤에 대사는 영각사에 머물렀는데, 어느 날 절의 주지에게 이르기를 '절을 옮겨 세우지 않으면 반드시 홍수에 무너질 것이다. 어찌 도모하지 않는가.' 하였다. 얼마 지나지 않아 홍수가 크게 나서 과연 절이 무너지고 승려들도 물에 빠지자, 사람들이 대사의 신통함에 탄복하였다.

대사는 노쇠하자 영원사(靈源寺)[143]에 들어가 사관(死關)을 세우고서 염불을 일과로 삼아 매일 1000번씩 10바퀴 염불하기를 10여 년 동안 하였다. 경술년(1790, 정조14) 12월에 작은 질환을 앓았다. 신해년(1791) 1월 3일에 태연히 입적하니, 나이는 85세요 법랍은

141 징광사(澄光寺) : 전라남도 순천시 낙안에 있던 절이다.

142 영각사(靈覺寺) : 경상북도 함양군 서상면 상남리에 있는 절이다.

143 영원사(靈源寺) : 경상남도 함양군 마천면에 있는 절이다.

66세이다. 이날에 제자 27인이 대사를 받들어 다비(荼毘)를 하니, 여러 용상(龍象)이 달려가 전하며 호곡하였고, 속세의 어리석은 중생들도 서로 전하며 탄식하지 않는 이가 없었다.

대사는 일찍이 근세에 다비하여 사리를 꺼내는 것을 논하며 마음에 만족스럽지 못한 것이 있다고 했는데, 다비를 할 때 상서로운 빛이 7일 밤 동안 사라지지 않았으나 끝내 하나의 사리로써 영험을 나타내지 않았다. 석씨의 이치에 대한 관점은, 유(有)는 본래 애당초 무(無)가 되지 않는 것이 없고 무도 애당초 유가 되지 않는 것이 없으니, 유(有)이나 그것을 무라고 해도 되고 무(無)이나 그것을 유라고 해도 안 될 것이 없다. 참유와 참무를 또한 누가 변별할 수 있겠는가.

제자들이 그 정성을 부칠 곳이 없어서 영원사에 탑을 세웠으며,[144] 선운사(禪雲寺)의 승려들도 그와 같이 하였는데[145] 이것은 대사가 지난날 선운사에서 머리 깎은 사실을 잊지 않은 것이다. 오호라, 대사를 한마디 말로 개괄하여 말하자면 '화엄의 충신'이고, 성연은 또한 대사의 충신이다. 섬기던 분에게 마음을 다하는 것은 유자와 석씨의 도가 같지 않은 적이 없었다. 내가 명을 짓지 않는다면 어떻게 영원한 후세를 권면하겠는가. 더구나 대사는 임종할 때 제자를 신칙하여 말하기를 '삼가 비석을 세우지 말라.' 하고, 또한 말하기를 '만약 그만둘 수 없다면 채 상국(蔡相國)에게 명문을 요청하지 않아

144 영원사에 탑을 세웠으며 : 영원사에 설파대사의 부도를 세운 것을 말한다.

145 선운사(禪雲寺)의……하였는데 : 전라북도 고창군에 있는 선운사의 승려들이 선운사에 설파대사의 부도를 세운 것을 말한다.

서는 안 된다.' 하였다."

나는 대사를 알지 못했으나 대사는 나를 알았으니, 의리상 저버려서는 안 된다. 이에 명(銘)을 짓는다. 명은 다음과 같다.

불가에 화엄이 있으니	佛有華嚴
정법안장이라네	正法眼藏
누가 그것을 안고 지켰나	誰其抱持
설파의 마음 장하였네	雪坡心長
화재는 어떤 물건이기에	鬱攸何物
감히 횡포를 부렸는가	敢爾跳踉
뱃속 글 상자를 옮겨	移諸腹笥
저 목판에 올렸네	登彼文梓
여래가 웃는 낯으로	如來色笑
내 너를 가상히 여긴다 하리라	曰余嘉爾
설파의 공덕을	雪坡功德
나는 이렇게 들었노라	我聞如是

번암집

제58권

명 銘
송 頌
찬 贊
반교문 頒教文
전 箋
장 狀
상량문 上樑文
설 說

명 銘

번암자(樊巖子)가 세상의 우환에 걸려 문을 닫고 그림자를 숨기고서 매선당(每善堂)[1]을 외루암(畏壘菴)[2]으로 삼았는데, 소일(消日)할 길이 없어 방 안에 있는 자잘한 기물들에 긴요하거나 하찮음을 따지지 않고 시로 명을 지었다. 한편으로는 관물(觀物)[3]의 홍취를 부치고, 한편으로는 마음을 부치는 자료로 삼았다. 열람하는 자가 만약 내가 반명(盤銘)[4]을 배우려 한 것이라고 여길지 모르겠으나, 만약 그렇다면 그것은 참람한 짓일 뿐이다.

1 매선당(每善堂) : 《다산시문집(茶山詩文集)》 권13 〈매선당기(每善堂記)〉에 의하면, 번암의 부친이 세상을 떠날 적에 번암에게 "너는 매사(每事)에 선(善)을 다하라."라는 유언을 했는데, 번암이 그 뜻을 받들어 '매선당'이라는 편액을 걸었다고 한다.

2 외루암(畏壘菴) : 춘추 시대 노자(老子)의 제자라고 전하는 경상초(庚桑楚)는 노자에게서 도를 터득하고, 북쪽의 외루(畏壘)라는 산에 들어가 살면서 첩이나 하인 중에 지혜로운 자는 멀리하고 어리석은 자들만을 데리고 살았는데, 그곳에 산 지 3년 만에 그곳에 큰 풍년이 들자 백성들이 그를 성인에 가까운 분이라고 존경하여 임금으로 모시려고까지 했다고 한다. 《莊子 庚桑楚》 1156년 송(宋)나라 주희(朱熹)는 동안현(同安縣)에 있던 자신의 처소에 '외루암'이라는 편액을 달았다. 《晦庵集 卷77 畏壘菴記》

3 관물(觀物) : 고요한 가운데 만물의 현상을 살펴 천지자연의 이치를 조응(照應)해 본다는 뜻인데, 소옹(邵雍)이 지은 《황극경세서(皇極經世書)》를 《관물내편(觀物內篇)》이라고 부르기도 한다.

4 반명(盤銘) : 목욕하는 그릇에 새긴 글이다. 성탕(成湯)이 반명에 "진실로 어느 날 새로워졌거든 나날이 새로워지고 또 날로 새로워져야 한다.〔苟日新, 日日新, 又日新.〕" 라고 하였다. 《大學章句 傳2章》

벼루 명

硯銘

붓대가 현묘한 문장에 참여하는데	管與玄文也
그 바탕은 벼루라네	其質則硯
문장은 진실로 그만둘 수 없으나	文固不可已
바탕 아니면 문장을 어떻게 나타내랴	非質文何由現
둘 중에 하나라도 폐해서는 안 되겠지만	二者如不可廢一
나는 문장을 뒤에 하고 바탕을 먼저 하리라	吾當後文而先質

붓 명

筆銘

너를 잘 쓰면	善用汝
천인과 성명	天人性命
모두 묘사할 수 있고	皆可以描得
너를 잘 쓰지 못하면	不善用汝
충사와 흑백	忠邪黑白
모두 뒤바뀔 수 있네	皆足以幻易
너를 처음 만든 이 누구인가	刱汝者伊誰
공과 죄 반반이라 해도 마땅하네	謂之功罪參半也亦宜

먹 명

墨銘

종이는 희나	紙也素
네가 적시면 검게 되고	汝漬之而黑
붓털은 누렇지만	筆也黃
네가 적시면 검게 되네	汝濡之而黑
흰색은 군자가 숭상하고	素是君子攸尙
황색은 천지의 정색이나	黃爲天地正色
너를 기다려 공을 이루니	猶且待汝而成功
검은색에 미치지 못하네	其黑不可及也

책상 명

冊丌銘

내 마음을 먼저 바르게 하면	先正吾心
말썽 일으킬 일 없네	無有走作
네 자리를 정돈하여	次整汝位
기울지 않게 하고	無使攲側
그 위에 책을 펴니	展卷其上
성인의 가르침이네	聖人之訓
공경히 꿇어앉아	肅肅危坐
느릿하게 읽으며 영탄하네	緩讀詠歎
글은 그 도를 싣고	書載其道
너는 그 글을 실었으니	汝載其書
너는 비록 아는 것 없어도	汝雖無知
성인의 무리이네	聖人之徒

서가 명

冊架銘

고문은 간략하나	古文簡
한 줄 반 줄로도 천하를 채우네	一行半行而彌之六合
금문은 용렬하여	今文宂
백 줄 천 줄이라도 반복일 뿐이네	百行千行而秖見牀疊
업후의 서가에서	鄴侯之架
이미 쇠퇴한 세상을 알았고[5]	已知衰世
더구나 업후 뒤 수천 년 동안	而況後鄴侯數千載
한 재예 잡고 떨친 이 셀 수 없네	操一藝鳴者不可數計
굳센 소도 땀 흘릴 수량을	健牛猶汗
너는 다 실을 수 있네	爾能馱得盡
비웃는 것이 아니라 네 배는 한계 있으니	未笑矣爾腹有限
내 배의 다다익선만은 못하네	不如吾腹之多多益辦

5 업후(鄴侯)의……알았고 : 업후는 당나라 이필(李泌)의 봉호로 장서(藏書)가 매우 많았던 사람이다. 그러나 그의 장서는 모두 용렬한 금문으로 된 것들이니, 많은 장서를 통해 오히려 세상이 쇠퇴했음을 알 수 있다는 뜻이다.

필통 명
筆筒銘

가운데 빈 것 헛일 아니니	中虛非虛
비었으므로 채울 수 있네	虛故能實
채우는 것은 무엇인가	實之伊何
사우 중 하나라네	四友之一
네가 곧은 이를 벗할 수 있음은	爾能友直
성인의 말씀을 들었기 때문이리라[6]	其有聞聖人之說者耶

6 네가……때문이리라 : 곧은 이는 대통이 곧은 붓을 말한다. 성인의 말씀은 공자가 이르기를 "유익한 벗이 세 가지가 있고, 손해되는 벗이 세 가지가 있으니, 벗이 곧고 신실하며 문견이 많으면 유익한 것이요, 벗이 겉치레만 잘하고 유순한 태도만 잘 지으며 말만 잘하면 손해되는 것이다.〔益者三友, 損者三友. 友直, 友諒, 友多聞, 益矣. 友便辟, 友善柔, 友便佞, 損矣.〕"라고 한 것을 말한다.《論語 季氏》

평상 명

平牀銘

군자는	君子
가난과 우환을 달게 여기고	安貧安患
천명에 안주하지 않네	難安天命
몸 편안히 즐기는 것은	宴安其身
바라는 바가 아니네	非所願也
너와 같은 것은	若汝者
있어도 되고	有亦可
없어도 해로울 게 없네	無亦不爲損

죽장 명

竹杖銘

겉이 곧고 안이 굳셈은	外直內勁
군자가 스스로 면려할 수 있는 것이라네	君子之能自勵者耶
넘어지는 이 부축함은	支傾扶跌
대인이 쇠퇴한 세상에서 하는 것이라네	大人之遇衰世者耶
계곡의 구름이 눈 뿌리는 곳	溪雲之霏
숲속의 달이 환히 빛나는 곳	林月之輝
거기서 아침과 저녁을 맞을 때	朝於斯夕於斯
너 말고 내가 누구와 돌아가랴	微爾吾誰與歸

옻칠한 부채 명
漆扇銘

사람들 말하길, 옻칠한 부채는	人言漆扇
전엔 없었는데 요즘 생긴 것이라 하네	古無今有
온 세상이 탐욕스럽고 더러운데	擧世貪墨
그 조짐은 우연이 아니네	其兆非偶
부채가 말을 할 수 있다면	扇若能言
어찌 그런 비난 달게 받겠는가	其肯甘受
사람의 물욕을 시험하려 한다면	物欲試人
은지의 손에 한번 넣길 바라네[7]	願一入隱之之手

7 은지(隱之)의……바라네 : 옻칠한 부채로는 은지처럼 청렴한 사람을 유혹할 수 없다는 말이다. 중국 광주(廣州) 땅에 한번 마시면 돈만 알게 된다는 탐천(貪泉)이라는 샘이 있었는데, 이곳의 자사(刺史)로 부임한 진(晉)나라의 청백리 오은지(吳隱之)가 자신의 마음을 재삼 굳게 다지면서, 아무리 탐천이라 하더라도 사람의 곧은 마음이야 어떻게 변하게 할 수 있겠느냐는 뜻으로 〈탐천〉 시를 지은 고사가 있다. 《晉書 良吏列傳 吳隱之》

횃대 명

椸銘

역량을 헤아려 걸면	量力而挂
옷이 접히거나 더러워지지 않고	可使衣不摺不汙
젖거나 타지 않게 할 수 있네	不水不火
역량을 헤아리지 않고 받으면	不量力而受
꺾이거나 구부러지거나	吾恐其或折或屈
기울거나 떨어질까 두렵네	或斜或墮
아, 횃대여	嗟哉椸
삼가 얻기를 탐하며 많은 임무 맡지 말라	愼勿貪得而務夥

연적 명

硯滴銘

하늘이 일로서 낳은 것[8]을	天一之生
가운데 찰랑찰랑 저장하네	中貯盈盈
크게는 바닷물과 통하고	大而通潮
작게는 타는 입술 적실 수 있네	小可潤焦
사람이 와서 내게 요구하면	人來求我
나는 이에 응하리라	我則斯應
사람이 내게 요구하지 않으면	人不求我
나는 물러나 숨으리라	我則退屛
요구함은 남에게 달렸으니	求之在人
내가 어찌 그에 관여하랴	我何與焉
나의 지수를 보존하여	保我止水
긴 세월을 보존하리라	聊以永年

8 하늘이……것 : 물을 말한다. 《주역》의 수리(數理)에 의하면, 하늘은 홀수이고 땅은 짝수이다. 주희가 오행(五行) 생성의 이치를 말하면서 "하늘은 일로서 수를 낳고, 땅은 이로서 화를 낳고, 하늘은 삼으로서 목을 낳고, 땅은 사로서 금을 낳고, 하늘은 오로서 토를 낳는다.〔天一生水, 地二生火, 天三生木, 地四生金, 天五生土.〕"라고 하였다. 《近思錄集解 卷1 太極圖說註》

옻칠한 베개 명

漆枕銘

가죽 베개에 옻칠하니	革枕以漆
그 성질이 얼음처럼 차네	其質氷冷
더울 때 기대어 자면	當暑倚睡
상쾌한 기운 솟는 듯하네	爽氣如迸
자나 깨나 서로 찾으니	寤寐相求
잠시도 떨어지지 못할 듯하네	如不暫離
계절의 차례가 바뀌면	天時代序
여우 갖옷을 상자에서 찾네	狐裘在笥
애증도 따라 옮겨져	憎愛隨遷
너를 통발처럼 잊네[9]	忘汝如筌
네가 함께 회포 풀 자는	汝與論懷
죽부인이로구나	惟竹夫人

9 너를 통발처럼 잊네 : 겨울이 오면 옻칠한 베개를 잊는다는 말이다. 《장자》〈외물(外物)〉에 "통발은 물고기를 잡는 도구인데 물고기를 잡고 나면 통발은 잊어버린다." 하였다.

파리채 명

蠅拂銘

물여우처럼 교대로 쏘나[10] 蜮弩交射
나는 못 본 듯이 하네 吾視如無
파리는 작은 생물이니 蠅是小物
어찌 족히 나를 괴롭히랴 曷足惱吾
몹시 미워하는 것은 所痛嫉者
파리의 성질이 간사함이네 蠅性回譎
검은 것을 하얗게 바꿈은 變黑爲白
오히려 말할 수 있으나 尙可說也
하얀 것을 검게 만듦은 以白爲黑
말할 수도 없네 不可說也
파리채여, 파리를 몰아내어 拂哉驅逐
내 방에 접근하지 못하게 하라 毋近我室

10 물여우처럼 교대로 쏘나 : 파리들이 사람을 교대로 괴롭히는 모습을 비유한 것이다. 물여우는 기(氣)를 화살로 삼아 물속에서 사람을 쏘아 해친다고 하는 상상의 짐승이다.

침소의 병풍 명
寢屛銘

겨울밤	冬之夜
바람과 눈 가득한데	風雪滿盈
노부가 잠 못 들어	老夫不寐
삼경 사경 되었네	三更四更
내 이불과 베개 펼치고	張我衾枕
종이 병풍을 두르네	繚以紙屛
책상이 앞에 있고	書丌在前
외로운 촛불 옆에 있네	孤燭在傍
서책을 자세히 살펴보면	細閱方冊
그윽한 뜻 더욱 드러나네	奧旨愈彰
이것을 말해 줄 사람 없으나	無人語此
스스로 깨닫고 기특해하네	自悟自奇
닭이 울면 순인지 도척인지[11]	鷄鳴舜跖
병풍은 반드시 안다네	屛必知之

11 닭이……도척인지 : 《맹자》 〈진심 상(盡心上)〉에 "새벽에 닭이 울자마자 일어나서 부지런히 선행을 힘쓰는 자는 순 임금의 무리요, 새벽에 닭이 울자마자 일어나서 부지런히 이익을 구하는 자는 도척(盜跖)의 무리이다. 순 임금과 도척의 구분을 알고 싶은가? 그것은 다름이 아니라 단지 이익을 탐하고 선행을 좋아하는 그 사이에 있을 뿐이다.〔鷄鳴而起, 孶孶爲善者, 舜之徒也; 鷄鳴而起, 孶孶爲利者, 跖之徒也. 欲知舜與跖之分? 無他, 利與善之間也.〕"라고 하였다.

침소의 휘장 명

寢帳銘

말면 빛이 통하고	捲則通明
펴면 바람을 막네	舒則障風
낮엔 말고 밤엔 펴니	晝捲夜舒
쓰임이 때에 맞네	用之時中
사물 만나 성찰함은	遇物有省
군자의 공부라네	君子之工

잔 명
杯銘

자첨[12]이 천하의 일을 떠맡아	子瞻當天下事
못 하는 것 없었으나	無不可爲
오직 바둑을 못 두었네	惟不能碁
노부는 계면, 저면[13]을 만나면	老夫遇鷄猪麵
먹지 못하는 것이 없으나	無不可喫
오직 술을 마시지 못하여	惟不能杯酌
손님 온 맑은 자리에서도	客來淸坐
잔에 먼지를 닦지 않네	杯不掃塵
자신이 하고자 하지 않는 것을	己所不欲
남에게 베풀지 말라[14]	勿施於人

12 자첨(子瞻) : 북송의 문장가인 소식(蘇軾)의 자이다.

13 계면(鷄麵), 저면(猪麵) : 닭고기를 넣어 만든 국수와 돼지고기를 넣어 만든 국수이다.

14 자신이……말라 : 자신이 술을 마시고 싶지 않기 때문에 남에게도 권하지 않는다는 말이다.

바둑판 명

博局銘

공자가, 그만두는 것보다는 나으리라 하고[15] 孔子曰猶賢乎已
맹자가, 부모 봉양을 돌아보지 않는 것이라고 하였네[16] 孟子曰不顧父母之養
노부는 한가로이 지내나 老夫閑居
공자의 교훈을 우러르네 孔訓是仰
옆에 있는 젊은이의 경우에는 若年少在傍者
어찌 추성[17]의 경계로 맹렬히 성찰하지 않으랴 盍以鄒戒猛省

15 공자(孔子)가……하고 : 공자가 이르기를 "배부르게 먹고 하루해가 다 가도록 마음을 쓰는 데가 없다면 바르게 살기가 어려우니라. 장기바둑이라도 있지 않은가. 그것이라도 하는 것이 그만두는 것보다는 나으니라.〔飽食終日, 無所用心, 難矣哉. 不有博奕者乎? 爲之猶賢乎已.〕"라고 한 데서 온 말이다. 《論語 陽貨》

16 맹자가……하였네 : 맹자가, 세상에서 말하는 불효(不孝)로 다섯 가지를 열거하였는데, 그중에 "장기 두고 바둑 두며 술 마시기를 좋아하여 부모의 봉양을 돌아보지 않는 것이 두 번째 불효이다.〔博奕好飮酒, 不顧父母之養, 二不孝也.〕"라고 한 것을 말한다. 《孟子 離婁下》

17 추성(鄒聖) : 추나라의 성인이라는 뜻으로 맹자를 가리킨다.

촛대 명
燭臺銘

방 안에 밤이 길지 않음은　　室不長夜
너의 밝은 촛불 덕분이나　　賴爾明燭
밝은 초도 스스로 밝지 못하니　　明不自明
떠받드는 너의 힘이 있어야 하네　　下承之力

자리와 베개 명

席枕銘

군자는 독실히 공부하여	君子篤工
기대지 않고 삐딱하게 서지 않는데	不倚不跛
늙은 나는 게으르고 산만하여	吾老懶散
오래 앉아 있으면 삭신이 쑤시네	坐久骨疲
자리로 베개를 짜니	織枕以席
높이는 반 자네	高半於尺
수놓은 무늬 서로 마주하여	刺紋相對
오른쪽에 수 자 왼쪽에 복 자	右壽左福
낮이나 밤이나	無晝無夜
삿자리 위에 너를 놓고	安汝於簟
피로 쌓이면 기대고	倦極則憑
잠이 오면 베네	睡至則枕
옛날 흙으로 빚은 소상[18]에 비하면	視古泥塑
몹시 부끄럽지 않겠는가	得不愧甚

18 흙으로 빚은 소상 : 인품이 훌륭했던 정호(程顥)를 말한다. 사양좌(謝良佐)가 정호를 두고 "명도 선생은 종일토록 단정히 앉아 있을 때는 진흙으로 빚어 만든 사람 같았는데, 사람을 접견할 때는 완전히 한 덩어리의 온화한 기운이었다.〔明道先生, 終日端坐, 如泥塑人, 及至接人, 則渾是一團和氣.〕"라고 하였다. 《心經 卷2 禮樂章》

빗자루 명

帚銘

천지에 가득한 것은 모두 먼지이고	盈乎兩間都是塵
온몸을 채운 것은 모두 욕심이네	充乎軀殼都是欲
먼지에 덮이면	塵之所蒙
비로 쓸어 내 비우지만	有帚以空之
욕심에 막히면	欲之所牿
무엇에 의지해 열까	憑誰以廓之
먼지 제거에는 빗자루가 제일 좋고	欲祛塵非帚莫宜
욕심 제거는 성경이 아니면 안 되네	欲祛欲非誠敬何爲

필갑 명

筆匣銘

종이 접어 상자 만들고	摺紙成窠
문지방같이 칸을 막았네	隔間似閾
가죽 실로 그 겉을 꿰매고	革縫其表
자물쇠를 달았네	安以鎖鑰
열면 벌린 입 같아	呀如張口
용량이 넓고 크네	恢乎有容
물건들은 각기 다르나	物物各異
가지가지 그 가운데 있네	種種在中
거처할 때는 퇴침 되니	居防枕退
다닐 때 이불과 동행하네	行與衾同
너보다 요긴한 것 없으니	要莫爾要
공로를 이루 다 헤아리지 못하네	功不勝計
장원의 닷 섬들이 바가지는	莊園五石之瓠
너무 커 세상에 쓸데없네[19]	宜其廓落無用於世也

19 장원(莊園)의……쓸데없네 : 필갑은 작아도 쓸모가 많다는 말이다. 장원은 장자(莊子)의 동산이다. 장자가 혜자(惠子)에게 말하기를 "지금 자네에게 닷 섬들이 바가지가 있는데, 어찌하여 그것을 큰 통으로 만들어 강호에 띄울 생각은 하지 못하고, 그것이 너무 커서 쓸모가 없다고 걱정만 하는가.〔今子有五石之瓠, 何不慮以爲大樽而浮乎江湖, 而憂其瓠落無所容?〕"라고 하였다. 《莊子 逍遙遊》

경갑 명

鏡匣銘

닫으면 고요하여	靜之以闔
아무것 없는 듯 비밀스럽네	密若無物
열면 움직여	動之以開
해가 난 듯이 밝네	皦如出日
엶이 본래 얻음 아니고	開固非得
닫음도 잃음 아니네	闔亦非失
한 상자 안에 빛을 숨기니	韜光一匣之內
진퇴와 행장에 얻음이 있는 듯하네	似有得於進退行藏
오호라	嗚呼
누가 너로 하여금 천지 사방을 널리 비추게 할까	孰使爾普照天地四方

부채 명 병소서
扇銘 幷小序

거사에게는 부채가 한 자루 있다. 그 구조는 대략 엄지부챗살[20] 2개를 깎고 뼈를 부착했는데, 안에 부착한 것은 부챗살의 3분의 1을 차지하고, 바깥에 부착한 것도 서너 치가 넘는다. 거사는 그 꼿꼿한 멋을 사랑하여, 무더운 계절을 만날 때마다 앉거나 눕거나 늘 소지하여, 새것이 생겼다고 옛것을 멀리하지 않은 지가 거의 서너 해였다. 을사년(1785, 정조9) 여름에 나는 회룡동(回龍洞)[21]에 우거했는데, 하루는 오랫동안 내린 빗물 때문에 폭포가 성대하여, 바위에 기대 물을 구경하다가 우연히 실수로 부채를 폭포에 떨어뜨렸다. 부채의 종적이 보이지 않아 홍근(弘謹)[22]에게 옷을 벗고 물에 들어가 찾아보게 하였으나 끝내 찾지 못하였다. 이튿날 또 청지기와 튼튼한 종에게 알몸으로 바위 구멍과 물풀 뿌리 속을 찾아보게 하였으나 역시 찾지 못하였다. 거사는 멍하니 무료해하는 것이 마치 양손을 잃은 듯하였다. 4, 5일 지나 어린 종이 시냇물에서 목욕하다 홀연히 찾았는데, 종이는 부채에서 떨어진 채로 옆에 있고 댓살과 뼈는 아예 없었다.

20 엄지부챗살 : 합죽선의 양쪽 바깥에 자리하는 살을 말한다. 변대, 갓대라고도 한다. 엄지부챗살의 아래쪽 손잡이 부분의 안쪽과 바깥쪽을 다시 얇게 깎고 각각 얇은 뼈를 붙이면 고급 부채가 된다.

21 회룡동(回龍洞) : 서울시 도봉구와 경기도 양주시, 의정부시 경계의 도봉산에 있는 계곡이다.

22 홍근(弘謹) : 채홍근(蔡弘謹)으로, 번암의 아들이다.

어린 종에게 종이를 햇볕에 쬐어 마르기를 기다리게 하였다. 그런 뒤에 종이에 남은 댓살 흔적에 따라 댓살 위에 펼쳐 붙였다. 지금의 부채가 옛 부채와 같으니, 기특하도다. 이에 다음과 같이 명(銘)을 짓는다.

《금강경》[23]과 소주의 시[24]를 볼 때 金剛經蘇州詩
강신의 시샘은 괴상할 것 없으나 江神無怪相猜
생각건대 네게 작은 장점 하나 없는데 念汝百無寸長
수중 왕국에서 너를 어디에 쓰겠단 말이냐 水府將焉用哉
대의 성질 곧아 竹之性直
전혀 굽혀 남을 따르지 못하고 苦不能屈曲隨人
뼈의 성질 굳세 骨之性硬
전혀 순종하며 고운 태도 짓지 못하네 苦不能宛轉取姸

23 금강경(金剛經) : 《금강광염지풍우다라니경(金剛光焰止風雨陀羅尼經)》을 가리키는 것으로 보인다. 이 책에는, 부처가 대중들과 마가다국(摩伽陀國)을 유행(遊行)하다가 어느 날 구름이 모여들고 사나운 바람이 불며 번개와 천둥이 치고 우박이 쏟아지는 날씨를 만나서, 악독한 용(龍)이 일으키는 재해를 물리치는 진언(眞言)들을 제자들에게 가르쳐 주는 내용이 들어 있다.

24 소주(蘇州)의 시 : 소주 자사(蘇州刺史)를 지낸 위응물(韋應物)의 시를 가리킨다. 왕영로(王榮老)가 관주(觀州)에서 벼슬할 때, 하루는 관강(觀江)을 건너려고 했는데 7일 동안이나 바람이 불어 건널 수가 없었다. 그 고을의 원로가 "공께서는 상자 속에 반드시 보물을 감추고 계실 것입니다. 이 강의 신은 지극히 신령하니 마땅히 그것을 바쳐야 건널 수 있을 것입니다." 하였다. 왕영로는 특별히 갖고 있는 보물이 없었지만 옥과 벼루 등을 바쳤는데 바람은 그치지 않았다. 그러다가 황정견(黃庭堅)의 글씨로 위응물의 〈저주서간(滁州西澗)〉을 쓴 부채가 있음을 알고 그것을 바쳤더니, 바람이 멎어서 강을 건널 수 있었다고 한다. 《冷齋夜話 卷1 江神嗜黃魯直書韋詩》

구렁텅이에 버리더라도 捐之溝壑
누가 분수에 마땅하다고 말하지 않으랴 孰不曰分所宜
그러나 지금 몰아서 땅 위로 내보내 然今乃驅而出之地上
합포의 구슬 돌아왔던 일 태연히 따라 했네[25] 晏然作合浦珠還
산속 나무가 山中之木
재목이 못 되어 장수함은 不材而壽
내가 칠원의 노인에게 들었네[26] 吾聞諸漆園翁
기쁜 것은 所喜者
험하고 어려운 일 겪고도 經歷險阻艱難
옛날의 맑은 바람을 바꾸지 않은 것이네 而不改舊日淸風

25 합포(合浦)의……했네 : 부채를 찾은 것이 합포의 구슬이 돌아온 고사와 부합한다는 말이다. 《후한서(後漢書)》 〈순리열전(循吏列傳) 맹상(孟嘗)〉에 "합포군(合浦郡)에서는 곡식 대신 바다에서 진주(眞珠)만 생산되므로 그것을 교지(交趾)와 통상하여 식량을 수입하였다. 그런데 앞서 합포군에 부임한 태수들이 탐욕을 부려 진주를 마구 채취하는 바람에, 진주가 마침내 교지로 차츰 옮아가 버려 가난한 사람들이 길가에서 굶어 죽게 되었다. 마침 합포군에 부임해 온 맹상이 전날의 폐단을 개혁하고 백성들의 생업을 영위하도록 하자, 1년도 채 못 되어 교지로 옮아갔던 진주들이 다시 합포군으로 되돌아왔다." 하였다.

26 산속……들었네 : 부채가 수중 왕국에서는 쓸데없는 것이므로 도로 지상으로 내보내져 계속 번암의 소유로 남게 되었다는 말이다. 칠원의 노인은 칠원에서 벼슬하였던 장자(莊子)를 가리킨다. 《장자》 〈인간세(人間世)〉에 장석(匠石)이라는 목수가 사당 앞의 큰 상수리나무를 보고서 "이 나무는 쓸모가 없으므로 장수하였다."라고 하였다는 이야기가 있다.

시랑 이계수 익운[27]의 운금연[28]에 쓰다

題李侍郎季受益運雲錦硯

성대하도다, 문방이여	郁哉文房
구름무늬 벌여 있네	雲紋是張
보불[29]의 솜씨	黼黻之手
만물과 함께 찬란하리라	與物俱煌
을묘년(1795, 정조19) 한가위에	歲乙卯中秋
번암이 칠십육 세에 적노라	樊巖七十六書

27 이계수 익운(李季受益運) : 이익운(李益運, 1748~1817)으로, 본관은 연안(延安), 자는 계수, 호는 학록(鶴鹿), 시호는 정숙(靖肅)이다. 교리와 승지를 거쳐 대사간, 대사헌, 공조 판서, 예조 판서를 역임하였다.

28 운금연(雲錦硯) : 구름무늬가 아름답게 새겨진 벼루이다.

29 보불(黼黻) : 임금의 대례복(大禮服)에 놓은 수로, 보는 도끼 모양의 흑백색, 불은 아(亞) 자 모양의 흑청색으로 수를 놓은 것인데, 여기서는 찬란한 문장을 의미하는 말로 쓰였다.

송 頌

경운궁 송[30]

慶運宮頌

장엄한 궁궐 有宮翼翼
왕께서 당에 납시었네 王止于堂
이에 하례하고 연회 베푸니 載賀載讌
그 광채 찬란하네 有爛其光
임금이 즐기는 것 아니라 匪后攸樂
우리 선왕을 추념하는 것이네 念我先王
옛날 용만에서 어가 돌아와 灣駕昔還
임시 거처 이에 마련하니 茇舍斯張
계사년(1593, 선조26) 맹동 癸巳冬孟

30 경운궁 송(慶運宮頌) : 1773년(영조49) 10월 4일 영조가 경운궁에서 백관의 하례를 받고 연회를 베풀며 "옛날 두 일을 추모(追慕)하여 경운궁 앞에서 하례를 받고 연회를 베풀어, 선왕(先王)을 빛내는 뜻을 이어 행하고 종국(宗國)을 위하여 천만 년을 빈다."라는 글을 지어 내리고, 여러 신하에게 화답(和答)해 올리라고 명하였는데, 번암이 이 글을 지었다. '두 일'이란 선조(宣祖)가 1593년 10월 4일 용만(龍灣), 즉 의주(義州)에서 회가(回駕)하여 경운궁에 임시 거처를 마련하고 하례를 받은 일과 인조(仁祖)가 반정(反正)하고 1623년(인조1) 3월 13일 경운궁에서 어보를 받은 일을 말한다.

사일 좋은 날이었네　　四日其良
인묘께서 용처럼 날아오르니　　仁廟龍飛
종묘사직이 찬란하였고　　宗社有煌
여기에서 어보(御寶)를 받아　　於焉受寶
만세토록 길이 번창하였네　　萬世永昌
팔순의 우리 임금[31]께서　　八旬我后
선왕들을 추모하시니　　斯羹斯墻
유홍의 달[32]이고　　月在流虹
익추[33]의 상서로움 있네　　翼瘳有祥
하물며 이 구갑과　　矧茲舊甲
달과 날[34]을 잊을 수 있으랴　　月日可忘
왕께서 당에 납시어　　王止于堂
선왕의 공적 드날리니　　先烈是揚
나는 무소뿔 잔을 들어　　稱我兕觥
태산처럼 장수하시길 비네　　獻以陵岡

31 팔순의 우리 임금 : 1773년에 영조는 80세가 되었다.

32 유홍(流虹)의 달 : 영조의 선왕인 경종(景宗)의 생일이 있는 달이라는 말이다. 경종은 1688년(숙종14) 10월 28일에 태어났다. 유홍은 왕의 생일을 의미한다. 소식(蘇軾)의 〈집영전연치어(集英殿宴致語)〉에 "무지개 흘러내려 성명의 시대 열었나니, 인력으로 이룰 수 있는 상서가 아니로다.〔流虹啓聖, 非人力所致之符.〕"라고 한 데서 온 말이다.

33 익추(翼瘳) : 영조의 병이 속히 완쾌되었음을 이른 말이다. 《서경》〈금등(金縢)〉에 "주공(周公)이 돌아가 신에게 고한 축책(祝冊)을 금등의 궤 안에 넣자 성왕(成王)이 다음 날 병이 나았다.〔公歸, 乃納冊于金縢之匱中, 王翼日乃瘳.〕"라고 한 데서 온 말이다.

34 구갑과 달과 날 : 계사년(1593) 10월 4일을 말한다.

서암 송 병소서

瑞巖頌 幷小序

서암(瑞巖)은 경희궁(慶熙宮)[35]에 있는데, 경희궁은 곧 장묘(章廟)[36]의 옛 저택이다. 옛날에는 서암을 왕암(王巖)이라 불렀으므로 광해군이 이곳에 궁궐을 지었다. 인조께서 반정(反正)하고 인목대비(仁穆大妃)를 받들고 이 궁궐에 입어(入御)하시니, 왕암이라는 이름이 실로 사실에 부합하였다. 숙묘(肅廟)께서 '서암'이라는 두 글자를 친히 크게 써서 바위에 새겼다. 금상 계사년(1773, 영조49)에 서맥송(瑞麥頌)[37]의 고사를 따라 서암 송을 지어 올릴 것을 명하셨다.

백악[38]의 오른편에	白嶽之右
왕기가 쌓이고	王氣攸積
맺혀서 서암이 되니	結以爲巖

35 경희궁(慶熙宮) : 본래 명칭은 경덕궁(慶德宮)이다. 본디 이궁(離宮)으로 지어졌다. 숙종과 경종이 이 궁에서 태어났으며, 영조는 1762년에 이 궁으로 거처를 옮긴 뒤 1776년에 승하할 때까지 주로 이곳에서 제반 정무를 보았다.

36 장묘(章廟) : 인조의 생부인 정원군(定遠君)을 가리킨다. 정원군이 사망한 후 인조가 왕위에 오르자 왕으로 추존되어 원종(元宗)이라는 묘호가 더해졌고 그 능은 장릉(章陵)으로 격상되었다.

37 서맥 송(瑞麥頌) : 태평성대를 칭송하는 내용이다. 서맥은 보리 한 대에 여러 이삭이 나오는 것을 말하는데, 송나라 진종(眞宗) 때 수주(壽州)에서 서맥을 올린 일이 있었다고 한다. 《增修附註資治通鑑節要續編 卷30》

38 백악(白嶽) : 경복궁 뒷산인 백악산(白嶽山)으로, 서울의 진산(鎭山)이다.

귀신이 아꼈네	鬼慳神嗇
호랑이가 웅크린 것 같고	如虎之踞
거북이가 볕 쬐는 것 같네	如龜之曝
속명(俗名)[39]이 기이하나	异哉俗號
참으로 하늘이 내린 것이네	寔天之錫
옛날 장묘가	在昔章廟
이곳에 사시니	此維爲宅
못의 물고기와 숲의 참새	淵魚叢雀
속속 몰려들었네[40]	有驅斯亟
하지 말라고 해도 하여	莫爲而爲
새 궁궐 미리 여니[41]	預開新闕
지난 계해년(1623, 인조1)에 용이 일어나	粤癸龍興
우뚝한 공로 빛났네[42]	有煥巍烈
문득 신기를 주관하며	奄主神器
이 자극궁[43]에 임하였네	臨此紫極
바위가 말을 이해할 수 있다면	石若能語

39 속명(俗名) : 서암을 백성들이 왕암이라 부르는 것을 가리킨다.

40 장묘가……몰려들었네 : 인조의 아버지 정원군이, 경희궁을 짓기 전의 터에 살 적에 광해군의 폭정에 시달려 피해 오는 사람들이 많았다는 뜻이다.

41 하지……여니 : 신하들이 궁궐 공사를 무리하게 하지 말라고 말려도 광해군이 기필코 공사를 진행하여 완공했다는 말이다.

42 지난……빛났네 : 1623년에 인조가 반정한 것을 말한다.

43 자극궁(紫極宮) : 임금의 궁궐을 말한다. 자극은 본래 별자리 이름으로 천제(天帝)가 거주하는 곳이라고 한다.

내가 이제 부탁하리라	吾始有托
왕이 바위 앞에 납시거든	王在巖前
상서로운 기운으로 쬐어 드려	熏以瑞旭
크나큰 터전 뽑히지 않게 하기를	洪基不拔
이 바위와 같이 하라	有如玆石
선왕께서는, 아,	聖考曰咨
너 바위 우뚝하구나 하고	汝石之特
비로소 서 자로 고치니[44]	肇改以瑞
아름다운 이름 매우 혁혁하네	嘉號孔爀
찬란한 은하수를	雲漢有倬
완염에 새겼네[45]	琬琰之刻
한나라의 누상과 같고[46]	若漢樓桑
주나라의 홍벽과 같네[47]	如周弘璧

44 서(瑞) 자로 고치니 : 숙종이 왕암을 서암으로 고친 것을 말한다.

45 찬란한……새겼네 : 숙종이 '서암' 두 글자를 바위에 새긴 것을 말한다. 《시경》 〈대아(大雅) 역복(棫樸)〉에 "찬란한 저 은하수여, 밤하늘을 수놓았네.〔倬彼雲漢, 爲章于天.〕"라고 하였다. 완염(琬琰)은 옛날 주(周)나라 묘당(廟堂)의 서쪽 행랑에 비치했던 보옥(寶玉)인데, 여기서는 서암을 말한다.

46 한(漢)나라의 누상(樓桑)과 같고 : 제왕의 고향과 같다는 말이다. 촉한(蜀漢)의 소열제(昭烈帝)가 소싯적에 그 집 동남쪽에 있던 5장(丈)쯤 된 뽕나무가 멀리서 바라보면 마치 수레의 깃 일산처럼 보였으므로, 그 나무 밑에서 장난말로 "내가 후일에 반드시 이 깃 일산 수레를 탈 것이다." 하였으므로, 뒤에 그 마을을 누상리(樓桑里)라 명명한 데서 온 말이다.

47 주나라의 홍벽(弘璧)과 같네 : 서암이 보배롭다는 말이다. 홍벽은 주(周)나라 때 서서(西序)에 보관되어 있던 진귀한 보옥으로, 뛰어난 문장을 뜻한다.

서암이여, 만년토록	巖兮萬年
우리 왕국을 호위하라	衛我王國
왕께서 근신에게 명하길	王命近臣
어찌 가서 보지 않는가 하였네	盍往以覿
신이 절하고 바위 쓰다듬으니	臣拜摩挲
오색구름 옆이네[48]	五雲之側
원에 돌아와 송을 지어	歸院作頌
천추만세에 전하노라	庸示千億

48 오색구름 옆이네 : 임금이 머무는 곳의 옆이라는 말이다. 오색구름은 왕의 기운을 상징한다.

찬 贊

스스로 지은 초상화 찬

自題寫眞贊

내가 그대인가	我是君耶
그대가 나인가	君是我耶
나는 내가 내 몸 가진 것 걱정하는데	吾方患吾有吾身
그대는 어찌하여 나를 닮았나	君胡爲兮復我
큰 띠 드리우고 홀 바로잡았는데	垂紳正笏
결정한 것은 어떤 계책인가	所決者何策
머리카락 희고 얼굴 주름졌는데	髮白顔皺
이룬 것은 어떤 사업인가	所成者何業
태평성대에 나고 늙고 죽게 되어	生老死太平
나는 즐거운데 군도 즐거웠는가	我樂而君亦樂否

이상은 조복(朝服)을 입은 그림에 쓴 것이다.

천고에 내 마음을 아는 부합은	千古知心之契
오직 우리 영조이시네	惟我英祖
그동안 재차 살려 준 은혜는	前後再生之恩

또한 오직 우리 성군이시네	亦惟我聖主
간사한 사람의 미움이 있지 않았다면	不有憸人之忌嫉
내가 곧은 도로 임금 섬긴 것을 누가 믿으랴	誰信我直道事君
생초는 때때로 해졌는데	生綃有時而敝
해지지 않은 것 있었네	其有不敝者存
일생의 본심을 살피려 한다면	如欲考一生心跡
상자 속 글을 읽어 보시라	試閱篋中之文

이상은 흑단령(黑團領)을 입은 그림에 쓴 것이다.

성상 15년 신해년(1791, 정조15)에 어진을 그리고, 그 뒤에 나의 초상화를 그려 궐내에 들이라는 명을 받들었다. 초상화 중에 남은 그림을 이듬해인 임자년(1792)에 단장하였다
聖上十五年辛亥御眞圖寫後承命摸像內入以其餘本明年壬子粧

너의 형체와 너의 정기는	爾形爾精
부모의 은혜이고	父母之恩
정수리부터 발꿈치까지는	爾頂爾踵
성군의 은택이네	聖主之恩
부채는 임금의 은택이고	扇是君恩
향도 임금의 은택이네	香亦君恩
온몸을 아름답게 꾸미니	賁飾一身
어떤 물건인들 은택이 아니랴	何物非恩
부끄러운 바는 헐후[49]이니	所愧歇後
은혜 갚을 계책 하나 없네	無計報恩

번암옹이 스스로 찬을 짓고 쓰다.

49 헐후(歇後) : 자신이 재상감이 못 된다는 것을 겸양해서 한 말이다. 당(唐)나라 소종(昭宗) 때의 사람 정계(鄭綮)는 시를 잘하였는데, 대부분 현실을 심하게 풍자하여 격조가 맞지 않았으므로 사람들이 그것을 정오헐후체(鄭五歇後體)라고 하였다. 당시의 정치 현실을 풍자한 정계의 시를 어떤 사람이 소종 앞에서 읊자, 소종은 마음속에 깊은 뜻이 있다고 생각하고는 정계를 예부 시랑(禮部侍郞)과 평장사(平章事)에 임명하였다. 조서가 내려오자 정계는 "헐후한 정오(鄭五)가 재상 노릇을 하면 시사(時事)를 알 만할 것이다."라고 하면서 사양하였다. 《舊唐書 鄭綮列傳》

백운재 권공[50] 응수 화상 찬
白雲齋權公 應銖 畫像贊

아름다운 수염과 시원한 미목	美鬚髯疏眉目
선조께서 돌아보고는 정말 그렇구나 하셨네	宣祖顧曰良是良是
아,	嗟哉
뛰어난 절의 떨쳐 큰 이름 세운 이	奮奇節立大名者
어떤 모습인지 늘 알지 못했네	每在不識何狀之地
나가서 의병 일으키자	出而仗義
공적이 나라 안에 으뜸이었네	功蓋小華之國
물러나서 없는 듯이 살며	退而若無
몸은 백운재 평상에 누웠네	身臥白雲之牀
북락이 하늘에 있고[51]	北落在天
생초가 당에 있네	生綃在堂
공의 영령 혁혁하니	公靈奕奕
누가 공이 돌아가셨다고 하리오	孰謂公云亡

50 백운재(白雲齋) 권공(權公) : 권응수(權應銖, 1546~1608)로, 백운재는 그의 호이다. 본관은 안동, 자는 중평(仲平)이다. 임진왜란이 일어났을 때 경상 좌수사 박홍(朴泓)의 막하에 있다가, 박홍이 동래가 왜군에게 함락되었다는 소식을 듣고 도망치자 고향으로 돌아가 의병을 모집하여 궐기하였다.

51 북락(北落)이 하늘에 있고 : 권응수가 세상을 떠나 나라를 지키는 별이 되었다는 말이다. 북락은 북락사문(北落師門)이라는 별이다. 《진서(晉書)》 〈천문지 상(天文志上)〉에 "북락사문은 별의 하나인데, 우림성(羽林星) 서남쪽에 있다. 북(北)이란 별자리가 북방에 있다는 말이고, 낙(落)이란 하늘의 울타리라는 말이고, 사(師)는 대중이라는 말이니 사문(師門)은 군문(軍門)이라는 말과 같다."라고 하였다.

시랑 이익운 계수가 49세 때 그린 초상화에 쓰다

書李侍郎益運季受四十九歲眞

그림은 도움이 없지 않으니	畫不無助
그대의 정신을 그려 냈네	寫爾精神
바라건대 더욱 힘써	願言益勉
후인으로 하여금 절하고	使後人拜之
성조의 현신이라 말하게 하라	曰聖朝賢臣

해봉대사[52] 진영 찬

海峯大師影贊

홍류동의 바위에	紅流之石
고운의 시 천 겁을 전하네[53]	孤雲詩千刧
가야산 감실에	伽倻之龕
해봉대사의 진영 한 폭 있네	海峯眞一幅
시와 진영 무엇이 장수하고 무엇이 요절할까	詩與眞孰壽孰夭
신선은 죽지 않고	僊不死兮
석씨는 시작도 없고 끝도 없네	釋則無始無竟
홍류동의 이슬을 들이쉬고	吸紅流之瀣
가야산 오를 신발 손질할 이여	理伽倻之屐者

52 해봉대사(海峯大師) : 법명은 유기(有璣), 편양문파(鞭羊門派)로 속성은 문화 유씨(文化柳氏), 호는 해봉(海峯) 또는 호은(好隱)이다. 28세에 가야산 해인사의 의눌(義訥) 문하에서 공부하다가 화엄학(華嚴學)을 배워 통달하였다. 15년 동안 해인사에서 후학들을 지도하였다. 1772년(영조48)에 표충사를 수호하는 책임을 맡은 총섭(摠攝)이 되었으며, 78세로 해인사에서 입적하였다.

53 홍류동(紅流洞)의……전하네 : 홍류동의 바위에 고운(孤雲) 최치원(崔致遠)의 시가 새겨진 것을 말한다. 홍류동은 가야산 입구에서 해인사까지 이르는 10리의 계곡을 말하는데, 골짜기 입구에 있는 무릉교(武陵橋)를 건너 절을 향해 5, 6리쯤 되는 곳의 바위에 최치원의 시가 새겨져 있다. 그 시는 "층층 바위 사이로 미친 듯 내뿜고 첩첩 산을 울려대니, 사람의 말소리를 지척 간에도 분간하기 어려워라. 시비 소리 귀에 들릴까 항상 두려워, 일부러 흐르는 물로 온통 산을 두르게 했네.〔狂噴疊石吼重巒, 人語難分咫尺間. 常恐是非聲到耳, 故敎流水盡籠山.〕"라고 했는데, 최치원의 《고운집(孤雲集)》 권1에 실린 〈가야산 독서당을 읊다〔題伽倻山讀書堂〕〉라는 시와 전체적으로 유사하다.

나는 그대가 고운의 시를 어루만지고 吾知其手摩孤雲詩
해봉의 영정에 정례 올릴 것을 아노라 頂禮海峯幀

완월당대사[54] 진영 찬

玩月堂大師眞贊

대사가 입적했다고 말하자니	謂師視寂也
서산의 달 남아 영겁의 세월 비추고	西峯之月留照浩劫
대사가 열반에 들지 않았다고 말하자니	謂師不滅也
눈 속의 무지개 이른 아침 동안에 사라졌네	雪中之虹崇朝無跡
나는 모르겠으나	吾不知
대사의 탄생과 입적이 환화의 경계에서 절절했던 것은	其生與滅切切於幻化之境者
허망한 것이었고	妄也
승려들이 달려와 슬퍼하고 울며	龍象之奔走悲泣
허무한 진영을 길이 전하고자 하는 것도	欲壽虛無之眞者
허망함 중에서도 허망함이라네	妄中之妄也

54 완월당대사(玩月堂大師) : 법명은 궤홍(軌泓, 1714～1770)이다. 속성은 청주 한씨(淸州韓氏), 호는 완월이다.

문곡대사[55] 영정 찬

文谷大師影贊

입으로 하는 공부는 수고롭고	口學勞
마음으로 하는 공부는 고양되네[56]	心學高
돈오의 말은	頓悟之言
많이 하는 데 묘리가 있지 않네	妙不在多
오직 입으로 하는 공부에 힘쓰니	惟口是騖
중생을 어찌하리오[57]	衆生則那
올라간 것은 그의 기이고	升者其氣
벗은 것은 그의 그림자이네	蛻者其影
의탁할 곳이 있으니	因依有所
어찌 정례를 올리지 않겠는가	盍禮以頂

55 문곡대사(文谷大師) : 법명은 영회(永誨), 문곡은 그의 법호이다. 속성은 이씨(李氏), 본관은 성주(星州)이다. 농서공(隴西公) 이장경(李長庚)의 11세손이다.

56 입으로……고양되네 : 문곡대사가 젊은 시절에 정혜대사(定慧大師)에게 귀의하여 불경을 공부하다가 깨닫고 한 말이다.《樊巖集 卷57 文谷大師碑銘》

57 오직……어찌하리오 : 성리학자 중에 정주(程朱)의 글 서너 권을 섭렵하기만 하면 성명(性命)과 이기(理氣)에 대해 많은 말을 하는 자들을 두고 한 말이다.《樊巖集 卷57 文谷大師碑銘》

추파대사 영정 찬 병서

秋波大師影贊 幷序

대사의 법명은 홍유(泓宥)이고, 속성은 이씨(李氏)이며, 호는 추파(秋波)이다. 대군(大君 효령대군(孝寧大君))의 후예이고, 지현(知縣)[58]의 손자이다. 대사는 10세 때 책 100권을 읽었다. 벼슬에 나아가 세상에 쓰였다면 어디 간들 합당하지 않았겠는가마는 도리어 머리를 깎고 회계산(會稽山)[59]에 들어가 40년을 좌선하다가 삶을 마쳤다. 대사가 무슨 일을 즐겼는지는 모르겠으나 나는 가만히 그의 뜻을 슬퍼하노라. 대사는 어릴 적에 나의 종조조부이신 희암(希菴) 선생[60]께 배웠다. 그리고 대사는 나의 선친의 서신 한 장을 얻은 적이 있는데 열반에 들 때까지 보배롭게 여겨 잘 간직하며 잃어버리지 않았으니, 대사가 문장을 좋아한 것을 알 수 있다. 지금 영정을 찬하는 글에 거듭 마음을 전한다.

그 형상은 우뚝한 오동나무이고	其狀魁梧
그 문벌은 화려한 귀족이네	其閥華顯
한번 불법(佛法)에 투신하자	一投空門

58 지현(知縣) : 현감을 지냈다는 뜻으로, 화순 현감을 지낸 이석관(李碩寬)을 가리킨다.

59 회계산(會稽山) : 경상남도 산청군의 주산이다.

60 희암(希菴) 선생 : 채팽윤(蔡彭胤, 1669~1731)으로, 희암은 그의 호이다.

빠져들기만 하고 돌아오지 않았네　有溺無返
어찌 그것을 즐겼으리오　豈其所樂
사실은 선으로 도피하는 데 있었네　眞在逃禪
또한 싫어하는 바가 있었으니　抑有所厭
무슨 패륜이 있겠는가　有甚滅倫
내 듣건대, 서역의 풍속은　吾聞西域之俗
사람이 태어나면 조문하고　人生則弔
사람이 죽으면 축하한다 하네　人死則賀
조문은　弔者
그가 고해에 태어난 것을 조문하는 것이고　弔其生於苦海
축하는　賀者
그가 낙국[61]에 돌아가는 것을 축하하는 것이네　賀其歸於樂國
심적암[62]에서　深寂之菴
사대가 적막으로 돌아갔으니　四大歸寂
남들이 축하할 것도 없이　不待人賀
대사는 스스로 축하하느라 겨를이 없었으리라　師必自賀之不暇
한 폭의 영정이 고해에 다시 태어나매　一幅影子之復生於苦海
나는 진실로 대사 위해 회계산 아래에서 조문하고파
吾實欲爲師相弔於稽山之下

61 낙국(樂國) : 아미타불(阿彌陀佛)의 서방 정토(西方淨土)를 말한다. 그곳은 상, 중, 하에 다시 상, 중, 하로 나뉘는 아홉 단계의 등급이 있는데, 세상을 떠나 극락왕생할 적에 각자 행한 업보에 따라 거기에 맞는 등급의 낙을 얻게 된다고 한다.

62 심적암(深寂菴) : 경상남도 산청군 산청읍 지리산에 있는 절인 심적사(深寂寺)를 가리킨다.

취은대사 영정 찬

翠隱大師影贊

살아서는 과연 그 마음을 다스렸으니	生果治其心
형체는 곧 외물에 속했네	形骸便屬外物
죽어서는 과연 극락왕생하였으니	死果往而生
지난 일에 미련 가질 필요 없네	前塵不須戀結
물거품 흩어지고 구름 걷혔는데	泡散雲收
어찌하여 영정이 기림[63]에 머무는가	是何七分之留落祇林
향 사르고 절 올리는 승려가	龍象之燒香膜拜者
문곡대사[64]가 전한 심법을 살필 수 있을는지	可能諦文谷師相傳之心

63 기림(祇林) : 사찰을 가리킨다. 인도(印度) 사위성(舍衛城) 남쪽에 있던 기타태자(祇陀太子)의 동산이라는 뜻인데, 수달장자(須達長者)가 이 땅을 사서 절을 지어 부처에게 바쳤다.

64 문곡대사(文谷大師) : 법명은 영회(永誨), 문곡은 그의 법호이다. 속성은 이씨(李氏), 본관은 성주(星州)이다. 농서공(隴西公) 이장경(李長庚)의 11세손이다.

화봉대사[65] 영정 찬

華峯大師影贊

유이면서 무를 부리는 것은 마음이고	有而使無者心
무이면서 유를 부리는 것은 영정이네	無而使有者影
무는 본디 방해되지 않으나	無固不妨
유도 다행은 아니네	有亦非幸
달이 가을 연못에 있고	月在秋潭
소나무가 서리 내린 언덕에서 빼어나네	松挺霜崗
이것이 우리 대사의 참모습이니	是維吾師之眞
하필 한 폭 영정의 유무를 따지리오	何必問一幅有亡

65 화봉대사(華峯大師) : 법명은 도원(道圓)이다.

월성당 비은대사[66] 영정 찬

月城堂費隱大師影贊

세상에 나가서는 나라에 충성하고 군주를 호위하며	出世則忠國衛主
산에 들어가서는 부지런히 이치 깨달았네	入山則見星悟理
조사의 심인을	祖師心印
나는 이와 같이 들었네	我聞如是
그 초상을 공경함은	敬其像
그 마음을 배우는 것만 못하네	不如學其心
아, 너희 승려와 제자여	嗟爾龍象諸子

66 비은대사(費隱大師) : 1710~1778. 속성은 김씨(金氏)이고, 호는 월성당이다.

뇌묵당 처영대사[67] 영정 찬

雷默堂處英大師影贊

병 하나 바리때 하나로 살며	一甁一鉢
흙덩이처럼 앉아 면벽하니	塊坐面壁
그 모습은 식은 재나 고목 같았네	其形也死灰枯木
짧은 검 짚고 국난에 달려가서	及其仗尺劍赴國難
손수 수천 용사 이끌었으니	手提數千羆熊
그 배운 것은 의와 충이었네	其學也曰義曰忠
대사 같은 이는	如師者
여래의 깊은 뜻을 잘 썼으니	善用如來奧旨
어찌 한 폭 영정에 공경을 다하지 않으리오	安得不致敬於一幅影子

67 처영대사(處英大師) : 임진왜란 때의 승병장으로, 호는 뇌묵(雷默)이며, 휴정(休靜)의 제자이다. 휴정이 팔도의 승려에게 격문을 보내 의병을 일으킬 것을 호소하자, 처영은 1000명의 승병을 모집하여 권율(權慄)과 함께 금산(錦山) 배고개 전투에 참여하여 크게 전공을 세웠다. 그 뒤 권율과 함께 북진하여 수원 독왕산성(禿旺山城)에 진을 치고 왜적을 쳤으며, 행주산성의 전투에서 크게 승리를 거두었다. 이에 조정에서는 절충장군(折衝將軍)이라는 직함을 내렸다.

반교문 頒敎文

정조 진하 때의 반교문 을유년(1765, 영조41)

正朝陳賀頒敎文 乙酉

예문관 제학 재임 시 지은 글이다.

팔천 년을 봄으로 삼고 가을로 삼으라[68]는 뭇 인정의 바람 비록 간절하나 아홉 번째 오복(五福)에서 강녕(康寧), 수(壽)라 하였으니[69] 성대한 의식에 애써 부응하기 어찌 편하겠는가. 오로지 이극(貳極)[70]의 깊은 정성에 말미암으니 어찌 팔방(八方)에 널리 알리지 않겠는가. 길이 생각건대 덕이 부족한 내가 외람되게 큰 기업을 이어받았도다. 깊은

68 팔천……삼으라 : 신하들이 영조의 장수를 바라는 마음을 표현한 말이다. 《장자》 〈소요유(逍遙遊)〉에 "초나라 남쪽의 명령은 오백 년을 봄으로 삼고 오백 년을 가을로 삼으며, 상고 시대의 대춘은 팔천 년을 봄으로 삼고 팔천 년을 가을로 삼는다.〔楚之南有冥靈者, 以五百歲爲春, 五百歲爲秋. 上古有大椿者, 以八千歲爲春, 八千歲爲秋.〕"라는 말이 나온다.

69 아홉……하였으니 : 《서경》 〈홍범(洪範)〉에 "아홉 번째는 오복이니, 수(壽)와 부(富)와 강녕(康寧)과 유호덕(攸好德)과 고종명(考終命)이 그것이다."라고 하였다.

70 이극(貳極) : 두 번째로 높은 자리라는 뜻으로, 보통 세자(世子)를 가리키는데, 여기서는 세손(世孫)을 뜻한다.

못에 임하고 얇은 얼음을 밟는 심정으로[71] 사기(四紀)[72]를 하루같이 지냈고 조종(祖宗)의 영령이 도운 바 있어 칠순에서도 두 해를 더 살았네. 영수각(靈壽閣)[73]에서 경로 의식을 거행하였으나 감히 두 선왕께 추배(追配)한다고 이르겠는가.[74] 공자의 마음이 하고자 하는 대로 하는 나이를 넘겼는데도[75] 일치(一治)[76]를 이루지 못함이 부끄럽도다. 대저 어찌하여 빈계(賓啓)와 합사(合辭)[77]로 연회의 예식을 끌어와 청하는가. 진실하고 간곡한 정성인데, 어찌 너의 말이 마땅하지 않다 하겠는가. 내가 곰곰이 생각해 보니, 진실로 또한 차마 하지 못할 바가 있도다. 예스러운 장락전(長樂殿)[78]이 쓸쓸하여 종신토록 술잔에 눈물 흘렸

71 깊은……심정으로 : 조심스러운 마음으로 매사를 신중히 처리하는 것을 말한다. 《시경》〈소아(小雅) 소민(小旻)〉의 "전전긍긍하여 깊은 못에 임하듯 얇은 얼음을 밟듯 한다.〔戰戰兢兢, 如臨深淵, 如履薄氷.〕"라고 한 데서 온 말이다.

72 사기(四紀) : 본래 기(紀)는 12년이므로 4기는 48년이나, 여기서는 영조가 재임한 41년을 뜻한다.

73 영수각(靈壽閣) : 기로소(耆老所) 안에 있는 어첩(御帖)을 보관하는 누각(樓閣)이다. 조선 시대 제도에 공경으로서 70세가 된 자는 기사(耆社)에 가입하고 영수각에다 화상을 걸도록 하였다. 임금의 수(壽)는 60세만 되어도 기사에 들었다. 《經世遺表 卷1 春官禮曹 第3》 역대로 태조와 숙종·영조의 화상이 영수각에 걸렸다.

74 두……이르겠는가 : 조선의 임금 중에서 태조가 74세를 살고, 숙종이 60세를 살았는데, 영조가 그들처럼 장수했다는 말이다.

75 공자의……넘겼는데도 : 70세를 넘게 살았다는 말이다. 《논어》〈위정(爲政)〉에 "나는 70세에 마음이 하고자 하는 대로 하여도 법도를 벗어나지 않았다.〔七十而從心所欲不踰矩〕"라고 한 데서 온 말이다.

76 일치(一治) : 문명으로 다스리는 태평성대를 말한다.

77 합사(合辭) : 의견을 같이하는 여러 관사(官司)나 관원이 합동으로 임금에게 올리는 계사(啓辭)를 말한다.

고 서쪽 들판[79]에 저문 구름이 아득하니 어디에서 종과 북을 연주하리오. 더구나 노야(魯野)[80]에서는 흉년을 고하니 주시(周詩)에서 복을 송축한 것만 한 것이 없도다.[81] 내 한마음의 고집된 겸양을 생각한다면 비록 백 통의 소를 올리더라도 윤허하기 어려우나 저 군공의 피곤함을 없애기를 바라서 10조(條)로써 내 뜻을 폈노라.[82] 아, 우리 조금 장성한

78 장락전(長樂殿) : 조선 시대 대비(大妃)가 거처하는 궁전으로 경희궁(慶熙宮)에 있었다.

79 서쪽 들판 : 숙종의 능인 명릉(明陵)이 있는 서오릉(西五陵) 일대를 말한다.

80 노야(魯野) : 노나라의 들로, 여기서는 경상도 지역을 말한다.

81 주시(周詩)에서……없도다 : 선대의 왕에게 제사하면서 상제(上帝)에게 배향(配享)하는 것이 제일 좋은 방법이라는 것이다. 《시경》 〈주송(周頌) 아장(我將)〉에 "내 받들어 제사 지내는 것이 양이며 소이니, 하늘이 그 오른쪽에 내려오실까?……큰 복 내리시는 문왕은 이미 오른쪽에서 흠향하시리.〔我將我享, 維羊維牛, 維天其右之?……伊嘏文王, 旣右享之.〕"라고 하였는데, 이 시는 곧 문왕(文王)을 명당에 제사하면서 상제에게 배향하는 노래이다.

82 저……폈노라 : 1765년(영조41) 1월 8일 영의정 홍봉한(洪鳳漢) 등이 빈청(賓廳)에서 재신(宰臣)들을 거느리고 나와 영조의 장수를 송축하는 연회를 여는 일에 대해 계진(啓陳)하였으나, 영조는 며칠 전 연중(筵中)에서 한 10조로써 하교하고 부연(敷衍)하여 거듭 유시하였다고 했다. 연중에서 한 10조는 1월 2일 홍봉한이 처음 헌수를 청했을 때 영조가 윤허하지 않으면서 다음과 같이 이른 말로 보인다. "불효하고 어리석은 나는 황형(皇兄)의 큰 은혜도 갚지 못하였고, 자성(慈聖)에 대한 효양(孝養)도 이루지 못하였다. 선왕(先王)께서 돌아가신 지 이미 오래됨을 슬퍼하고, 〈육아(蓼莪)〉 시(詩)를 읊었다. 오늘날 어찌 차마 홀로 헌수를 받겠는가. 하물며 4기(紀)를 임어하는 동안 한 가지의 혜정(惠政)도 없어 백성들은 사경에서 헤매거늘, 그 임금은 향연(饗宴)을 받는 것이 옳겠는가. 아, 할아버지는 손자를 의지하고, 손자는 할아버지를 의지하고 있다. 돌아보건대 지금 조정에는 인협(寅協)하는 공효(功效)가 없고, 나라 형편은 철류(綴旒)처럼 위태롭다. 비록 풍년이 들었더라도 오히려 불가하거늘, 하물며 흉년이겠는가. 일을 크게 벌이는 것을 세손(世孫)에게 보여 줄 수는 없다." 《英祖實錄 41年 1月 2日, 8日》

어린 손자가 마음의 순수한 효를 다하였네.

상소문에 간곡한 정성을 쏟으니 병이(秉彝)의 양심이 애연하였고[83] 네 때의 식음을 정지했으니 진실로 쌓은 성의가 돈독하도다.[84] 할아버지는 손자에 의지하고 손자는 할아버지에게 의지하는데, 어찌 손상이 있지 않겠느냐. 정은 바로 예이며 예는 바로 정이니 어찌 차마 끝내 거절하겠는가. 이에 마지못해 따르며 드디어 많은 생각을 했노라. 내가 즐거워하는 바가 아닌데 어찌 술잔 올리는 예를 쓰겠는가마는 돌아보건대 지성을 막을 수 없어서 만세 외침을 억지로 허락하노라. 자손을 위한 계책 남겨 주려 염려하는데, 어찌 화려한 의식을 거행하겠는가. 전문(箋文)을 올리는 것은 윤허하나 특산물의 헌상은 물리쳐서 겸양의 마음을 보이고자 하노라. 종묘에 고하여 필분(苾芬)[85]을 올리고 대궐 뜰에 임하여 신하들을 모았도다. 창업과 수성을 헤아려 보며 만약 하늘에 빌어 나라의 명운을 길게 할 생각을 한다면 자애와 효도를 함께 펴 온 천하 사람이 우뚝 일어남을 상상할 만하도다. 옛 전당에서 오늘날 성대한 의식을 보며 감회를 일으키네. 명년은 무슨 해인가.[86] 지난

83 상소문에……애연하였고 : 1765년 1월 8일 왕세손이 상소를 올려 연회를 열 것을 청한 일을 말한다. 이러한 왕세손의 상소에 대해 영조는 손수 비답을 써서 내렸다.

84 네……돈독하도다 : 왕세손이 상소를 올려 연회를 열 것을 청하였으나 영조가 윤허하지 않자, 왕세손은 정성 어린 잔치를 펼 수 없으므로 마음이 민울(憫菀)하여 식음을 정지하였다. 왕세손이 음식을 먹지 않은 것이 네 때에 이르자 결국 영조는 왕세손의 효성에 감동하여 1월 15일 하례(賀禮)를 행하라 명하였다. 《英祖實錄 41年 1月 9日》

85 필분(苾芬) : 제물의 향기를 말하는데 제사의 뜻으로 쓰인다. 《시경》 〈소아(小雅) 초자(楚茨)〉에 "향기로운 효사에 신이 음식을 즐기네.〔苾芬孝祀, 神嗜飮食.〕"라는 말이 있다.

일을 생각하며 이야기하네.……

아, 삼양(三陽)이 문득 이르러 천지가 교태(交泰)하는 시기에 속하였네.[87] 순일한 덕[88]을 능히 밝혀 정히 군신이 서로 권면할 기회로다.

86 명년은 무슨 해인가 : 명년인 1766년은 왕세손이 15세가 되는 해이므로, 기대감을 표현한 말로 보인다.

87 삼양(三陽)이……속하였네 : 하늘과 땅의 기운이 서로 통해 조화를 이루는 1월의 봄날이라는 말이다. 삼양은 봄 혹은 1월을 뜻한다. 음력 11월에 하나의 양효(陽爻)가 처음으로 생겨났다가, 1월이 되면 세 개의 양효가 하괘(下卦)에 자리하고 세 개의 음효가 상괘에 자리하는 태괘(泰卦)를 이루는 데에서 연유한 것이다. 《주역》 〈태괘 상(象)〉에 "하늘과 땅의 기운이 서로 통하는 것이 태괘이다. 제왕은 이로써 천지의 도를 지나침 없이 이루고 천지의 일을 모자람 없이 도와서 백성을 보호하고 인도한다.〔天地交泰. 后以財成天地之道, 輔相天地之宜, 以左右民.〕"라는 말이 나온다.

88 순일한 덕 : 군신간의 한결같은 덕을 말한다. 《서경》 〈함유일덕(咸有一德)〉에 이윤(伊尹)이 "저는 몸소 탕왕(湯王)과 더불어 모두 순일한 덕을 소유하여 능히 천심에 합당할 수 있었습니다.〔惟尹躬暨湯, 咸有一德, 克享天心.〕"라고 하였다.

전 箋

영종대왕의 성수가 망팔이며 즉위 41년을 경축하는 왕세손이 올리는 전문 을유년(1765, 영조41)

英宗大王聖壽望八卽位四十一年稱慶王世孫進箋 乙酉

예문관 제학 재임 시에 지은 글이다.

정월 초하루에 구중궁궐의 침전에 문안하니, 보록(寶籙)[89]이 더욱 무궁하네. 칠순에 두 해를 더한 연세에 성대한 의식을 크게 거행하였네. 고금에 드문 일로 중외가 모두 기뻐하네. 공손히 생각건대 국에서 요(堯)를 보듯[90] 효성 깊고 도는 기자의 홍범구주를 밝혔네. 큰 덕이 천심에 합당하며 빛나게 임어하여 사기(四紀)[91]를 어루만졌네. 하늘이 아름

89 보록(寶籙) : 전설에 의하면 봉황이 황제(黃帝)와 제요(帝堯)에게 물어다 준 도록(圖籙)으로, 천명(天命)을 상징하는데, 여기서는 왕통(王統)이나 왕업(王業)을 뜻한다.

90 국에서 요(堯)를 보듯 : 부모나 어진 이를 사모함을 뜻하는 말이다. 《후한서(後漢書)》 〈이고열전(李固列傳)〉에 "요 임금이 별세한 후에 순(舜) 임금이 3년 동안 앙모(仰慕)하니, 앉아 있을 때에는 담에서 요 임금이 보이고 밥을 먹을 때면 국에 요 임금의 얼굴이 보였다."라고 하였다.

91 사기(四紀) : 본래 기(紀)는 12년이므로 4기는 48년이나, 여기서는 영조가 재임한 41년을 뜻한다.

다운 명을 거듭 내리니 장수하매 온갖 복록 모여들었네. 뭇 신료가 헌수의 청을 아뢰고[92] 소자(小子)는 상소문 올리는 정성 바쳤네.[93] 몇 줄 짧은 말에 어찌 애일(愛日)의 간곡함 다하리오. 10조(條)의 분명한 유시(諭示)는 옛날 일의 감회 몹시 절절하였네.[94] 다행히 지자(止慈)[95]

92 뭇……아뢰고 : 1765년 1월 2일부터 영의정 홍봉한(洪鳳漢)이 헌수(獻壽)를 청한 것을 말한다.

93 소자(小子)는……바쳤네 : 1765년 1월 8일 왕세손이 상소하여 진연을 베풀 것을 다음과 같이 청하였다. "삼가 성상(聖上)께서는 춘추가 망팔로 고첩(古牒)에도 드문 일입니다. 이러한 까닭으로 조신(朝臣)이나 만민(萬民)이 손뼉을 치면서 기뻐하지 않는 사람이 없습니다. 신민(臣民)도 오히려 그러한데, 하물며 소신(小臣)이겠습니까. 신의 나이 비록 어리나 역시 앎이 있습니다. 성상께서 만일 조신들의 청을 윤허하여 주신다면, 신이 먼저 잔을 잡고 애일의 정성을 펴겠습니다. 바라건대 우리 성상께서는 소신의 정을 조금이라도 살펴 주소서. 소신의 마음이 이러하고 내외(內外) 대소 신민(大小臣民)의 마음도 모두 이러하니, 성상께서 어찌 차마 따르시지 않겠습니까. 삼가 바라건대 성명(聖明)께서는 굽어살펴 특별히 소청(所請)을 윤허하여 주시면, 종사(宗社)에 매우 다행하고 신민에 매우 다행한 일로 신은 더할 수 없이 기쁜 마음으로 크게 바라 마지않습니다. 삼가 절하고 소(疏)를 올려 아룁니다."

94 10조(條)의……절절하였네 : 1765년 1월 8일 왕세손이 올린 상소에 대해 영조는 다음과 같은 비답을 내렸는데, 여기서 10조는 이것을 말하는 것으로 보인다. "너의 간곡한 글을 보고 너의 심정을 알았다. 아, 망팔의 늙은 나이에 네가 쓴 글을 볼 줄이야. 아, 네가 이제 숙성(夙成)하여 이러한 거조(擧措)를 하게 되고, 문리(文理)도 능히 이루었으니, 해동(海東)이 거의 잘 되겠구나. 해동이 거의 잘 되게 되면 내가 근심할 것이 없다. 아, 한쪽 모퉁이에 있는 나라 청구(靑丘)에서 할아버지는 손자에게 의지하고 손자는 할아버지에게 의지하는데, 지금 너의 글을 보니 어찌 차마 매정스럽게 하겠느냐. 지금 나의 마음이 한편으로는 선조의 생각에 눈물을 머금고, 또 한편으로는 충자(沖子)를 위하는 마음이 깊다. 지금 이 글은 가히 두어 잔의 헌수를 대신할 만하다. 네가 이미 글을 손수 썼고 나 역시 손수 써서 답하였으니, 비록 천 년 백 년을 내려간들 그저 예(例)에 따라 술잔이나 올리는 것보다 어찌 낫지 않겠느냐. 오늘 대소의 신하들은

의 은혜는 경축의 하례를 먼저 윤허하셨네.[96] 삼가 생각건대 학금(鶴禁)[97]에서 은총을 입어 구장을 모시고 기뻐하네. 잔 올려 축수할 제 유음을 받드니, 명년을 손꼽으셨네.[98] 온 나라에 기쁜 기운 넘치니 오늘 손뼉을 치며 기뻐하네.

이 비답을 보고 나의 굳은 마음을 잘 알 것이다. 아, 400년 종국(宗國)이 오직 너에게 달렸으니, 부지런히 배우고 덕을 닦아 선열(先烈)의 공적을 떨어뜨리지 말 것이며, 나라를 반석처럼 공고히 하여 너의 할아버지로 하여금 후세에 전해 줄 말이 있게 하라. 그 효도의 큼이여, 어찌 아름답지 않은가. 마땅히 이 뜻을 체득하라."《英祖實錄 41年 1月 8日》

95 지자(止慈) : 자식에 대한 지극한 사랑이다. 《대학장구》 전 3장에 "《시경》에 이르기를 '심원하도다, 우리 문왕이시여. 아, 실로 계속해서 공경하는 덕을 밝히셨나니.' 하였으니, 문왕께서는, 임금이 되어서는 인에 그치고, 신하가 되어서는 공경에 그치고, 자식이 되어서는 효에 그치고, 아버지가 되어서는 인자함에 그치고, 나라 사람들과 사귈 때는 신에 그치셨다.〔詩云"穆穆文王, 於緝熙敬止". 爲人君止於仁, 爲人臣止於敬, 爲人子止於孝, 爲人父止於慈, 與國人交止於信.〕"라고 한 데서 온 말이다.

96 경축의……윤허하셨네 : 1765년 1월 8일 왕세손이 상소하여 경축하는 연회를 베풀기를 청했다가 거부당하자 연거푸 네 때의 식음을 전폐하니, 이튿날인 9일 영조가 15일에 하례를 행하라고 명하였다.

97 학금(鶴禁) : 여기서는 왕세손이 거처하는 궁을 말한다. 명(明)나라 팽대익(彭大翼)의 《산당사고(山堂肆考)》 〈한궁궐소(漢宮闕疏)〉에 "학궁은 태자가 거처하는 곳이라 일반 사람은 함부로 들어갈 수 없다. 그래서 학금이라 한다."라고 하였다.

98 명년을 손꼽으셨네 : 명년은 1766년으로 왕세손의 나이가 15세 되는 해이므로, 기대감을 표현한 것으로 보인다.

장 狀

이천에 부임하여 상부에 올리는 예장[99]
伊川到任禮狀

서성(西省)[100]에서 말을 기록하며[101] 종루(鍾漏)의 걸음[102]에 홍이 식었는데 동쪽 고을[103]에서 어부(魚符)를 차니 병몽(帡幪)의 덮어 줌[104]에 매우 기쁘네. 공손히 예장을 닦아 비루한 정성을 우러러 토로하네.

99 예장(禮狀) : 예를 표하기 위한 글로 특히 지방관이 하례(賀禮)의 뜻으로 상관에 올리는 문서이다. 번암은 37세인 1756년(영조32) 6월 이천 부사(伊川府使)에 임명되었다.

100 서성(西省) : 중서성(中書省)의 별칭으로, 임금을 측근에서 보좌하여 중요한 기무(機務)를 관장하던 곳이다. 여기서는 번암이 이천 부사에 임명되기 전에 중앙 관서에 있었기 때문에 한 말이다.

101 말을 기록하며 : 번암이 이천 부사에 임명되기 전에 병조 참지를 지냈기 때문에 한 말이다.

102 종루(鍾漏)의 걸음 : 벼슬살이를 말한다. 종루는 종과 물시계를 말하는데 조정 관료들의 출근과 숙직 등의 시간을 알려 주었기 때문에 이렇게 표현한 것이다.

103 동쪽 고을 : 강원도 이천(伊川)을 말한다.

104 병몽(帡幪)의 덮어 줌 : 상대방의 은혜로운 보살핌을 말한다. 병몽은 장막으로, 차일과 휘장 등을 말한다. 위에 치는 것을 병, 덮는 것을 몽이라 하는데, 널리 은혜를 베푸는 것을 말한다.

삼가 생각건대 관찰사 상공(相公) 합하(閤下)[105]는 과거에 장원으로 급제하고 검은 머리로 관찰사 되었네. 독견(獨見)을 주장하며 천만 명도 대적하여[106] 무당무편(無黨無偏)을 스스로 기약했네.[107] 상부(常賦)를 제어하여 26주(州) 모두 편안하니,[108] 백성들이 거의 항심(恒心)과 항산(恒產)을 가졌네. 외람되이 추목(芻牧)[109]을 부탁받아 당음(棠陰)의 노래[110]를 기쁘게 듣네. 삼가 생각건대 옥서(玉署)의 옛 신료[111]

105 관찰사 상공(相公) 합하(閤下) : 한광조(韓光肇, 1715~1768)로, 본관은 청주(清州), 자는 자시(子始), 호는 남정(南庭), 시호는 충정(忠貞)이다. 1754년 강원도 관찰사에 임명되어 1756년 7월까지 맡았다.

106 독견(獨見)을……대적하여 : 한광조가, 1762년 사도세자(思悼世子)가 세자에서 폐해질 때 영조에게 직언(直言)을 하고, 반교문(頒教文)을 반포할 때 참석하지 않아 대정현(大靜縣)에 정배(定配)되었던 일을 말한다.

107 무당무편(無黨無偏)을 스스로 기약했네 : 한광조가 조정에서 무당무편했다는 말이다.

108 상부(常賦)를……편안하니 : 한광조가 강원도 관찰사 재임 시에, 진상하는 삼(蔘)의 양이 과중함을 들어 전결(田結)의 수에 따라 징수할 것을 건의하여 허락을 받은 일을 말한다. 《英祖實錄 30年 8月 24日》 상부는 정기적으로 내는 일정한 부세(賦稅)를 말하고, 26주는 강원도의 전체 고을 수이다.

109 추목(芻牧) : 꼴을 베어 짐승을 친다는 뜻인데, 여기서는 지방관의 임무를 말한다. 《맹자》 〈공손추 하(公孫丑下)〉에 맹자가 제(齊)나라 하읍(下邑) 평륙(平陸)에 갔을 때 백성들 가운데 기근에 굶어 죽고 사방으로 유리걸식하는 자들이 많은 것을 보고 그곳 수령인 거심(距心)에게 비유하여 이르기를 "지금 남의 소와 양을 받아다가 기르는 자가 있으면, 반드시 그 주인을 위해 목장과 꼴을 구할 것이니, 목장과 꼴을 구하다가 얻지 못하면 주인에게 되돌려 주어야 하겠는가, 아니면 또한 소와 양이 죽어가는 것을 가만히 서서 보아야 하겠는가?〔今有受人之牛羊而爲之牧之者, 則必爲之求牧與芻矣. 求牧與芻而不得, 則反諸其人乎? 抑亦立而視其死與?〕"라고 한 데서 온 말이다.

110 당음(棠陰)의 노래 : 지방관의 선정(善政)을 칭송하는 노래이다. 당음은 감당(甘棠)나무의 그늘이라는 말로, 지방관의 선정을 비유한다. 《시경》 〈소남(召南) 감당〉에

가 험준한 고을에서 처음 정사를 보네. 반평생 동안 경서를 연구하여 망녕되이 백성에게 은택 베풀 뜻 지녔네. 지방관을 맡긴 성조(聖朝)에 조금이라도 보답하지 못할까 두렵네.

"우거진 감당나무를 자르지도 말고 베지도 마라. 소백께서 초막으로 삼으셨던 곳이니라.〔蔽芾甘棠, 勿翦勿伐, 召伯所茇.〕"라고 하였다.

111 옥서(玉署)의 옛 신료 : 번암 자신을 말한다. 옥서는 홍문관(弘文館)의 별칭인데, 번암이 1754년 홍문관 교리를 지낸 적이 있기 때문에 한 말이다.

고을 경계에 다다른 관찰사에게 올리는 예장

觀察使到界禮狀

한가한 구름과 고요한 승려를 사랑하며 거칠게나마 송계(松桂) 숲의 독서[112]를 본받네. 모두 하늘이 하나이나 나만 둘이니,[113] 우두커니 당음(棠陰)의 노래를 듣네. 맑은 광채를 눈 비비고 바라보며 은혜로운 교화를 우러러 사모하네. 삼가 생각건대 관찰사(觀察使) 상공(相公) 합하(閤下)[114]는 달성(達城)[115]의 지체 높은 문벌로서 명장(名場)에는 두문불출하였네.[116] 어찌 닭 잡는 데 쓰겠는가.

112 송계(松桂) 숲의 독서 : 작은 고을인 이천(伊川)은 공무가 한가하므로 시원한 숲 아래에서 독서한다는 말이다. 한유(韓愈)의 시에 "산수 좋은 고을에 원으로 나가 솔과 계수의 숲에서 독서한다.〔出宰山水縣, 讀書松桂林.〕"라고 하였다.《韓昌黎集 卷4 縣齋讀書》

113 모두……둘이니 : 강원도 관찰사가 이천 부사인 자신을 보살펴 주는 것에 대해 감사하여 표현한 말이다. 후한의 순제(順帝) 때 소장(蘇章)이 기주 자사(冀州刺史)가 되어 고을을 순행하다 청하(淸河)에 이르렀는데, 마침 청하 태수(淸河太守)가 옛 친구였다. 소장은 그 친구를 청하여 술을 마시며 친구 간의 우정으로 대하니, 태수가 "남들에게는 하늘이 하나뿐이지만, 나만은 하늘이 둘이다.〔人皆有一天, 我獨有二天.〕"라고 감격하였다고 한다.《後漢書 蘇章列傳》

114 관찰사 상공 합하 : 서명신(徐命臣, 1701~1771)으로, 본관은 대구(大丘), 자는 원직(元直), 호는 원와(袁窩)이다. 1756년(영조32) 8월 강원도 관찰사에 임명되어 1757년 12월까지 맡았다.

115 달성(達城) : 대구의 옛 이름으로, 서명신의 본관이다.

116 명장(名場)에는 두문불출하였네 : 서명신이 젊을 때는 과거 시험장에 잘 가지 않았다는 말이다. 명장은 공명을 추구하는 장소로, 과거 시험장을 가리키는 말이다.

현가(絃歌)가 백 리에 그쳤네.[117] 개연히 고삐 잡아 한 지방을 깨끗하게 하는 데 힘쓰시네.[118] 이렇게 옥 부절 차고 오시니 더욱 설산(雪山)의 중함을 우러르네.[119] 삼가 생각건대 성대(聖代)를 만나 임금의 은혜를 가슴에 새겼네. 쌀과 소금[120]에 동요하지 않는 마음은 도원량(陶元亮)의 시상(柴桑)의 권조(倦鳥)[121]에 감동하지만 기근이 참혹한데 어찌 감히 추맹자(鄒孟子)의 초목수우(芻牧受牛)[122]를 소홀히 하리오.

117 어찌……그쳤네 : 서명신이 큰 재능을 지방에서 펼치다가 중단한 것을 말한다. 《영조실록》을 보면, 서명신이 1751년 윤5월 2일 충청도 관찰사에 임명되었다가 그해 8월 대사간에 임명되어, 관찰사의 임기가 중단되었다.《英祖實錄 27年 閏5月 2日, 8月 21日》

118 개연히……힘쓰시네 : 서명신이 강원도 관찰사로 부임하여 청렴한 풍속을 세우는 데 힘쓰고 있다는 말이다. 후한의 범방(范滂)이 일찍이 청조사(請詔使)가 되어 기주(冀州)를 안찰(按察)하러 떠날 때, 수레에 올라 고삐를 잡고는 개연히 천하를 깨끗하게 정화할 뜻을 품었는데, 범방이 기주에 이르자 탐관오리들이 지레 겁을 먹고는 인끈을 자진해서 풀어 놓고 달아났다는 고사가 전한다.《後漢書 黨錮列傳 范滂》

119 이렇게……우러르네 : 서명신이 강원도 관찰사로서 이천에 오니, 이천이 중하게 되었다는 말이다. 설산은 중국 변방에 있는 산이다. 두보(杜甫)가 엄무(嚴武)를 위해 지은 시 가운데 "공이 오시자 설산이 중해졌고, 공이 가시자 설산이 가벼워졌네.〔公來雪山重, 公去雪山輕.〕"라고 한 데서 온 말이다.《杜少陵詩集 卷16 贈左僕射鄭國公嚴公武》

120 쌀과 소금 : 잗다랗고 번거로운 일을 비유하는데, 여기서는 작은 이익을 뜻한다.

121 도원량(陶元亮)의 시상(柴桑)의 권조(倦鳥) : 도잠(陶潛)의 〈귀거래사(歸去來辭)〉를 뜻한다. 원량은 도잠의 자이고, 시상은 도잠이 출생한 곳으로 강서성(江西省) 구강현(九江縣)에 있다. 그의 〈귀거래사〉에 "구름은 무심히 봉우리 위에서 나오고, 새는 날다 지치면 돌아올 줄을 안다.〔雲無心以出岫, 鳥倦飛而知還.〕"라고 하였다.

122 추맹자(鄒孟子)의 추목수우(芻牧受牛) : 맹자가 말한 지방관의 임무를 말한다. 추맹자는 고향이 추 땅인 맹자를 가리킨다. 추목수우는 남의 소를 맡아 꼴을 베어 먹이며 치는 일로, 지방관의 임무를 비유한 말이다. 320쪽 주109 참조.

상량문 上樑文

자규루[123] 상량문

子規樓上樑文

산도 슬퍼하고 강도 그리워하며 백 년의 흐름과 솟음 바꾸지 않았네. 하늘은 유구하고 땅은 장구하나 한 누각의 흥성과 폐망 무상하네. 사람과 신령이 그 때문에 도모하고 구름과 달이 그 때문에 낯빛을 바꾸네. 지난날 중화(重華)께서 초야 순시하며 춘삼월에 누각에 올랐네.[124] 세 번 양위하고[125] 영월에 오시니 천지 바뀌 수레 되돌리려는 뜻 없었으

123 자규루(子規樓) : 강원도 영월(寧越) 객관(客館) 북쪽의 누각으로, 처음 1428년(세종10) 영월 군수 신숙근(申叔根)이 창건 당시에는 매죽루(梅竹樓)라 하였는데, 단종(端宗)이 영월에 유배되었을 때 이 누각에 올라 두견새의 울음소리를 들으며 처절한 심경을 노래하였으므로 이렇게 불리게 되었다.

124 지난날……올랐네 : 단종이 영월에 가서 매죽루에 올랐던 일을 말한다. 중화는 원래 순(舜) 임금을 말하는데, 여기서는 단종을 말한다. 중화는 《서경》 〈순전(舜典)〉에 "옛날의 순 임금을 상고해 보건대 중화가 요(堯) 임금에게 합하셨다.〔曰若稽古帝舜, 曰重華協于帝.〕"라고 하여, 순이 요의 제위(帝位)를 훌륭히 계승했음을 뜻한다. 《史記 五帝本紀》 여기서는 순 임금이 말년에 남쪽으로 순행하다가 창오의 들판에 이르러 세상을 떠난 것과 단종이 남쪽인 영월로 가서 세상을 떠난 것이 비슷하다고 하여 순 임금의 별칭인 중화를 끌어온 것이다.

나,[126] 오경(五更)의 누각 위에서 달밤 빈산에 우는 자규에 시름 금치 못했네.[127] 악부(樂府)가 소리를 전하여 시 속에 원한이 방불하니,[128]

125 세 번 양위하고 : 단종의 양위를 태백의 양위와 같은 것으로 보고자 한 말이다. 《논어》〈태백〉에 "태백은 지극한 덕이 있다고 이를 만하다. 세 번 천하를 사양하였으나 백성들이 그 덕을 칭송할 수 없게 하였구나.〔泰伯, 其可謂至德也已矣. 三以天下讓, 民無得而稱焉.〕"라고 하였다. 태백은 주(周)나라 태왕(大王)의 맏아들이고, 둘째는 중옹(仲雍), 막내는 계력(季歷)이다. 계력이 성자(聖子)인 문왕 창(文王昌)을 낳자 태왕은 계력에게 왕위를 물려주어 창에까지 이어지게 할 뜻이 있으므로 태백이 종적을 숨겼다고 전하는데, 단종의 양위도 그런 뜻에서 한 것이라고 말한 것이다.

126 천지……없었으나 : 단종은 영월에 온 뒤에도, 세조에게 돌아간 천명을 되돌려 자신이 왕위로 되돌아가려는 뜻이 전혀 없었다는 말이다.

127 오경(五更)의……못했네 : 단종이 달 밝은 밤에 영월의 매죽루에 올라 두견새의 울음소리를 듣고 "두견이 울고 산 달이 뜰 제, 누각 머리에 기대어 생각 못 잊네. 네가 괴로이 우니 내가 괴롭게 듣는구나, 네가 울지 않으면 내 근심도 없을 것을. 세상의 수고롭고 괴로운 사람들아, 두견이 울고 산 달 비치는 춘삼월의 누각엘랑 오르지 마소.〔蜀魄啼山月浮, 相思憶倚樓頭. 爾啼苦我聞苦, 無爾啼無我愁. 寄語世上勞苦人, 愼莫登春三月子, 規啼山月樓.〕"라는 시와 "원통한 새 한 마리 궁중에서 나온 뒤로, 외로운 몸으로 그림자 하나 푸른 산중에 서렸네. 밤마다 잠을 청해도 잠들지 못하고, 해마다 한을 잊으려 해도 잊히지 않누나. 새벽 봉우리에 지는 달 허옇게 걸려서야 울음소리 그치는데, 피가 흐른 듯 봄 골짜기에 낙화가 붉네. 하늘은 귀가 멀었는지 여태 슬픈 하소연을 듣지 못하는데, 어찌하여 시름 깊은 사람의 귀만 유독 밝은지.〔一自冤禽出帝宮, 孤身隻影碧山中. 假眠夜夜眠無假, 窮恨年年恨不窮. 聲斷曉岑殘月白, 血流春谷落花紅. 天聾尙未聞哀訴, 胡乃愁人耳獨聰.〕"라는 시를 지었다고 한다.《退溪先生文集考證 卷1 錦江亭》

128 악부(樂府)가……방불하니 : 단종이 자규루에 올라 지은 시들이 전하여 후인이 시 속에 담긴 그의 원한을 방불하게 느낄 수 있다는 말이다. 악부는 중국 한(漢)나라 때에 각 지역의 음악을 채집하여 정리하는 관서(官署) 명칭이었는데, 나중에는 채집된 음악 자체를 가리키는 말로 쓰였다. 시대가 흐르면서 악곡(樂曲)은 분리되고 가사(歌詞)만 남아 시(詩)의 형태로 변화하였다.

산골 백성들 귀를 막거나 담장가에 어지러이 절하고 꿇어앉았네.[129] 그 후 상전벽해를 누차 겪어 이에 무너진 지 이미 오래되었네. 이곳의 두견이 울음을 왕손(王孫)의 딸이 시로 읊은 지 몇 년인가.[130] 동풍에 두견이 울자 이손곡(李蓀谷)은 그리운 마음 부칠 곳 없었네.[131] 제왕의 궁문은 그리워해도 볼 수 없고,[132] 저녁 구름만 어둑어둑하였네. 공자(公子)를 생각하면서 감히 말을 하지 못하니,[133] 봄풀만 빽빽하게 펼쳐졌네. 사군(使君)이 규(圭)로 측량하며 산천을 더듬으며 찾아 헤맸네.[134] 관찰사가 수레 멈추고 노인들에게 물어보았으나 모호하였네.[135]

129 산골……꿇어앉았네 : 영월 백성들이 단종의 시를 듣고 슬퍼 울었다는 말이다.

130 이곳의……년인가 : 조원(趙瑗)의 소실이었던 이옥봉(李玉峯)이 왕손의 딸인데 〈영월도중(寧越道中)〉에서 "첩의 몸도 왕손의 딸인지라, 이곳의 두견이 울음을 차마 듣지 못하겠네.〔妾身亦是王孫女, 此地鵑聲不忍聞.〕"라고 하였다.

131 동풍에……없었네 : 손곡 이달(李達)의 〈영월도중〉에 "동풍에 두견이는 괴로워하고, 서산에 기운 해에 노릉은 서늘하네.〔東風蜀魄苦, 西日魯陵寒.〕"라고 하였다. 노릉은 단종의 능인데, 단종이 폐위되어 노산군(魯山君)에 봉해졌으므로 붙여진 이름이다.

132 제왕의……없고 : 단종이 머물렀던 자규루의 옛터를 찾지 못했다는 말이다. 왕발(王勃)의 〈등왕각서(滕王閣序)〉에 "제왕의 궁문은 그리워해도 보이지 않으니, 선실에서 봉명할 날이 언제일까.〔懷帝閽而不見, 奉宣室以何年?〕"라고 한 것을 끌어 쓴 것이다.

133 공자(公子)를……못하니 : 단종을 그리워하는 마음을 표현한 것이다. 《초사(楚辭)》 〈구가(九歌) 상부인(湘夫人)〉에 "원수(沅水)엔 백지가 있고 풍수(澧水)엔 난초가 있음이여, 공자를 생각하면서 감히 말을 못하도다.〔沅有芷兮澧有蘭, 思公子兮未敢言.〕"라고 한 것을 끌어 쓴 것이다.

134 사군(使君)이……헤맸네 : 당시 영월 부사 이동욱(李東郁)이, 단종이 올랐던 자규루의 옛터를 찾아보았으나 찾지 못했던 상황을 표현한 것이다. 당시 그가 올린 첩정(牒呈)에 "10월 9일 신은 상지관 몇 사람을 데리고 가서 객관 남쪽 담장 밖에서 주변을 측량했으나 민가가 뒤섞여 있어 대왕께서 머무시던 장소를 분간할 수 없었습니다. 이에 조금 널찍한 곳으로 나아가 다시 측량을 시도했는데 쾌청한 하늘이 홀연 어둑해지고

더구나 담장은 여기라 했다 저기라 하고 기초는 동쪽을 가리켰다 서쪽을 가리켰네. 별안간 백성의 집들이 갑자기 팔인(八人)[136]의 불꽃에 휩싸였네. 큰바람이 불어 재 훨훨 흩날리더니, 기와와 초석이 종횡으로 참모습 드러냈네. 한 달 만에 누각을 짓기 시작하며 구상하느라 고생하였고 험준한 산에 눈 쌓였으니 목재와 석재 갖추기 어려웠네. 이에 한겨울에 들어선 달인데 홀연히 큰비가 밤새 내렸네. 이에 청령포(淸泠浦)의 언 물이 녹아 뗏목 운반에 걸림이 없었네. 비탈길에 얼음 깨져 운근(雲根)[137] 끌어내리니 기한에 맞았네. 감영과 고을이 스스로 깊은 정성을 다했으나 임금께서 어찌 이 일에 대해 들었으랴. 우리 주상 전하께서 우연히 정무를 다스리는 여가에 생각이 여섯 신하[138]의 충성에 미쳤네. 섬기는 분에게 마음 다했던 것을 노량진 물가에서 그 광휘를 보셨네. 이에 감흥을 일으켜 강화도에 비장한 실록을 열람하게 하였

천둥과 소나기가 갑자기 쏟아지기에 곧장 철수했습니다."라고 하였다. 《承政院日記 正祖 15年 2月 14日》

135 관찰사가……모호하였네 : 강원도 관찰사 윤사국(尹師國)이 이만수(李晩秀)의 부친에게 보낸 글에서 "영월 자규루의 옛터를 비록 고을 노인들이 탄식하며 손가락으로 가리켜 주기는 했으나 정확한 위치를 알 방도가 없었습니다. 그러다가 달포 전에 두세 채의 민가가 홀연 불에 타더니 계단 주춧돌이 그 모습을 드러냈는데 분명히 자규루의 옛터였습니다."라고 하였다. 《承政院日記 正祖 15年 1月 30日》

136 팔인(八人) : 불을 가리킨다. '八人'은 '火' 자의 파자(破字)이다.

137 운근(雲根) : 벼랑이나 바윗돌을 뜻한다. 두보(杜甫)의 시에 "충주 고을은 삼협의 안에 있는지라, 마을 인가가 운근 아래 모여 있네.〔忠州三峽內, 井邑聚雲根.〕"라는 표현이 나오는데, 그 주(註)에 "오악(五岳)의 구름이 바위에 부딪쳐 일어나기 때문에, 구름의 뿌리라고 한 것이다." 하였다. 《杜少陵詩集 卷14 題忠州龍興寺所居院壁》

138 여섯 신하 : 사육신(死六臣)을 가리킨다.

네. 때마침 사관이 대궐로 돌아오던 때는 마침 이름난 누각의 기둥 세운 날이었네.[139] 관찰사가 한 자 되는 장계를 올리니 어찌 우연이라 하겠는가. 신령과 후손이 한 기운으로 통한 것이 진실로 이와 같도다. 석실(石室)에서 궤를 열어 보니[140] 기이하게도 꾀하지 않았으나 일치하고, 동산(銅山)에 종이 응하니[141] 어찌 그리 부절이 합한 듯이 들어맞는가. 누가 넓고 넓은 공덕을 형용하며 감히 아득한 하늘에 돌리지 않겠는가.[142]

아, 금강(錦江)[143]은 장구하게 흐르고 밝은 달은 늙지 않네. 아로새긴 난간과 채색한 문은 마치 선인이 누각을 좋아하여 머무는 듯하네.

139 이에……날이었네 : 이 당시 정조는 전교에서 "때마침 사육신의 충절에 감흥이 일어나는바, 사신을 파견하여 금궤와 석실에 봉안된 실록을 상고하게 하였다. 그런데 사신이 돌아와 복명한 날이 바로 자규루 기둥을 세운 길일이었으니, 이것이 어찌 우연한 일이요 대수롭지 않은 일이라 말할 수 있겠는가."라고 하였다. 《承政院日記 正祖 15年 2月 14日》

140 석실(石室)에서……보니 : 정조가 보낸 사관이 강화도의 사고에 가서 실록을 열람한 것을 말한다. 석실과 궤는 금으로 만든 궤와 돌로 지은 집이라는 뜻의 금궤 석실(金櫃石室)을 두고 한 말인데, 이것은 본래 한(漢)나라의 장서각을 말한다.

141 동산(銅山)에 종이 응하니 : 상호 긴밀하게 반응하는 것을 말한다. 중국에서 촉군(蜀郡)의 동산이 무너지자 위(魏)의 낙양(洛陽) 궁궐 안에 있는 종이 울었다는 고사가 전한다.

142 누가……않겠는가 : 이 모든 일들은 아득한 하늘의 넓고 넓은 공덕으로 이루어진 것이라는 뜻이다.

143 금강(錦江) : 강원도 영월군 영월읍에 있는 강으로, 금강정(錦江亭) 아래로 흐르는 강이다. 《신증동국여지승람》 권46 〈강원도 영월군〉에 "금강정은 금장강(錦障江)의 언덕 절벽 위에 있다. 선덕(宣德) 무신년(1428)에 군수 김부항(金復恒)이 세웠다. 동쪽으로는 금장강에 임하였으며, 남쪽으로는 금봉연(金鳳淵)을 바라본다."라고 하였다. 금강정 앞에 있는 낙화암은 단종을 모시던 종인(從人)과 시녀가 투신한 곳이다.

바람 같은 말과 구름 같은 수레 타고 와 우리 백성 위로하여 찌푸리지 않고 웃게 하시리라. 이것을 듣고 어떻게 생각하실까. 억울한 피눈물을 흘리지 않으시리라. 이제는 이 누각에 올라 한가로이 근심을 잊으시리라. 취화(翠華)[144]는 옛것이 아니나 의로 일으킨 제단[145]이 가까운 곳에 있으며 감회의 조서 정성스러웠네.[146] 청오(靑烏)가 정한 주구(珠邱)[147]에는 사계절의 예제(醴齊)[148]와 생폐(牲幣) 올리고 흰 학이 앉았던 화표주(華表柱) 인근에는 천 년 전 성곽과 백성 있네.[149] 이에 짧은 송축시를 늘어놓아 긴 들보 들어 올리는 일을 돕네.

들보 동쪽에 떡을 던지니 拋樑東

144 취화(翠華) : 제왕의 의장(儀仗)의 일종이다. 취우(翠羽)로 장식한 기치(旗幟) 또는 수레의 덮개를 말한다. 곧 임금의 행차를 뜻한다.

145 의로 일으킨 제단 : 1791년(정조15) 2월 단종의 능인 장릉(莊陵)에, 단종 복위 운동에 참여해 탄압을 받은 사람을 배향하도록 세운 배식단(配食壇)을 말한다. 행적이 드러난 32인은 정단(正壇)에 배향하고 사적이 자세하지 않거나 연좌된 236인은 별단(別壇)에 배향하도록 하였다.《正祖實錄 15年 2月 21日》

146 감회의 조서 정성스러웠네 : 정조가 자규루 중건에 대한 소식을 듣고 내린 여러 가지 어명을 말한다.

147 청오(靑烏)가 정한 주구(珠邱) : 단종의 능침(陵寢)인 장릉을 뜻한다. 청오는 전설상의 술사(術士)인 청오자(靑烏子)를 가리키는데, 전하여 풍수가(風水家) 또는 풍수상의 길지(吉地)나 지리를 잘 아는 지관(地官)을 뜻하고, 주구는 순(舜) 임금의 무덤에 새가 날아와 구슬을 떨어뜨린 것이 쌓여서 언덕을 이루었다는 고사에서 나온 말로, 임금의 능침을 뜻한다.《拾遺記 虞舜》

148 예제(醴齊) : 종묘(宗廟) 등의 대제(大祭)에 사용하는 다섯 가지 술인 오제(五齊)의 하나로, 찌끼를 거르지 않은 술이다.《周禮 天官冢宰 酒正》

149 흰……있네 : 단종이 머물렀던 영월은 예전과 같다는 말이다.

영월은 천하가 슬퍼하는 곳이네　天下傷心是越中
원한 맺힌 새가 지난날처럼 있어　惟有冤禽如昨日
청산에 꽃 시들 때 동풍에 곡하네　青山花老哭東風

들보 서쪽에 떡을 던지니　抛樑西
뜨락의 꽃이 비에 젖어 고개 숙이네　雨濕庭花花欲低
공연히 시름하다 다시 뵌 듯하니　空裏愀然如復見
채색 난간 예전처럼 구름과 나란하네　畫欄依舊與雲齊

들보 남쪽에 떡을 던지니　抛樑南
호장[150] 집 앞 물은 쪽빛 같네　戶長家前水似藍
늦봄에 가장 애를 끊는 곳은　最是春深腸斷處
동청[151]이 반나마 덮은 낙화암[152]이네　冬青半掩落花巖

150 호장(戶長) : 엄흥도(嚴興道)로, 단종이 영월에 안치되었을 당시 아전인 호장으로 있었기 때문에 이렇게 칭한 것이다. 본관은 영월, 시호는 충의(忠毅)이다. 단종이 시해되자, 그는 후환을 두려워하지 않고 시신을 수습하고 관을 마련하여 아전과 백성들을 모아 영월의 북쪽 5리쯤 되는 동을지(冬乙旨)에 장례하였다. 숙종 때 공조 참의에 추증(追贈)되고, 뒤에 사육신과 함께 영월의 창절사(彰節祠)에 배향되었다.

151 동청(冬青) : 일명 여정(女貞)으로 지조를 상징하는 나무이다. 일찍이 송(宋)나라가 망하자, 원(元)나라 사람이 소흥(紹興)에 있는 송나라 왕릉들을 모두 발굴하여 유해를 없애 버리려고 할 적에 송나라 의사 당각(唐珏)이 몰래 그 유해들을 수습하여 난정산(蘭亭山)에 장사 지내고 또 송나라 고궁(故宮)에 있던 동청나무들을 그 묘 위에 옮겨 심었던 데서 온 말이다.

152 낙화암(落花巖) : 1457년(세조3) 상왕(上王)에서 노산군(魯山君)으로 강봉(降封)되어 영월에 유배된 단종이 승하하자, 단종을 모시던 시녀들이 금장강에 투신하여

들보 북쪽에 떡을 던지니 　　抛樑北
태백의 산 빛은 구름 너머 솟았네 　　太白山光雲外矗
백마 훨훨 날아가 그림자도 없으니 　　白馬翩翩影有無
호종한 여섯 충신을 뉘에게 물을까 　　問誰陪扈忠臣六

들보 위에 떡을 던지니 　　抛樑上
금강정 동쪽 물가에 달빛이 비치네 　　錦江東畔月華放
삼경에 그림자가 허무 속에 떨어져 　　三更影落虛無中
어룡이 물밑에서 분주하게 꿈틀대네 　　奔走魚龍水底蕩

들보 아래에 떡을 던지니 　　抛樑下
거듭된 재앙에도 옛 기와 남았네 　　灰劫茫茫餘古瓦
천리와 인정은 속일 수 없는 법 　　天理人情不可誣
지금까지 행인들 눈물 흘리네 　　至今流涕經行者

삼가 바라건대 들보를 올린 후에 능침에 계시는 신령께서는 서까래가 썩지 않게 해 주소서.

경영한 지 며칠 만에 2월 중순 낙성(落成)을 고하니, 오르내리거나 하늘에 계시면서 천추만세에 음덕을 내려 주소서.

죽으니, 마을 사람들이 이를 슬프게 여겨 투신한 곳을 이렇게 부르고 단을 설치하여 이들의 넋을 위로하였다.

화성 팔달산 장대 상량문[153]

華城八達山將臺上樑文

천 리 안에 거주하는 백성들 새 큰 고을에 화목하게 모였도다. 삼군(三軍) 속의 장수를 빼앗을 수 없으니 저 멀리 높은 누대에 임한다네.[154] 지금 누가 감히 나를 엿보랴. 중임을 맡은 자는 장수로다. 화성(華城)의 지세는 실로 청구(靑邱)의 요새가 되네. 산하가 신령함을 드러내니 완연히 용과 봉황이 춤추는 기산(岐山)[155]이고 노인들이 얼굴을 가리고 흐느끼니 구령(緱嶺)의 생학(笙鶴) 소리 들리는 듯하네.[156] 큰 고을이

153 화성(華城)……상량문 : 경기도 수원에 있는 화성의 서장대(西將臺) 상량문이다. 화성에는 서장대와 함께 동장대(東將臺)가 있다.

154 삼군(三軍)……임한다네 : 장수가 저 멀리 높이 있는 누대인 장대에서 지휘하므로 적이 장수를 잡을 수 없다는 말로, 장대가 팔달산 높은 곳에 있음을 말한 것이다. 《논어》 〈자한(子罕)〉에 "삼군을 거느리는 장수(將帥)는 빼앗을 수 있으나, 필부의 뜻은 빼앗을 수 없다.〔三軍可奪帥也, 匹夫不可奪志也.〕"라고 한 데에서 온 말이다.

155 용과……기산(岐山) : 화성이 있는 산천이 매우 신령한 곳이라는 말이다. 주(周)나라 문왕(文王)이 성덕(盛德)을 베풀자 봉황이 기산 아래에 날아와 울었다 한다. 《국어(國語)》 〈주어(周語)〉에는 "주나라가 일어날 무렵에 기산에서 봉황이 울었다.〔周之興也, 鸑鷟鳴於岐山.〕"라고 하였다.

156 노인들이……듯하네 : 백성들이 사도세자를 애도하고, 사도세자가 환생한 듯하다는 말이다. 구령(緱嶺)은 구지산(緱氏山)을 말하고, 생학(笙鶴) 소리는 신선이 학을 타고 생을 연주하는 소리이다. 주 영왕(周靈王)의 태자 왕자진(王子晉)이 일찍이 생(笙)을 불어 봉황의 울음소리를 내면서 이락(伊洛) 사이에 노닐다가, 신선 부구공(浮丘公)을 만나 선술을 배우고 숭산(崇山)에 올라가서 신선의 도를 닦은 뒤에, 30년이 지난 7월 7일에 구지산 정상에 백학(白鶴)을 타고 내려와서 산 아래 가족들에게 손을 흔들어

병풍 되니 바로 북쪽의 도성과 멀지 않네. 문을 겹으로 하여 대비하니,[157] 삼남(三南)의 배와 수레가 함께 이르네. 아득하게 산 높고 물 맑아졌으나[158] 김 장군(金將軍)의 굳센 넋이 있는 듯하네.[159] 하늘이 아끼고 땅이 숨긴 지 오래되었으나[160] 유 처사(柳處士)의 뛰어난 혜안은 귀신같았네.[161]

인사하고는 며칠 뒤에 떠나갔다는 전설이 있다. 《列仙傳 卷上 王子喬》

157 문을……대비하니 : 화성의 성문 밖에 옹성(甕城)이 설치된 것을 말한다.

158 아득하게……맑아졌으나 : 태평 시대가 오래되었다는 말이다. 구양수(歐陽脩)의 〈풍락정기(豐樂亭記)〉에 "송나라가 천명을 받아 성군이 출현하여 사해가 일통됨에 이르러서는, 지난날 험조한 지형을 의지하고 믿던 자들이 멸망하고 소멸되어 백 년 사이에 아득하게 한갓 산이 높고 물이 맑은 광경만 보일 뿐이며, 그때의 일을 묻고자 해도 유로들은 벌써 다 세상을 떠나 버렸다.〔及宋受天命, 聖人出而四海一, 向之憑恃險阻, 剗削消磨, 百年之間, 漠然徒見山高而水淸, 欲問其事, 而遺老盡矣.〕"라고 한 데서 온 말이다.

159 김……듯하네 : 김 장군은 김응하(金應河)로 추정된다. 그는 1619년(광해군11) 명나라의 요청으로 후금 정벌에 나서 요동에서 싸우다 심하(深河)의 싸움에서 장렬히 전사하였다.

160 하늘이……오래되었으나 : 수원 화성의 터가 길지(吉地)라는 말이다. 하늘이 아끼고 땅이 숨긴다는 것은 그곳이 보통 사람의 눈으로는 쉽게 찾을 수 없는 길지라는 뜻이다.

161 유……귀신같았네 : 유 처사는 실학자 반계(磻溪) 유형원(柳馨遠)을 말한다. 그는 시대를 앞서 수원에 성을 축조하는 것에 대한 견해를 밝혔는데, 《반계수록보유(磻溪隨錄補遺)》에서 "수원도호부(水原都護府)는 광주(廣州)의 아래 지역인 일용면(一用面) 등지를 떼어 보태고 읍치(邑治)를 평야로 옮기면 내를 끼고 지세를 따라 읍성(邑城)을 쌓을 수 있다."라고 하고 "읍치의 규모와 평야가 매우 훌륭하여 참으로 큰 번진(藩鎭)의 기상이 있는 지역으로, 안팎으로 1만 호(戶)를 수용할 수 있다."라고 하였다. 《국조보감》 권74 정조조6 17년(1793) 조에 의하면, 정조가 하교하기를 "그의 책략은 마치 100년 전에 살면서 오늘의 일을 환히 알고 있었던 것 같다. 그 책을 보고 그 말을

아, 우리 성명(聖明)께서 원대한 계획을 펼쳤네. 구름 쌓이고 안개 모이듯 곳곳에 여염집 솟아오르고 바람 불고 햇살 퍼지듯 임금의 조서 연이어 내렸네. 3리의 내성(內城)과 7리의 외성(外城)[162] 하늘에 구름 끼기 전[163] 신묘한 기회를 만들었네. 한 사나이가 지키면 1만 명이 뚫지 못하니 냇물이 한창 이르듯[164] 나라의 복록 이어지네. 이에 내탕금을 내리고 천 명의 군사 분발하여 산의 돌을 캐자 1만 덩이 다투어 왔네.[165]

썼더라도 오히려 크나큰 감응이라고 할 것인데, 그 책을 보지 않았는데도 본 것 같고 그 말을 듣지 않았는데도 이미 썼으니, 그 사람이 품은 생각은 실로 대단하였다.……성균관 좨주를 가증(加贈)하고, 그의 사손(嗣孫)을 방문한 후에 보고하라." 하였으며, 나중에 또 이조 참판을 가증하였다.

162 3리의……외성(外城) : 조그마한 성이라는 뜻으로, 여기서는 수원 화성을 가리킨다. 《맹자》 〈공손추 하(公孫丑下)〉에 "3리쯤 되는 내성과 7리쯤 되는 외성처럼 조그마한 성곽을 에워싸고 공격해도 이기지 못하는 경우가 있다.〔三里之城, 七里之郭, 環而攻之而不勝.〕"라고 한 데서 온 말이다.

163 하늘에……전 : 국가에 재난이 닥치기 전을 말한다. 《시경》 〈빈풍(豳風) 치효(鴟鴞)〉에 "구름이 끼어 비가 내리기 전에 저 뽕나무 뿌리를 주워 와 문을 얽는다면, 이제 너희 땅에 사는 인간들이 혹시라도 감히 나를 업신여기랴.〔迨天之未陰雨, 徹彼桑土, 綢繆牖戶, 今女下民, 或敢侮予?〕"라고 하였다.

164 냇물이 한창 이르듯 : 복록이 끝없이 이어지는 것을 비유한 말이다. 《시경》 〈소아(小雅) 천보(天保)〉에 "하늘이 그대를 보정하사 성하지 않은 것이 없는지라, 산과 같고 언덕 같으며, 뫼와 같고 큰 언덕 같으며, 냇물이 한창 이르는 것과 같아서, 더하지 않은 것이 없도다.〔天保定爾, 以莫不興, 如山如阜, 如岡如陵, 如川之方至, 以莫不增.〕"라고 한 데서 온 말이다.

165 산의……왔네 : 화성 축성에 필요한 석재를, 경기도 수원시 화서동인 화성부의 서쪽 5리쯤 되는 공석면(空石面)의 숙지산(孰知山)에서 채취한 일을 말한 것이다. 《화성성역의궤(華城城役儀軌)》에 따르면 처음에는 흙에 덮여 있어 돌이 있는지도 몰랐으나, 석맥을 찾아 들어가자 파는 대로 여기저기에서 돌이 나왔다고 한다.

용연(龍淵)[166]이 서늘한 바람 보내 일꾼들 비 같은 땀 거두었네. 구포(鷗浦)[167]가 파도 멈추어 해약(海若)[168]이 구름에 닿는 목재 바쳤네. 1천 개의 성가퀴 치솟아 나라의 위세와 나란히 우뚝하고 1만 개의 공이를 치올리며 뭇사람의 마음을 모아 함께 이루었네. 귀한 것은 안불망위(安不忘危)인데 어떻게 지키는 요령을 얻을까. 어린아이 부르듯이 장수를 임명하며 어찌 행여 한 태조(漢太祖)같이 하겠는가.[169] 묻노니, 대장은 누구인가? 곽 표요(霍驃姚)가 이곳에 있게 해야 하리라.[170]

아, 팔달산(八達山)을 바라보니 그 위는 씩씩한 천부장(千夫長)[171]

166 용연(龍淵) : 화성의 동북각루(東北角樓) 방화수류정(訪花隨柳亭) 밖에 있는 연못을 말한다. 《정조실록》 18년 1월 15일 기사에 "용연 기슭은 앞면이 석벽(石壁)으로 되어 있고 아래에는 작은 소(沼)가 있는데, 그 물은 광교산(光敎山)에서 흘러나와 석벽 아래에 이르러 물이 돌아 흐르고, 이곳에서 휘돌아 나와 북쪽으로부터 남쪽으로 읍치(邑治)를 지나는데, 기슭을 따라가다가 꺾이는 곳에 장차 다리를 걸쳐 놓고 성을 쌓아 수문(水門)을 만들려는 것이다." 하였다.

167 구포(鷗浦) : 경기도 화성시 시화호 연해에 있는 구포리의 포구로, 화성 건축에 쓰일 목재가 각처에서 바닷길을 통해 이곳으로 운반되었다.

168 해약(海若) : 바다의 신이다.

169 어린아이……하겠는가 : 임금이 예를 갖추어 장수를 임명해야 한다는 말이다. 한 태조는 한 고조(漢高祖) 유방(劉邦)을 가리킨다. 소하(蕭何)가 유방에게 "왕께서는 평소에 거만하고 무례하게 행동하고 계시는데, 지금 대장을 임명하면서도 마치 어린아이를 부르는 것처럼 하고 있기 때문에 한신(韓信)이 이를 못마땅하게 여겨 떠나간 것입니다.〔王素慢無禮, 今拜大將如呼小兒耳. 此乃信所以去也.〕"라고 한 데서 온 말이다. 《史記 淮陰侯列傳》

170 묻노니……하리라 : 곽거병(霍去病)같이 훌륭한 장수가 화성을 지켜야 한다는 말이다. 곽 표요(霍驃姚)는 한(漢)나라 곽거병을 가리킨다. 표요교위(驃姚校尉)로서 흉노(匈奴)를 쳐서 공을 세워 표기장군(驃騎將軍)이 되고 관군후(冠軍侯)에 봉해졌다.

171 천부장(千夫長) : 천 명의 병졸을 통솔하는 우두머리이다. 《書經 牧誓》

이 앉을 만하네. 버들치[172]의 넓은 들판 아득하지만 말이 가는지 소가 오는지 똑똑히 분별할 수 있고 사둔(莎屯)[173]의 짙은 녹음 푸르러 물고기의 비늘과 새의 날개 배열한 듯 은은하네. 석성산(石城山)[174]의 선명한 봉화는 밤마다 평안함을 알리고 남한산성은 웅대하고 험한 진지로서 천 년 동안 기각지세(掎角之勢)를 이루었네. 사방(四方)으로 통하는 길을 강(康)이라 하고 오방(五方)으로 통하는 길을 장(莊)이라 하는데 다 손가락으로 가리키는 데 들어오고, 전군을 모(茅)라 하고 후군을 전(殿)이라 하는데 손아귀 안을 벗어나지 못하네. 예로부터 산을 먼저 점거한 자가 공을 가졌으니, 어찌 장수를 가리지 못하여 나라를 적에게 넘겨줄 수 있겠는가.[175] 화산(花山)[176]이 높고 험준하니 연화대(蓮花臺)[177]를 깎아 만든 듯하고 버드내[178] 돌아 흐르니 세류영(細柳營)

172 버들치 : 경기도 수원시 영통구 이의동에서 용인시 수지구 성복동으로 넘어가는 버들치고개 인근으로 추정된다.

173 사둔(莎屯) : 경기도 의왕시 고천동 일대로 추정된다. 이곳은 과거에 사근내(沙斤乃)로 불렸다.

174 석성산(石城山) : 경기도 용인시 기흥구 동백동, 포곡읍 마성리, 유림동에 걸쳐 있는 산이다.

175 어찌……있겠는가 : 임금이 장수를 잘 가리지 못하여 나라를 적에게 넘겨주는 꼴이 되지 않게 해야 한다는 말이다. 한 문제(漢文帝) 때 재변(才辯)이 뛰어났던 조조(鼂錯)가 문제에게 올린 글에 "기계가 예리하지 않으면 병졸을 적에게 넘겨주고, 병졸이 쓸 수 없는 지경이 되면 장수를 적에게 넘겨주고, 장수가 병법을 알지 못하면 임금을 적에게 넘겨주고, 임금이 장수를 가리지 못하면 나라를 적에게 넘겨주니, 이 네 가지는 군대의 가장 중요한 요체이다.〔器械不利, 以其卒予敵也; 卒不可用, 以其將予敵也; 將不知兵, 以其主予敵也; 君不擇將, 以其國予敵也. 四者兵之至要也.〕"라고 한 데서 온 말이다. 《漢書 爰盎鼂錯傳》

176 화산(花山) : 수원에 있는 산으로, 사도세자의 능묘인 현륭원(顯隆園)이 있다.

설치한 일 상상하네.[179] 안개 낀 높은 곳에 마침내 깃발과 북 설치할 높은 대를 쌓았네. 푸른 깃발과 붉은 깃발이 해와 별을 일렁이며 서로 비추고[180] 구름 위 용과 바람 속 호랑이가 광휘 떨치며 서로 도네.[181] 밖을 제어하며 가운데 자리하고 부월(鈇鉞)을 짚고서 좌우를 둘러보네. 높은 곳에 올라 먼 곳을 바라보고 금단(金壇)[182]에 기대어 주선하네. 생문(生門)과 사문(死門)[183]을 펼치니 표도(豹韜)[184]의 기이한 변화

177 연화대(蓮花臺) : 부처나 보살들이 앉은 연화의 좌대를 말한다. 화산의 '화' 자와 연화대의 '화' 자가 같기 때문에 끌어온 것이다.

178 버드내 : 수원천(水原川)의 옛 이름으로, 세류천(細柳川)이라고도 한다.

179 세류영(細柳營)……상상하네 : 군율을 엄중하게 잘 시행하는 군영이 되기를 바라는 마음을 표현한 것이다. 유천의 '유' 자와 세류영의 '유' 자가 같고, 화성 남쪽에 세류(細柳)라는 지명이 있기 때문에 끌어온 것이다. 세류영은 한(漢)나라 때 명장(名將) 주아보(周亞父)가 세류 땅에 군영(軍營)을 설치했을 때, 그 군영의 규율이 다른 장군의 군영에 비해 훨씬 엄중하여, 한 문제가 시찰을 왔을 때에도 군사들이 장군의 명령만 따르면서 황제를 제지함으로써 한 문제로부터 진장(眞將)이라는 칭찬까지 받았던 데서 온 말로, 전하여 군영을 뜻한다. 《史記 絳侯周勃世家》

180 푸른……비추고 : 하늘의 밝은 것을 상징하기 위해, 깃발에 그린 해와 별이 빛나는 것을 말하는데, 그 깃발은 초요기(招搖旗)와 적우기(赤羽旗)이다. 적우기는 붉은 깃을 꽂은 깃발을 말한다. 초요기는 푸른 바탕에 흰 무늬로 7성(星)을 그리고 흰 빛깔로 불꽃을 나타내는데, 장군을 부를 때에 쓴다.

181 구름……도네 : 청룡기(青龍旗)에 그려진 용과 백호기(白虎旗)에 그려진 호랑이의 모습을 표현한 것이다.

182 금단(金壇) : 장수를 제수하는 단을 말한다. 당(唐)나라 양형(楊炯)의 〈당상기도위고군신도비(唐上騎都尉高君神道碑)〉에 "용맹스러운 장수가 휘하를 나누어 금단 아래에서 율을 받았다.〔猛將分麾, 受律於金壇之下.〕"라고 하였다.

183 생문(生門)과 사문(死門) : 아군을 살리고 적군을 죽이는 병법이다. 기문둔갑술(奇門遁甲術)에 휴문(休門), 생문, 상문(傷門), 두문(杜門), 경문(景門), 사문, 양문

헤아릴 수 없고 6벌(伐)과 7벌[185]을 전개하니 기린각(麒麟閣)의 단청(丹靑)[186]을 기약할 수 있으리라. 백우선(白羽扇) 휘두르니[187] 대장기 세우고 나팔 불 때 떠드는 소리 들리지 않네. 푸른 끈을 친 길이 곧으니[188] 피리 소리 듣고 깃발 보면서 서로 기뻐하네.[189] 바람 앞의 초목도 명성을 알고[190] 산속의 명아주나 콩잎도 뜯지 못하네.[191] 한 방면을 담당

(惊門), 개문(開門)의 여덟 개의 문이 있는데, 이중에서 개문, 휴문, 생문은 길문(吉門)이고 나머지는 흉문(凶門)이라 한다.

184 표도(豹韜) : 군대를 운용하는 병법을 말한다. 본래 주(周)나라 때 강 태공(姜太公)이 저술했다고 전하는 병서(兵書)인 《육도(六韜)》의 권명이다. 나머지 5권은 〈문도(文韜)〉, 〈무도(武韜)〉, 〈용도(龍韜)〉, 〈호도(虎韜)〉, 〈견도(犬韜)〉이다.

185 6벌(伐)과 7벌 : 적을 치고 찌름에 과도하게 하지 않고 정제(整齊)하여 죽임을 탐하지 않는다는 것이다. 《서경》 〈목서(牧誓)〉에 나오는 말로, 무왕이 목야(牧野)에 진을 치고 군사들과 맹세하면서 "4벌, 5벌, 6벌, 7벌을 넘지 말고 멈추어 정제할 것이니, 힘쓸지어다. 장사(將士)들아!"라고 하였는데, 그 주(註)에 "벌은 치고 찌름이다. 적어도 4, 5번 이하로 하지 말고 많아도 6, 7번을 넘지 말아서 정제하라고 한 것이다. 이는 쳐 죽이고 찌르는 방법을 가르쳐 준 것이니, 죽이는 일을 탐하는 것을 경계한 것이다." 하였다.

186 기린각(麒麟閣)의 단청(丹靑) : 공신에 책록되는 것을 말한다.

187 백우선(白羽扇) 휘두르니 : 뛰어난 병법으로 병졸을 지휘하는 것을 말한다. 촉(蜀)나라의 제갈량(諸葛亮)이 후주(後主) 유선(劉禪)에게 〈출사표(出師表)〉를 올리고 위(魏)나라의 조비(曹丕)를 공격하였는데, 싸울 때에는 언제나 윤건(綸巾)을 쓰고 백우선을 들고 진두에서 지휘하였다고 한다. 《三國志 蜀書 諸葛亮傳》

188 푸른……곧으니 : 임금이 행차하는 길이 곧다는 말이다. 왕건(王建)의 〈온천궁행(溫泉宮行)〉에 "시월 초하룻날 천자가 오셨는데, 푸른 끈을 친 어로에는 먼지 한 점 없었네.〔十月一日天子來, 靑繩御路無塵埃.〕"라고 한 데서 온 말이다.

189 피리……기뻐하네 : 임금이 건강한 몸으로 행차하여, 백성들이 기뻐한다는 말이다.

190 바람……알고 : 민간의 백성들도 장수의 대단한 명성을 알게 된다는 말이다. 당

하는 큰일을 맡기니 조정에서 의지하고 믿는 것이 어떠한가. 용맹한 군사 얻어 사방을 지키니 왕국의 안위가 여기에 달려 있네. 어찌 당나라 봉선현(奉先縣)처럼 능묘를 돌볼 뿐이겠는가.[192] 또한 주(周)나라 낙읍(洛邑)을 편안히 다스린 것처럼 해야 하네.[193]

어느새 집채가 우뚝하게 서 더욱더 명성과 위엄이 엄연하네. 붉은 계단 아스라이 높으니 칼 짚고 오르기에 수고롭지 않네. 화려한 구조물 우뚝하니 전략 세우는 자리 편안하네. 산과 계곡 험하고 견고하며 안팎 전체를 알고 있네. 해자 깊고 성가퀴 높아 구석의 가는 털까지 알 수 있네.

(唐)나라 때 문신 장만복(張萬福)이 일찍이 여러 지방에서 군공(軍功)을 많이 세웠으므로, 덕종(德宗)이 그를 호주 자사(濠州刺史)로 임명하면서 이르기를 "선제께서 일찍이 경의 이름을 정 자로 바꿔 준 까닭은 경을 포창하기 위해서였다. 나는 생각건대 강회 지방의 초목들도 응당 경의 대단한 명성을 알 것이니, 만일 바꿔 주신 대로 따른다면 아마 적들이 경인 줄을 알지 못할 것이다.〔先帝改爾名正者, 所以褒也. 朕謂江淮草木亦知爾威名, 若從所改, 恐賊不曉是卿也.〕"라고 한 데서 온 말이다. 《舊唐書 張萬福列傳》

191 산속의……못하네 : 장수가 왕을 잘 호위하는 것을 말한다. 당 태종(唐太宗)이 말하기를 "전사(前史)에 '맹수가 산림에 있으면 사람들이 산에 들어가 명아주나 콩잎을 뜯지 못하고, 곧은 신하가 조정에 있으면 간사한 자가 음모를 꾸미지 못한다.〔猛獸處山林, 藜藿爲之不採; 直臣立朝廷, 奸邪爲之寢謀.〕' 하였으니, 이것이 짐이 공들에게 바라는 것이다."라고 한 데서 온 말이다. 《貞觀政要 卷6 杜讒邪》

192 어찌……뿐이겠는가 : 화성을 맡은 장수가 할 일이 능묘를 돌보는 것에 그쳐서는 안 된다는 말이다. 당나라 경종(敬宗)이 봉선현 한 고을에 여덟 능(陵)을 홀로 받들도록 한 일이 있기 때문에 끌어온 것이다.

193 주(周)나라……하네 : 화성을 맡은 장수의 임무는 서울을 방호하는 것이라는 말이다. 《서경》〈필명(畢命)〉에 "강왕(康王) 12년 6월 경오일 새벽에서 3일이 지난 임신일에 왕이 아침에 종주로부터 걸어서 풍 땅에 이르러서 성주의 무리로써 필공에게 명하여 동교를 편안히 다스리게 하였다.〔惟十有二年六月庚午朏越三日壬申, 王朝步自宗周至于豐, 以成周之衆命畢公保釐東郊.〕"라고 하였다.

재관(材官)[194]들은 용맹을 뽐내어 군사 앞에서 기예를 펼치고 군사들은 한마음으로 장대 위에 정신을 모으네. 선침(仙寢)[195]이 가까이 있어늘 일어나는 아름다운 기운을 길이 볼 것이고 행궁에서는 아침저녁으로 곳곳에서 일어나는 상서로운 구름을 매양 가리키네. 삼가 군대에 관해 배운 것을 적어서 아랑(兒郞)[196]의 외침을 돕네.

여보게들 들보 동쪽에 떡을 던지세	兒郎偉抛樑東
춘영[197]에 아침 해 돋자 북소리 힘차고	春營朝日鼓聲雄
건장한 사내 참알하며 풍채를 자랑하니	健兒參謁誇身手
의기는 허리춤의 오석궁[198]에 있다네	意氣腰間五石弓

여보게들 들보 서쪽에 떡을 던지세	兒郎偉抛樑西
하늘과 푸른 바다 끝없이 펼쳐졌고	浮天滄海失端倪
고래들[199] 감히 봄 물결 일으키지 못하니	鯨鯢不敢春吹浪
긴 밤 누선에 목성이 낮게 떴네[200]	永夜樓船木宿低

194 재관(材官) : 무신(武臣)을 뜻하는 말로, 한(漢)나라 때 재관장군(材官將軍)을 두었던 데서 유래하였다.

195 선침(仙寢) : 여기서는 사도세자의 능묘인 현륭원을 가리킨다.

196 아랑(兒郎) : 젊은 사람을 뜻하는 말로, 상량문에서 도목수(都木手)가 장인(匠人)들을 포괄하여 부를 때 상투적으로 쓰는 표현이다.

197 춘영(春營) : 경기 감영을 아름답게 부른 것이다.

198 오석궁(五石弓) : 다섯 섬의 무게를 들 수 있는 힘을 써야 활시위를 당길 수 있는 활을 뜻하는 것으로 보인다.

199 고래들 : 흉악무도한 도적을 뜻하는데, 여기서는 왜적을 가리킨다.

여보게들 들보 남쪽에 떡을 던지세　兒郎偉拋樑南
독성[201]의 산 나무에 저녁 구름 걸리니　禿城山木暮雲參
일찍이 학가가 지나갔던 곳[202]에서　曾經鶴駕從容處
백성들 지금까지 눈물 머금네　民到于今涕淚含

여보게들 들보 북쪽에 떡을 던지세　兒郎偉拋樑北
비도 안 오는데 어찌 무지개다리의 그림자 곧게 섰는가[203]
不雨何虹橋影直

200 누선에……떴네 : 1784년(정조8) 홍충도 수군절도사를 지낸 조심태(趙心泰)가 수원부 유수가 되어, 번암의 총괄 아래 1794년 1월에 착공한 수원성을 1796년 9월에 완공하는 데 공이 큰 사실을 가리킨다. 누선은 수군(水軍)을 뜻하는데, 여기서는 홍충도 수군절도사를 지냈던 조심태를 가리킨다. 목성은 세성(歲星)으로서 복을 주관하는 복성(福星)인데, 뒤에는 훌륭한 지방관이라는 뜻으로 전용되었으며, 여기서는 역시 조심태를 가리킨다.

201 독성(禿城) : 독성산성(禿城山城)을 말한다. 경기도 오산시 지곶동에 있는 백제 때의 석축산성으로, 일명 독산성(禿山城)이라고도 한다. 1593년(선조26) 7월 전라도관찰사 겸 순변사 권율(權慄)이 근왕병(勤王兵) 2만을 이끌고 북상(北上)하다가 이 성에 진을 치고 왜적을 물리쳤던 곳으로 유명하다.

202 학가(鶴駕)가 지나갔던 곳 : 사도세자의 상여가 지나갔던 곳이라는 말이다. 학가는 원래 세자의 수레로 주(周)나라 영왕(靈王)의 태자 왕자진(王子晉)이 도술을 닦아 신선이 된 뒤에 백학(白鶴)을 타고 구지산(緱氏山)에 내려왔다는 전설에서 유래하였다.《列仙傳 卷上》

203 비도……섰는가 : 수원 화성의 성문인 화홍문(華虹門)이 곧게 서 있는 것을 묘사한 것이다. 일명 '북수문(北水門)'이라고 하며, 아래에 수문이 있고 그 위에 문루가 있다. 남북으로 흐르는 광교천을 위하여 화성을 신축할 때 남북에 각각 수문을 만들었는데, 그중 상류에 해당하는 북쪽 수문이다. 수문이 모두 일곱 개의 석조 아치로 만들어졌으므로, 여기서 무지개다리라고 한 것이다.

성 머리에 징과 피리 소리 그치지 않으니　城頭不盡鐃笳聲
군영의 승전곡임을 알겠네　認是轅門勝戰曲

여보게들 들보 위쪽에 떡을 던지세　兒郎偉抛樑上
전쟁 기운 사라져 교화 펼 날 밝으니　兵氣消爲化日朗
구름 속 신선 춤추는 소매 한가롭고　雲裏仙人舞袖閑
거문고 안은 선녀 아리땁게 마주 보네　抱琴玉女嬌相向

여보게들 들보 아래쪽에 떡을 던지세　兒郎偉抛樑下
가벼운 옷과 느슨한 띠에 한가함이 많으니[204]　輕裘緩帶多閑暇
군령 엄한 거리에는 행인 적고　令嚴街路少人行
밝은 달 떠오르자 격탁 소리 그치네　明月懸空擊柝罷

삼가 바라건대 들보를 올린 뒤에는 벽루(壁壘)의 정채(精彩)를 일변하고 금성탕지(金城湯池)의 위세를 더하소서. 동도(東都)와 서도(西都)가 대지를 수호하여 푸른 숭산(崇山)과 맑은 위수(渭水)처럼 되게 하고 남군(南軍)과 북군(北軍)이 천문(天文)에 응하여 현무(玄武)와 구진(鉤陳)이 되게 하소서.[205] 무기고가 연이어 늘어나 거기서 한나라의

204 가벼운……많으니 : 장수가 군진(軍陣)에서 한가하고 여유로운 모습을 보여 준다는 말이다. 진(晉)나라의 장군 양호(羊祜)가 양양(襄陽)에서 도독형주제군사(都督荊州諸軍事)로 군정을 잘 펼쳐 오(吳)나라를 방비하여 변환(邊患)을 없애고는 군중에서 항상 가벼운 갖옷〔輕裘〕에 느슨한 띠〔緩帶〕를 두르고 몸에는 갑옷을 입지 않았으며 영각(鈴閣) 아래에 시위(侍衛)하는 자들이 10여 명에 지나지 않았다고 한다.《晉書 羊祜列傳》

강한 활과 굳센 쇠뇌가 다 나오고[206] 어진 정치를 널리 베풀어 진(秦)나라의 견고한 갑옷과 예리한 병기를 매질할 수 있게 하소서. 음이 닫히고 양이 열려 장수의 거듭된 신칙과 명령을 듣게 하며 황하(黃河)가 맑아지고 바다가 고요해져[207] 오래도록 밝은 임금을 받들게 하소서.

205 남군(南軍)과……하소서 : 남군은 화성에 주둔한 장용 외영(壯勇外營)을, 북군(北軍)은 서울에 있는 장용영을 가리킨다. 현무(玄武)는 북방 7수(宿)로 북궁(北宮)에 해당하고, 구진(鉤陳)은 자미궁(紫微宮) 외영(外營) 진성(陳星)이다. 여기서는 각각 북쪽과 남쪽 궁성을 호위하는 군대의 뜻으로 쓰였다.

206 무기고가……나오고 : 발전된 무기가 계속 개발되어 나오기를 바란다는 말이다. 한(韓)나라는 천하의 강궁(强弓)이 생산되는 곳으로 유명하였다고 한다.《戰國策 韓策1》

207 황하(黃河)가……고요해져 : 나라 안이 안정되고 천하가 태평한 것을 말한다. 황하는 탁한 물인데, 한번 맑아지면 성인(聖人)이 나온다 하며, 주 성왕(周成王) 때에 남방의 월상국(越裳國)에서 사신을 보내 와서 "근자에 3년 동안 바다에 풍파가 없었으니 아마 중국에 성인이 있는 것인가."라고 한 데서 온 말이다.

화산 용주사 상량문[208]

花山龍珠寺上樑文

세존(世尊)이 다섯 왕에게 신(神)의 땅을 주었다고[209] 나는 이렇게 들었네. 주 목왕(周穆王)이 팔회(八會)의 도량을 만드니[210] 마치 신령의 도움이 있었던 듯하네. 그러나 축건(竺乾)[211]의 황당한 이야기의 모호함과 희대(姬代)[212]의 지난 일의 사실 유무가 어찌 주구(珠邱)[213]의 곁

208 화산(花山) 용주사(龍珠寺) 상량문 : 1789년(정조13) 정조가 장헌세자(莊獻世子)의 묘소인 영우원(永祐園)을 양주(楊州)에서 수원(水原) 화산으로 이장하고 현륭원(顯隆園)으로 개칭한 다음 재사(齋寺)로 용주사를 건립하였다. 《홍재전서(弘齋全書)》 권55에 〈화산 용주사 봉불식에 복을 기원하는 게송〔花山龍珠寺奉佛祈福偈〕〉이 실려 있다.

209 세존(世尊)이……주었다고 : 세존은 석가세존(釋迦世尊)이고, 신의 땅은 깨달음의 세계로, 출가하여 승려가 되는 것을 말한다. 《불설오왕경(佛說五王經)》은, 부처가 다섯 왕에게 세상의 여덟 가지 고통을 설법하자, 다섯 왕이 함께 출가했다는 내용을 담고 있는데, 책은 전하지 않는다고 한다.

210 주……만드니 : 주 목왕이 서쪽 끝에서 온 화인(化人)을 위하여 화려하게 궁전을 지어 주었다는 이야기가 《화엄경》에 나오는 보리도량의 장엄을 화려하게 묘사한 이야기와 비슷하기 때문에 한 말이다. 팔회(八會)는 석가가 《화엄경》을 설법한 장소를 일곱 번 바꾸었고, 여덟 번 모여서 34품을 설법한 것을 일러 '칠처팔회(七處八會)'라 한 데서 온 말로, 《화엄경》을 가리킨다. 석가여래가 주 소왕(周昭王) 26년에 탄생하여 주 목왕 53년에 입멸하였다고 보는 견해도 있어서 번암 이전에 이렇게 주 목왕과 불교를 연결시키는 이야기가 있었던 것으로 보인다.

211 축건(竺乾) : 옛 인도(印度)의 별칭이다.

212 희대(姬代) : 주(周)나라 시대를 말한다. 주나라의 전설적 시조인 후직씨(后稷氏)는 성이 희씨(姬氏)이다.

213 주구(珠邱) : 현륭원(顯隆園)을 말한다. 본래 순(舜) 임금의 무덤에 새가 날아와

에 터를 살펴 금지(金地)[214]의 반열에 호칭을 표하여 복전이익(福田利益)[215]의 법을 미루고 성상의 만수무강을 축원하며 원침(園寢)에 정결한 제수를 받들어 다함없는 성상의 효심을 돕는 것만 같으랴.

아, 이 인간 사는 대지에는 수성(隋城)[216]만 한 곳이 없네. 한 줄기가 속리산에서 나뉘어 5, 6백 리를 치달려 조화의 정미함을 다하여 천만억 년을 간직하였네. 그 용(龍)과 같도다. 체세(體勢)의 신묘한 변화 무궁하네. 구슬을 희롱하는 듯하니 둥글게 엉긴 맑은 기운 다함이 없네. 바라보면 꿈틀거리며 나아가니 하늘 끝까지 올라가 구름을 타는 듯하네. 나아가 보면 치밀하고 온윤(溫潤)하니 여전히 푸른 바다에 들어가 조개 배 속에서 딴 듯하네. 음(陰)을 들이쉬고 양(陽)을 불어 내니 완연히 구오(九五)가 하늘에 있는 형세라네.[217] 산 빛나고 시내 아름다우니 열두 수레 비추는 보배보다 뛰어나네.[218] 형상이 이에 이를 줄

구슬을 떨어뜨린 것이 쌓여서 언덕을 이루었다는 고사에서 나온 말로 임금의 능침을 뜻한다. 《拾遺記 虞舜》

214 금지(金地) : 불사(佛寺)를 가리킨다. 인도의 수달장자(須達長者)가 기타태자(祇陀太子)의 원지(園地)에 황금을 가득 깔고 그 원지를 사서 그곳에 기원정사(祇園精舍)를 건립하여 세존으로 하여금 그곳에 거주하게 한 고사에서 온 말이다.

215 복전이익(福田利益) : 불교에서, 공양할 자를 공양하면 장래에 복을 받는 것이 마치 밭에 씨앗을 심어서 수확하는 이익이 있는 것과 같다는 말이다.

216 수성(隋城) : 경기도 수원(水原)의 옛 이름이다.

217 음(陰)을……형세라네 : 산맥이 매우 존귀한 형세를 이루었다는 말이다. 《주역》 〈건괘(乾卦) 구오(九五)〉에 "용이 날아올라 하늘에 있으니, 대인을 만나는 것이 이롭다.〔飛龍在天, 利見大人.〕"라고 한 데서 온 말이다.

218 산……뛰어나네 : 산천의 아름다움을 말한 것이다. 전국 시대 위나라 혜왕(惠王)이 자신의 야광주를 자랑하며 "전후로 각각 열두 채의 수레를 비출 수 있는 구슬이 열 개나 된다.〔照車前後各十二乘者十枚〕"라고 한 데서 온 말이다. 《史記 田敬仲完世家》

생각조차 못했으니 진실로 시대를 만남에 때가 있도다.

우리 주상 전하께서는 효를 백행(百行)의 근원으로 삼고 학문으로 삼재(三才)[219]를 꿰뚫었네. 담장과 국에 성상의 사모함 애연하여[220] 날마다 우러러보고 달마다 뵈었네.[221] 난수(灤水)에 성상의 염려 맺히니[222] 서리에 서글퍼하며 이슬에 젖었네.[223] 거북과 용이 기성(箕聖)의

219 삼재(三才) : 천(天), 지(地), 인(人)을 가리키는 말로, 《주역》 〈설괘전(說卦傳)〉에 "하늘의 도를 세워서 음과 양이라고 하고, 땅의 도리를 세워서 유와 강이라고 하고, 사람의 도를 세워서 인과 의라고 한다. 이 천지인 삼재를 합쳐서 둘로 하였기 때문에 역의 괘가 육획으로 이루어진 것이다.〔立天之道曰陰與陽, 立地之道曰柔與剛, 立人之道曰仁與義, 兼三才而兩之, 故易六畫而成卦.〕"라고 하였다.

220 담장과……애연하여 : 죽은 장헌세자에 대한 정조의 흠모하는 마음을 말한 것이다. 316쪽 주90 참조.

221 날마다……뵈었네 : 세종(世宗)이 종묘(宗廟) 북쪽 담과 궁성(宮城) 남쪽 담이 닿은 곳에 일첨문(日瞻門)을 창건하고 초하루와 보름마다 전배례(展拜禮)를 행했던 일을 본떠서, 정조가 월근문(月覲門)을 세우고 한 달에 한 번씩 사도세자의 사당인 경모궁(景慕宮)에 배례(拜禮)하였던 것을 두고 한 말이다. 《正祖實錄 3年 10月 10日》

222 난수(灤水)에……맺히니 : 정조가 장헌세자의 능침을 이장할 생각을 가졌다는 말이다. 난수는 중국 회하(淮河)의 지류인 과수(渦水)의 끝에 있는 강 이름이다. 주나라 문왕(文王)의 아버지 왕계(王季)를 과수의 끝에 장사 지냈는데, 난수에 의해 그 무덤이 깎여 나가 관이 드러나자, 문왕이 "선군께서 뭇 신하와 백성들을 한번 보고 싶어 하시므로 하늘이 난수로 하여금 드러나게 한 것이다." 하고, 관을 열어 백성들이 보게 하였다는 고사에서 나온 것이다. 《呂氏春秋 卷21 開春》

223 서리에……젖었네 : 계절이 바뀜에 따라 감회가 일어 돌아가신 부모를 생각한다는 말이다. 《예기》 〈제의(祭義)〉에 "서리와 이슬이 내리면 군자가 이것을 밟고 반드시 서글픈 마음이 생기니, 이는 날씨가 추워서 그런 것이 아니다. 봄에 비와 이슬이 내려 젖으면 군자가 이것을 밟고 깜짝 놀라는 마음이 생겨 마치 돌아가신 부모를 뵐 듯이 여긴다.〔霜露旣降, 君子履之, 必有凄愴之心, 非其寒之謂也. 春雨露旣濡, 君子履之, 必有怵惕之心, 如將見之.〕" 하였다.

글에서 밝혀지니[224] 마침내 제때에 비 내리고 제때에 볕 비치는 정치[225] 있었네. 규벽(奎璧)이 주공(周公)의 눈에 응하니[226] 어찌 하늘이 그 도를 아끼지 않고 땅이 그 보배를 아끼지 않는 아름다움이 없겠는가.[227] 드디어 상여를 받들고 이에 상설(象設)[228]을 옮겼네. 옥 같은 눈물이 피를 이루어 임금의 옷소매에 줄줄 흘렀네. 검은 안개가 산을 덮으니[229]

224 거북과……밝혀지니 : 〈하도(河圖)〉와 〈낙서(洛書)〉가 기자(箕子)의 〈홍범구주(洪範九疇)〉에서 자세히 설명되었다는 말인데, 여기서는 정조가 정치의 원리에 대하여 이해가 깊었음을 가리킨다.

225 제때에 비……정치 : 정사를 제때에 시행하여 좋은 효과를 보는 정치를 말한다. 《서경》〈홍범(洪範)〉에 나오는 말로, 아홉 가지 항목 중 여덟 번째인 서징(庶徵) 가운데 "임금이 정숙하면 제때에 비가 내리고, 민첩하면 제때에 볕이 비친다.〔曰肅時雨若, 曰乂時暘若.〕"라는 두 가지를 말한다.

226 규벽(奎璧)이……응하니 : 신에게 올리는 제사가 주공의 안목에 응하였다는 말로 신이 주공의 뜻을 따라 주었다는 의미이다. 여기서는 정조가 제사의 도리와 현실에 대해 충분히 판단했음을 뜻한다. 《서경》〈금등(金縢)〉에 의하면, 주 무왕(周武王)이 일찍이 병들어 위독했는데 주공이 무왕 대신 자기가 죽게 해 달라고 선왕께 기도하면서 먼저 남향으로 세 단(壇)을 만들고 여기에 북향하고 서서 벽(璧)을 두고 규(珪)를 잡고서 태사(太史)를 시켜 읽은 축문(祝文)에 "네가 내 말을 들어주면 내가 벽과 규를 가지고 돌아가 네 명을 기다리려니와, 네가 내 말을 들어주지 않으면 내가 벽과 규를 감추리라." 하였다. 기도를 마친 다음 세 거북으로 점을 쳐 보니 길(吉)하고 바로 그다음 날에 무왕의 병이 나았다고 한다.

227 어찌……없겠는가 : 《예기》〈예운(禮運)〉에 "하늘은 그 도를 아끼지 않고 땅은 그 보배를 아끼지 않으며 사람은 그 정을 아끼지 않는다. 그러므로 하늘은 기름진 이슬을 내리고, 땅은 단술의 샘물을 내보내며, 산은 보기(寶器)와 산거(山車)를 산출하고, 하수는 용마(龍馬)와 하도(河圖)를 산출한다.〔天不愛其道, 地不愛其寶, 人不愛其情. 故天降膏露, 地出醴泉, 山出器車, 河出馬圖.〕"라고 한 데서 온 말이다.

228 상설(象設) : 능 앞에 시설한 석인(石人), 석마(石馬) 등을 말한다.

229 검은……덮으니 : 현륭원이 좋은 산에 자리를 잡았음을 뜻한다. 한나라 유향(劉

수각(隧閣)[230]이 밝고 환하네. 더구나 온천 가던 익숙한 길에 산성(山城)의 옛 신료들 있고[231] 백성들 도로를 에워싸 정반왕(淨飯王)의 성[232]에 다투어 눈물 뿌리네. 뭇 신령이 어가를 호위하니 이에 금속강(金粟岡)의 위의 완전하고[233] 정성이 묵묵히 엉기어 하늘을 감동시키며 서로 감응하였네. 경사로운 일이 문득 이르러 온 천하가 빛나고 아름답게 되었네. 이에 극진히 하지 않음이 없는 정성으로 드디어 여기에 절 짓는 논의를 결정하셨네.

천승의 대리청정 마치지 못했으나[234] 오히려 삼승(三乘)의 보시(普

向)의 《열녀전(列女傳)》 권2 〈현명전(賢明傳) 도답자처(陶答子妻)〉에 "첩이 들으니 남산에 검은 표범이 있는데 안개비가 내리는 7일 동안 내려와 먹지 않으니, 이는 왜냐하면 털을 윤택하게 하여 문장을 이루려고 숨어서 해를 멀리하는 것이라고 합니다.〔妾聞: 南山有玄豹, 霧雨七日而不下食者, 何也? 欲以澤其毛而成文章也, 故藏而遠害.〕"라고 한 데서 온 말이다.

230 수각(隧閣) : 정자각(丁字閣)을 가리킨다.

231 온천……있고 : 사도세자가 습종(濕腫)을 치료하기 위해 1760년(영조36) 7월 온양 행궁에 행행한 일을 가리킨다. 《英祖實錄 36年 7月 18日》 정조는 《홍재전서(弘齋全書)》 권7 〈1월 21일은 이날이 무슨 날이던가.……〔卄一何日……〕〉라는 시의 말미에 "옛날 부왕께서 온천에 행행할 때 어가가 화성에 들렀는데, 복색은 으레 군복을 착용하였다."라는 원주를 붙여 시의 배경을 설명하였다.

232 정반왕(淨飯王)의 성 : 현륭원을 가리킨다. 정반왕은 석가(釋迦)의 부친을 말하는데, 여기서는 정조의 부친인 장헌세자를 뜻한다.

233 금속강(金粟岡)의 위의 완전하고 : 현륭원이 제왕의 능침으로서 위의를 완전히 갖추었다는 말이다. 금속은 산 이름으로 당나라 현종(玄宗)의 능이 있는 곳이다. 후세에 제왕의 능침을 가리키는 말로 사용되었다.

234 천승의……못했으나 : 사도세자가 천승의 나라를 대신 다스리는 일을 마치지 못했다는 말이다. 사도세자는 1749년(영조25)부터 대리청정을 하였으며, 영조는 그를 1762년 5월에 뒤주 속에 가두어 죽였다.

施)를 바라네.[235] 팔방(八方)의 추후 봉양[236]을 잘 폈으니 시방(十方)의 명명한 도움[237]을 기대하네. 즐기시던 창포 김치 바치니 태상시(太常寺)의 진미가 없는 것 아니고 아름다운 미나리 정성껏 올리니 귀한 바는 절집 부엌의 정갈한 두부라네.

성상의 사려와 신묘한 운영을 통해 마음속의 경륜을 우러러 알겠네. 일꾼들 환호하며 달려가니 이에 눈앞에 우뚝 솟았네. 저기 앞을 보니 옛 탑[238]이 죽순처럼 뻗었고 뒤를 보니 고운 산봉우리 꽃과 같네. 동자 기둥 종횡으로 서니 위천(渭川) 가의 천 이랑 대밭 솟았네.[239] 높다란 용마루 뒤섞이니 은하수에서 칠양(七襄)의 실을 짜네.[240] 단청한 문을

235 삼승(三乘)의 보시(普施)를 바라네 : 사도세자에게도 부처의 가르침을 널리 베풀어 주기를 바란다는 말이다.

236 팔방(八方)의 추후 봉양 : 조선 팔도를 소유한 왕으로서 돌아가신 부모를 봉양하는 것이다.

237 시방(十方)의 명명한 도움 : 시방세계를 관장하는 부처의 도움을 말한다.

238 옛 탑 : 화성 용주사 오층 석탑을 말한다. 고려 시대에 세워진 것으로 추정된다.

239 동자기둥……솟았네 : 용주사 건물이 큼을 말한 것이다. 위천 가의 천 이랑 대밭은 풍성함을 뜻하는데, 여기서는 동자기둥이 많다는 뜻으로 쓰였다. 이 말은《사기(史記)》〈화식열전(貨殖列傳)〉에 "제나라, 노나라 지역에는 천 이랑 뽕밭, 삼밭이 있고, 위천에는 천 이랑 대밭이 있으니……이것을 소유한 사람들은 모두 부유함이 천호후와 맞먹는다.〔齊魯千畝桑麻, 渭川千畝竹.……此其人皆與千戶侯等.〕"라고 한 데서 왔다.

240 높다란……짜네 : 용주사 건물의 지붕이 밤하늘 은하수와 아름답게 어울리는 모습을 말한 것이다. 건물의 용마루를 직녀의 베틀에, 하늘의 별빛을 직녀의 실에 비유하여, 건물과 별들이 밤하늘에 아름다운 문장을 이룸을 말한 것이다. 칠양(七襄)은 직녀성이 하룻낮 동안에 옮겨 가는 일곱 자리이다.《시경》〈소아(小雅) 대동(大東)〉에 "삼각으로 있는 저 직녀성은 하루 종일 일곱 번을 옮기도다.〔跂彼織女, 終日七襄.〕"라고 한 데서 온 말이다.

해 질 무렵에 여니 고서문(古西門)[241]의 맑은 안개 그림 같네. 채색한 난간에 갠 날 기대니 세남교(細南橋)[242]의 방초 하늘에 이어졌네.

삼천 병마의 동네[243]라고 예로부터 지명이 있었네. 장륙금인(丈六金人)의 불상(佛像)[244]이 며칠 되지 않아 이루어졌네. 이에 난여(鸞輿)를 타고 와 목욕재계하시니 용안(龍顔)이 슬픔을 머금었네. 구지산(緱氏山)에 학 그림자 드리우니[245] 탁석(卓錫)의 숲[246]과 방불하네. 순 임금의

241 고서문(古西門) : 수원 고읍성(古邑城)의 서문(西門)이 있던 곳으로, 고서문현(古西門峴)이라 한다.

242 세남교(細南橋) : 경기 화성시 배양동에 있던 지명이다.

243 삼천 병마의 동네 : 경기 화성시 봉담읍 상리 삼천 병마 고개 인근의 마을이다. 임진왜란 때 권율(權慄)이 이곳에 3000의 병마를 매복하여 왜적을 무찌른 뒤부터 이렇게 부른다고도 하고, 광해군(光海君) 때부터 이렇게 부르기 시작했다고도 한다.

244 장륙금인(丈六金人)의 불상(佛像) : 장륙은 부처의 키가 한 장 여섯 자라고 하여 붙은 말이고, 금인은 불상에 황금색을 입혔기 때문에 붙은 말이다. 《후한서》 〈서역전(西域傳) 천축(天竺)〉에 "서방에 신이 있는데, 이름을 부처라고 한다. 키가 한 장 여섯 자이고 황금색이다.〔西方有神, 名曰佛. 形長丈六尺而黃金色.〕"라는 내용이 보인다.

245 구지산(緱氏山)에……드리우니 : 정조가 현륭원을 화산으로 옮긴 후 1790년 옛 갈양사(葛陽寺) 자리에 능사(陵寺)로서 용주사를 세웠기 때문에 한 말이다. 구지산과 학에 관해서는 332쪽 주156 참조.

246 탁석(卓錫)의 숲 : 용주사를 세운 곳의 풍광이 매우 빼어남을 말한다. 탁석은 석장을 꽂는다는 뜻으로, 승려가 터를 잡아 거처하는 것을 일컫는다. 서주(舒州)에 있는 잠산(潛山)은 풍광이 매우 뛰어난 곳인데, 양(梁)나라 때 보지 선사(寶志禪師)와 백학 도사(白鶴道士)가 잠산의 가장 빼어난 산기슭에 서로 터를 잡으려고 다투다가, 양 무제(梁武帝)의 주선으로 백학 도사는 학(鶴)을 날려 보내고 보지 선사는 석장을 날려 보내어, 먼저 그 자리에 도착시키는 자가 터를 차지하기로 약속하였다. 그 결과 보지 선사의 석장이 백학 도사의 학보다 먼저 산기슭에 날아가 꽂혔다는 고사에서 온 말이다. 《神僧傳》

소악(韶樂)과 봉황의 울음이 옥경(玉磬) 치는 땅[247]에서 어우러지네.

단향목 피우니 향기 떠오르고 송백은 깃발과 함께 펄럭이네. 차오르는 달과 떠오르는 해 같은 복(福)[248]은 만백성이 바라는 바이고 천지에 사무치는 애통함을 생각하며 천불(千佛)이 모두 슬퍼하네. 대궐에서 이름을 내려 주시니 평소 은덕을 갚고자 했기 때문이네. 옥룡 선사(玉龍禪師)는 혜안으로 여러 하늘을 환히 살폈고[249] 금쇄(金鎖) 노인의 깊은 충정 오늘을 기다렸네.[250]

247 옥경(玉磬) 치는 땅 : 태평 시대를 말한다. 순(舜) 임금의 신하 기(夔)가 순 임금에게 말하기를 "옥경인 명구를 치고 금슬을 타며 노래하니 조상의 신이 강림하고 요(堯) 임금의 아들인 단주(丹朱)가 제관으로 참석하여 같은 제관의 반열에 있는 여러 제후와 덕의 높낮이로 서로 사양합니다.〔戛擊鳴球, 搏拊琴瑟以詠, 祖考來格, 虞賓在位, 群后德讓.〕"라고 하였다. 《書經 益稷》

248 차오르는……복(福) : 만수무강의 복을 말한다. 《시경》 〈소아 천보(天保)〉에 "초승달이 차오르는 것과 같고 해가 떠오르는 것과 같고 남산의 수명과 같다.〔如月之恒, 如日之升, 如南山之壽.〕"라고 한 데서 온 말이다.

249 옥룡……살폈고 : 옥룡 선사는 전라남도 광양(光陽)의 백계산(白鷄山)에 있는 옥룡사(玉龍寺)에서 머물던 왕사(王師) 도선(道詵)을 말한다. 그의 속성은 김씨(金氏), 자는 옥룡자(玉龍子)·옥룡, 호는 연기(烟起)이다. 《홍재전서》 권57 〈원침(園寢)을 옮긴 사실1〉에서 화산에 대해 설명하며 "이는 곧 신라의 국사(國師) 옥룡자 도선이 이른바 '서린 용이 구슬을 희롱하는 형국〔盤龍弄珠之形〕'이다."라고 하였다.

250 금쇄(金鎖)……기다렸네 : 금쇄 노인은 전라남도 해남군 현산면 금쇄동(金鎖洞)에 살았던 윤선도(尹善道)를 가리킨다. 그는 이곳에 은거하면서 《금쇄동기(金鎖洞記)》 등의 작품을 남겼다. 그는 효종(孝宗)의 상사 때 산릉간심관(山陵看審官)으로서 장지로는 수원이 제일이라고 강력히 주장했으나 서인(西人)의 반대로 실행되지 못했다. 윤선도는 《고산유고(孤山遺稿)》 권4 〈총호사에게 올리는 글〔上摠護使書〕〉에서 "산릉(山陵)으로 적합한 곳으로는, 영릉(英陵)이 으뜸이고, 그다음으로는 수원만 한 곳이 없습니다. 이곳은 모두 천년에 한 번 만날 수 있는 길지(吉地)인데, 다행히 얻었으

이에 송축하는 시를 지어 중생에게 포고하네.

여보게들 들보 동쪽에 떡을 던지세	兒郎偉抛樑東
바다 어귀 아침 해에 온 하늘 붉으니	海門朝日滿天紅
흡사 신룡이 처음 잠을 깨어	恰似神龍初罷睡
구슬 안고 허공에서 희롱하려는 듯	抱將珠顆弄晴空

여보게들 들보 서쪽에 떡을 던지세	兒郎偉抛樑西
버드내[251] 동북 주점 연기 자욱하니	柳川東北店煙迷
난여가 해마다 지나가는 곳이라	鑾輿歲歲經過地
상로 내린 들판에 만 잎새 쓸쓸하네	霜露郊原萬葉凄

여보게들 들보 남쪽에 떡을 던지세	兒郎偉抛樑南
성가퀴에 에워싸인 산에 푸른 이내 듣고	雉堞縈山滴翠嵐
황하 맑은[252] 성대에 봄이 그림 같으니	聖代河淸春似畫
노승이 탑에 내린 꽃비 한가로이 쓸어 내네	老僧閑掃雨花龕

여보게들 들보 북쪽에 떡을 던지세	兒郎偉抛樑北

니 또 무슨 의심을 하겠습니까."라고 하였다. 《홍재전서》 권57 〈원침을 옮긴 사실1〉에서 화산에 대해 설명하며 "참의(參議) 윤선도가 이른바 '용(龍)과 혈(穴)과 사(砂)와 수(水)가 모두 좋고 아름답다.'라고 한 것이다."라고 하였다.

251 버드내 : 수원천(水原川)의 옛 이름으로, 세류천(細柳川)이라고도 한다.

252 황하(黃河) 맑은 : 나라 안이 안정되고 천하가 태평한 것을 말한다. 343쪽 주207 참조.

팔달산 앞에 거리를 옮겨 놓으니 八達山前移井陌
지난날 신풍 마을과 같아 依然昔日新豐村
닭과 개가 제집을 모두 스스로 알아보네[253] 鷄犬家家各自識

여보게들 들보 위에 떡을 던지세 兒郎偉抛樑上
중일과 전성[254]이 천문에 왕성하고 重日前星乾象旺
초목들까지 밝은 빛을 입게 되었으니 草木昭回被耿光
설산이 어찌 높다란 교산과 같으랴[255] 雪山爭似喬山嶂

여보게들 들보 아래에 떡을 던지세 兒郎偉抛樑下
벼 이삭 구름처럼 큰 들에 가득한데 穲稏如雲滿大野
지팡이 짚은 흰머리로 산 앞 노인 白頭扶杖山前翁

253 팔달산……알아보네 : 정조가 아버지 장헌세자를 위하여 화성을 건설하는 데 힘을 쏟은 것을 비유한 말이다. 한 고조(漢高祖) 유방(劉邦)이 천하를 통일한 뒤에 아버지를 모셔 와 태상황(太上皇)으로 모시며 장안(長安)의 황궁(皇宮)에서 호화롭게 살게 하였으나 아버지가 고향 풍읍(豐邑)을 잊지 못하였다. 그러자 한 고조가 여읍(驪邑)에 고향 풍읍과 똑같은 마을을 지어 고향 사람들과 기르던 닭과 개까지도 함께 옮겨 와 살게 하였는데, 사람들이 닭과 개를 풀어놓아도 닭과 개가 자기 집을 잊지 않고 잘 찾아 들어올 만큼 똑같았다고 한다. 이에 태상황이 날마다 친구들과 술을 마시며 즐겁게 노닐었으며, 태상황이 죽은 후 후인(後人)들이 이곳을 신풍(新豐)이라 하였다.《史記 高祖本紀》《西京雜記 卷2》

254 중일(重日)과 전성(前星) : 왕과 왕세자를 가리키는데, 여기서는 정조와 왕세자를 뜻한다.

255 설산(雪山)이……같으랴 : 저 멀리 있는 설산이 어찌 현륭원이 있는 이곳만 하겠느냐는 말이다. 설산은 인도의 북부에 위치한 산인 히말라야를 가리킨다. 교산(喬山)은 황제(黃帝)의 능이 있는 산으로, 여기서는 현륭원을 가리킨다.

아침마다 북쪽 향해 송축하네 華祝朝朝向北賀

삼가 바라건대 들보를 올린 뒤에 한 심지로 등불 전하며[256] 삼원(三元)에 촛불을 들고[257] 재앙도 없고 해도 없게 하여 종국에 상서로움을 길이 바치며 이지러지지 않고 무너지지 않게[258] 선침을 영원히 보호하소서. 서울이 매우 가까우니 질병 없이 군왕이 매번 임하시며 운향(雲鄕)[259]이 멀지 않으니 좌우에 계시며 오르내리심[260]을 뵙는 듯하게 하소서.

256 한……전하며 : 불법을 계속 전하여 끊어지지 않고 이어가는 것을 말한다. 등은 어두운 데를 비춰 주는 것이므로 중생의 어리석음을 깨우쳐 지혜롭게 하는 교법(敎法)에 비유하는데, 이 교법을 스승이 제자에게 서로 전하여 가는 것을 말한다.

257 삼원(三元)에 촛불을 들고 : 해의 처음〔歲始〕과 달의 처음〔月始〕과 날의 처음〔日始〕에 촛불을 밝히는 것이다.

258 이지러지지……않게 : 현륭원이 온전하게 유지되는 것을 말한다. 《시경》 〈소아 천보(天保)〉에 "남산의 장수함과 같아 이지러지지 않고 무너지지 않는다.〔如南山之壽, 不騫不崩.〕"라고 한 데서 온 말이다.

259 운향(雲鄕) : 백운향(白雲鄕)이다. 신선이 사는 선계(仙界)로, 《장자》 〈천지(天地)〉에 "저 흰 구름을 타고 제향에 이른다.〔乘彼白雲, 至於帝鄕.〕"라고 한 데서 온 말이다.

260 좌우에 계시며 오르내리심 : 장헌세자의 영령이 상제의 좌우에 있으면서 지상을 오르내리며 복록을 내려 준다는 말이다. 《서경》 〈문왕(文王)〉에 "문왕이 오르내리면서 상제의 좌우에 계시니.〔文王陟降, 在帝左右.〕"라고 한 데서 온 말이다.

채윤전[261]이 양근에 새로 지은 집 상량문

蔡潤銓楊根新屋上樑文

흰 갈매기를 누가 만 리 밖에서 길들이랴![262] 영욕과 득실을 뜬구름에 부쳤네. 뱁새는 한 가지에 둥지를 트는 데 지나지 않으나[263] 거기서 자득하고 편안히 지내며 세월을 보내네. 여기에서 거하고 저기에서 처하며[264] 나는 내 오두막을 사랑하네. 주인은 지방의 수재(秀才)이고[265] 명문가의 훌륭한 후손이네. 주공(周公)과 공자(孔子)의 도를 기뻐하여 북쪽으로 서울에서 배웠네.[266] 도선(道詵)과 무학(無學)의 재능

261 채윤전(蔡潤銓) : 1748~1801. 본관은 평강, 초명은 일영(一永), 자는 문약(文若)이다.

262 흰……길들이랴 : 채윤전은 어느 누구도 길들일 수 없는 자유로운 인물이라는 말이다. 두보(杜甫)가 자신을 갈매기에 비유하면서 "호탕한 물결에 출몰하는 흰 갈매기를, 만 리 밖에서 어느 누가 길들이랴.〔白鷗沒浩蕩, 萬里誰能馴.〕"라고 한 데서 온 말이다.《杜少陵詩集 卷1 奉贈韋左丞丈二十二韻》

263 뱁새는……않으나 :《장자》〈소요유〉에서 허유(許由)가 요 임금의 선양 제의를 거절하면서 "뱁새가 깊은 숲 속에 둥지를 틀고 살 때에 나뭇가지 하나에 지나지 않는다.〔鷦鷯巢於深林, 不過一枝.〕"라고 한 데서 온 말이다.

264 여기에서……처하며 : 집을 낙성하고 난 뒤의 즐거운 심정을 표현한 것이다.《시경》〈소아(小雅) 사간(斯干)〉에 "여기에서 거하고 저기에서 처하며 여기에서 즐거이 웃고 저기에서 즐거이 말하네.〔爰居爰處, 爰笑爰語.〕"라고 한 데서 온 말이다.

265 주인은 지방의 수재(秀才)이고 : 채윤전은 현 충청남도 금산군인 진산(珍山)에서 자랐다.

266 주공(周公)과……배웠네 : 채윤전이 남쪽 지방인 진산에서 북쪽에 있는 서울로 와서 공부했다는 말이다.《맹자》〈등문공 상(滕文公上)〉의 "진량은 초나라 태생으로,

을 안고서 여사(餘事)로 풍수를 일삼아 의술 배우길 바란 범공(范公)과 같았으니[267] 무엇인들 사람에게 끼칠 인(仁)이 아니랴. 발 내렸던 군평(君平)의 마음을 본받았으니[268] 내 소유가 아닌 것은 취하지 않았네. 이에 경기에서 백성들 사는 곳 살펴보고[269] 드디어 녹문(鹿門)으로 이사할 계획 세웠네.[270] 생각건대 양근현(楊根縣)의 가운데는 도화원(桃花源)[271] 안보다 못하지 않네. 강산은 기다려 준 듯하고 풍월은 많이 한가롭네. 두미(斗尾)[272]에 이웃하고 황려(黃驪)[273]에 접하니 모두 상

주공과 공자의 도를 좋아하여 북으로 중국에 와서 배웠는데 북방의 학자들이 누구도 그보다 나은 사람이 없었으니, 그는 이른바 호걸의 선비였다.〔陳良楚産也, 悅周公仲尼之道, 北學於中國, 北方之學者未能或之先也, 彼所謂豪傑之士也.〕"라는 구절을 원용한 것이다. 중니는 공자의 자이다.

267 의술……같았으니 : 채윤전이 풍수를 배우고 싶어 했다는 말이다. 범중엄(范仲淹)이 젊었을 때에 "내가 만약 어진 정승이 되지 못한다면 반드시 훌륭한 의원이라도 될 것이니, 의술로 사람을 구할 수 있기 때문이다.〔吾不能爲良相, 必爲良醫, 以醫可以救人也.〕"라고 하였다. 《廣事類賦》

268 발……본받았으니 : 채윤전에게 욕심이 없음을 말한 것이다. 군평은 전한(前漢) 시대 촉(蜀)의 은사(隱士) 엄준(嚴遵)의 자이다. 그는 성도(成都)의 저자에서 매일 점(占)을 쳐서 생활을 영위했는데, 하루에 겨우 두어 사람의 점을 쳐서 하루 생활 할 정도의 100전(錢)만 얻으면 즉시 점방의 발을 내리고, 학도(學徒)들에게 《노자》를 가르쳤다고 한다. 《漢書 嚴遵傳》

269 경기에서……살펴보고 : 채윤전이 경기도의 풍수지리를 살펴보았다는 말이다.

270 녹문(鹿門)으로……세웠네 : 채윤전이 시골에 은둔할 계획을 세웠다는 말이다. 녹문은 방덕공(龐德公)이 처자식을 거느리고 들어가 약초를 캐며 세상에 나오지 않고 일생을 마쳤다고 하는 양양(襄陽)의 산 이름이다. 《後漢書 逸民列傳 龐公》

271 도화원(桃花源) : 진(晉)나라 때 무릉(武陵)의 어부가 복숭아꽃이 흘러 내려오는 물길을 따라 거슬러 올라갔다가 만난 별천지로, 무릉도원(武陵桃源)이라고도 한다. 《陶淵明集 卷6 桃花源記》

유(上游)[274]의 명승지라 일컫네. 좌청룡(左青龍)과 우백호(右白虎) 갖췄으니 응당 중앙에 거처해야 하네. 산허리에 1만 이랑 가로세로 펼쳐져 찰기장과 메기장 안개처럼 쌓였고, 나무꾼이 3, 4일마다 왔다 가니 등걸과 마들가리 구름처럼 남았네. 가벼운 배가 만 겹 산을 지나가니 목도(木道)[275]가 맑은 한강 관통하네. 어린아이가 삼경(三逕)의 낙엽을 쓸어 내니 명아주 지팡이 짚고 좋은 이웃 찾아가네. 이에 사년(巳年)의 봄에 자좌(子坐)의 집[276]을 건축하였네. 흙으로 바르고 띠로 덮으니 한 칸 두 칸 늘려 일곱 칸에 그쳤네. 그 양식을 보태 주고 그 품삯을 빌려 남쪽과 동쪽 및 서쪽 집들 지었네. 인생은 뜻에 맞게 사는 것이 중요한데[277]

272 두미(斗尾) : 한강 상류에 있던 지명으로, 지금의 팔당댐 부근에 있던 북한강(北漢江)과 남한강(南漢江)이 만나는 부근을 칭한다.

273 황려(黃驪) : 현재의 경기도 여주시를 가리킨다.

274 상유(上游) : 한강의 상류를 가리킨다. 《사기》 〈항우본기(項羽本紀)〉에 "옛날의 제왕은 땅이 사방 천 리이고 반드시 상유에 위치하였습니다.〔古之帝者, 地方千里, 必居上游.〕"라고 한 데서 온 말로, 상유는 곧 상류이다.

275 목도(木道) : 나무로 만든 뗏목으로 흔히 뱃길이라는 의미로 사용된다. 《주역》 〈익괘(益卦)〉에 "큰 냇물을 건너는 것이 이롭다고 한 것은 목도가 이에 행하는 것이다.〔利涉大川, 木道乃行.〕"라고 한 데서 온 말이다.

276 자좌(子坐)의 집 : 집터가 자방(子方)을 등지고 앉은 집이니, 정남향으로 앉은 집이다.

277 인생은……중요한데 : 진(晉)나라 때 강동(江東)의 오중(吳中) 사람인 장한(張翰)이 낙양(洛陽)에서 제왕(齊王) 사마경(司馬冏)의 동조 연(東曹掾)으로 벼슬하였는데 어느 날 가을바람이 불어오는 것을 보고 고향의 순챗국과 농어회가 그리워지자 "인생은 자기 뜻에 맞게 사는 것이 중요한데, 어찌 수천 리 밖에서 벼슬에 얽매여 명예와 관작을 구하겠는가.〔人生貴得適意爾, 何能羈宦數千里以要名爵?〕"라고 한 데서 온 말이다. 《世說新語 識鑑》

어찌 나에게 큰 집이 깊고 넓다[278] 함을 부러워하랴. 작록(爵祿)에 마음 쓰지 않으니 오직 그대 따라 흰 구름 곳곳에 있네.[279] "수종사 안에서 산 종소리 울린다.〔水鍾寺裏山鍾發〕"라고 해학 잘한 희암공(希菴公)의 시를 매번 외우고 "남일원 주변에 서일 비낀다.〔南日院邊西日斜〕"라고 대구를 이룬 윤 장령(尹掌令)의 절묘함을 즐겨 말했네.[280] 백 년 동안 이렇게 산다면 몇 칸 작은 집이 무슨 상관이랴.[281]

278 나에게……넓다 : 나라에서 주는 녹봉을 많이 받아 큰 집에서 사는 것을 말한다. 《시경》 〈진풍(秦風) 권여(權輿)〉에 "나에게 큰 집이 깊고 넓더니 지금은 밥 먹을 때마다 남음이 없도다. 아, 권여를 잇지 못함이여.〔於我乎, 夏屋渠渠, 今也每食無餘. 于嗟乎, 不承權輿.〕"라고 한 데서 온 말이다.

279 그대……있네 : 은거에 뜻이 있다는 말이다. 당나라 이백(李白)의 〈백운가송유십육귀산(白雲歌送劉十六歸山)〉에서 "초산과 진산이 모두 흰 구름이라, 흰 구름 곳곳에서 길이 그대를 따르네. 길이 그대 따르는데, 그대는 초산 속으로 들어가고, 구름 또한 그대 따라 상수를 건너네.〔楚山秦山皆白雲, 白雲處處長隨君. 長隨君, 君入楚山裏, 雲亦隨君渡湘水.〕"라고 한 데서 온 말이다.

280 수종사(水鍾寺)……말했네 : 수종사에 대한 희암(希菴) 채팽윤(蔡彭胤)의 시구에 대하여 윤 장령이 남일원에 대한 시구로 대를 맞춰 지은 일을 말한다. 수종사는 경기도 남양주군 와부읍(瓦阜邑) 송촌리(松村里) 운길산(雲吉山)에 있는 절이고, 남일원은 경기도 남양주시 화도읍(和道邑) 금남리(琴南里)에 있다. 1689년(숙종15) 9월에 채팽윤이 당시 예문관 대교로 있던 중씨(仲氏) 채성윤과 함께 강릉을 향해 갈 때 수종사 근처 용진(龍津)에서 지은 〈오도용진음정중씨(午到龍津吟呈仲氏)〉에서 "점심 때 용진에 도착했는데 종소리가 은은하게 들려왔다. 뱃사공이 손으로 가리키며 '이곳이 수종사입니다.' 하여, 내가 홀연히 읊조리기를 '수종사 안에서 산 종소리가 나온다.〔水鍾寺裏山鍾出〕' 하였는데, 깊이 생각해도 대구를 얻지 못했다. 중형이 뱃사공에게 가서 산과 물과 동네와 계곡과 누대의 이름을 두루 물어보았으나 끝내 수종사와 대가 되는 이름이 없자, 이에 웃으면서 '성부(城府)를 열 방법이 없구나. 일단 놓아두자.'라고 하였다." 하였다. 성부는 해결하기 어려운 문제를 비유한 말이다. 윤 장령은 《번암집》 권32 〈송윤이중귀용진별업서(送尹彛仲歸龍津別業序)〉를 참고하면, 고향이 용진이고

처자식을 이끌고 산천이 먼 것을 꺼리지 않았네. 좋은 때 길한 날에 공사의 완공을 엄연히 보았네. 즐거운 마음 연결되어 꾀꼬리가 계곡을 나와 맑게 지저귀네. 길한 기운 먼저 알아채고 새가 숲을 가려서 둥지를 찾아드네. 이에 이 늙은이가 축사를 지어 아랑(兒郎)[282]의 노래를 돕게 하네.

들보 동쪽에 떡을 던지세	抛樑東
따비밭 태우는 연기 담담한 이월 중순에	淡淡畬煙二月中
내키는 대로 농사 익히며 밭둑에 서면	隨意課農田畔立
푸른 도롱이에 가랑비 내리고 산들바람 불겠네[283]	青簑細雨又微風

들보 서쪽에 떡을 던지세	抛樑西

장령을 지낸 윤필병(尹弼秉)으로 추정되며, 윤필병이 장령을 지낼 때 다산 정약용(丁若鏞)과 수종사를 유람한 사실을 《여유당전서(與猶堂全書)》 문집 권13 〈유수종사기(游水鍾寺記)〉에서도 확인할 수 있다.

281 백……상관이랴 : 채팽윤이 "수종사 안에서 산 종소리 울린다."라는 구절을 읊은 1689년 9월에서 100년이 흐르는 동안 자연 경관이 변함없었는데, 이제 채윤전이 그사이에 집을 몇 칸 짓는 일이 안 될 것이 무엇이냐는 말이다.

282 아랑(兒郎) : 젊은 사람을 뜻하는 말로, 상량문에서 도목수(都木手)가 장인(匠人)들을 포괄하여 부를 때 상투적으로 쓰는 표현이다.

283 푸른……불겠네 : 은자의 모습을 표현한 것이다. 당(唐)나라 때 은사 장지화(張志和)가 지은 〈어부사(漁父詞)〉에 "서녘 변방 산 앞에 흰 새가 날고, 복사꽃 떠가는 시내에 쏘가리가 살졌구나. 푸른 대삿갓 쓰고 푸른 도롱이 걸쳤으니, 비낀 바람 가랑비에 돌아갈 것 없어라.〔西塞山前白鳥飛, 桃花流水鱖魚肥. 青箬笠綠蓑衣, 斜風細雨不須歸.〕"라고 한 데서 온 말이다. 《詩人玉屑 卷20 方外》

삼각산 상서로운 구름 희미하게 보이는데　三角祥雲望欲迷
밭 갈고 우물 판다고 한 강구의 노래를 불러[284]　耕鑿康衢歌一曲
그대의 미수가 하늘과 가지런하길 축원하네　祝君眉壽與天齊

들보 남쪽으로 떡을 던지세　抛樑南
꿈속에 비봉산[285] 갠 이내에 젖어　夢中飛鳳濕晴嵐
봄이 오면 율현[286]에 솔 심기로 약속했으니　春來栗峴栽松約
진중히 여기는 번암옹이 말을 보내리라　珍重樊翁爲送驂

들보 북쪽에 떡을 던지세　抛樑北
창 열면 맑은 바람 밤낮 불어오는데　開牖淸風來日夕
허리 꺾는 데서 돌아온 뒤에야 희황상인 되었으니[287]　折腰歸後始羲皇

284 밭……불러 : 격양가(擊壤歌)를 부른다는 말이다. 강구(康衢)는 사통오달(四通五達)의 큰길을 말한다.

285 비봉산(飛鳳山) : 경기도 안성시 보개면 기좌리에 있는 산이다.

286 율현(栗峴) : 현 경기도 안성시 삼죽면 율곡리에 있는 지명이다. 번암이 아내인 정경부인(貞敬夫人)의 묘를 선영 아래로 이장하기 위하여 풍수지리에 밝은 채윤전으로 하여금 율현의 풍수를 살펴보게 했는데, 채윤전이 다녀와서 묫자리의 풍수를 매우 칭송한 일이 《번암집》 권17 〈희채윤전문약지(喜蔡潤銓文若至)〉에 보인다.

287 창……되었으니 : 《진서(晉書)》 〈도잠열전(陶潛列傳)〉에 "여름철 한가로이 북창가에 잠들어 누웠다가 삽상한 바람이 불어와 잠을 깨고 나서 스스로 '희황상인'이라 일컬었다.〔夏月虛閑, 高臥北窓之下, 淸風颯至, 自謂羲皇上人.〕"라고 하였는데, 희황상인은 복희씨(伏羲氏) 시대의 사람으로, 태곳적의 사람처럼 한가롭게 생활하는 사람을 말한다. 도잠이 팽택 현령(彭澤縣令)으로 있을 적에, 군(郡)에서 파견한 독우(督郵)의 시찰을 받게 되었는데, 아전이 도잠에게 의관을 갖추고 독우에게 인사를 해야 한다고 하자, 도잠이 탄식하면서 "내가 쌀 다섯 말 때문에 허리를 꺾어 향리의 어린아이에게

우습구나 도연명도 속인에 가깝네　　笑殺淵明猶近俗

들보 위에 떡을 던지세　　抛樑上
이십팔수가 삼엄히 서로 마주하니　　二十八宿森相向
밤에 《청오경》[288]의 심오한 말을 외우고　　夜誦青烏要眇言
앙관부찰하여 이치를 환히 밝히리라　　仰觀俯察理昭朗

들보 아래에 떡을 던지세　　抛樑下
둑 바깥 긴 강물 쉬지 않고 흐르는데　　岸外長江流不舍
때로 낚시 마치고 달빛 속에 돌아오면　　有時釣罷月中歸
푸른 산 빛 푸르디푸르러[289] 옷 위에 뿌려지리라　　山翠蒼蒼衣上灑

삼가 바라건대 들보를 올린 뒤에 통찰력이 정미해지고 집안일이 뜻대

굽실거릴 수는 없다.〔我不能爲五斗米折腰向鄕里小兒〕"라고 하고는, 즉시 수령의 인끈을 풀어 놓고 고향으로 돌아갔던 고사가 전한다.

288 청오경(青烏經) : 진(秦), 한(漢)의 감여가(堪輿家)로 알려진 청오자(青烏子)라는 인물이 편찬한 풍수지리서이다. 풍수지리는 음양과 청탁으로 나뉘고, 청탁에 따라 길흉이 온다는 요지에 근거하여, 혈(穴)을 정하는 데 필요한 사항을 정리하였다. 일명 《상총서(相塚書)》이다. 《금낭경(錦囊經)》과 함께 풍수지리에 관한 양대 기서(奇書)로 전해지며 풍수지리학의 근간을 이루었다. 조선 시대에는 과거 잡과(雜科)의 지리학 관원 선발 시험에서 배강(背講) 과목으로 지정되었다.

289 푸른……푸르디푸르러 : 고결한 인품을 비유한 말이다. 송(宋)나라 범중엄(范仲淹)의 〈엄선생사당기(嚴先生祠堂記)〉에 "구름 낀 산 푸르디푸르듯, 저 강물 곤곤히 흐르고 흐르듯, 선생의 풍도 역시 산고수장이로세.〔雲山蒼蒼, 江水泱泱, 先生之風, 山高水長.〕"라는 말이 나온다.

로 되게 하소서. 그런대로 갖추었고 그런대로 아름답다[290] 하였으나 귀한 바는 어디 가나 몸을 편안케 하는 것이고, 아무 물이고 아무 언덕이다[291] 했으나 하필 고향이 눈앞에 있어야 하리오. 밤에는 곰을 보는 길한 꿈을 꾸고[292] 늙어 가며 물고기와 새의 주인 되게 하소서. 만약 자자손손 전한다면 최고의 길지가 되리라.

290 그런대로 갖추었고 그런대로 아름답다 : 부유함을 추구하되 만족할 줄 아는 것을 말한다. 《논어》 〈자로(子路)〉에서 공자(孔子)가 위(衛)나라 공자(公子) 형(荊)을 평하기를 "그는 집안일을 잘 다스린다. 처음 살림살이를 가졌을 때는 '그런대로 모여졌다.'라고 하고, 조금 더 가졌을 때는 '그런대로 갖추어졌다.'라고 하였으며, 많이 가졌을 때는 '그런대로 아름답다.'라고 하였다.〔善居室. 始有, 曰苟合矣; 少有, 曰苟完矣; 富有, 曰苟美矣.〕" 하였다.

291 아무 물이고 아무 언덕이다 : 고향을 말한다. 한유(韓愈)의 〈송양소윤서(送楊少尹序)〉에 "이제 돌아가서는 그 나무를 가리키면서 '아무 나무는 나의 아버님께서 심으신 것이고, 아무 물과 아무 언덕은 내가 어린 시절에 낚시질하고 놀던 곳이다.〔某樹, 吾先人之所種也; 某水某丘, 吾童子時所釣遊也.〕'라고 하면, 고향 사람들이 모두들 공경할 것이다."라고 한 데서 온 말이다.

292 곰을……꾸고 : 태몽(胎夢)을 꾸는 것을 말한다. 《시경》 〈소아 사간(斯干)〉에 "길한 꿈이 무엇인가, 곰 꿈을 꾸었다네.……오직 곰 꿈이란 남자를 낳을 상서라오.〔吉夢維何, 維熊維羆.……維熊維羆, 男子之祥.〕"라고 한 데서 온 말이다.

설 說

안화설
案花說

내가 평안도 관찰사로 있을 때[293] 일찍이 행부(行部)[294]가 강계부(江界府)에 이르렀는데, 강계부의 기녀가 찬안(饌案)[295]을 들어 올렸다. 찬안 가운데 이른바 수판(繡瓣)[296]을 세웠는데, 기교를 한껏 발휘하여 연꽃잎과 꽃 속에 어린아이의 형상을 안치하였는데, 그 광채가 자리를 비추었다. 부백(府伯 부사)이 마침 옆에 있기에 내가 우연히 묻기를 "강계부는 궁색한 지역인데, 누가 이런 기교를 익혔습니까?" 하자, 부백이 말하기를 "청지기 중에 이것을 업으로 하는 자가 있는데 마침 그가 서울에서 왔으므로 그로 하여금 제작하게 했을 뿐입니다." 하였

293 내가……때 : 번암은 1774년(영조50) 4월부터 이듬해 5월까지 평안도 관찰사를 지냈다.

294 행부(行部) : 관찰사가 관할 구역을 순시(巡視)하여 수령의 전최(殿最)를 살피던 행사이다.

295 찬안(饌案) : 원래는 진연(進宴) 때에 임금에게 바치던 음식상을 말하는데, 여기서는 잘 차린 음식상을 뜻한다.

296 수판(繡瓣) : 수를 놓아 만든 꽃잎을 말하는데, 여기서는 조화를 뜻한다.

다. 찬안을 물릴 적에 내가 기녀에게 말하기를 “수놓은 연꽃은 일단 자리에 놓아두거라.” 하였다. 나는 본래 이런 물건을 좋아하지 않는 성품이지만 대개 노력을 많이 들인 것이 상을 치우는 사이에 삽시간에 함부로 찢어지는 것이 안타깝기 때문이었다. 이로부터 압록강에 접한 주부(州府)를 모두 다섯 번 다녔는데, 찬안을 올릴 적에 비록 수판은 없을지라도 비단을 잘라 꽃을 만들었으며 그 붉은 꽃과 파란 잎이 차린 음식에 어리비치고야 말았으니, 나는 마음속으로 관서의 풍속이 천박함을 비웃었다.

만부(灣府 의주(義州))에 다다랐을 적에 의주 부윤이 이야기를 나누다가 말하기를 “본부에는 조화를 만드는 장인이 없어서 찬안의 꽃을 뜻에 맞출 수 없으니, 부끄럽습니다.” 하기에, 내가 그의 말이 마땅하지 않음을 괴상하게 여겨 답하기를 “찬안에 꽃이 없어도 괜찮은데, 어찌 그리 말씀이 정성스럽습니까.” 하니, 부윤이 말하기를 “관찰사께서 강계부에 들어가셨을 적에 수놓은 연꽃 때문에 이러저러한 일이 있었다고 하더군요. 그래서 열읍의 아전 중에 관찰사의 동정을 탐문하는 자들이 모두 신속히 보고하기를 ‘관찰사께서 꽃을 매우 사랑하시니, 만약 꽃이 마음에 들지 않으면 일에 반드시 어려움이 있을 것이다.’ 하였습니다. 이런 까닭에 열읍이 모두 겁을 먹고 꽃으로 서로 이기려고 힘쓰고 있습니다. 본부는 바라지 않는 것이 아니라 하지 못하는 것이기에, 이 때문에 부끄러워하고 있을 뿐입니다.” 하였다. 나는 이에 강계에서 있었던 한 가지 동정이 갑자기 사람들에게 간파되어, 가는 곳마다 폐단을 끼쳤는데도 그것이 나로부터 나와서 반대로 관서의 풍속이 천박하게 된 것임을 알지 못했음을 비로소 알았다. 드디어 이것을 의주 부윤에게 말하고 한 차례 웃고 헤어졌다.

오호라, 관찰사는 한 도의 백(伯)에 지나지 않는데, 열읍이 반드시 그 기호를 엿보아 맞추려 하며, 그의 마음을 기쁘게 하는 것에 목숨이 달렸다고 여긴다. 이로부터 생각해 보면, 임금의 존귀함은 하늘과 같고, 억조 백성의 목숨이 누구인들 임금 한 사람에게 달려 있지 않겠는가. 임금의 기호는 그 단서가 한 가지가 아니고 좌우에서 엿보는 자들은 그 수가 몇천 명인지 모른다. 임금의 기호가 부정한 데서 나오는 일이 한 번만 있어도, 임금의 처소 가까이에서 모시는 자들이 아침저녁으로 엿보다가 은밀하게 간파하고 말마다 아첨하며 일마다 좇아서 임금으로 하여금 자신이 좋아하는 것을 손에서 놓지 못하게 한다. 그런 뒤에 어진 이를 미워하고 유능한 자를 질시하며 나라를 좀먹고 백성을 해치는 손을 남몰래 놀려서, 나라가 그에 따라 멸망한 것이 먼 옛날부터 도도하게 이어졌으니, 두려워하지 않을 수 있겠는가. 나는 찬안의 꽃에 관한 일을 듣고서 남의 윗사람 된 자가 경계할 바이겠기에, 드디어 설을 짓는다.

옥로설

玉鷺說

옥로는 갓을 꾸미는 것이다. 국가의 제도에, 누옥(鏤玉)은 3치 높이까지 만들 수 있고 둥근 금 조각으로 밑을 받치며 갓의 대(臺) 위에 안치하여 무신(武臣)들을 구별하는 것이다. 내직에서는 대사마 및 오영(五營)의 대장이 사용하고 외직에서는 관찰사, 절도사, 방어사 등이 사용하는데, 이 외의 사람은 감히 사용하지 못하니, 그 귀중함이 이와 같다.

경자년(1780, 정조4) 봄에 나는 대사마로서 춘당대(春塘臺)의 악차(幄次)에서 상을 모셨는데, 상이 웃으면서 신에게 이르기를 "경이 꽂고 있는 옥로는 어디에서 얻은 것인가?" 하시기에, 신이 대답하기를 "전(前) 병조 판서 구윤옥(具允鈺)[297]에게 빌려 온 것입니다." 하니, 상이 이르기를 "이것은 대내(大內)의 물건이다. 그 품질이 따뜻하고 윤기가 있으니, 남전(藍田)[298]에서 생산된 것임을 의심하지 않는다. 각법(刻法)이 한껏 정교하고 치밀하니, 중국에서 공예로 이름난 옥장이가 아니면 할 수 없는 것이다. 옛 재상 유서애(柳西厓)[299]가 도체찰사에 임명

297 구윤옥(具允鈺) : 1720~1792. 본관은 능성(綾城), 자는 성집(聖集)이다. 1753년(영조29) 문과에 급제하고, 1763년 예조 판서가 된 뒤 병조 판서, 호조 판서를 차례로 역임하였다.

298 남전(藍田) : 중국 섬서성에 있는 현의 이름으로 좋은 옥의 생산지로 유명하다.

299 유서애(柳西厓) : 유성룡(柳成龍, 1542~1607)으로, 본관은 풍산(豐山), 자는 이현(而見), 호는 서애이다. 1592년(선조25) 임진왜란이 일어나자 병조판서 겸 도체찰사로 군무를 총괄하고 영의정이 되어 왕을 호종(扈從)하였다.

되었을 적에 선조(宣祖)께서 이것을 은혜롭게 하사하니, 그가 종신토록 사용하였고, 서애가 사망한 뒤에는 다시 대내에 들여와서 실로 지금까지 전해 왔다. 접때 내가 홍국영(洪國榮)[300]에게 하사했으니, 분명히 홍국영으로부터 돌아서 구윤옥에게 이르렀을 것이다. 서애는 국조의 명재상이고, 경도 서애를 존모하는 사람이니, 특별히 이것을 경에게 하사한다. 경은 서애처럼 왕실을 보호하고 도우며, 이어서 이것을 자손의 보배로 삼으라." 하였다. 신은 두 손을 맞잡고 공손히 절을 올리고 감격하여 울면서 물러 나왔다. 이에 명(銘)을 짓는다.

아름다운 서애 정승	有美厓相
금과 같고 옥과 같았네	如金如玉
성조께서 하사하니	聖祖之賜
물건과 사람이 서로를 얻었네	物與人得
생각건대, 이 천한 자질은	念玆賤質
기와이고 자갈이네	爲瓦爲礫
완염의 보배[301]	琬琰之寶
하사하기에 걸맞지 않네	不稱其錫
신이 절하고 머리 조아리니	臣拜稽首
은혜의 산을 인 듯하네	戴若恩山
어찌 스스로 힘쓰지 않으랴	曷不自勖

300 홍국영(洪國榮) : 1748~1781. 본관은 풍산, 자는 덕로(德老)이다. 문과에 급제하여 세자시강원 설서가 되고, 세손이던 정조를 도왔다.

301 완염(琬琰)의 보배 : 옥로를 말한다. 완염은 아름다운 옥의 일종이다.

물건 보고 현인을 사모하네	見物思賢
이 몸이 사는 동안은	此身之生
나라만 위할 뿐 자신을 잊으리라	國耳忘吾
이 몸이 죽은 뒤에도	此身之後
대대로 은혜에 보답하리라	世世環珠

용호도설

龍虎圖說

〈용도(龍圖)〉와 〈호도(虎圖)〉 두 장의 족자는 세상에서 오도자(吳道子)[302]가 그린 것이라고 전한다. 옛날에 석봉(石峯) 한호(韓濩)[303]가 공사(貢使)를 따라 중국에 들어갔는데, 명(明)나라 신종 현황제(明神宗顯皇帝)가 한호의 필법이 천하에 으뜸이라는 말을 듣고 그에게 편액을 써서 올릴 것을 명하고 내부(內府)[304]에 소중히 소장하고 있던 두 족자를 상으로 하사하였으니, 곧 〈용도〉와 〈호도〉이다.

이 그림들은 모두 먹으로만 그리고 채색은 하지 않았다. 용이 바다 물결 넘실대는 가운데 있는데, 두각(頭角)이 설핏 숨었다 나타나며 두 눈동자가 강렬하고 맹렬하여 사람들이 감히 오래 쳐다보지 못하였다. 호랑이는 큰 소나무 뿌리에 앉았는데, 호랑이 털이 오추마(五騅馬)[305]의 털처럼 하나하나 움직이니, 곧 사람으로 하여금 한 장(丈)

302 오도자(吳道子) : 당대(唐代)의 유명한 화가인 오도현(吳道玄)으로, 특히 산수(山水)와 불상(佛像)에 독보적인 경지를 보여 주었는데, 도자는 그의 자(字)이다.

303 한호(韓濩) : 1543~1605. 본관은 청주(淸州), 자는 경홍(景洪), 호는 석봉이다. 글씨로 출세하여 사자관(寫字官)으로 국가의 여러 문서와 명나라에 보내는 외교 문서를 도맡아 썼고, 중국에 사절이 갈 때도 서사관(書寫官)으로 파견되었다. 사후 호조 참의에 추증되었다.

304 내부(內府) : 명나라 황실의 창고이다.

305 오추마(五騅馬) : 검푸른 털에 흰 털이 섞여 있는 말로, 항우(項羽)가 탔던 준마(駿馬)를 말한다. 대본에는 '五鵻'로 되어 있다. 《사기(史記)》〈항우본기(項羽本紀)〉에 근거하여 '鵻'를 '騅'로 바로잡아 번역하였다.

밖에서도 등에 땀이 솟게 하였다. 이 그림들은 화가의 붓이 하늘의 조화를 빼앗은 것들이다.

바야흐로 황제의 뜰에서 그림을 하사할 적에 중국 조정의 학사들이 탄식하며 "오도자의 진적(眞蹟)이 동국(東國)으로 흘러 나가는구나!" 하였다고 한다. 석봉이 늘 천구(天球)[306]처럼 애호하다가 세상을 떠날 적에 죽남(竹南) 상서(尙書) 오준(吳竣)[307]에게 싸서 보냈는데, 이것은 화가가 의발을 전수하며 겸하여 그림을 준 것이다. 약산(藥山) 오광운(吳光運)[308]은 죽남의 후손으로서 매우 신중히 간직하며 함부로 펼쳐 보인 적이 없었으며, 1년에 한 번 포쇄만 할 뿐이어서 사람들이 실컷 구경하지 못하였다. 상국(相國) 조현명(趙顯命)[309]이 일찍이 약산을 내방하고 웃으며 말하기를 "오늘 내가 온 것은 내 뜻이 주인을 보는 데 있지 않으니, 〈용호도〉를 한번 보고 싶을 뿐이다." 하자, 약산이 그림을 꺼내 대청의 기둥 사이에 걸어 놓으니, 상국이 감탄하고 감상하며 한나절을 있다가 갔다.

약산이 운명하고 나서, 나는 시랑(侍郞) 오대익(吳大益)[310]에게 간

306 천구(天球) : 《서경》 〈고명(顧命)〉에 나오는 보옥(寶玉)의 이름이다. 소리를 내게 하는 옥〔鳴球〕이라고 한다.

307 오준(吳竣) : 1587~1666. 본관은 동복(同福), 자는 여완(汝完), 호는 죽남이다. 1618년(광해군10) 증광 문과에 을과로 급제하였다. 1650년(효종1)에 예조 판서가 되었으며, 그 뒤 형조 판서, 대사헌 등을 지냈다. 1660년(현종1)에 좌참찬이 되고, 이어 판중추부사에 이르렀다. 《藥山漫稿 卷18 高祖輔國崇祿大夫……世子左賓客府君墓誌銘》

308 오광운(吳光運) : 1689~1745. 본관은 동복, 자는 영백(永伯), 호는 약산이다.

309 조현명(趙顯命) : 1691~1752. 본관은 풍양(豐壤), 자는 치회(稚晦), 호는 귀록(歸鹿)・녹옹(鹿翁), 시호는 충효(忠孝)이다. 1719년(숙종45) 증광 문과에 병과로 급제하고 검열을 거쳐 대사헌, 도승지를 거쳐 1730년(영조6) 경상도 관찰사로 나갔다.

청하여 그림을 빌려 와 벽에 걸었는데, 남보다 먼저 보고 즐기고 싶은 바람을 이루려는 것일 뿐만 아니라 사람들이 아는지 모르는지 시험해 보고 싶었다. 때는 한여름이고 해가 길어서 나를 찾아오는 손님이 많았는데, 모두 봤는지 못 봤는지 한마디 묻는 자가 없었고 나도 입을 다물고 있을 뿐이었다. 그들의 낯빛을 살펴보니, 빈한한 집의 해진 장막은 촌스러워 볼 것이 없다고 여기는 것 같았다. 이렇게 한 지 5, 6일 만에 나도 흥취가 시들어 결국 그림을 말아서 주인에게 돌려주며 탄식하기를 "만약 민간의 속된 화가가 용을 그리고 호랑이를 그린 다음에 물감을 칠하고 비단으로 단장하여 사람들이 보는 곳에서 뽐내면 사람들이 반드시 아끼고 완상하는 데 겨를이 없을 것이다. 그런데 이 그림들은 물과 먹으로만 그렸고 가선을 둘러 꾸민 것도 종이일 뿐이다. 연수가 오래되어 해지고 더럽혀져 그 바탕은 있으나 그 무늬는 없어졌으니, 또한 누가 천고의 지극히 신묘한 기미가 드러나지 않는 가운데 간직되어 있는 줄 알겠는가. 이를 확대해 미루어 본다면, 세상에서 선비를 보는 것도 이와 같고, 문장을 보는 것도 이와 같으니, 내가 도도한 육안(肉眼)에게 무엇을 꾸짖겠는가." 하였다. 여러 날이 지나도 강개한 마음이 편치 않아 글로 써서 말세의 풍속을 경계한다.

310 오대익(吳大益) : 오광운(吳光運)의 조카이다.

식성설
食性說

식성(食性)이라는 것은 태어남과 함께 생긴다. 그러나 천하 사람의 식성이 같지 않은 것은 마치 그들의 얼굴이 각기 다른 것과 같다. 단맛을 좋아하는 자가 있고, 신맛을 좋아하는 자가 있고, 짠맛을 좋아하는 자가 있고, 담박한 맛을 좋아하는 자가 있다. 비록 성현일지라도 음식에는 치우침이 없을 수 없으니, 문왕(文王)의 창포 김치[311]나 증석(曾晳)의 양조(羊棗)[312]가 그것이다.

사람이 태어날 때 오행(五行)의 성(性)을 받고[313] 기(氣)로써 형체를 이루는데, 그 받은 오행의 성의 후박(厚薄)이나 다과(多寡)에 따라 성 또한 그렇게 되는 것은 진실로 이치이다. 그런데 괴이하게도 대저 소년기, 장년기, 노년기에 대해서 언급하자면, 윤택하던 얼굴이 변하여 마른 얼굴이 되고, 검던 머리카락이 변하여 흰머리카락이 될 뿐만이 아니라 성이 그에 따라서 바뀌는 것이 밤낮이 상반되는 것과 같다. 소년기에 단맛을 좋아하던 자가 혹 짠맛을 좋아하고, 짠맛을 좋아하던

311 문왕(文王)의 창포 김치 : 문왕이 창포 김치를 좋아하여 공자가 문왕을 사모하여 즐겨 먹었다는 전설이 있다. 유종원(柳宗元)의 〈독한유소작모영전(讀韓愈所作毛穎傳)〉에 언급된 말이다.

312 증석(曾晳)의 양조(羊棗) : 증석은 증자(曾子)의 아버지인데, 그가 대추를 좋아했다고 한다. 《孟子 盡心下》

313 사람이……받고 : 〈태극도설(太極圖說)〉에 "오행이 생겨날 때 각기 그 성을 하나씩 간직하였다.〔五行之生, 各一其性.〕"라고 하였다.

자가 혹 담박한 맛을 좋아하여, 전날에 좋아하던 것을 보면 이마를 찌푸리며 토하는 데에 이르지 않는 자가 드물다. 한 사람의 성이 이와 같이 서로 현격하게 전후가 다른 까닭이 무엇인가?

아아, 내가 그 까닭을 안다. 사람이 태어났다가 죽는 것은 몸의 큰 변화이다. 몸도 변하는데, 성이 어찌 변하지 않을 수 있겠는가. 지금 저 하늘은 이기(理氣)의 주인이다. 비록 소리도 없고 냄새도 없는 사이에서 남몰래 그것을 헤아리지는 못하나, 사람은 하늘이 낳았다. 무릇 자식 된 자는 성과 행동이 아버지를 닮으니, 사람을 보고도 유독 하늘을 알지 못하겠는가.

하늘의 성은 본래 선을 좋아하고 악을 싫어한다. 그러므로 바야흐로 하늘이 젊을 때는 선한 자를 반드시 도와주고 이끌어 주며 인재로 양성하고 발탁하여 높은 자리에 앉히고 자손이 잘 보호하여 기쁜 경사와 좋은 일이 모두 그 가문에 모이고, 악한 자는 좌절시키고 억제하여 쉽게 씨를 뿌리지 못하게 하여, 천하의 사람으로 하여금 하늘의 성에는 호오가 있어서 선을 행하는 자는 권면을 받고 악을 행하는 자는 징계를 받는다는 것을 명백하게 알게 한다. 근세 이래로 하늘은 예전에 좋아했던 것을 싫어하고 예전에 싫어했던 것을 좋아한다. 악한 자는 천억 개로 몸을 변화하여 현인을 시기하고 나라를 등져 죄가 위로 하늘에 통하나 하늘은 도리어 존귀함, 영예로움, 한적함, 안락함으로 그를 대접하고, 선한 자는 의가 있음을 알고 이익이 있음을 알지 못하며, 나라가 있음을 알고 몸이 있음을 알지 못하며, 밤낮으로 수행하여 참으로 또한 고심하지만 하늘은 도리어 횡역(橫逆)을 겪게 하고 불우함으로 막아 그로 하여금 몸을 용납받지 못하게 한다. 하늘은 하나인데 그 성에 옛것이 있고 요즘 것이 있으니, 몹시 의아스럽지 않은가? 이 때문에 한유(韓愈)는 하늘이 아무것도 기억하지 않는다고 하였고,[314] 유종원(柳宗元)은 하늘이 본래 사람을 미워한다고 하였는데,[315] 이 말들은 모두 질병의 아픔과 궁핍의 고통에 대한 허물을 돌릴 곳이 없는 마음에서 나온 것으로, 요컨대 모두 하늘의 성을 알지 못하였다.

하늘이 생긴 지 오래되었다. 지금을 원회(元會)로써 미루어 보니, 오회(午會)가 장차 다하고 미회(未會)가 이어지는 시기이다.[316] 하늘의

314 한유(韓愈)는……하였고 : 당나라 한유가 서로 깊이 이해하는 사이인 최군(崔群)에게 보낸 편지에서, 현자는 불우한 경우가 많고 현명하지 못한 자는 출세하여 영달하는 경우가 많음을 서술한 다음에 "조화옹의 생각이 과연 어떠한지 모르겠으나 그의 호오가 사람의 마음과는 다르지 않겠습니까? 아무것도 기억하지 않고, 사람이 죽거나 살거나 장수하거나 요절하는 대로 내버려 두는 것이 아니겠습니까? 알 수가 없습니다.〔不知造物者意竟如何? 無乃所好惡與人異心哉? 又不知無乃都不省記, 任其死生壽夭耶? 未可知也.〕"라고 한 데서 온 말이다. 《唐宋八大家文鈔 卷4 與崔群書》

315 유종원(柳宗元)은……하였는데 : '하늘이 본래 사람을 미워한다'는 견해는 한유의 것이지 유종원의 것이 아니다. 다만 유종원이 지은 〈천설(天說)〉에 한유의 이러한 견해가 들어 있기 때문에 유종원이 말했다고 한 것이다. 〈천설〉은 한유의 하늘과 인간의 관계에 대한 견해를 반박한 글로, 먼저 한유의 주장을 설명한 뒤에 유종원이 자신의 의견을 설파하는 형식으로 구성되어 있다. 한유는 인간이 천지 만물을 해치는 존재이므로 인류를 번성시키는 자는 하늘의 원수이고 따라서 화를 당한다는 견해이고, 유종원은 하늘을 의지를 지니지 않은 자연물로 파악하여 한유의 견해에 반박하였다.

316 지금을……시기이다 : 송(宋)나라 소옹(邵雍)이 세운 원회운세설(元會運世說)에 입각하여 우주의 시간에서 지금의 시각을 계산한 것이다. 원회운세설은 천지의 순환하는 기간을 수리(數理)로 추정하여 만들어 낸 이론으로, 30년을 1세(世)로 하고 12세인 360년을 1운(運)으로 하며 30운인 1만 800년을 1회(會)로 하고 12회인 12만 9600년을 1원(元)으로 하는데, 1원은 천지가 창조된 시각부터 계속 순환 추이(循環推移)하다가 다시 원시 상태로 복귀하기까지의 1주기가 된다. 12회는 12지지(地支)와 연계시켜, 자회(子會)에서 시작하여 중간인 오회를 넘어 마지막인 해회(亥會)에 이른다. 오회가 다하고 미회가 이어지는 시기를 하루의 시간으로 설명하면, 오시(午時)가 끝나고 미시

미회는 사람에게는 예순 즈음이다. 예순 살이 된 사람은 그 성이 변하지 않는 이가 없다. 하늘이라고 어찌 그렇게 되지 않겠는가. 이것은 하늘이 즐거워서 하는 것이 아니니, 실로 일부러 그렇게 하려고 하지 않아도 그렇게 되는 것이다. 아아, 슬플 뿐이다.

그러나 선을 좋아하고 악을 싫어하는 것은 하늘의 성이 바른 것이고, 악을 좋아하고 선을 미워하는 것은 하늘의 성이 변한 것이다. 군자가 천형(踐形)[317]을 하고자 한다면 하늘의 바른 성을 믿을 뿐이다. 어찌 그 변한 성 때문에 선행을 하는 데 나아가고 물러서는 것이 있을 수 있겠는가.

(未時)가 시작하는 시간에 해당한다. 《皇極經世 觀物內篇》

317 천형(踐形) : 사람이 하늘로부터 받은 천성(天性)을 그대로 실천하는 것이다. 《맹자》〈진심 상(盡心上)〉에 "형색은 타고난 성이니, 오직 성인이라야 타고난 형색을 실천할 수 있다.〔形色, 天性也. 惟聖人然後, 可以踐形.〕"라고 하였다.

번암집

제59권

잡저 雜著

〈어제효창묘비문〉[1]을 반포한 뒤에 부주하다
御製孝昌墓碑文頒示後附奏

신은 모질게도 일찌감치 죽지 못하고 차마 이 어제문(御製文)을 받들게 되었습니다. 하늘이시여, 하늘이시여! 우리 성상께서 그동안 지으신 사령문은 언제나 전모(典謨)의 형식과 합치하였지만, 유독 이 묘비문의 체제만큼은 전모를 뒤로 하여 나왔습니다. 당나라 한유(韓愈)와 송나라 구양수(歐陽脩)는 홀로 천고의 오묘한 경지에 오른 사람이니 후대에 글 짓는 자 가운데 누군들 흠모하여 본받고 싶지 않겠습니까. 그러나 그 경지에 도달하여 참맛을 음미하는 자는 아직 보지 못하였으니, 묘비문의 창작이란 이렇듯 어려운 일인 것입니다. 그런데 지금 이 어제문은 간략하면서도 엄정한 점으로는 한유와 같으며 슬프고 흐느끼는 점에서는 구양수와 같지만, 간략함과 엄정함, 슬픔과 흐느낌을 다 함께 두루 갖추고 있는 점은 한유와 구양수의 문집에서도 많이 찾을 수 없습니다. 공자께서 글을 지을 때 자유(子游)와 자하(子夏)조차 감히 도움을 줄 수 없었는데,[2] 신 같은 자는 다 죽어 가는 몸으로 하는

1 어제효창묘비문(御製孝昌墓碑文) : 정조가 지은 문효세자(文孝世子)의 묘비문이다. 문효세자는 정조의 장남으로 휘는 순(㬀), 시호는 문효(文孝), 묘호(廟號)는 문희(文禧), 묘호(墓號)는 효창(孝昌)이다. 1784년(정조8) 7월 2일 2세 때 왕세자에 책봉되었고, 1786년 5월에 5세의 나이로 홍서하여 동년 윤7월 19일 양주(楊州) 효창묘(孝昌墓)에 장례하였다.《正祖實錄 6年 9月 7日, 8年 7月 2日, 10年 5月 11日·5月 22日·閏7月 19日》

2 공자께서……없었는데 : 자유와 자하는 공자의 제자로서 특히 문학에 능하였다.

일이 다 지리멸렬하니 어찌 감히 한 글자조차 끼어들 수 있겠습니까. 효창묘(孝昌墓)를 바라보면서 이 몸 백번 대신 죽지 못하는 것이 한스럽습니다. 그러한즉 오직 이 어제문을 읽는 지금 타고난 문장과 효성이 천년만년 밝게 드러나게 될 것임을 다행으로 여길 뿐입니다.

《사기》〈공자세가(孔子世家)〉에 "공자가 《춘추》를 지을 적에 기록할 것은 기록하고 삭제할 것은 삭제하여, 자하의 무리는 한 글자도 도움을 줄 수가 없었다.〔至於爲春秋, 筆則筆, 削則削, 子夏之徒不能贊一辭.〕"라고 하였다.

궐내 각 전각의 차비문 기둥에 붙인 춘첩자 연구

闕內各殿差備門柱春帖聯句

경술년(1790, 정조14)에 명을 받들어 지어 바쳤다.

대조전 大造殿

조화로운 금슬 소리 삼주[3]의 여가에 울리니　琴瑟和聲三晝暇

일성의 새 곡조를 육궁은 알리라　日星新曲六宮知

선화문 宣化門

한기 물러간 검패[4]에 풍성이 부드럽고　寒消劍佩風聲緩

산과 용에 봄이 가득하고 햇빛은 곱도다[5]　春滿山龍日色姸

3 삼주(三晝) : 하루 사이에 임금과 신하가 조강(朝講), 주강(晝講), 석강(夕講)을 통해 세 번 접견함을 말한다. 《주역》 〈진괘(晉卦)〉의 "낮 동안에 세 번 접견한다.〔晝日三接〕"라는 말에서 유래하였다.

4 검패(劍佩) : 대본에는 '釰佩'로 되어 있다. 문맥에 근거하여 '釰'을 '劍'으로 바로잡아 번역하였다. 칼과 패옥(佩玉)으로, 신하들이 조회할 때 차는 장신구이다.

5 산과……곱도다 : 임금의 의복을 형용한 것이다. 산과 용과 해는 모두 임금의 의복에 그려진 무늬를 가리킨다. 《서경》 〈익직(益稷)〉에 순 임금이 우(禹)에게 이르기를 "내가 해와 달과 별과 산과 용과 꿩을 무늬로 만들고, 종묘의 술 그릇과 물풀과 불과 흰쌀과 보와 불을 수놓아서 다섯 가지 채색을 다섯 가지 빛깔로 물들여 옷을 만들고자 하거든, 그대는 그것을 밝게 만들라.〔日月星辰山龍華蟲, 作會, 宗彝藻火粉米黼黻絺繡, 以五采彰施于五色, 作服, 汝明.〕"라고 한 내용이 있다.

협양문 協陽門

즐거운 기운에 봄이 무르익는 장락전이며 喜氣春濃長樂殿
은혜로운 말씀 태양 아래 대사농이로다 恩言日下大司農

건양문 建陽門

청로대(淸路隊) 누각 소리에 용맹한 무사 엄정하고 淸路漏聲嚴虎士
내농포(內農圃)의 꽃향기 임금 가까이 풍기네 內農花氣近龍光

이극문 貳極門

용주사(龍珠寺)[6]의 기이한 징조는 천인이 보냄이요 龍珠異兆天人送
학금의 상서로운 구름은 사직이 오심이네 鶴禁祥雲社稷來

연영문 延英門

신선 같은 관원 즐비하니 태평성대 즐겁고 僊班濟濟昇平樂
암혈지사 몰려드니 교화를 알 만하네 巖穴于于化理知

청양문 靑陽門

가녀린 바람 소리 춘당대의 새에 다가서고 微風響近春塘鳥
봄날의 향기 어원의 꽃으로 불어오네 遲日香通御苑花

6 용주사(龍珠寺) : 현륭원(顯隆園)의 능사(陵寺)로, 장헌세자(莊獻世子)의 명복(冥福)을 빌어 주기 위해 창건하였다. 1790년(정조14) 화산(花山)에 용주사를 짓고서 사일(獅馹)을 승통(僧統)으로 차정(差定)하였다. 《日省錄 正祖 14年 10月 6日, 10日》

빈양문 賓陽門

신하들 엄숙히 구름 끝[7]의 벽제 소리 듣고　　班紳肅聽雲端蹕
사관들 흔연히 태양 아래[8] 상서를 기록하네　　臺史欣書日下祥

명광문 明光門

꽃가로 난 길 삼청동과 이어지니　　花邊路接三淸近
하늘 위에 난 문 팔도를 굽어보며 열렸네　　天上門臨八域開

영숙문 永肅門

지엄한 곳이라 쇠 자물쇠로 깊이 닫아 걸렸는데　　地嚴金鎖深深閉
가녀린 바람에 운향초 향기 천천히 불어오네　　風細芸香冉冉來

7 구름 끝 : 높은 곳을 형용하는 말로, 임금이 있는 곳을 가리킨다.

8 태양 아래 : 임금이 사는 도성을 가리킨다.

또
又

쉼이 없는 것은 바로 천도이고	不息乃天道
함이 없는 것은 오직 성인일세	無爲惟聖人
예악은 온 천하에 가득하고	禮樂寰區盛
총명은 우리 임금의 천성이네	聰明我后亶
교화된 나라에 더디 가는 해요	化國遲遲日
드높은 하늘에 자욱한 구름이네	叢霄靄靄雲
큰 복록이 강물처럼 이르고	景祿如川至
참된 공부는 새해와 함께 새로우리	眞工與歲新
비는 인왕산을 적시고	雨潤仁王岫
꽃은 태액지[9]에 드리웠네	花垂太液池
인삼 진상 바꿔 주어 강계[10]가 평온하고	蔘換江州穩

9 태액지(太液池) : 창덕궁 후원 초입에 위치한 주합루(宙合樓) 일원에 있던 연못이다.

10 강계(江界) : 평안북도에 속한 지명으로, 여기서 나는 인삼이 영남과 호남에서 나는 나삼(羅蔘) 다음으로 품질을 인정받았다.

얼음 진공 면제해 줘 내빙고가 텅 비었네	氷蠲內庫虛
북두성 돌아오매 대궐은 아득히 멀고	斗廻雙闕迥
하늘은 만방을 골고루 덮어 주네	天覆萬方均
나라의 운수에서 하늘의 마음을 확인하니	邦籙天心見
태평가를 부르는 데 임금의 힘이 무슨 상관이랴[11]	衢歌帝力何
사신은 봉황 수레[12] 따르고	詞臣隨鳳輦
궁녀는 〈관저(關雎)〉 시[13]를 풀이하네	宮女解雎鳩
깨끗한 봄 햇살 궁중의 꾀꼬리가 품어 가지고	淑景宮鶯得
따스한 봄바람 금원의 버들이 먼저 느끼네	條風苑柳先

11 태평가를……상관이랴 : 요(堯) 임금이 다스리던 태평 시대에 한 노인이 흙덩이를 두드리며 태평가를 불렀다고 한다. 그 내용은 다음과 같다. "해가 뜨면 나가서 일하고 해가 지면 들어가서 쉬도다. 우물 파서 물을 마시고 밭 갈아서 밥을 먹으니, 임금의 힘이 나에게 무슨 상관이 있으랴.〔日出而作, 日入而息. 鑿井而飮, 耕田而食, 帝力何有於我哉.〕"《樂府詩集 雜曲歌謠1 擊壤歌》

12 봉황 수레 : 봉황의 장식을 한 수레로 어가(御駕)를 가리킨다.

13 관저(關雎) 시 : 《시경》의 편명으로, 후비의 덕이 아름다움을 칭송하는 시이다.

또

又

상서로운 아침 해에 꽃이 화사하니 봉황 깃드는 나무요 瑞旭花明棲鳳樹
봄바람에 물결 따스하니 용이 몸 씻는 연못이라 春風波暖濯龍池

새해 첫날 서글프기는 농사 걱정하는 조서요 元朝惻怛憂農詔
종일토록 조용히 토론하기는 도를 강론하는 자리일세 長日從容講道筵

채승[14] 가만히 삼전[15]의 문에 나눠 주고 彩勝微分三殿戶
옥함 높이 받들고 팔도에 전문(箋文)을 내리네 瑤函高捧八方箋

봄 되어 반가운 비는 때맞게 내릴 줄 알고 當春好雨知時下
매일 밤 전성[16]은 광채 뿜으며 찾아오네 每夜前星放彩來

민정을 자세히 살핌은 번신의 장계이고 民情細察藩臣狀

14 채승(彩勝) : 1월 2일 인일에 봄이 온 것을 경축하는 의미로 머리에 꽂았던 채색 조화(造花)를 이르는데, 옛날 풍속에 대궐에서 여러 조관(朝官)에게 이것을 하사했다고 한다. 《荊楚歲時記》

15 삼전(三殿) : 왕대비전(王大妃殿), 대전(大殿), 중궁전(中宮殿)을 가리킨다.

16 전성(前星) : 왕세자를 가리킨다. 여기서는 훗날의 순조를 가리킨다.

은택이 오롯이 드문 것은 척리의 집안이네　恩澤全稀戚里家

농부 집에 낮이 기니 밭 갈고 우물 파는 것 편안하고 田家晝永安耕鑿
관리의 조정에 때가 청한하니 처리할 문서 별로 없네 廊廟時淸罕簿書

꽃향기 가벼이 쌍봉의 대궐 감싸고　花氣輕薰雙鳳闕
꾀꼬리 소리 오래도록 만년의 나무 휘감네　鸎聲長繞萬年枝

상자일에 쥐 태우니 농사에 해 갈까 걱정함이요[17]　鼠燻子日憂傷稼
경술년에 물고기 꿈 꾸니 가을 풍년 증명하네[18]　魚夢庚年證有秋

봄이 와 화산[19]의 나무에 비가 적시고　春來雨露花山樹

17 상자일(上子日)에……걱정함이요 : 새해에 풍년을 비는 뜻에서 쥐를 상징하는 첫째 자일(子日)인 상자일에 쥐의 신체 일부를 태우는 것을 말한다. 그 방법은 문헌마다 조금씩 다르게 나타난다. 《상촌고(象村稿)》 권6 〈전가요(田家謠)〉에는 "자일에는 쥐의 창자를 태운다."라고 하였고, 《동국세시기(東國歲時記)》에는 "1월 상자일에 시골에서는 콩을 볶으면서 '쥐 주둥이 태운다. 쥐 주둥이 태운다.'라고 주문을 외워 그해 농작물에 쥐의 피해가 없기를 기원한다."라고 하였다.

18 경술년에……증명하네 : 《시경》 〈소아(小雅) 무양(無羊)〉에 "목인이 꿈을 꾸니, 사람들이 물고기가 되고 조깃발이 여깃발이 되었네. 태인이 점을 쳐 보니 사람들이 물고기가 됨은 실로 풍년이 들 조짐이요, 조 깃발이 여 깃발이 된 것은 집안이 번성할 조짐이라.〔牧人乃夢, 衆維魚矣, 旐維旟矣. 大人占之, 衆維魚矣, 實維豐年, 旐維旟矣, 室家溱溱.〕"라고 한 데서 비롯한 말로, 번암이 이 작품을 쓴 경술년(1790, 정조14)에 봄에 풍년의 조짐인 물고기 꿈을 꾸었으니 다가올 가을이면 풍년이 들 것이라는 말이다.

19 화산(花山) : 1789년 10월에 이장된 사도세자(思悼世子)의 묘인 현륭원(顯隆園)이 있는 수원(水原)의 산이다.

새벽길 떠나 뚝섬 다리에 깃발 펄럭이네[20]	曉發旌旗纛島橋
조신의 반열 법도 있으니 궁정이 엄숙하고	班隨有法宮庭肅
간관이 앞에서 진언하매 임금 안색 온화하네	諫說陳前玉色和

20 새벽길……펄럭이네 : 1789년 10월 6일 사도세자의 수원 이장을 위하여 새벽부터 길을 출발하여 뚝섬을 경유하는 이장 행렬의 모습을 묘사한 것이다. 《正祖實錄 13年 10月 5日, 7日》《艮翁集 卷9 浮橋行》

또

又

민생이 즐겁고 만족스러우니　民生熙熙皥皥
큰 국운이 수역과 춘대[21]에 돌아오고　回景運於壽域春臺
왕도가 광대하고 공평하니　王道蕩蕩平平
징소(徵召)하는 조서가 부암과 위수[22]에 내려지네　降徵書於傅巖渭水

동서남북 할 것 없이　自東自西自南自北
팔도의 기대는 한층 더 깊어지고　八方之蘄向益深
기탄없는 군신의 문답 속에　曰吁曰咈曰都曰兪
경연의 원대한 계책은 해이함이 없네　三晝之訏謨靡懈

21 수역(壽域)과 춘대(春臺) : 모두 태평성대의 화락한 기상이 펼쳐진 지역을 가리킨다. 수역은 《한서(漢書)》 〈왕공양공포전(王貢兩龔鮑傳)〉에 "한 세상의 백성들을 몰아서 인수의 지역으로 인도한다면, 풍속이 어찌 성왕과 강왕 때처럼 되지 않을 것이며, 수명이 어찌 고종 때처럼 되지 않겠는가.〔驅一世之民, 濟之仁壽之域, 則俗何以不若成康, 壽何以不若高宗?〕"라고 한 데서 나온 말이고, 춘대는 《도덕경(道德經)》에 "사람들은 즐거워하며 마치 큰 잔칫상을 받은 듯하고 마치 봄날에 누대에 올라 노니는 듯하다.〔衆人熙熙, 如享太牢, 如春登臺.〕"라고 한 데서 나온 말이다.

22 부암(傅巖)과 위수(渭水) : 모두 현자가 은거하는 지역을 가리킨다. 은(殷)나라 무정(武丁)은 부암에서 제방 쌓는 일을 하던 부열(傅說)을 등용하여 재상으로 삼았고, 주(周)나라의 문왕(文王)은 위수에서 낚시하며 살고 있던 여상(呂尙)을 발탁하여 재상으로 삼았다. 《書經 說命下》《史記 齊太公世家》

관풍각 안에서 觀豐閣中
용안의 기쁜 빛을 근신이 알아보고[23] 侍臣知龍顔之喜
정위문 바깥에서 廷尉門外
까치가 둥지 틀었다고 아전이 알려오네[24] 吏人報鵲巢之成

사중의 노래[25]가 四重歌曲
동해를 감싸며 넘실대고 匝東海而洋洋
오현의 거문고 소리가 五絃琴聲
남풍에 화답하며 맑게 울리네[26] 和南風而瀏瀏

23 관풍각(觀豐閣)……알아보고 : 관풍각은 창덕궁 후원 춘당대 남쪽에 있는 누각으로, 농사의 진행과 풍년을 기원하며 이를 둘러보기 위해, 궁궐 안의 농사짓는 땅에 작은 집을 조성해 놓고 관람하던 장소이다.

24 정위문(廷尉門)……알려오네 : 까치가 둥지를 틀 정도로 형옥을 담당하는 관서의 업무가 한가하다는 말로, 세상이 태평함을 뜻한다. 정위(廷尉)는 형옥을 담당하는 관서를 가리킨다. 당나라 현종(玄宗)이 이임보(李林甫)의 참언을 받아들여 태자 영(瑛)과 악왕(鄂王) 요(瑤), 광왕(光王) 거(琚)를 폐하여 서인(庶人)으로 삼자, 아첨하는 자들이 "까마귀와 까치가 대리시(大理寺)의 옥문(獄門)에 둥지를 트니 천하에 거의 형옥이 쓰이지 않게 되었습니다.〔有烏鵲巢於大理獄戶, 天下幾致刑措.〕"라고 호도한 것에서 비롯한 표현이다. 《舊唐書 李林甫列傳》

25 사중(四重)의 노래 : 세자를 찬양하는 노래로, 후한 명제(後漢明帝)가 태자로 있을 적에 악인(樂人)이 〈일중광(日重光)〉, 〈월중륜(月重輪)〉, 〈성중휘(星重輝)〉, 〈해중윤(海重潤)〉이라는 네 장(章)의 노래를 지어 태자의 덕을 찬양한 데서 나온 말이다. 《古今注 音樂》

26 오현(五絃)의……울리네 : 임금의 인정(仁政)을 칭송하는 대목으로, 순 임금이 처음으로 오현금을 만들어 "훈훈한 남쪽 바람이여, 우리 백성의 수심 풀어 주기를. 제때에 부는 남쪽 바람이여, 우리 백성의 재산 늘려 주기를.〔南風之薰兮, 可以解吾民之慍兮; 南風之時兮, 可以阜吾民之財兮.〕" 하고 노래한 것을 염두에 둔 표현이다. 《禮記集說 卷94》

종소리 북소리 피리 소리 젓대 소리에 鍾鼓管籥之音
백성들 서로 임금의 무병을 다행타 하고[27] 百姓與之相告
곤충과 초목들이 번성하매 昆蟲草木之盛
만인들 더불어 기뻐하지 않는 이 없네[28] 萬物無不同歡

삼강의 물결 오롯이 잠잠하니 三江之波浪全息
글 짓는 신하 〈부교행(浮橋行)〉을 찬술하고[29] 詞臣撰浮橋之行
백 리에 줄지은 깃발 다투어 구경하니[30] 百里之羽旄爭瞻

27 종소리……하고 : 《맹자》〈양혜왕 하(梁惠王下)〉에 "백성이 왕이 울리는 종소리, 북소리, 피리 소리, 젓대 소리를 듣고는 모두 흔연히 기뻐하는 기색으로 서로들 말하기를 '우리 왕께서 질병이 없으신가 보다. 어떻게 이처럼 풍악을 잘 즐기시는가.'라고 할 것이다.〔百姓聞王鍾鼓之聲管籥之音, 擧欣欣然有喜色而相告曰: "吾王庶幾無疾病與, 何以能鼓樂也?"〕"라고 한 것을 원용하여 임금의 인정을 칭송하는 내용이다.

28 곤충과……없네 : 《맹자》〈양혜왕 상(梁惠王上)〉에 문왕(文王)의 인정을 칭송하면서 "문왕이 백성의 힘을 이용하여 누대를 짓고 못을 만들었으나, 백성이 그 일을 기뻐하고 즐거워하여 그 누대를 영대라 하고, 그 연못을 영소라 하면서, 그가 사슴과 물고기를 소유한 것을 즐거워하였습니다.〔文王以民力爲臺爲沼, 而民歡樂之, 謂其臺曰靈臺, 謂其沼曰靈沼, 樂其有麋鹿魚鼈.〕"라고 한 것을 원용하여 임금의 인정을 칭송하는 내용이다.

29 삼강(三江)의……찬술하고 : 삼강은 한강의 세 부분을 통틀어 이르는 말로, 한남동 일대의 한강(漢江), 용산과 원효 일대의 용산강(龍山江), 마포와 서강 일대의 서강(西江)을 이른다. 글 짓는 신하는 이헌경(李獻慶)을 가리킨다. 1789년(정조13) 10월 5일 정조가 한강에 부교를 설치하여 생부인 장헌세자(莊獻世子)의 이장 행차를 성공적으로 완료하자 당시 부사직(副司直)으로 있던 이헌경이 〈부교행〉을 지어 그 일을 칭송하였다. 번암은 이때 총호사(摠護使)의 자격으로 정조의 수원 행차에 참여하였다. 《正祖實錄 13年 10月 5日, 7日》《艮翁集 卷9 浮橋行》

30 백……구경하니 : 장헌세자의 무덤을 수원으로 옮길 때 끝없이 늘어선 의장 행렬의 장관을 묘사한 것이다.

많은 선비들 수성의 유택[31]을 우러르네　多士聳隋城之第

현자에게도 이러한 즐거움이 있으니[32]　賢者亦樂乎此
주나라 못의 백조가 봄을 희롱하고[33]　周沼之白鳥弄春
하늘의 큰 덕을 생이라고 하니[34]　天之大德曰生
요 임금 뜰의 붉은 명협 초하루를 알리네[35]　堯庭之丹蓂報朔

끝없는 아름다움이나 끝없는 근심[36]이니　無疆惟休無疆惟恤

31 수성(隋城)의 유택(幽宅) : 경기도 수원(水原)의 화산(花山)으로 이장된 장헌세자의 묘인 현륭원(顯隆園)을 가리킨다.

32 현자에게도……있으니 : 임금이 백성과 더불어 즐거워하는 '여민동락(與民同樂)'의 이상적 정치를 펼침에 따라 현자뿐 아니라 백성들 모두가 임금이 즐거워하는 것을 함께 즐거워하는 것을 가리킨다. 제 선왕(齊宣王)이 설궁(雪宮)에서 맹자를 접견할 때 "현자도 이런 낙이 있습니까?〔賢者亦有此樂乎〕"라고 물은 것을 원용한 표현이다. 《孟子 梁惠王下》

33 주(周)나라……희롱하고 : 성군(聖君)의 정원에 펼쳐진 봄 풍경을 묘사한 것이다. 주나라 문왕(文王)이 백성들의 힘을 빌려 백조와 사슴이 노니는 정원을 만들자 백성들이 그 정원의 연못과 대를 각각 영소(靈沼)와 영대(靈臺)로 지칭하며 칭송한 것을 원용한 표현이다. 《孟子 梁惠王上》

34 하늘의……하니 : 《주역》 〈계사전 하(繫辭傳下)〉에 "천지의 큰 덕을 생이라 하고, 성인의 큰 보배를 위라 한다. 무엇으로 위를 지킬 것인가? 바로 인이다.〔天地之大德曰生; 聖人之大寶曰位. 何以守位? 曰仁.〕"라고 한 것을 가리킨다.

35 요(堯)……알리네 : 성군(聖君)의 조정에 새해가 밝았다는 말이다.

36 끝없는……근심 : 제왕의 지위를 가리켜 말한 것이다. 《서경》 〈소고(召誥)〉에 "왕께서 천명을 받은 것이 끝없는 아름다움이지만 또한 끝없는 근심이니, 아, 어찌해야 합니까? 어찌 공경하지 않을 수 있겠습니까.〔惟王受命, 無疆惟休, 亦無疆惟恤. 嗚呼曷其? 奈何弗敬?〕"라고 하였다.

성인의 전전긍긍했던 마음에서 두려움을 품고　兢兢乎聖人臨履之心
담장이든 국그릇이든 요 임금 보였으니[37]　見堯於墻見堯於羹
선대 조정의 탕평 정치를 거듭 유념하네　念念於先朝恢蕩之政

더욱 빛나는 상서로운 햇빛을 산과 용이 두르고[38]　山龍帶瑞日增輝
전성이 토해 내는 빛을 하늘과 땅이 떠받드네[39]　天地奉前星吐色

꽃길을 돌아 별당이 나오니　花徑轉而別堂出
두 칸이고 세 칸이며 혹 네 칸이요　二間三間或四間
향 연기 휘돌아 강연이 열리니　香煙繞而講筵開
오늘이고 내일이며 또 그 내일이네　今日明日又來日

조그마한 재주와 훌륭함도 모두 거두어 쓰니　寸善尺才之皆收
처지를 가리지 않고 은택이 내려지며　雨露不擇乎地
한마디 글자와 말도 보배로우니　隻字片言之可寶
은하수가 하늘에서 밝게 돌아가네[40]　雲漢昭回于天

37 담장이든……보였으니 : 요(堯) 임금이 붕어한 뒤 순(舜) 임금이 3년 동안 간절히 그리워한 나머지 자리에 앉으면 요 임금이 담장에 보이고, 밥을 먹으면 요 임금이 국그릇 속에 보였다고 한다. 선조에 대한 지극한 그리움과 추념을 표현하는 말이다. 《後漢書 李固列傳》

38 더욱……두르고 : 381쪽 주5 참조.

39 전성(前星)이……떠받드네 : 전성은 왕세자를 가리킨다. 태어난 지 얼마 안 되는 왕세자를 백성들이 떠받든다는 말이다.

40 은하수가……돌아가네 : 임금의 문장을 칭송한 것이다. 《시경》〈대아(大雅) 운한

의춘원 안 이 공봉의 문재 절륜하고[41] 宜春苑裏李供奉之才調無倫
첩자시 속 구 내한의 규간 좋을시고[42] 帖子詩中歐內翰之規諫可喜

먼지 하나 일지 않으니 纖塵不驚
장영의 맹수[43] 안온히 잠자고 壯營之貔貅穩睡
산짐승 진상 새로이 폐지하니 錫貢新罷
깊은 산의 멧돼지 사슴 한가로이 노니네 窮山之猪鹿閑遊

신선의 닭이 새벽을 알리니 僊鷄唱曉

(雲漢)〉에 "밝은 저 은하수여, 빛이 하늘을 따라 돌도다.〔倬彼雲漢, 昭回于天.〕"라고 하였다.

41 의춘원(宜春苑)……절륜하고 : 이 공봉(李供奉)은 당(唐)나라 시인 이백(李白)이다. 이백이 일찍이 한림 공봉(翰林供奉)에 임명된 적이 있어 이렇게 호칭한 것이다. 의춘원은 송나라 왕실 정원이다. 이백이 〈시종의춘원봉조부용지유색초청청신앵백전가(侍從宜春苑奉詔賦龍池柳色初青聽新鶯百囀歌)〉라는 뛰어난 시를 지은 것을 가리킨다. 《李太白集 卷6》

42 첩자시(帖子詩)……좋을시고 : 구 내한(歐內翰)은 송(宋)나라 문인 구양수(歐陽脩)로, 내한은 한림학사(翰林學士)의 별칭이다. 그가 단옷날 황제를 규간하기 위해 〈단오첩자사 2수(端午帖子詞二首)〉를 지어 황제각(皇帝閣)에 붙였는데, 그 내용은 다음과 같다. "초(楚)나라는 참소 때문에 굴원(屈原) 쫓아냈으니, 평생 다시는 궁궐 문에 들어가지 못했네. 바라건대 각서(角黍)를 통해 남은 풍속 알아본다면 예전 왕이 교언(巧言)에 속은 것 거울삼을 수 있으리라." "좋은 날 난탕(蘭湯)에 목욕하며 함께 즐거운데, 독한 냉기 없애려고 쑥 캘 필요 있나. 고요(皐陶) 같은 현신 얻어 국정 맡기기만 하면, 저절로 재앙은 경사로 변하리라." 《皇朝文鑑 卷27 端午帖子詞二首》《古今事文類聚 卷9 帖子規諫》

43 장영(壯營)의 맹수 : 장용영(壯勇營)의 용맹한 군사를 가리킨다. 장영은 장용영의 약칭이다.

좋은 계절이며 날이고	嘉節令辰
흙으로 만든 소가 봄을 맞이하니[44]	土牛迎春
상서로운 빛이며 기운이로다	祥光瑞氣

팔천 년을 봄과 가을로 삼으니[45]	八千歲爲春爲秋
성상의 수명은 남산과 북두[46]와 나란하고	齊聖壽於南山北斗
구오복은 강녕과 덕이니[47]	九五福曰康曰德
세손의 학문은 은사와 주왕[48]과 부합하네	符睿學於殷師周王

44 흙으로……맞이하니 : 입춘에 흙으로 소를 만들어 겨울 추위를 마지막으로 보내고 봄을 맞이하면서 농사의 시작을 알렸던 풍습을 가리킨다. 《예기(禮記)》 〈월령(月令)〉에 "흙으로 소를 만들어 한기가 사라지기를 빈다.〔出土牛, 以送寒氣.〕"라고 하였다.

45 팔천……삼으니 : 장구한 세월이라는 의미로, 장수를 축원하는 말이다. 《장자》 〈소요유(逍遙遊)〉에 "초나라 남쪽의 명령은 500년을 봄으로 삼고 500년을 가을로 삼으며, 상고 시대의 대춘은 8000년을 봄으로 삼고 8000년을 가을로 삼는다.〔楚之南有冥靈者, 以五百歲爲春, 五百歲爲秋. 上古有大椿者, 以八千歲爲春, 八千歲爲秋.〕"라는 말이 있다.

46 남산(南山)과 북두(北斗) : 군주의 장수(長壽)를 축원할 때 쓰는 말이다. 남산은 신하들이 군주의 만복과 장수를 축원한 시인 《시경》 〈소아(小雅) 천보(天保)〉에 "남산의 장수함과 같아 이지러지지 않고 무너지지 않는다.〔如南山之壽, 不騫不崩.〕"라고 한 데서 유래하였고 북두는 《진서(晉書)》 〈천문지(天文志)〉에 "북두칠성은 태미성의 북쪽에 있는데 칠정의 추기이고 음양의 근원이다.……북두는 인군의 상이요, 호령의 주재자이다.〔北斗七星在太微北, 七政之樞機, 陰陽之元本也.……斗爲人君之象, 號令之主也.〕"라고 하였는데, 뒤에 인신하여 제왕(帝王)을 비유하므로 장수를 축원하는 데 함께 사용한 것이다.

47 구오복(九五福)은 강녕(康寧)과 덕(德)이니 : 《서경》 〈홍범(洪範)〉에 "아홉 번째는 오복이니〔九五福〕, 수(壽)와 부(富)와 강녕과 유호덕(攸好德)과 고종명(考終命)이 그것이다."라고 하였다.

48 은사(殷師)와 주왕(周王) : 은사는 은(殷)나라 태사(太師)였던 기자(箕子)이고,

꽃을 감상하고 고기를 낚은 것은 賞花釣魚
설만함에 가까웠던 송나라 조정의 연회이며[49] 宋朝之遊譏近褻
차오르는 초승달과 떠오르는 태양은 恒日升月
무궁한 주나라 시의 송축이로다[50] 周詩之頌禱無窮

솜옷을 특별히 하사하시니 綿衣特頒
압록강의 물기 따뜻함을 회복하고 鴨江之水氣回暖
진휼 곡식을 멀리까지 내리시니 賑穀遙飭
연곡[51]의 음산한 기운도 봄을 이루었네 燕谷之陰曀成春

주왕은 주(周)나라 무왕(武王)이다. 무왕이 은(殷)나라를 정벌한 뒤 기자를 방문하여 이륜(彝倫)을 펴는 이치에 대해 묻자 기자가 천하를 다스리는 아홉 가지의 대법(大法), 즉 홍범구주(洪範九疇)를 제시하였다. 《書經 洪範》

49 꽃을……연회이며 : 송나라 인종(仁宗)은 매년 봄마다 천장각(天章閣)의 학사들에게 잔치를 베풀어 꽃구경하고 고기를 낚으며 군신간에 시를 서로 창화하면서 즐겁게 노닐었는데, 정조도 그 고사를 본받아 1794년(정조18) 3월 15일에 규장각 관료들을 대동하고 잔치를 벌였다. 번암은 이때 원임 제학(原任提學)으로 연회에 참석하여 정조의 〈내원에서 꽃구경하며 고기를 낚다〔內苑賞花釣魚〕〉에 화운한 〈금원의 옥류동 농산정에서……〔禁苑玉流洞籠山亭……〕〉라는 시를 창작하고, 그 연회의 전말을 기록한 〈어원갱시첩 발문〔御苑賡詩帖跋〕〉을 남겼다. 《宋史 禮志 宴饗》《弘齋全書 卷6》《日省錄 正祖 18年 3月 15日》《樊巖集 卷1, 卷56》

50 차오르는……송축이로다 : 주(周)나라 시는 《시경》의 〈소아(小雅) 천보(天保)〉를 가리킨다. 그 시에 "초승달이 차오르듯이, 태양이 떠오르듯이, 남산이 긴 수명을 향유하듯이, 이지러지지 않고 무너지지 않네.〔如月之恒, 如日之升, 如南山之壽, 不騫不崩.〕"라고 하였는데, 장수를 축원하는 내용이다.

51 연곡(燕谷) : 연(燕)나라 골짜기라는 뜻으로, 몹시 추운 지역을 가리킨다. 이곳에는 너무 추워서 오곡이 자라지 않았는데, 제(齊)나라 음양가(陰陽家) 추연(鄒衍)이 율관(律管)을 부니 따뜻한 기운이 퍼져 기장을 심을 수 있게 되었다고 한다. 《列子 湯問》

조회 의식 아침 일찍 명해지니	朝儀早命
꽃이 많은 관원 뒤덮고[52]	花覆千官
부모 뵈러 가는 문 달마다 열리니[53]	覲門月開
별이 대궐 위에서 움직이네	星動雙闕
하주의 좋은 소리	河洲好音
삼장의 노래에 몇 번이나 들었는고[54]	幾入三章之詠
전궁[55]의 온화한 기운에	殿宮和氣
언제나 만수무강의 술잔을 올리네	常獻萬年之觴

52 조회……뒤덮고 : 당나라 두보(杜甫)의 시 〈자신전퇴조구호(紫宸殿退朝口號)〉에서 천자의 조회 장면을 묘사하면서 "향기 온 전각에 날리니 봄바람이 옮기고, 꽃이 많은 관원 뒤덮으니 맑은 햇빛 옮겨 가누나.〔香飄合殿春風轉, 花覆千官淑景移.〕"라고 한 것에서 표현을 가져왔다. 《杜詩詳注 卷6》

53 부모……열리니 : 세종이 종묘(宗廟) 북쪽 담과 궁성(宮城) 남쪽 담이 닿은 곳에 일첨문(日瞻門)을 창건하고 초하루와 보름마다 전배례(展拜禮)를 행했던 일을 본떠서, 정조가 월근문(月覲門)을 세우고 한 달에 한 번씩 사도세자의 사당인 경모궁(景慕宮)에 배례(拜禮)한 것을 가리켜 말한 것이다. 《正祖實錄 3年 10月 10日》

54 하주(河洲)의……들었는고 : 하주는 《시경》〈주남(周南) 관저(關雎)〉에서 "끼룩끼룩 우는 물수리는 하수의 모래섬에 있도다.〔關關雎鳩, 在河之洲.〕"라고 한 데서 온 말로 후비의 덕을 칭송하는 말이며, 삼장(三章)은 역시 《시경》〈주남 관저〉를 가리키는데 총 세 장으로 이루어져 있기 때문에 붙은 이름이다.

55 전궁(殿宮) : 자전(慈殿)과 자궁(慈宮)을 말한다. 자전은 영조의 계비인 정순왕후(貞純王后)를 말하고, 자궁은 정조의 어머니이자 사도세자의 비인 혜빈(惠嬪) 홍씨(洪氏)를 말한다.

양효왕 정원에서 시문 지으라 명 받으니[56]	授簡梁園
천재일우의 행운이며	運際千一
순 임금의 궁전에서 화답시를 지으니[57]	賡歌虞殿
정월 초하루의 때로다	時惟三元

56 양효왕(梁孝王)……받으니 : 남조(南朝) 송(宋)나라 때의 시인 사혜련(謝惠連)의 〈설부(雪賦)〉에, 한(漢)나라 양효왕 유무(劉武)가 세모에 양원(梁園)에서 사마상여(司馬相如) 등과 함께 어울려 놀았는데, 밖에 눈이 내리자 사마상여에게 죽간을 주며 "과인을 위하여 시를 지으라."라고 말했다는 구절이 있다.《謝惠連全集 雪賦》여기서는 번암이 정조로부터 시문을 지으라는 명을 받았다는 말이다.

57 순……지으니 :《서경》〈익직(益稷)〉에 순 임금이 먼저 노래하자 신하인 고요(皐陶)가 그에 화답하는 노래를 불렀다는 고사가 있다. 여기서는 번암이 정조의 명에 의해 화답시를 지었다는 말이다.

〈어제대보부모은중경게〉[58]에 화운하여 올리다
賡進御製大報父母恩重經偈

신이 연전에 우연히 죽산(竹山)의 칠장사(七長寺)에 올랐다가 《은중경(恩重經)》이 있는 것을 보았는데, 그것을 가져다가 읽고는 반도 채 못 되어 눈동자에 감동의 눈물이 저절로 가득 차 버렸으니, 이는 인심상 억지로 해서 될 수 있는 것이 아닙니다. 무릇 우리 유자들이 불가의 책들에 대해서 "오랑캐의 땅에 있으면 받아들여야 한다."[59]라고 하는 입장을 취하지 않는 이유는 그것들이 오륜의 소중함을 모르기 때문입니다. 그런데 지금 이 《은중경》은 부모의 은혜가 소중함을 말하면서 그에 대한 묘사가 십분 참되고 절실하니, 사람에게 깊은 감동을 불러일으키는 것이 육자정(陸子靜)이 《논어》에 나오는 경문의 의미를 설명하면서 듣고 있던 자들로 하여금 눈물을 줄줄 흘리게끔 한 것[60]에 못지않

58 어제대보부모은중경게(御製大報父母恩重經偈) : 1796년(정조20) 정조가 《대보부모은중경(大報父母恩重經)》을 읽은 뒤 조상을 높이고 인륜을 돈독히 하는 내용에 감동하여 지은 게송(偈頌)이다. 《弘齋全書 卷56 印頒恩重經偈語仍倣其體命諸臣和之》

59 오랑캐의……한다 : 양웅(揚雄)의 《법언(法言)》에 "이단을 하는 자가 공자의 문장 안에 있으면 내쫓고, 오랑캐 땅에 있으면 받아들여야 한다.〔在門牆則麾之, 在夷狄則進之.〕"라고 한 데서 온 말로, 유가의 입장에서 이단인 불가의 경전을 받아들인다는 말이다.

60 육자정(陸子靜)이……것 : 육자정은 중국 남송(南宋)의 철학자 육구연(陸九淵)으로, 자정은 그의 자이다. 송나라 학자 주희(朱熹)가 남강 태수(南康太守)로 있을 적에 육구연이 그를 방문하자 주희가 백록동서원에 함께 가서 원생들에게 유익한 강론을 해 달라고 부탁하였다. 그러자 육구연이 《논어》 〈이인(里仁)〉의 "군자는 의에 밝고

습니다. 그러하니 어찌 이 책을 학자들이 읽어야 할 서적의 반열에 두지 않고서 하찮게 여길 수가 있겠습니까. 그리하여 결국 중에게 부탁해서 가지고 와 지금 상 위에 놓아두고는 아끼고 소중히 여기는데, 세상에 나와 똑같이 이 책을 본 자가 적다는 사실이 아쉬웠습니다. 그런데 지금 성상께서 지은 〈은중게(恩重偈)〉를 받들고 보니 성상의 도량이 천지와도 같이 광대하여 어떠한 것도 받아들이지 않는 것이 없다는 사실을 한층 더 알게 되었는데, 추론해 보건대 이 글을 지은 성상의 본래 취지는 대개 천하의 모든 사람으로 하여금 부모의 은혜가 소중하다는 사실을 알게 함으로써 집집마다 훌륭한 풍속을 이루도록 하시려는 것입니다. 하물며 섣달그믐과 단옷날 서운관(書雲觀)에서 찍어 주는 양벽부(禳辟符) 대신 이 게송을 사용토록 하셨으니, 풍속을 교화하는 정사에 더욱 도움이 될 것입니다. 신은 백번 정중히 음송하고 마침내 감히 다음과 같이 화운하여 바칩니다.

이와 같이 들었노라 如是我聞
지엄하게도 하고 자애롭게도 함은 악을 징계하고 선을 권장함이라 努目低眉是懲勸
《은중경》의 짧은 게송만으로도 恩重半偈
길을 인도하는 황금 줄이 되기에 충분하니[61] 亦足以金繩引路

소인은 이에 밝다.〔君子喩於義, 小人喩於利.〕"에 대해 강론하였는데, 원생 중에 감동하여 눈물을 흘리는 이까지 있었다. 주희는 이를 두고 육구연이 생도들의 마음속에 깊이 자리 잡은 고질적인 문제를 잘 꼬집어 냈다고 여겼다. 《宋史 儒林列傳3 陸九淵》

61 길을……충분하니 : 깨달음의 길로 인도하는 귀한 가르침이 되기에 충분하다는 말이다. 《법화경(法華經)》〈비유품(譬喩品)〉에서 불교의 이상 세계인 이구국(離垢國)

어찌 한우충동의 팔만대장경 필요하랴　　顧安事汗牛之八萬大藏卷
부모의 은혜에 보답하면　　報父母恩
극락세계에 오르고　　上極樂界
부모의 은혜에 보답지 않으면　　不報父母恩
아비지옥으로 떨어지나니　　墮阿鼻獄
인간 세상 모든 중생들아　　閻浮羅各各衆生
아비지옥을 원하느냐　　阿鼻獄是願
극락세계를 원하느냐　　極樂界是願

의 모습을 묘사하면서 "땅이 유리로 되어 있고 여덟 갈래로 교차하는 길이 나 있는데 황금을 노끈으로 삼아 그 길 가장자리의 경계로 삼았다.〔琉璃爲地, 有八交道, 黃金爲繩, 以界其側.〕"라고 하였고, 당나라 이백(李白)은 그 내용을 바탕으로 〈춘일귀산기맹호연(春日歸山寄孟浩然)〉 시에서 "황금 줄로 깨달음의 길 열고, 보배로운 뗏목으로 미혹의 강 건너네.〔金繩開覺路, 寶筏度迷川.〕"라고 하였다.

춘휘당에서의 강연이 끝나고 물러 나와 기록한 짧은 글
春暉堂筵退後小識

정사년(1797, 정조21) 4월 21일 원자께서 처음 강경(講經)을 시작하고 조금 늦은 시각에 상이 시원임 대신(時原任大臣)에게 명하여 입시하도록 하였다. 이에 홍공 낙성(洪公樂性)은 영의정으로서, 천신(賤臣)은 좌의정으로서, 이공 병모(李公秉模)는 우의정으로서, 김공 이소(金公履素)는 원임 대신으로서 모두 부름에 응하였는데, 입궐하였을 때는 송 사부(宋師傅)와 윤 유선(尹諭善)[62]은 이미 물러간 상태였고 상은 춘휘당(春暉堂)에 나와 있었고 원자가 그 곁에서 모시고 있었다. 이에 신등이 달려가 문후를 마치자 상이 원자에게 명하여 아침 강연에서 강론한 책을 읽어 보라고 하였다. 원자는 《소학(小學)》 권1에 실려 있는 회암(晦庵)의 〈서제(書題)〉[63]를 펼쳐 읽었는데, 그 옥음이 청아하고 음절이 명백하였다. 읽기를 마치자 상이 신등에게 명하여 글의 의미를 물어보라고 하기에 영상(領相)이 몇 군데를 질문하였다. 이후

62 송 사부(宋師傅)와 윤 유선(尹諭善) : 1797년에 원자사부(元子師傅)로 있던 송환기(宋煥箕)와 유선(諭善)으로 있던 윤득부(尹得孚)를 가리킨다. 정조는 1796년에 송환기를 원자사부로 삼고 이듬해 윤득부를 유선으로 삼았는데, 4월 21일 송환기와 윤득부는 원자와 상견례(相見禮)를 행한 다음 개강(開講)을 하고 《소학》을 강독하였다. 《日省錄 正祖 20年 12月 1日, 21年 4月 21日》

63 회암(晦庵)의 서제(書題) : 송나라 학자 주희(朱熹)가 1187년 58세 때 쓴 〈소학서제(小學書題)〉를 가리킨다. 회암은 주희의 호이다. 《소학》의 서문에 해당하는 글로, 《소학》의 편찬 동기가 소개되어 있다.

천신의 차례가 다가오자 천신이 묻기를,

"'애친경장(愛親敬長)'과 '융사친우(隆師親友)'[64] 여덟 글자는 책 서두에서 가장 근본이 되는 뜻입니다. 다만 이렇게 생각합니다. 사람은 살아가면서 누구나 부모를 사랑하는 본성을 지니고 있으니, 이 '애친'이라는 두 글자는 곧 천자부터 서인에 이르기까지 공통적으로 적용되는 의리입니다. '경장(敬長)'으로 말하자면, 비록 존귀한 지위에 있는 임금이라도 존속(尊屬)은 공경해야 하며 연로한 자를 대할 때도 공경해야 하니, 이 또한 귀한 이 천한 이 할 것 없이 모두에게 행해야 하는 것입니다. '융사(隆師)'로 말하자면, 제왕에게도 스승이 있는데, 스승이란 도를 간직한 존재이니 어찌 높이지 않을 수 있겠습니까. 그런데 '친우(親友)'의 경우는, 지위가 낮은 자라면 벗이 있어 가까이할 수 있겠지만 제왕은 존귀한 지위에 처하였으니 어찌 벗에 대해 논할 수 있겠습니까. 이미 벗이 없으므로 비록 가까이하고자 한들 그렇게 될 수 없는 것입니다. 그렇다면 여덟 글자 안에 오직 여섯 글자만이 공력을 들여야 할 것이고 아래 두 글자는 글자에 따라 읽어 가야 할 것에 불과한 것이겠습니까?"

하니, 원자가 서슴지 않고 말하기를,

"그렇지 않다. 제왕은 비록 존귀한 존재이지만 신료들은 모두 그

64 애친경장(愛親敬長)과 융사친우(隆師親友) : 주희의 〈소학서제〉 첫머리에 "옛날에 소학교에서는 사람을 가르치되, 물 뿌리고 쓸며 응하고 대답하며 나아가고 물러가는 예절과 어버이를 사랑하고 어른을 공경하며 스승을 높이고 벗을 친히 하는 방도를 가르쳤는데, 이는 모두 자신을 수양하고 집안을 다스리며 나라를 다스리고 천하를 공평하게 다스리는 근본이 된다.〔古者小學, 敎人以灑掃應對進退之節愛親敬長隆師親友之道, 皆所以爲修身齊家治國平天下之本.〕"라는 내용이 있다.

벗에 해당한다. 문학(文學)이 있는 자를 어찌 가히 우도(友道)로 가까이하지 않을 수 있겠는가."

하였다. 이때 원자의 보령(寶齡)은 겨우 8세였는데 그 견해가 이 정도에 이르렀을 줄 누가 생각이나 했겠는가. 신등은 함께 모여 놀라고 기뻐하였고 상 또한 웃음과 즐거움이 가득한 얼굴로 "글의 뜻을 과연 훌륭하게 설명하였다."라고 하였다. 천신이 재상들을 돌아보며 "오늘의 문답을 후대에 전하지 않을 수 없겠습니다. 삼가 이것을 기록으로 남겨 후대에 보이는 것이 좋겠습니다."라고 하니, 모두들 좋다고 하였다. 그리하여 마침내 물러나 삼가 이와 같이 기록한다. 이를 통해 한편으로는 먼 훗날 임금이 된 몸으로 아랫사람들을 낮추어 보며 "내 말을 어기지 말라."라고 말함으로써 국가의 위망을 초래할 자에게 경계를 보이고, 또 한편으로는 우리 원자가 계속 전진하여 성인이 될 것임이 의심할 바 없는 사실이라는 점을 경하한다. 한마디 말로 나라를 흥하게 만들 수 있다는 것[65]이 여기에 있지 않겠는가, 여기에 있지 않겠는가.

65 한마디……것 : 임금이 되었다고 그 존귀한 지위에 취해 자만과 독단을 펼치지 않고 언제나 임금 노릇의 어려움을 생각하고 신하들의 조언에 귀를 기울여 조심하고 신중하게 국정을 운영해야 나라를 흥성하게 만들 수 있다는 말이다. 노(魯)나라 정공(定公)이 "한마디 말로 나라를 흥하게 할 수 있다는데 그런 것이 있는가?"라고 묻자, 공자가 임금 노릇 하기가 어려움을 알아야 한다고 대답하였다. 《論語 子路》

숭양잡사

崧陽雜辭

개성 유수(開城留守)로 있을 때[66] 명을 받들어 지어 바친 것이다.

숭악산의 구름 생겼다 사라지고	崧之雲起滅
숭악산의 달 이지러지다 차오르네	崧之月虧盈
그 아래 대가 있으니	其下有臺
오백 년의 도읍이로다	五百年神京
험난한 과정을 거쳐	厥惟艱哉
고려 태조 나라를 창건했네	麗祖開刱
삼국이 하나로 통일되니	三統于一
만년 세월 어이 아니 누리리오만	何不萬年是享
후대 왕이 왕답지 못해	後嗣王不辟
우리 좋은 기업을 무너뜨렸네	壞我好基業
만일 대를 이어 덕을 닦았다면	如使世世修德
지금까지 존속한들 싫다 않고 섬겼으리	雖至今存事之無斁
깎아지른 듯한 저 숭악산이여	截彼崧嶽
만년 세월 동안 우뚝 서 있구나	萬世卓立
그 아래에 터가 있으니	其下有基

66 개성……때 : 번암은 1764년(영조40) 7월 개성 유수에 임명되었다.《英祖實錄 40年 7月 3日》

성조가 머물던 곳이네　　聖祖攸宅
인자함으로 포악함을 교체하니　　以仁易暴
저자와 같이 백성들 모여들었네　　其歸也如市
성조에 대한 사사로운 정 때문이 아니라　　匪私于聖祖
오로지 덕을 보고서 그렇게 된 것이네　　惟德是視
신복이 됨이여　　厥作臣僕
누군들 고려를 섬기지 않으리오마는　　疇不事麗代
그 기미가 참으로 두려우니　　其機孔畏
아아, 성조는 경계할지어다　　嗚呼聖朝宜戒

고을에 아안전[67] 있었는데　　府有鵝眼
그 수효 셀 수가 없었네　　鉅萬其數
그 돈의 이자를 불려　　仰厥生殖
이 웅장한 고을 세웠네　　立此雄府
초췌하고 주린 백성과 천민 들이　　悴氓飢隷
그것을 도모해 쓰는 것 재빨랐네　　圖用則銳
그 기한의 끝에 다다르자　　逮夫限至
죽거나 숨는 자 이어졌네　　死匿相繼
감옥과 형구여　　圄圄桁楊
이 종족 마을 애처롭도다　　哀此族里

67 아안전(鵝眼錢) : 남북조(南北朝) 때 송(宋)나라에서 주조한 구멍이 뚫린 돈으로, 바깥은 둥글고 구멍이 사각이어서 눈이 둥글고 눈동자가 사각인 거위의 눈에 비유한 명칭이다.

돈이 아니면 관아가 지탱을 못하거니와 非錢官不支
돈이 있어도 민생은 이루어지지 못하네 有錢民不遂

서강의 물고기는 西江之魚
뛰어오르다 잠겼다 하고 或躍或潛
상평의 오이는 上平之瓜
시원하기도 달콤하기도 하네 或爽或甜
저잣거리에 들고 가 팔려다 持賣市逵
저 사나운 차인꾼을 만나 逢彼悍差
빼앗겨 감영 부엌에 바쳐지니 奪供營廚
값이 있으나 없으나 따질 게 무어랴 何論價有無
날 저물어 집으로 돌아가니 日暮歸家
처자가 배고파도 밥 짓지 못하네 妻子飢不炊
삼절헌[68] 깊고 깊은데 三節軒深復深
어찌하면 상공이 알게 할 수 있을까 那由使相公聞知

즐비하게 늘어선 가옥들에 有屋鱗櫛
담장이 처마와 나란한데 垣與簷齊
거기 남편 그리는 아내 있어 中有思婦
그림자 벗 삼아 외로이 살고 있네 伴影孤棲
남편이 장사를 업으로 삼으니 夫婿業賈
풍속이 그렇게 만든지라 土風使然

68 삼절헌(三節軒) : 개성에 있던 관아의 이름이다. 개성 유수가 머물렀다.

혼인하자마자 한번 이별하매 新婚一別
얼굴과 목소리 암담하구나 聲容黯然
뿔 베개 비단 이불에서 角枕錦衾
새벽이 되도록 슬피 우나니 悲啼達曙
어찌하여 성군이 위에 있는데 아래엔 원망하는 여자 많은고
奈之何聖明在上而下多怨女

동쪽 소 울음 들릴 정도의 거리[69]에 東距牛鳴
면 하나가 있으니 이름은 송서[70]라 面曰松西
개성 사람 무덤이 松人之塚
높고 낮은 데 펼쳐져 있으니 于高于低
그 처음 들을 구획할 때에 厥初畫野
어찌 장단(長湍)에 예속되어 있었으랴 胡隷湍州
장단 아전 몹시 사나우니 湍吏悍甚
세금 독촉 누가 견디랴 孰堪徵求
숙종께서 가련히 여겨 肅考憐矜
개성에 도로 귀속시키니 還屬之松
그 누가 쟁집하랴 云誰爭執

69 소……거리 : 대략 5리쯤의 거리를 뜻한다.

70 송서(松西) : 장단부(長湍府)에 소속되었던 송서면(松西面)을 가리킨다. 개성부의 동문(東門)에 인접하였다. 숙종 이래로 역대 개성 유수들이 부역의 부담을 덜기 위하여 송서면을 개성에 소속시키고자 여러 번 조정에 청했는데 그때마다 장단부의 반대에 부딪혀 잠깐 개성에 귀속되다 말다를 반복하며 결국 실현되지 못하였다. 《肅宗實錄 45年 11月 23日》《景宗實錄 1年 閏6月 5日》《英祖實錄 11年 10月 3日》

백성들의 바람은 하늘이 따라 주지 않는다네	民之欲天不俯從
바로 서쪽에 변방의 요새 있으니	直西關防
청석동[71]이 하늘 위에 떠 있네	青石浮天
오랑캐 두목 간담이 서늘하여	胡酋膽慴
저 나는 솔개를 엿보다가	覘彼飛鳶
관문에 한 사람도 없자	關無一夫
북을 울리며 전진했네	鼓行而前
그 뒤 백년 지나 높은 산만 덩그러니	百年山高
날리는 봉화 연기 걷혔네	狼霽飛煙
벼슬하는 제공들 중	諸公肉食
누가 대비책을 생각하나	疇念戶牖
훗날 지금을 봄이 지금 옛날을 봄 같으리니	後視今恐猶今視昔
나는 그 잘못 책임질 줄 모른다네	吾不知執厥咎
성이 들판을 내려다보니	城臨于野
경계의 언덕이 알록달록하네	疆壟繡錯
내가 밭 갈고 내가 씨 뿌리며	我耕我播
내가 김매고 내가 거두노라	我耨我穫
아, 내 처자식들아	嗟我婦子
내 농사엔 세금이 없으니	我稼無稅

71 청석동(青石洞) : 개성부의 고을로, 땅이 험준하고 좌우에 봉우리가 연이었으며 도로가 협소하여 요해지로 적합한 곳이다.

누가 그렇게 만들었나	是孰使然
성조가 내린 은혜라네	聖朝之惠
어떻게 보답해야 하나	何以報之
임금의 만수무강 축원해야지	祝君萬年
군자가 만년토록	君子萬年
우리 백성들을 길이 보전하리로다	永保吾民

죽주에서 감회를 기록하다

竹州記懷

임진년(1772, 영조48) 겨울 10월 19일 생질 이유경(李儒慶)[72]을 데리고 죽주(竹州) 남산촌(南山村)에 있는 선고(先考)와 선비(先妣)의 묘역에 성묘를 갔다. 이는 유경이 막 급제하여 영소(榮掃)[73]를 하려고 할 때 나의 아내가 따라가길 원했기 때문에 나도 동참한 것이었다. 선산 아래에 도착한 지 2일째 되는 날에 누님이 황려(黃驪)에서 와서 불매헌(不寐軒)[74]에 당도하였는데, 그때가 마침 고성(告成)을 할 시점이었다. 그리하여 안주와 술을 올리고 악기를 연주하면서 묘역에 고하였고, 이후 물러나 불매헌에 머무르면서 16일 만에 돌아갔다.

가만히 생각건대 우리 부모님의 아들은 오직 불초한 나밖에 없고 딸은 오직 누님밖에 없는데, 백발의 나이에도 서로 만나지 못한 채 떨어져 지내며 그리워만 하다가 지금 이 일로 말미암아 여기에서 만남을 이루었고, 내 아내와 유경, 그리고 누님과 그 아들 심수해(沈壽

72 이유경(李儒慶) : 1748~1818. 번암의 둘째 매형 이태운(李台運)의 큰아들이다. 본관은 함평(咸平), 자는 이선(而善), 호는 청심옹(淸心翁)이다. 1772년 문과에 급제하여 도승지 등을 역임하였다. 《承政院日記 英祖 48年 9月 24日》《한국역대인물종합정보시스템 http://people.aks.ac.kr 검색일: 2021. 4. 13.》

73 영소(榮掃) : 과거에 급제하거나 관직에 임명된 사람이 부모의 묘소에 가서 고하고 예를 올리는 것을 말한다.

74 불매헌(不寐軒) : 번암이 죽은 부모를 추모하고 만년을 보내기 위해 부모의 선영이 있는 죽산 남산촌에 지은 집이다. 《艮翁集 卷20 不寐軒記》《海左集 卷23 不寐軒記》

海)[75]도 이 만남에 동참하였다. 아아, 우리 부모님의 자손으로서 이 밖에 몇 사람이 더 있는가? 이전에도 선산 아래에서 온 가족이 다 모인 적이 있지만 대체로 오늘날 이 모임보다 못하였고 또 이번에는 새로 과거에 급제한 영광까지 더하였다. 서로 모여 즐거운 시간을 보낼 적에는 그것을 통해 지하에 계신 우리 부모님께서 기뻐하고 아껴 주시는 마음이 무한할 것이라는 사실을 미루어 깨닫다가, 헤어질 때가 되면 머뭇거리고 주저하면서 무덤의 마른 풀 위로 눈물을 흘리며 떠나려다 차마 떠나지 못하고 헤어지려다 차마 헤어지지 못한다. 이를 통해 지하에 계신 우리 부모님께서 미련을 두고 아쉬워하시는 마음이 또 필시 무한할 것이라는 사실을 미루어 깨닫게 된다. 이러한 사실을 알면서도 만약 몸이 건강할 때 벼슬을 그만둠으로써 불매헌에서 여생을 마치려는 계획을 생각지 않는다면, 이는 부모님의 마음을 아는 것이라고 할 수 없을 것이다. 그러한 까닭에 대략 이렇게 기록함으로써 훗날의 증거로 삼는다.

75 심수해(沈壽海) : 번암의 생질(甥姪)로, 본관은 청송(青松)이고, 부친은 심지연(沈祉衍)이다.

이 상국과 주고받은 대화를 기록하다
書李相國酬酢

영종 병자년(1756, 영조32) 나는 이천 부사(伊川府使)로 임명되어 조정에 차례로 하직 인사를 올리고 관례를 따라 상국(相國) 이종성(李宗城)[76]을 찾아뵈었다. 상국은 내놓은 의론이 당대와 불화를 겪어 장단(長湍)에 있는 집에서 거의 10년 세월을 은거하였고, 상국에 제수되었을 때도 간혹 명을 받들고 조정에 나아가기는 하였으나 역시 오래 머물지 않았기 때문에 나는 그분과 조정에서 얼굴만 보는 정도의 친분이 있을 뿐이었다.

어느 날 상이 친히 국문을 시행하겠다는 명을 내리고 내사복시(內司僕寺)로 행차한 일이 있었다.[77] 그 일이 워낙 갑작스럽게 이루어져 문랑

76 이종성(李宗城) : 1692～1759. 본관은 경주(慶州). 자는 자고(子固), 호는 오천(梧川). 시호는 효강(孝剛)이었다가 문충(文忠)으로 바뀌었다.

77 어느……있었다 : 1722년(경종2) 김일경(金一鏡)의 옥사에 연좌되어 나주(羅州)로 귀양 가 있던 소론(少論) 계열의 윤지(尹志)가 1755년 2월 노론을 제거할 목적으로 나주 목사 이하징(李夏徵) 등과 모의하여 나주 객사에 나라를 비방하는 글을 붙인 이른바 '나주괘서사건(羅州掛書事件)'을 일으켰는데, 그 사건이 일단락된 직후 열린 토역경하 정시(討逆慶賀庭試)에서 심정연(沈鼎衍)이 답안에, 조정을 비방하고 집권파 대신들을 공격하는 내용을 기재하였다가 체포되었다. 그 결과 윤혜(尹惠), 김도성(金道成), 강몽협(姜夢協), 유명두(柳明斗), 김인제(金寅濟) 등이 연루된 대규모의 반역 모의가 드러났고, 이에 영조는 1755년 5월 3일부터 며칠 동안 직접 내사복시에 나아가 역모 혐의자들을 친국하였다. 이 사건으로 소론계는 일망타진되고 조태구(趙泰耉), 김일경(金一鏡) 등에게 역률이 추시(追施)되었다.《英祖實錄 31年 2月 4日, 3月 7日・15日, 4月 13日, 5月 3日・4日・6日・7日・8日・20日・21日》

(問郞)들 모두 제때에 나와 대기하지 못하였는데, 유독 나는 옥서(玉署)에서 숙직하고 있었기 때문에 재빨리 뜰에 가 서 있을 수 있었다. 그때 상국이 상 앞으로 나아와 "문랑들이 모두 때맞춰 오지 못하였으니 진실로 경악스럽습니다. 그런데 채모(蔡某)는 저기에 있으니, 저 한 명이 족히 온갖 일을 해낼 수 있을 것입니다. 다른 문랑들이 없다 한들 무슨 걱정이겠습니까. 그러나 문랑들을 처벌하지 않을 수 없습니다." 라고 아뢰었다. 그때 나는 그 말에 의아해하면서 '상국과는 평소 친분도 없었는데 나한테 온갖 일을 처리하기에 합당한 능력이 있는지 없는지를 무슨 수로 알고 상 앞에서 이런 경솔한 칭찬을 하는가.'라고 생각하였다.

그러다 이때에 이르러 상국이 나를 살갑게 맞이하며 꽤나 즐거운 안색을 보였다. 서로에 대한 안부 인사를 마치고 마침내 "내 영공(令公)에 대해서는 비록 안면은 낯설지만 마음만큼은 마치 오래된 벗처럼 친숙하다오."라고 하였다. 내가 "무슨 뜻으로 그렇게 말씀하십니까?" 라고 하자, 상국은 "십수 년 전 이제는 고인이 된 친구 오영백(吳永伯)[78] -약산(藥山)의 자이다.-에게 '요사이 인재가 너무 없네. 가까운 젊은이들 중 훗날 큰일을 맡을 만한 자가 보이지 않으니, 참으로 걱정이네. 대감과 가까운 사람 중에 과연 그러한 자가 있는가?'라고 물어보니, 영백이 '채모라는 이가 지금 20세 전후인데 실로 재상이 될 그릇이다. 그 밖에는 나도 그러한 자를 아직 보지 못했네.'라고 대답하기에, 내 과연 그

78 오영백(吳永伯) : 오광운(吳光運, 1689~1745)으로, 영백은 그의 자이다. 본관은 동복(同福), 호는 약산이다. 번암의 스승으로, 그의 친동생인 오필운(吳弼運)의 딸이 바로 번암의 첫 번째 부인 동복 오씨(同福吳氏)이다.

성명 세 글자를 마음에 새겨 두었네. 그런데 그로부터 몇 년도 지나지 않아 대궐 뜰에 걸린 과거 급제 방을 확인해 보니, 그때 그 성명이 정말 그 가운데에 올라 있었네. 근년에는 비록 시골집에 머물고 있어도 서울에서 오는 관원들을 만나면 그때마다 채모의 언론과 행위에 대해 물어보아 세세한 일조차도 모두 다 알고 있네. 이 때문에 내가 마음에 그대가 친숙한 것이니, 영공이 이 사실을 어찌 알겠는가."라고 말하였다.

또 상국이 "이천(伊川)은 궁벽한 고을이라 관에서 처리해야 하는 장부와 문서 들이 매우 적으니 책을 읽을 만할 걸세. 무슨 책을 벗 삼아 가려는가?" 하기에, 내가 "출발할 때 책 몇 권 들고 간다 해서 이상한 일은 아니겠으나, 지금 어찌 미리 정해 놓을 수 있겠습니까. 무슨 책이 좋겠습니까?"라고 물었다. 그러자 상국은 "내가 어찌 모르겠는가. 영공이 가지고 가는 것은 필시 《당시품휘(唐詩品彙)》[79]와 《팔대가(八大家)》일 것이다. 내가 그 두 책을 좋지 않다고 여기는 것은 아니나, 설령 영공이 그 책에 전심전력으로 노력을 기울여 고인의 정수를 얻는다손 치더라도, 오늘날의 세도를 보건대 화려한 문장으로 치도(治道)와 왕도(王道)를 노래할 임무는 영공에게 결코 주어지지 않을 것이네. 또 국정을 모의하고 국론을 결단해야 할 시점에는 그 두 책으로 일의 효과를 거둘 수 없고, 반드시 여러 성리서(性理書)를 깊이 탐구함으로써 규획과 사업의 기반으로 삼고, 전대의 사서를 두루 열람함으로써 치란과 흥망을 상세하게 파악해야만 시기를 기다려 쓰일 수가 있는

79 당시품휘(唐詩品彙) : 명(明)나라 때 고병(高棅)이 편찬한 당시집(唐詩集)이다. 모두 90권으로 시인 620인의 작품 5700여 수를 형식별로 수록하였다. 따로 습유(拾遺) 10권이 있다.

것이네. 훗날 반드시 늙은이의 오늘 이 말을 유념해야 할 것이네."라고 하였다. 내가 그 말에 감사의 뜻을 표하고 나와 집으로 돌아와서는 상국이 한 말을 선부군(先府君)께 말씀드리니, 부군이 "너에 대한 상국의 기대가 실로 과하구나."라고 하였다.

이후 내가 이천부(伊川府)에 있은 지 3년 만에 비로소 도성으로 돌아왔을 때 상국의 병이 악화되었다는 소식을 들었고, 그러고 며칠 뒤에 세상을 떠나, 결국 상국의 얼굴을 다시는 보지 못하였다. 그 후로 30여 년 뒤 나는 외람되게도 상신이 되어 수상(首相)의 자리까지 차지하였다. "국정을 모의하고 국론을 결단한다."라는 것으로 보면 비록 그에 맞는 적임자는 아니나 직책으로 말하자면 어김없이 그 말 그대로 되었다. 그것을 생각할 때마다 나를 알아주었다는 감회가 생생히 차오른다. 그리하여 이와 같이 뒤늦게 기록함으로써 후대 사람이 상국의 선견지명을 알게 되기를 바라고 또 이것으로 스스로 힘쓰기를 바란다.

정사년(1797, 정조21) 번옹(樊翁)이 78세에 쓰다.

약산 오공[80]의 선견지명에 대해 쓰다

書藥山吳公先見

영종 정사년(1737, 영조13) 가을, 나는 함께 공부하던 연소배 네댓 명과 함께 약산(藥山) 오공(吳公)을 모시고 앉아 있었다. 이날 상이 영희전(永禧殿)으로 가서 전알하였는데, 그때 한 대신이 재차 영상(領相)에 임명되었으나 의를 내세워 나오지 않고는 관을 벗은 채 길가에 엎드렸다.[81] 이에 상은 종루 큰 길거리에서 어가를 멈추고 도승지 김유경(金有慶)에게 명하여 그 관을 손으로 집어 씌우게 하였다. 김유경은 일찍이 그 대신을 역적이라고 하면서 누차 소장을 올려 쟁론한 자였는데,[82] 이때에 이르러 그 앞에 나아가 무릎 꿇고 상의 명을 경건하게

80 약산(藥山) 오공(吳公) : 오광운(吳光運, 1689~1745)으로, 약산은 그의 호이다. 번암의 첫 번째 부인 동복 오씨(同福吳氏)의 백부이고, 장남 오대관(吳大觀)이 번암의 숙부인 채응만(蔡膺萬)의 사위이다. 번암의 스승이기도 하다. 1728년 3월 이인좌(李麟佐)의 난이 발생한 초기에 변을 아뢰고 대비하도록 함으로써 선견(先見)을 드러내었다. 영조의 탕평정국(蕩平政局)하에서 청남(淸南) 세력의 정치적 지도자로 활약하였다. 《歸鹿集 卷16 贈吏曹判書吳公神道碑銘》

81 그때……엎드렸다 : 이 대신은 당시 소론의 영수였던 운곡(雲谷) 이광좌(李光佐)로, 《영조실록》에는 이 일이 1738년 1월 8일에 벌어진 것으로 기록되어 있다. 이광좌는 본관은 경주(慶州), 자는 상보(尙輔)이다. 1738년 1월 영조가 탕평책의 일환으로 이광좌를 영의정으로 재차 임명하였는데, 반대 세력이었던 좌의정 김재로(金在魯)가 그를 공격하는 차자를 올리고 인책(引責)하고 들어가므로 이광좌가 사직을 청한 것이다. 《英祖實錄 13年 8月 11日・13日, 12月 27日, 14年 1月 2日・8日》

82 김유경은……자였는데 : 1725년 영조는 노론 사대신 등 신임옥사로 죽거나 처벌된 사람들을 모두 사면하고 그들의 충절을 포상하는 을사처분을 단행하였는데, 이 과정에

받들어 행한 것이다. 상은 또 예조 판서 송진명(宋眞明)에게 명을 내려 10여 차례나 반복하여 유시해서 끝내 그가 어가를 따르도록 만든 뒤에야 출발하였다.

이 대단한 광경을 목격하고 온 한 길손이 어가가 머물렀을 때의 광경을 매우 소상하게 말해 주면서 그 은혜로운 대우가 융숭함에 대해 찬탄하기를 마지않았다. 이 말을 듣고 약옹(藥翁)은 좌객에게 "훗날 그와 똑같은 직임을 맡아 그와 똑같은 예우를 받을 자는 필시 백규(伯規)일 것이다."라고 하는 한편, 이어 나를 돌아보며 "훗날 나의 이 말을 생각해야 할 것이니, 힘쓰고 또 힘써야 한다."라고 하였다. 백규는 나의 자이다. 그 당시 내 나이는 18세로, 장가든 지 얼마 되지도 않은 시점이었으니, 그 말이 어찌 그럴듯하게 들렸겠는가. 그 자리에서 물러 나와 평소 거처하는 집에서 공부하던 제생들이 나를 잔뜩 놀려 댔고, 나 또한 웃으며 그러든지 말든지 내버려 두었다.

그 후로 52년이 지난 금상 12년 무신년(1788, 정조12), 나는 언제고 공격을 당해도 이상하지 않을 극도로 위태로운 속에서 특별히 상신에 제수되었고, 곧바로 속히 나와 명을 받으라는 명이 내려지며 근신(近臣)들의 발길이 줄을 이었다. 그리하여 나는 부득이 궐문 밖으로 달려 나가 거적을 깔고 부복하였는데, 상이 연영문(延英門)으로 행차하여 병조 판서를 보내 함께 들어오도록 하기에 나는 또 부득이 어좌 앞으로

서 이광좌는 영조가 세제(世弟)로 책봉되는 과정에서의 문제, 신임옥사, 김일경(金一鏡)을 영호한다는 등의 이유로, 유봉휘(柳鳳輝), 조태억(趙泰億), 조태구(趙泰耉), 최석항(崔錫恒)과 함께 오적(五賊)의 한 사람으로 노론에게 탄핵을 받았다. 김유경도 그때 대사헌으로서 이광좌를 비롯한 소론을 공격하는 데 앞장섰던 인물이다. 《英祖實錄 1年 1月 12日, 2月 8日, 5月 6日》

나아가 부복한 채로 피눈물로 사양하며 계단에 머리를 조아렸다. 그러자 상은 승지와 사관에게 명하여 머리를 붙잡고 조아리지 못하게 하는 한편, 은혜로운 유시를 연거푸 내리면서 "경은 나가지 말라. 오늘이 다 간다고 해도 나는 침전으로 돌아가지 않을 것이다."라고까지 하셨다. 그리하여 나는 또 부득이 명을 받들 수밖에 없었다. 그 상황이 벌어졌을 때에는 오장육부가 떨릴 정도로 두려운 나머지 그 어떤 다른 생각도 일어날 틈이 없었는데, 집으로 돌아오는 길에 문득 약옹이 과거에 했던 말이 마치 오늘 일어난 일을 미리 내다본 것처럼 느껴졌다. 어쩜 이리도 희한한가. 내가 이 말을 하지 않는다면 선배의 선견지명을 묻히게 하는 꼴이 되기에 그 점이 저어되어 이렇게 손 가는 대로 기록한다.

미수 허 선생의 작은 영정에 삼가 기록하다

敬書眉叟許先生小眞

금상(今上) 18년 갑인년(1794, 정조18) 상이 미수(眉叟) 허 문정(許文正)[83]에 대한 광세지감(曠世之感)[84]이 일어 작은 영정을 얻어 보고자 하였다. 그리하여 신 제공(濟恭)에게 명하여 그 일을 맡겼는데, 신은 그 이후로 사림들과의 논의를 거쳐 마침내 그해 가을 7월 신해일(辛亥日)에 선생의 82세 모습이 그려진 영정을 연천(漣川) 은거당(恩居堂)에서부터 가지고 서울로 들어온 뒤, 당대의 뛰어난 화공인 이명기(李命基)[85]로 하여금 그것을 모사하여 바치도록 하였다. 상이 그 그림을 보고는 따로 비치해 둔 명주 비단에 이명기로 하여금 그대로 옮겨 그리도록 하여 화첩으로 만든 뒤 대전에 보관하는 한편, 바쳐 올린 그림은 그 후손에게 도로 내려 주라고 명하였다. 그 결과 사림들이 모두 합사(合辭)하여 말하기를 "영남은 추로(鄒魯)의 고을이다. 하물며 순흥(順興)의 백운동(白雲洞)은 공성(孔聖) 및 사성십철(四聖十哲)과 칠십 제자

83 미수(眉叟) 허 문정(許文正) : 허목(許穆, 1595~1682)으로, 본관은 양천(陽川), 자는 문보(文父), 호는 미수, 시호는 문정이다.

84 광세지감(曠世之感) : 동시대에 태어나지 못해 서로 만나지 못한 것에 대한 감회이다.

85 이명기(李命基) : 1756~? 본관은 개성(開城). 호는 화산관(華山館)이다. 화원 김응환(金應煥)의 사위이며 이종수(李宗秀)의 아들이다. 초상을 잘 그려 1791년에 정조어진원유관본(正祖御眞遠遊冠本) 도사(圖寫)의 주관 화사(主管畫師)로 활약하였고, 1796년에는 김홍도(金弘道)와 〈서직수초상(徐直修肖像)〉을 합작하였다.

의 보정(寶幀)을 봉안하고 있는 곳이고, 우리 동국의 안 문성(安文成),[86] 주신재(周愼齋),[87] 이오리(李梧里)[88] 선생의 영본도 모두 거기에 있다. 그러하니 지금 이 영정을 그곳에 두지 않는다면 어디에 두겠는가."라고 하니, 의론이 드디어 합치되어 순흥서원(順興書院)에 그 그림을 모셔다 안치하였다.

아아, 지금 천하가 함몰되어 우리의 도가 동쪽으로 이동하였고 동쪽으로 이동한 그 도는 모두 영남에 자리를 잡았는데, 지금 선생의 영정이 또 영남에 자리하게 되었으니, 이는 하늘의 뜻이다. 어찌 인력으로 그렇게 했겠는가. 하물며 오리 선생은 바로 선생의 사우(士友)이며 지기(知己)이다. 《주역》에 말하기를 "같은 소리끼리 서로 호응하고 같은 기운끼리 서로 찾는다."[89]라고 하였으니, 성인이 우리를 속이지 않은 것이 또한 기이하지 않은가. 영정의 표제는 내가 썼으니, 선생의 성과 휘를 곧바로 쓴 것은 임금이 볼 것에 대비한 것이다. 이상과 같이 기록하여 후대에 배알할 자로 하여금 그 전후의 일을 알도록 하는 바이다.

이해 국화꽃 피는 9월 보름날, 후학 원임 영의정 채제공은 75세에 삼가 쓴다.

86 안 문성(安文成) : 안향(安珦, 1243~1306)으로, 문성은 그의 시호이다.

87 주신재(周愼齋) : 주세붕(周世鵬, 1495~1554)으로, 신재는 그의 호이다.

88 이오리(李梧里) : 이원익(李元翼, 1547~1634)으로, 오리는 그의 호이다.

89 같은 소리끼리……찾는다 : 《주역》 〈건괘(乾卦) 문언(文言)〉에 나오는 말로, 지취(志趣)와 애호(愛好)가 같은 사람을 벗으로 삼으려 한다는 말이다.

〈노중련전〉[90]을 읽고

讀魯仲連傳

영조는 보령(寶齡)이 80여 세쯤 되자 마땅한 소일거리가 없어 늘 옥당(玉堂)의 한림과 주서를 시켜 고서를 읽게 해 듣곤 하였다. 하루는 승지가 먼저 읽고 다음으로 겸춘추(兼春秋)가 읽을 차례가 왔는데, 겸춘추가 읽을 부분은 〈노중련전(魯仲連傳)〉이었다. 막 읽기를 시작할 무렵 상은 침상에 누워 이마에 손을 얹은 채 코를 골며 그야말로 단잠을 자고 있다가, 겸춘추가 〈노중련전〉에 나오는 '질차(叱嗟)' 다음의 네 글자[91]를 읽어 내려가자 갑자기 놀라 깨어 벌떡 일어나 앉고는 손으로 바닥을 치며 "감히 그 네 글자를 읽어 내 귀에 들리게 하는구나. 읽은 자가 누구인가?"라고 하였다.[92] 그러자 겸춘추는 읽기를 멈추었고

90 노중련전(魯仲連傳) : 전국 시대 제(齊)나라의 고사(高士) 노중련을 주인공으로 한 사마천(司馬遷)의 〈노중련열전(魯仲連列傳)〉을 가리킨다. 날로 강성해지는 진(秦)나라를 황제국으로 인정해 주어야 화를 면할 수 있다는 위(魏)나라 신원연(新垣衍)의 주장에 대한 노중련의 반론이 주 내용이며, 강포한 현실적 힘에 맞서 죽음을 각오하고 명분을 고수하는 노중련의 고고한 절개가 강조되는 작품이다. 《史記 魯仲連列傳》

91 질차(叱嗟)……글자 : "네 어머니는 종년이다."라는 뜻의 '이모비야(而母婢也)' 네 자를 가리킨다. 진나라를 황제국으로 인정하면 안 된다는 노중련이 든 예화에 등장하는 말로, 제 위왕(齊威王)이 주 열왕(周烈王)의 조문에 가장 늦게 도착해 후임 주 현왕(周顯王)으로부터 질책을 받자 격분하여 한 말이다. 노중련은 이 일화에서 제 위왕은 끝내 천하의 웃음거리가 되었다고 함으로써 진나라를 황제국으로 인정하면 안 된다는 논리를 전개하였다. 질차는 분노에 휩싸여 꾸짖는 소리를 표현하는 말이다. 《史記 魯仲連列傳》

92 놀라……하였다 : 영조의 생모인 숙빈(淑嬪) 최씨(崔氏)가 천민인 무수리 출신이

근신들은 모두 두려움에 몸을 떨었는데, 그때 금상이 세손으로 곁에서 모시고 있으면서 "신이 줄곧 여기에 있었는데 그 네 글자를 읽는 것은 듣지 못하였습니다. 아직 거기까지 읽지 않았습니다."라고 대답하였다. 상이 "정녕 내 귀에 들렸는데, 신하들이 설마 못 들을 리가 있겠는가."라고 하니, 신하들이 세손의 앞선 대답을 통해 한목소리로 "신들도 듣지 못하였습니다."라고 대답하였다. 그러자 상은 낯빛이 조금 누그러져 다시 침상에 누웠고, 이에 연신들은 마침내 물러 나갔다.

대략 30여 년 전 적신(賊臣)이 '질차'라는 글자를 소장에 써넣자 당시 대신이 그 사실을 진달하여 마침내 친국이 실시되기까지 하였다.[93] 지극한 효성을 지닌 영조는 30년을 하루같이 그 일을 마음에서 떨쳐 보내지 못하여 자다가도 갑자기 그 소리가 들리면 곧장 몸을 일으켜 마치 미물을 깨부술 것처럼 벼락같은 화를 쏟아냈다. 저 겸춘추는 먼 지방의 낮은 관직을 맡던 사람이었으니, 그 네 글자를 감히 읽으면 안 된다는 사실을 어떻게 알고서 읽지 않을 수 있었겠는가. 그때 만약 세손 저하가 임기응변으로 신속히 대응하지 않았다면 장차 화가 이르지 않는 곳이 없었을 것이다. 경연에서 물러 나온 뒤 신하들이 서로 말하기를

었으므로 이런 반응을 보인 것이다.

93 대략……하였다 : 1736년(영조12) 6월 사헌부 지평 이관후(李觀厚)가 올린 상소에 "아랫사람이 간혹 그 윗사람을 비방하면 꾸짖는 소리가 사방에서 일어난다.〔下或有訕其上, 叱嗟之聲四起.〕"라는 내용이 있었는데, 그중 꾸짖는다는 뜻의 '질차'가 〈노중련열전〉의 '질차이모비야(叱嗟而母婢也)'에서 원용한 것이라는 혐의가 제기되었고, 이는 곧 영조가 여종의 자식이라는 뜻이 되기에 지극히 부도한 표현으로 간주되었다. 이에 당시 대신이었던 우의정 송인명(宋寅明)이 그 문제를 영조에게 진달하여 영조가 직접 그 사건을 신문하기에 이르렀고, 마침내 이관후는 유배형을 받고 그 글을 대신 지어준 배윤명(裵胤命)은 형장을 맞다 죽었다.《英祖實錄 12年 6月 17日, 7月 17日》

"성인이시구나, 세손이시여. 한마디 말씀을 통해 위로는 성상의 도를 넘는 행위를 막고, 아래로는 신자로 하여금 망측한 화에서 벗어나게 해 주었으니, 훗날 분명히 성군이 되실 것이다."라고 하였다. 나는 그 당시 약원 제조(藥院提調)로서 경연에서 있었던 그 일을 직접 목도하였다. 그로부터 수십 년이 흐른 지금 우연히 《사기영선(史記英選)》에 실린 〈노중련전〉을 읽다 그 일이 떠올랐다. 그리하여 그 일을 기록으로 남김으로써 성조(聖朝)의 효(孝)와 신손(神孫)의 인(仁)은 따지고 보면 똑같은 것이라는 사실을 후대 사람들이 알도록 하는 바이다.

〈악의전〉[94]을 읽고

讀樂毅傳

예전에 내가 일찍이 영조를 시종하고 있을 적에 마침 막 옥당에 제수되어 처음 숙배한 자가 있었다. 상이 그를 불러들인 뒤 사마천의 《사기》 가운데 한 편을 읽으라고 명하자 연신(筵臣)이 〈악의전(樂毅傳)〉을 골라 주었다. 이에 옥당은 고개 숙여 그것을 읽어 내려갔고, 상은 의자 위에 앉아 그것을 들었다. 그러다 연(燕)나라 혜왕(惠王)이 악의(樂毅)에게 보낸 편지가 나오는 대목에 이르러 상이 "그만하라."라며 목소리를 조금 높이고는 다음과 같이 말씀하셨다.

"연나라 혜왕의 편지는 참으로 보잘것없다. 혜왕이 해야 할 도리로써 말해 본다면 마땅히 '과인은 성품이 본래 우매하여 장군의 충심을 제대로 살피지 못하였고 펼치는 정사 또한 어둡고 나약하여 주변의 참소를 물리치지도 못하였다. 그리하여 장군으로 하여금 실력을 끝까지 발휘하지 못하게 한 까닭에, 오랫동안 노력하여 거의 다 이룬

94 악의전(樂毅傳) : 사마천의 〈악의열전(樂毅列傳)〉을 가리킨다. 악의는 전국 시대 위(魏)나라의 장군으로 연(燕)나라 소왕(昭王)에게 등용되어 아경(亞卿)과 상장군(上將軍)이 되었고, 조(趙), 초(楚), 한(韓), 위(魏), 연(燕) 다섯 나라의 군사를 이끌고 당시 강대국임을 자랑하던 제(齊)나라의 70여 성을 함락하여 창국군(昌國君)에 봉해졌다. 이후 소왕이 죽고 새로 즉위한 혜왕은 평소 품었던 악의에 대한 의심과 제나라의 반간계(反間計)로 마침내 악의를 경질하였으나 처벌받을 것을 두려워한 악의는 조(趙)나라로 망명하고 연나라는 이미 함락한 제나라의 70여 성도 다시 모두 빼앗겨 버렸다. 혜왕이 이를 후회하여 악의에게 편지를 보냈으나, 악의는 장문의 글을 올리고 연나라로 돌아가지 않았다. 《史記 樂毅列傳》

공을 한 번의 실수에 의해 끝내 물거품으로 만들었으니, 이는 과인의 죄이다. 그러나 장군이 과인의 얼굴을 보지 않고 조(趙)나라 장군에게 투신하여 자위책으로 삼는 것까지는 괜찮아도, 유독 선왕께서 장군을 대우하신 뜻은 생각지 않는가.'라고 했어야 했다. 이렇게 말하였다면 어쩌면 악의는 거듭 그 글을 읽으며 눈물을 흘렸을 것이다. 무릇 언어와 문자란 반드시 가슴속에 쌓인 것을 그대로 쏟아 내어 조금의 문식도 없어야만 사람을 감동시킬 수 있는데, 지금 혜왕의 이 글에는 '어찌 감히 하루라도 장군의 공을 잊을 수 있겠소.'라고 하기도 하고 '과인이 기겁(騎劫)을 장군 대신 임명한 것은 장군이 오랫동안 한데서 비바람을 맞으며 고생하였기 때문에 장군을 불러 잠시 쉬게 하면서 국사를 의논하기 위해서였소.'라고 하기도 하였다. 이는 비록 삼척동자일지라도 속일 수 없을 말인데 악의에게는 어떻겠는가. 내 보건대, 일이 실패로 돌아간 뒤에 쓴 그 글이 이처럼 숨기고 기만하려는 의도로만 점철되어 있으니, 그 전의 우매하고 나약함은 말하지 않아도 알 수 있다. 악의가 주벌을 두려워하여 서쪽으로 달아난 것이 당연하지 않은가."

나는 엎드린 채 그 말씀을 경청한 뒤 속으로 '아주 짧은 사이에 강독 내용을 잠깐 들었을 뿐인데 성상께서 불러 주신 몇 줄의 이 말씀은 의리가 분명하고 바르며 사정이 명백하고 확실하다. 「성(誠)을 귀하게 여긴다.」[95]라는 가르침에 터득한 것이 없었다면 어떻게 이렇게 하실

95 성(誠)을 귀하게 여긴다 : 《중용장구》 제25장에서 "성이란 스스로 이루어지는 것이고 도란 스스로 행해야 하는 것이다. 성은 사물의 끝과 시작이니 성하지 않으면 사물이 없다. 그러므로 군자는 성을 귀하게 여기는 것이다.〔誠者自成也, 而道自道也. 誠者

수 있었겠는가.'라고 생각하였다.

그로부터 30년이 지난 지금 새로 반포한 《사기영선(史記英選)》을 얻어 우연히 〈악의전〉을 읽다가 홀연 지난날의 일이 생각났는데, 아름다운 그 음성이 마치 귀에 들리는 양 여전히 또렷하여 슬픔으로 눈물이 차올랐다. 그리고 또 그때 글을 두고 강론했던 말을 기주관(記注官)이 기록해 두었다고 보장할 수 없으리라 생각된다. 그리하여 이렇게 기록함으로써 우리 영조의 독서에 대한 견해가 역대의 여러 임금보다 뛰어났다는 사실을 후대인들이 알도록 하는 바이다.

정사년(1797, 정조21) 봄 2월 하순에 구신(舊臣) 채제공은 삼가 쓴다.

物之終始, 不誠無物. 是故君子誠之爲貴.〕"라고 하였다.

이태백의 〈원별리〉[96] 뒤에 쓰다
書李太白遠別離後

이태백(李太白)이 지은 〈원별리(遠別離)〉는 살아 움직이는 용과 범같이 어느 한 곳에 붙잡아 둘 수 없는 작품이기에, 이태백의 시 가운데 가장 높은 경지에 있다고 해야 할 것이다. 나는 그 시를 어린 시절부터 애독하기 시작해 백발이 다 된 지금까지 거의 천 번은 읽었는데, 그동안 단 한 번도 그 시에 대한 의문이 들지 않았다.

그런데 근래에 갑자기 이런 생각이 들었다. "저 하늘은 아마 나의 충성을 비추지 못할 것이니, 구름은 우르릉 분노로 고함치려 하네.〔皇穹竊恐不照余之忠誠 雲憑憑兮欲吼怒〕"라고 한 것에서 "우르릉〔憑憑〕"이란 글자는 구름에는 너무도 어울리지 않으며 "분노로 고함친다.〔吼怒〕"라고 한 것도 말이 되지 않는다. 더구나 그 위의 구에 "해는 캄캄하고 구름은 어둑하다.〔日慘慘兮雲冥冥〕"라고 하였는데, 고시(古詩)가 아무리 글자의 중첩을 개의치 않는다고 해도 "구름은 어둑하다.〔雲冥冥〕"라고 이미 말해 놓고 곧바로 "구름은 우르릉〔雲憑憑〕"이라는 말로 받는다면, 이것이 과연 있을 수 있는 체재이겠는가.

나는 이 문제에 대해 거듭 생각해 보다가 불현듯 다음과 같은 깨달음

96 이태백(李太白)의 원별리(遠別離) : 당나라 시인 이백(李白)이 지은 악부시(樂府詩)로, 순(舜) 임금의 죽음을 슬퍼하여 두 왕비인 아황(娥皇)과 여영(女英)이 상강(湘江)에서 슬피 울다가 물에 빠져 죽자 이때 흘린 눈물이 대나무에 얼룩져서 소상반죽(瀟湘斑竹)이 되었다는 중국 고대 전설을 모티브로 하여, 임금은 무력하고 충신은 쫓겨나고 권신은 득세하는 어지러운 현실을 암시적으로 비판한 작품이다. 《李太白集 卷2》

을 얻었다. "구름은 우르릉"에서의 '구름〔雲〕'은 바로 '우레〔雷〕'라는 글자인데 옮겨 베끼는 자가 오류를 범하여 그렇게 된 것이다. 이에 글자의 의미로 보면 '우르릉 분노로 고함친다.'는 바로 우레를 형용한 말이고, 그것이 함의하는 주지는 '하늘이 충정을 비추지 못하니, 그것은 다만 우레가 가진 그 위엄으로 위협을 가했기 때문이다.'이니, 이렇게 보면 어찌 심히 분명하지 않겠는가.

초본(初本)이 오류가 있는 채로 전해져 그대로 답습해 왔지만 그것이 이태백의 시라는 이유로 사람들은 감히 그 문제에 시비를 제기하지 못하였고, 그리하여 천백 년의 시간이 흐른 지금껏 아버지는 그대로 가르치고 자식은 그대로 전수받으며 이렇게 송독을 해 왔던 것이다. 고인의 글 가운데 이와 유사한 경우에 해당하는 것을 어찌 이루 다 말할 수 있겠는가.

〈장중승전후서〉[97]의 뒤에 쓰다
書張中丞傳後敍後

창려(昌黎)의 문장은 백세의 스승이다.[98] 그중 〈장중승전후서(張中丞傳後敍)〉는 특히나 기이하고 웅장하며 슬프고 애처로워 진정 태사공(太史公)의 글에 필적하는 작품이니, 그 글을 읽을 때마다 나도 모르게 손과 발이 춤춰지는 경험을 하곤 한다. 그런데 다만 결말 부분에서 우숭(于嵩)의 일을 서술한 몇 줄[99]만큼은 삽가 적절치 못하다고 판단된다.

장순(張巡)과 허원(許遠)이 보여 준 충절은 물론 천고에 드문 것이다. 우숭은 장순의 문객이다. 그는 장순의 평소 행적을 증언할 수 있었는데, 죽음을 맞이하는 순간에 당황하는 기색 없이 태연자약했던 모습은 모두 우숭이 성안에 포위되어 있을 때 목격한 것으로, 장적(張籍)이

97 장중승전후서(張中丞傳後敍) : 당나라 문인 한유(韓愈)가 이한(李翰)의 〈장순전(張巡傳)〉을 보고 지은 작품으로, 안녹산(安祿山)의 난 때 장순과 함께 끝까지 수양성(睢陽城)을 지키다 순절한 수양 태수(睢陽太守) 허원 및 장순의 부하 남제운(南霽雲)의 충절에 대해 기록한 글이다. 《新唐書 張巡列傳》《五百家注昌黎文集 卷13》

98 창려(昌黎)의……스승이다 : 창려는 한유의 호이다. 이 말은 송나라 문인 소식(蘇軾)의 〈조주한문공묘비(潮州韓文公廟碑)〉에 나오는 "필부로서 백세의 스승이 되고 한마디 말로써 천하의 법이 되는 것은 모두 천지의 조화에 참여할 수 있다.〔匹夫而爲百世師, 一言而爲天下法, 是皆有以參天地之化.〕"라는 표현에서 유래한다. 《東坡全集 卷86》 〈조주한문공묘비〉는 한유의 사당에 쓴 비문이다.

99 결말……줄 : 〈장중승전후서〉의 중반부에서 허원과 남제운의 충절을 드러내는 일화를 소개한 뒤에, 장순의 부하 우숭이 직접 목격한 장순의 생전 일화를 서술한 부분이다.

우숭에게 들어서 한유에게 들려준 것이다. 이에 한유가 혹여 빠뜨릴세라 그것을 반복해서 서술한 것이 대개 본전(本傳)에 빠진 것을 보충하기 위해서였다면, 아무리 그것을 대서특필하고 또 수차례에 걸쳐 거듭 서술한다 할지라도 더욱 좋게 보일 뿐 싫게 보이지는 않을 것이다. 그러나 우숭한테 전답이 있어 그와 관련한 송사가 벌어지려 할 때 무인(武人)에게 죽음을 당하였다는 사실이 장순, 허원과 무슨 상관이 있는가. 이는 장적이 우숭의 전후 사정을 안다는 것을 자세히 설명함으로써 우숭에게서 들은 말이 진실하고 근거 있다는 것을 증명하려는 것에 불과하다. 자세하게 서술하는 것은 있을 수 있지만 너무도 자세하게 서술하는 것은 도리어 고문(古文)에 누가 되지 않겠는가.

태사공은 〈항우본기(項羽本紀)〉에서 우 미인(虞美人)의 죽음에 대해서 말하지 않았고 〈형가열전(荊軻列傳)〉에서는 진무양(秦舞陽)[100]의 행방에 대해서 아무런 언급도 하지 않았다. 항우가 장막 안에서 우 미인을 두고 슬프게 노래 부른 것과 형가(荊軻)가 진(秦)나라 조정에서 진무양을 돌아보며 웃었던 것은 실로 역사상 최고로 슬프고도 위태로운 일이었는데도, 그림 그리듯 그 광경을 묘사하면서 주제의 초점을 오로지 항우와 형가에게만 맞추었으니, 어디에 우 미인과 진무양을 위주로 서술한 부분이 있던가. 그렇기 때문에 일개 부녀자와 어린아이의 죽음과 행방에 대해 파란(波瀾) 같은 대필(大筆)을 허비하고자

100 진무양(秦舞陽) : 진 시황(秦始皇) 때 연(燕)나라의 용사(勇士)로, 자객(刺客) 형가가 연나라 태자 단(丹)을 위해 진 시황을 죽이려고 떠날 때 동참하였으나, 막상 진나라 궁전 섬돌 밑에 이르러서 잔뜩 겁을 먹고 어쩔 줄 몰라 한 인물이다. 형가는 그 상황에서 진무양을 돌아보고 웃는 한편 진 시황에게 사과하여 위기를 모면하였다. 이후 진무양의 행방에 대해서는 더 이상의 서술이 없다. 《史記 刺客列傳 荊軻》

하지 않았으니, 그렇지 않다면 사마천이 어찌 정말 소활(疏闊)해서 그렇게 한 것이겠는가. 이는 문장가가 원앙수를 놓을 때 쓰는 금바늘[101]인 것이다. 창려가 사족(蛇足)을 그려 낸 것을 사마천과 비교해 본다면 그 수준이 얼마간 뒤떨어지는 정도에 그치고 말 뿐이 아니니, 만약 창려가 지금 이 말을 듣는다면 과연 수긍할 것인가, 아니면 따로 변명할 말이 있을 것인가.

101 문장가가……금바늘 : 문장가가 탁월한 작품을 창작해 낼 때 사용하는 비장의 수단이라는 뜻이다. 금(金)나라의 학자이자 시인인 원호문(元好問)의 〈논시절구(論詩絶句)〉에 "원앙새는 수놓아 보여 줄 것이고, 금바늘은 남에게 넘겨주지 마라.〔鴛鴦繡了從教看, 莫把金針度與人.〕"라고 한 것에서 유래하였다.

종손(從孫) 우곤하[102]에게 써서 보여 주다

書示禹孫崑河

을사년(1785, 정조9) 겨울 내가 명덕산(明德山)에 있을 때 종손 우곤하(禹崑河)가 찾아와 나에게 《논어》를 배웠는데, 4, 5개월 동안에 겨우 5권을 마쳤다. 질병 때문에 거처를 옮기거나 인사에 사고가 많이 생기거나 하는 경우에는 부득불 틈틈이 공부를 중지해야 하겠지만, 그것을 일러 '독실한 공부'라고 말할 수는 없다. 내가 보건대 곤하는 부지런히 독서하고자 하는 의지가 없는 것은 아니나, 기억력이 상당히 둔하여 내 앞에서 종일토록 외는 일을 극히 힘들어 하는 것을 어쩌겠는가. 이는 타고난 자질이 그러하니, 내가 어찌 그에 대해 질책할 수 있겠는가. 그런데 주자는 일찍이 "복주(福州)의 진정지(陳正之)는 극히 노둔하여 독서할 때마다 50자만 읽되, 꼭 2, 3백 번 되풀이해 읽어야만 익숙해졌다. 그런데 그렇게 정밀하게 익히고 읽어 나간 결과 훗날 마침내 현량과(賢良科)에 합격하였다. 사람들이 고통을 견딜 줄 모른다는 사실을 알아야 한다."라고 하였다. 지금 곤하와 진정지를 비교해 본다면 곤하가 갑절도 넘게 총명하니, 능히 고통을 견디고 정밀하게 익혀 나간다면 어찌 목표를 이루지 못할 걱정이 있겠는가. 곤하는 한창 젊은 나이로, 문장 짓는 법을 학습하여 과거에 급제하려는 목표를 가지고 있으니, 반드시 성인의 말씀을 자기 몸에 참되고 절실하게 붙들어 두어

102 우곤하(禹崑河) : 1768~? 자는 원백(元伯)으로, 번암의 생질(甥姪)인 우석모(禹錫謨)의 아들이다.

야 하는 대상으로 여김으로써 그를 통해 학문의 길로 나아간다고 할 수는 없다. 그러나 곤하가 이왕 나를 찾아와 이 책으로 배웠고 나 또한 곤하에게 이 책으로 가르쳤으니 어찌 구차히만 하고 말 뿐이겠는가. 나는 일찍이 '세상에 존재하는 수많은 책들은 모두 군더더기 말이니, 《논어》 한 책만 남겨 가지고 있으면 남의 본보기가 되기에 충분하다.' 라고 생각하곤 했다. 이 책을 읽으면서 문장 짓는 법만 추구하고 말 뿐이라면 읽지 않는 것과 무슨 차이가 있겠는가. 이에 송(宋)나라의 선현들이 《논어》에 대해 논한 말과 그들이 제시한 독서법 가운데 긴요하여 종신토록 가슴에 새겨 둠 직한 내용을 추린 뒤 아래에 기록해 보인다. '할아버지가 나에게 이것을 가르치기는 하지만 정작 할아버지도 이것을 제대로 실천하지 못한다.'라고 생각하지 않는다면 다행이겠다.

정자(程子)는 말했다.

"《논어》라는 책은 그 말은 친근하나 그 뜻은 원대하며, 그 말은 유한하나 그 뜻은 무궁하다. 유한한 것은 훈고를 통해서 찾아낼 수 있지만 무궁한 것은 정신을 통하여 깨우쳐야 한다."

정자는 말했다.

"《논어》를 읽는 자가 다만 제자들이 질문한 것을 바로 자신의 질문으로 여기고 성인이 대답한 것을 바로 지금 직접 들은 것으로 여긴다면 절로 터득하는 바가 있을 것이니, 만약 《논어》와 《맹자》 가운데에서 깊이 탐구하고 완미하여 그것을 가져다 함양한다면 비상〔甚生〕한 기질을 이루게 될 것이다."

심생(甚生)은 비상(非常)과 같다.

이연평(李延平)[103] 선생은 말했다.

"사람의 몸가짐은 마땅히 공자를 본보기로 삼아야 한다. 그런데 공자 시대로부터 천여 년이나 시간이 흘러 그분을 직접 뵐 수가 없고, 볼 수 있는 것이라곤 오직 《논어》뿐이다. 《논어》에 기록된 것은 공자의 언행이니, 매양 그것을 읽어서 음미하고 완상하여 실마리를 찾아 가고 미루어 실천한다면, 심오한 경지에 오르지는 못한다 하더라도 사군자(士君子)가 되기에 손색은 없을 것이다."

주자는 말했다.

"어떤 사람이 구산(龜山)[104] 선생을 뵙고 가르침을 청하자 선생은 《논어》를 읽으라고 하였다. 그 사람이 '《논어》 중에 긴요하고 절실한 대목은 무엇입니까?'라고 재차 묻자, 선생은 '모든 대목이 긴요하고 절실하니 일단 익숙히 읽어야 할 것이다.'라고 하였는데, 이 말이 매우 의미가 있다. 언뜻 보면 평이하고 덤덤하여 달리 설명할 만한 것이 없는 듯하나 평이하고 덤덤한 가운데 의미가 있으니, 그래서 의미가 무궁한 것이다. 요즘 사람들이 하는 말은 하늘을 놀라게 하고 땅을 뒤흔들 정도라서 거기에 좋아라 할 만한 첩경이 없는 것은 아니나, 의미가 얕아서 이것과는 수준이 전혀 같지 않다."

103 이연평(李延平) : 북송 말과 남송 초의 학자인 이동(李侗, 1093~1163)으로, 연평은 그의 호이고, 자는 원중(愿中)이며, 시호는 문정(文靖)이다. 주희의 스승이다.

104 구산(龜山) : 송나라 학자 양시(楊時, 1053~1135)의 호이다. 자는 중립(中立), 시호는 문정(文靖)이다. 정문 사선생(程門四先生) 중의 한 명으로 낙학(洛學)의 대종(大宗)이 되었는데, 후일 이 학맥에서 주희, 장식(張栻), 여조겸(呂祖謙) 등 뛰어난 학자가 많이 배출되었다. 《宋史 道學列傳 楊時》《宋元學案 卷25 龜山學案》

주자는 말했다.

“공자 문하에서 오고 간 질문과 대답 가운데, 증자가 들은 말을 안자(顔子)가 꼭 들은 것은 아니었으며 안자가 들은 말을 자공(子貢)이 꼭 들은 것은 아니었다. 그런데 지금은 그 모든 말이 한꺼번에 《논어》 한 책에 담겨 있으니, 이 어찌 후대의 배우는 이들에게 다행한 일이 아니겠는가. 오직 걱정해야 할 것은 스스로 마음을 쓰지 않는 것이다.”

주자는 말했다.

“《논어》를 볼 때 몇 년에 걸친 공력을 기울여 의미가 있음을 깨닫게 되면 다른 경서는 칼을 대면 곧장 쪼개지는 대나무처럼 쉽사리 이해될 것이다. 《대학》, 《중용》, 《맹자》가 모두 ‘성(誠)’을 언급하였으나 《논어》는 ‘성(誠)’을 언급하지 않았는데, 이는 대개 《논어》가 사람들에게 도에 들어가는 문을 제시하여 주는 책이기 때문으로, ‘공(恭)’, ‘경(敬)’, ‘충(忠)’, ‘신(信)’을 말한 모든 것이 바로 ‘성(誠)’의 뜻이다.”

주자는 말했다.

“《논어》 가운데 정 선생(程先生)과 화정(和靖)[105]의 말은 본문에서 다만 한두 글자만 추가하였으니 몹시도 평이하고도 덤덤하다. 그러

105 정 선생(程先生)과 화정(和靖) : 정 선생은 정자(程子)라 통칭되는 정호(程顥, 1032~1085)와 정이(程頤, 1033~1107)를 말하고, 화정은 윤돈(尹焞, 1071~1142)의 시호이다.

나 그 의미가 깊고도 원대하므로 응당 자세히 보아야 하니, 다른 의미를 발견하고자 해야 비로소 좋을 것이다." 또 말했다. "《논어》는 조존(操存) 공부와 함양(涵養) 공부의 요체 아님이 없다."

이상은 《논어》 읽기에 대해 가르침을 내린 말이다. 《논어》에 대한 선현들의 논설이 어찌 이것뿐이겠는가마는, 그 가운데 명백하고 간절하여 사람들을 감발할 만한 것들을 추려서 기록하였다. 아침저녁으로 이것을 본다면 어찌 경계되고 놀라는 마음이 들지 않겠는가.

정자는 말하였다.

"무릇 글을 볼 적에 먼저 모름지기 글 뜻을 깨우친 뒤에야 본의를 찾을 수 있으니, 글 뜻을 깨우치지 못하고서 본의를 아는 자는 없다."

주자는 말하였다.

"독서의 경우, 좋아하지 않는 자는 게으름을 피우고 소홀히 여기며 하다 말다 하므로 이루는 것이 아무것도 없음이 당연하다. 그러나 독서를 좋아하는 자 역시 많이 읽기를 탐내고 널리 읽기에 힘쓰는 것에서 벗어나지 못하는 까닭에, 종종 그 시작점도 열지 못한 상태에서 느닷없이 그 마지막을 찾으려 하고, 여기 있는 것을 궁구하지도 못한 상태에서 갑자기 저기 있는 것에 뜻을 두곤 한다. 그리하여 마음이 바빠 항상 분주하게 쫓기는 것과 같아서 차분하게 책 속에 무젖는 즐거움을 가지지 못하니, 이렇게 하고서야 어찌 오래도록 싫증 내지 않아서 저 게으름을 피우고 소홀히 여기며 하다 말다 하는 자와 차별될 수 있겠는가. 진실로 마음을 한곳에 집중시켜 오랜 시간

동안 떠나지 않게 한다면, 읽고 있는 책에 문의가 서로 연결되고 혈맥이 관통하여 저절로 물에 젖어들 듯이 마음과 이치가 회통하게 됨에 따라, 선에 대한 권장이 깊어지고 악에 대한 경계가 절실하게 된다. 이것이 순서를 따라 정밀하게 하는 일이 독서의 법도가 되는 까닭이다."

주자는 말하였다.

"마땅히 보아야 할 글 가운데 특히 정밀하고 가장 시급한 것을 가려내야 한다. 또 책 하나를 볼 적에 하루에 능력껏 우선 한두 단락을 보되, 한 단락이 이해되고 나서야 다른 한 단락으로 넘어가고, 책 하나를 모두 다 읽고 나서야 다른 책으로 넘어가야 한다. 우선 마음을 비우고 기운을 가라앉힌 다음 익숙하게 읽고 정밀하게 생각하여 한 글자 한 구절이 모두 귀착점이 있게 하는 한편, 여러 학자의 주해를 하나하나 꿰뚫어 이해해야 한다. 그렇게 하고 난 뒤에야 그 옳고 그름을 비교하여 성현이 입언(立言)한 본뜻을 찾을 수 있다."

주자는 말하였다.

"책을 읽을 때, 처음에는 의심할 줄 모르다가 그다음에는 점점 의심이 생기고 중간에는 구절마다 의심스럽게 되니, 이렇게 한 차례 지난 뒤에 의심이 점점 풀려서 융회관통(融會貫通)하는 데에 이르러 전혀 의심스러운 것이 없어야 비로소 학문이라 할 수 있다."

동래 여씨(東萊呂氏)[106]는 말하였다.

"지금 사람들은 책을 읽으면서 전혀 쓸데가 있다고 보지 않는다.

사람이 성인의 책을 2, 3십 년 동안이나 읽어 오다가, 정작 하루아침에 어떤 일을 만나면 항간의 보통 사람들과 아무런 차이가 없으니, 이는 다만 책을 읽으면서 쓸데가 있다고 보지 않기 때문이다."

여헌가(呂獻可)[107]는 일찍이 말하기를 "책은 꼭 많이 읽을 필요가 없다. 한 글자를 읽으면 한 글자를 실천하는 것이다." 하였다.

이천(伊川)도 일찍이 말하기를 "한 자(尺)의 책을 읽는 것이 한 치(寸)의 행동을 실천하는 것만 못하다. 책을 읽는 자는 마땅히 이를 지침으로 삼아야 한다." 하였다.

구양공(歐陽公)은 말하기를 "구경(九經)을 읽는 방법은 다만 중간 재주를 가진 이를 기준으로 삼아야 한다. 만약 하루에 300자를 왼다면 불과 4년 반 만에 다 끝낼 수 있다. 혹 조금 둔한 재주를 가진 이라면 중간 재주를 가진 이의 반만 하면 역시 9년 만에 다 끝낼 수 있다. 책의 양이 비록 많지만 매일 노력을 쌓는다면 어찌 이루지 못하겠는가." 하였다.

손신로(孫莘老)[108]가 구양공을 알고 지냈는데, 한번은 틈을 내어 글을

106 동래 여씨(東萊呂氏) : 남송의 학자 여조겸(呂祖謙, 1137~1181)으로, 자는 백공(伯恭)이다. 주희, 장식과 명성을 같이하여 동남삼현(東南三賢)으로 불렸다. 저서로 《동래집(東萊集)》, 《고주역(古周易)》, 《춘추좌씨전설(春秋左氏傳說)》, 《동래좌씨박의(東萊左氏博議)》 등이 있다.

107 여헌가(呂獻可) : 송나라 때의 문신 여회(呂誨, 1014~1071)로, 헌가는 자이다.

108 손신로(孫莘老) : 송나라 손각(孫覺, 1028~1090)으로, 신로는 그의 호이다. 호원(胡瑗)에게 학문을 배웠으며 소식(蘇軾), 왕안석(王安石) 등과 교유하였다.

어떻게 지어야 하는지 물었다. 그러자 구양공이 다음과 같이 말하였다.

"별다른 방법은 없고 오직 책을 부지런히 읽고 많이 지어 보면 글은 저절로 좋아진다. 세상 사람들이 가지고 있는 문제는 글을 적게 짓고 또 책 읽는 것을 게을리하면서 한 편 지어낼 때마다 곧장 남보다 뛰어나기를 추구하는 것인데, 이러면 목표에 도달할 자가 드물다. 문장의 단점은 꼭 남의 지적을 필요로 하지 않는다. 많이 지어 보면 절로 알 수 있다."

주자는 말하였다.

"책을 볼 때는 우선 익숙하게 읽어서 그 말이 모두 내 입에서 나온 것처럼 되게 하고, 그다음에는 정밀하게 사색해서 그 말이 모두 내 마음에서 나온 것처럼 되게 해야 한다. 그렇게 한 뒤에야 터득함이 있다."

동파(東坡)가 어떤 사람에게 편지를 보내면서 이렇게 말하였다.

"젊은이들은 공부할 때 한 책당 여러 차례를 읽되, 바닷속으로 들어가면 온갖 것들이 다 있는데 사람은 그것을 모두 가져올 수 없으므로 원하는 것만 가져오는 것같이 해야 한다. 그러므로 배우고자 하는 이들은 언제나 한 가지 생각으로 탐구해야 하니, 만일 고금의 흥망치란(興亡治亂)과 성현의 작용(作用)을 탐구하려 한다면 오직 그 생각으로만 탐구할 뿐 다른 생각을 해서는 안 된다. 사적과 문물 같은 것들에 대해서도 별도로 한 차례 탐구해야 한다. 다른 것도 다 이렇게 해야 한다. 이렇게 해서 학문이 성취되면 사방팔방에서 쳐들어오는 적들을 다 방어해 내는 무적처럼 되어, 여기저기 널리 섭렵하는

식으로 책을 읽는 자와 같이 논할 수 없는 수준이 된다."

주자는 일찍이 이 글을 가지고 배우는 이들에게 보이며 "독서는 이렇게 해야 한다." 하였다.

심유지(沈攸之)[109]는 만년에 전적을 좋아하여 늘 말하기를 "궁달(窮達)에 운명이 있음을 일찍이 알고는 있었으나 10년 독서를 마치지 못한 것이 안타깝다." 하였다.

섭석림(葉石林)[110]은 말하기를 "후대인들은 다만 독서하는 종자가 끊어지지 않도록 명하여 향당의 선한 사람이 되게 하는 것만으로도 충분하다. 성공과 실패는 하늘에 달렸다." 하였다.

이상은 독서에 대한 설명이다. 독서법에 대한 고인의 논설이 어찌 이것뿐이겠는가마는, 지금 그 가운데 긴요한 것을 모아 기록한다. 이는 단지 너에 대한 권면일 뿐 아니라, 이를 통하여 나 스스로도 권면하고자 한다.

병오년(1786, 정조10) 여름 번암(樊巖) 노부(老夫)는 노량(鷺梁)의 정치와(靜治窩)에서 쓴다.

109 심유지(沈攸之) : ?~478. 자는 중달(仲達)이며, 남북조 시기 송나라의 장군이다.

110 섭석림(葉石林) : 송나라 학자 섭몽득(葉夢得, 1077~1148)으로, 석림은 그의 호이다. 자는 소온(少蘊)으로 소주 오현(吳縣) 사람이다.

아들 홍원의 혼서

兒子弘遠婚書

부부가 단서(端緖)를 만드매 군자의 도는 성대해지고,[111] 남녀가 한방에 거처하는 것은 사람이라면 누구나 원하는 바입니다. 이에 먼저 전안(奠雁)의 약속을 하고 여피(儷皮)의 예[112]를 부칩니다. 삼가 듣건대 영애(令愛)는 일찍부터 규방의 칭찬을 받으며 베 짜고 실 꼬는 일을 최우선으로 삼았다고 하는데, 저의 아들 홍원(弘遠)은 이른 나이에 가숙(家塾)의 스승이 없어 경전과 자사(子史)를 아직 궁구하지 못하였습니다. 이제 17세가 되어 외람되이 혼인을 허락받았으니, 서로 얽힌 외와 칡처럼 인척이 맺어짐에 비록 유경승(劉景升)의 자식 같음은 부끄럽지만,[113] 〈도요(桃夭)〉를 노래하며[114] 장 대제(張待制)

111 부부가……성대해지고 : 《중용장구》 제12장에 "군자의 도는 제일 먼저 부부 사이에서부터 시작된다.〔君子之道, 造端乎夫婦.〕"라고 한 것을 원용한 표현이다.

112 여피(儷皮)의 예 : 두 장의 사슴 가죽으로 진행하는 납폐의 예를 가리킨다. 《의례(儀禮)》 〈사관례(士冠禮)〉에 "주인이 빈에게 답례할 때 속백과 여피로 한다.〔主人酬賓束帛儷皮〕"라고 하였다.

113 유경승(劉景升)의……부끄럽지만 : 자식 못난 것이 부끄럽다는 겸사이다. 삼국시대 위(魏)의 조조(曹操)가 손권(孫權)의 정숙한 군대의 대오를 보고는 감탄하여 말하기를 "자식을 낳으려거든 의당 손중모처럼 낳아야 할 것이다. 유경승의 자식은 개돼지 같을 뿐이다.〔生子當如孫仲謀. 劉景升兒子, 若豚犬耳.〕"라고 했던 데서 온 표현이다. 《三國志 吳書 孫權傳》 중모(仲謀)는 손권의 자이고, 경승(景升)은 유표(劉表)의 자이다.

114 도요(桃夭)를 노래하며 : 현숙한 여인과 혼례가 성사되었다는 것을 말한다. 〈도요〉는 《시경》 〈주남(周南)〉의 편명으로, 현숙한 여인이 시집가는 것을 읊은 시이다.

딸[115]의 법도를 보기를 원합니다.

115 장 대제(張待制) 딸 : 송(宋)나라 때 대제(待制)를 지낸 장온지(張昷之)의 딸을 가리키는데, 북송(北宋)의 명신(名臣) 여희철(呂希哲)에게 시집가서 규중의 법도를 엄정하게 지켰다고 한다. 《小學 善行》

서자 홍근의 혼서

庶子弘謹婚書

남자도 자식을 아끼는 법이라 송아지를 핥아 주는 늙은 소의 정이 깊고,[116] 군자가 단서를 옒에 따라 우짖는 기러기의 음성 새벽에 들리니,[117] 좋은 날이 이르러 예폐(禮幣)를 올립니다. 저의 서자 홍근(弘謹)은 문장의 재주가 엉성하니 어찌 매고(枚皐)[118]처럼 아버지를 이어 훌륭한 행적을 보일 수 있겠습니까. 반면 귀댁의 서녀(庶女)는 손수 바느질을 일삼아 두보(杜甫)의 딸처럼 어머니를 본받은 행실[119]이 일찌감치

116 송아지……깊고 : 늙은 아버지가 자식을 끔찍이 사랑하는 것을 말한다. 삼국 시대 위(魏)나라의 양수(楊修)가 조조에게 죽음을 당했는데, 뒤에 조조가 양수의 아버지인 양표(楊彪)에게 왜 그토록 야위었느냐고 묻자, 양표가 대답하기를 "김일제와 같은 선견지명이 없었음은 부끄러우나, 아직도 늙은 소가 송아지를 핥아 주는 애정만은 지니고 있기 때문입니다.〔愧無日磾先見之明, 猶懷老牛舐犢之愛.〕"라고 했던 데서 온 말이다. 《後漢書 楊彪列傳》

117 우짖는……들리니 : 《시경》〈패풍(邶風) 포유고엽(匏有苦葉)〉의 "끼룩대는 기러기 해 뜨는 새벽에 날고, 선비가 아내를 얻는 것은 얼음이 아직 풀리지 않을 때이네.〔雝雝鳴雁, 旭日始旦. 士如歸妻, 迨氷未泮.〕"에서 나온 말로 납채(納采)하여 혼인 날짜를 정하는 것을 말한다.

118 매고(枚皐) : 임회(臨淮) 회음(淮陰) 사람으로 자는 소유(少孺)이며 한(漢)나라 경제(景帝) 때의 저명한 문인 매승(枚乘)의 서자이다. 뛰어난 글솜씨로 무제(武帝)의 총애를 받았다. 채홍근이 번암의 서자이기 때문에 매고의 고사를 든 것이다. 《漢書 枚皐傳》

119 두보(杜甫)의……행실 : 당나라 시인 두보의 시 〈북정(北征)〉에 어린 딸을 묘사하면서 "어머니를 본받아 못 하는 짓이 없어, 아침 화장에 마구 찍어 바르는구나.〔學母無不爲, 曉妝隨手抹.〕"라고 하는 대목이 있다. 《杜少陵詩集 卷5》

알려졌습니다. 마침 화목한 가정을 이룰 시기가 되어 아내를 내려 준다는 약조를 다행히 받드니, 외와 칡 같은 오랜 정의가 더욱 친밀해지는 속에서 먼 길에서 찾아오는 분을 얼마나 기다렸겠습니까. 개암과 밤[120]의 새 의례가 몹시도 훌륭한 가운데에 오직 큰 복 누리시기 바랍니다.

120 개암과 밤 : 신부가 가지고 오는 예물을 말한다. 《춘추좌씨전》 장공(莊公) 24년의 "여자가 폐백을 올릴 때에는 단지 개암, 밤, 대추, 건육(乾肉) 등으로 정성을 표하면 된다.〔女贄, 不過榛栗棗脩以告虔也.〕"라는 말에서 왔다.

연초재 오공[121] 상렴 의 시참을 기록하다

書燕超齋吳公 尙濂 詩讖

연초재(燕超齋) 오공(吳公)은 나의 종조부인 희암공(希菴公)[122]과 더불어 당대에 시가 뛰어나다는 명성이 자자하였다. 두 공은 사는 곳이 멀어 직접 만나지는 못하였는데, 어느 날 연초재 오공이 꿈에서 희암공에게 준 시에,

우혈[123]이 죽간을 천년간 감추리니 禹穴千年藏竹簡
선원에 복사꽃 사흘 뒤 떨어지리라 仙源三日落桃花

하였다. 연초재 오공은 꿈에서 깨어 그 시를 기록해 두고는 "꿈에 나타난 이 시어에는 딱 맞는 의미가 없다."라고 하며 방치해 두었다.

121 연초재(燕超齋) 오공(吳公) : 오상렴(吳尙濂, 1680~1707)으로, 연초재는 그의 호이다. 본관은 동복(同福), 자는 유청(幼淸)·무숙(茂叔), 또 다른 호는 택남(澤南)·제월(霽月)이다. 28세의 짧은 생애에도 뛰어난 시문으로, 남인 계열의 문인으로부터 번암의 넷째 종조부인 희암(希菴) 채팽윤(蔡彭胤)과 더불어 당대의 뛰어난 시인으로 추숭되었다. 번암은 "연초재는 송곡(松谷) 문하의 안자(顔子)이고, 희암은 송곡 문하의 증자(曾子)이다."라고 평하였다.《松坡集 卷16 上舍吳生墓碣銘》《與猶堂全書 文集 卷14 跋畫櫻帖》

122 희암공(希菴公) : 번암의 넷째 종조부인 채팽윤으로, 희암은 그의 호이다. 본관은 평강(平康), 자는 중기(仲耆)이며 현감 채시상(蔡時祥)의 아들이다. 1689년(숙종 15) 문과에 급제하고 대사간, 예문관 제학 등을 역임하였다. 오상렴과 더불어 남인 계열의 문인으로부터 뛰어난 시인으로 추숭되었다. 번암이 그에게서 시를 배웠다.《與猶堂全書 文集 卷14 跋畫櫻帖》

123 우혈(禹穴) : 대본에는 '禹宂'으로 되어 있다. 문맥에 근거하여 '宂'을 '穴'로 바로잡아 번역하였다. 이하의 '우혈'도 동일하다.

이후 희암공은 남포 현감(藍浦縣監)으로 있으면서 충청좌도(忠淸左道)의 도과(道科)를 주관하다가,[124] 시험이 끝난 뒤 연초재 오공을 만나기 위해 제천현(堤川縣)으로 가서 그가 사는 마을로 들어갔다. 그러고는 "오 진사(吳進士)의 집이 어디에 있습니까?"라고 묻자, 한 농부가 "집은 여기서 멀지 않으나, 오 진사의 상여가 나간 지 이미 3일이 되었습니다."라고 하였다.

시를 해석하는 사람은 "'우혈이 죽간을 감춘다.'라는 것은 오(吳)의 문장이 숨겨져 다시는 나올 수 없다는 뜻이고, '선원의 복사꽃'은 객이 그로부터 3일 뒤에 들어갔다는 뜻이니, 실제 일어날 일을 예언한 것이다."라고 하였다. 시에 예언적 성격이 있음은 이렇게나 속일 수 없는 명백한 사실이다.

124 희암공은……주관하다가 : 채팽윤은 1706년(숙종32) 5월 남포 현감이 되었고 그해 8월 충청좌도의 도과에서 주시관(主試官)을 맡았다.《希菴集 卷11 八月二十二日將赴堤川試局大興途中書懷》

김중헌의 일을 기록하다[125]

書金重憲事

김중헌(金重憲)은 해서(海西) 신천(信川) 사람이다. 체력이 뛰어나고 활 쏘는 실력과 말 모는 실력이 훌륭했으며 비범한 성품에 큰 뜻을 품고 있어 집안 살림살이에 종사하지 않았다. 그리하여 이웃 마을 사람들은 그가 기남자(奇男子)라는 사실을 알았다.

영종(英宗) 4년 무신년(1728, 영조4) 봄 역적 이인좌(李麟佐) 등이 거병하여 반란을 일으키자 몸을 숨겨 도망하지 않는 사람이 없었다. 김중헌이 그때 마침 어떠한 일이 있어서 청주(淸州)를 지나게 되었는데, 그날 밤 역적이 충청도 절도사 이봉상(李鳳祥)을 죽이고 성을 점거하는 일이 발생하였다. 김중헌이 그 소식을 듣고 말을 달려 군문(軍門)에 당도한 뒤 큰 소리로 "휘하의 군사가 되기를 원한다."라고 소리치자, 적의 우두머리가 몹시도 기뻐하여 비록 들어오라고 명하기는 하였으나 계단 아래에서 시위(侍衛)하게만 하고 당에 오르는 것은 불허하였다. 당초 김중헌은 적의 우두머리에 가까이 접근하게 되면 반드시 검으로 우두머리를 찔러 죽여서 적의 소굴[126]을 동요시킬 수 있으리라 생각했

125 김중헌(金重憲)의 일을 기록하다 : 김중헌은 1728년 이인좌와 정희량(鄭希亮) 등이 일으킨 무신란(戊申亂) 때 과객의 몸으로 청주성(淸州城)으로 들어가 이인좌를 암살하려다 죽음을 당한 인물이다. 번암은 정조에게 김중헌의 순국이 제대로 평가받지 못하고 있다고 거듭 아뢴 바 있다. 《正祖實錄 12年 11月 8日》《樊巖集 卷30 請採訪金重憲子孫啓》

126 적의 소굴 : 대본에는 '賊宂'으로 되어 있다. 문맥에 근거하여 '宂'을 '穴'로 바로잡아 번역하였다.

다. 그러나 막상 닥치고 보니 적의 우두머리는 영부(營府)에 앉아 있고 좌우에서 시종하는 이가 매우 많아서 창이 숲처럼 늘어선 가운데, 얼굴을 모르는 자는 그 앞으로 접근하지 못하는 상황이었다.

김중헌은 계획을 실현할 방법이 없자, 물러나 하룻밤을 묵고 이튿날 아침 다시 계단 아래로 가서 위를 보며 "나는 사대부의 족속이니 의리상 뜰아래에서 시립하는 것은 부당하다. 한자리를 빌려 직접 더불어 모의하지 않을 수 있으랴."라고 말하고는 곧바로 당위로 올라가 좌우의 군교(軍校)들 대열에 나란히 섰다. 그러고는 잠시 뒤 자못 노려보며 미간에 살기가 희미하게 번뜩이자 적의 우두머리가 갑작스러운 의심이 들어 좌우 시종에게 소리쳐 황급히 김중헌을 결박하여 뜰아래에 두고는 그 품속을 뒤지게 하였다. 그 결과 날카로운 비수가 나왔고, 이에 적이 몹시도 분노하여 갖가지 형벌을 모두 시행하였다. 그러나 김중헌은 아무런 표정 변화도 없이 태연자약한 채로 적들을 향해 의리로 효유하였고, 효유를 다 끝내고 난 뒤에는 꾸짖기를 그치지 않았다. 그리하여 결국 목숨이 다하고 난 뒤에야 꾸짖는 소리가 그쳤다.

이에 적들은 그 시체를 거리에 버렸는데, 사람들은 그가 차고 있던 주머니를 수색하다가 일전에 성명을 적어 두었던 낡은 종이를 찾아낸 뒤에야 그가 김중헌이라는 사실을 알게 되었고, 염무사(廉撫使)가 조정에 그 일을 보고하고 해서에 가서 탐문한 뒤에야 또 김중헌의 전말을 알게 되었다. 그 후로 10여 년이 지나 예조 판서 이성중(李成中)이 상에게 아뢰어 3품이 증직되고 정려문(旌閭門)이 세워졌으며, 그 자손을 녹용하라는 명이 내려졌다.

군자는 다음과 같이 말한다.

"사람은 누구나 죽음을 두려워한다. 관직을 맡은 자는 죽음으로 지키는 것이 직분인데, 의리를 실제로 터득한 자가 아니라면 살고 죽는 문제가 그 마음을 뒤흔들어 마땅히 죽어야 할 때 죽지 못하니, 이러면 결국 개돼지와 다를 것이 거의 없게 된다. 김중헌은 그저 벼슬하지 않은 일개 과객일 뿐이었는지라 애초에 관직을 맡은 자가 해야 할 직분에 대해 따질 당사자에 해당되지 않았는데도, 군신의 의리로써 천지를 떠받치고 만고에 길이 빛나게 하였다. 그리하여 처음에는 적을 죽여 임금에게 보답하려다가 상황이 불리해지자 의리로 효유하고 뒤이어 꾸짖기를 마지않으며 죽을 때까지 굴복하지 않았으니, 장렬하도다. 공자는 '지사(志士)와 인인(仁人)은 살기를 구하여 인(仁)을 해치는 일은 없고, 제 자신을 죽여서 인을 이루는 일은 있다.'라고 하였는데, 김중헌이 바로 그러한 경우일 것이다."

박생의 일을 기록하다
書朴生事

박생(朴生)의 이름은 모(某)로, 본관은 여주(驪州)이며 사족(士族)이다. 집안이 몹시도 가난하여 아내의 얼굴에는 늘 배고픈 기색이 가득하였다. 한번은 여름에 양식이 떨어져 생계를 이어 나갈 방도가 없자 아내를 돌아보며 “생각해 보니 내게 남은 물건은 오직 서울 어귀에 있는 오래된 집 한 채밖에 없는데, 그것을 팔면 100금(金)은 받을 수 있을 것이니 다 죽게 된 이 위급한 상황을 넘길 수 있을 것이오. 내가 일단 가서 도모해 볼 테니 그대는 기다리고 있으오.”라고 말하고는 마침내 서울에 가서 집을 팔아 백금(白金) 80냥을 손에 쥐었다. 그러고는 그 돈을 작은 보자기에 싸 바느질로 세 겹 네 겹 단단히 밀봉하고는 말 위에 있는 주머니에 넣은 채 다시 여주로 향하였다. 그러다 도중에 너무 피곤해서 말에서 내려 길가 풀밭 사이에서 휴식을 취하고 그 주머니는 풀어서 곁에 두었다. 그러던 와중에 갑자기 잠이 들어 버려 잠시 후 눈을 떠 보니 주머니는 이미 길 가는 사람이 훔쳐 가 버린 뒤라 행방을 알아낼 수가 없었다. 이에 박생은 울고 싶은 심정이 되어 바보처럼 멍하니 그 자리에 주저앉아 버렸다.

이때 길 가던 어떤 상인이 등에 소금을 진 채로 숨을 헐떡이며 그 곁에 다가와 잠시 휴식을 취하다가 자리에서 일어나 풀이 무성한 전답 사이를 배회하면서 동시에 발로 무언가를 땅에 묻는 행동을 보였는데, 두려움에 휩싸여 누군가를 피하려는 듯한 표정이었다. 박생은 그 모습이 이상하게 느껴져 일부러 오랜 시간 자리에서 일어나지 않았고, 상인

역시 원래 있던 자리로 돌아와 앉아서 일어나지 않은 채 무언가를 지키는 사람처럼 방금 전에 갔던 곳을 묵묵히 바라보기만 하였다. 그러다 어느덧 날이 저물려 하자 상인은 마지못해 다시 전답으로 내려가서 묻었던 것을 파내기 시작하였다.

그러고는 얼마 안 되어 작은 항아리가 모습을 드러냈는데, 항아리 표면에는 '백금 300냥'이라고 적혀 있었다. 박생이 그 광경을 몰래 지켜보다가 냉큼 고함을 치면서 "내가 그 물건을 찾기 위해 대낮부터 지금까지 여기에 앉아 있었다. 너는 무엇 하는 놈인가? 남의 물건은 건들지 마라."라고 하였다. 상인이 "공이 비록 다 해진 의관을 착용하고 계시지만 보이는 의용은 장사치와는 다른데, 어째서 그런 말씀을 하십니까?"라고 대답하자, 박생은 한편으로는 꾸짖고 한편으로는 따지다가 급기야 "이 물건을 개인이 소유할 수 없다면 나와 네가 같이 관아에 가서 공물(公物)로 귀속시키면 되겠는가?"라고 하니, 상인은 "차라리 공물로 귀속시키는 편이 낫지, 내 복을 공에게 양도할 수는 없겠습니다."라고 하였다. 그러자 박생은 상인의 손을 잡고 자리에서 일어나 천천히 말하기를 "오직 공물로 귀속시킬 일이지 내가 무슨 이익을 보겠는가. 그러나 어쩔 수 없다고 한다면 우리 두 사람이 각각 반씩 나누어 가지는 것이 어떻겠는가?"라고 하였고, 이에 상인은 "억울하지만 일단 분부대로 하겠습니다."라고 하였다. 그리하여 마침내 그 재물을 수효대로 나눈 뒤 각자 가지고 가 감추었다. 다 감춘 뒤 상인이 작별을 고하고 떠나자, 박생의 마음속에 이런 생각이 들었다. '내가 오늘 동쪽에서 잃어버린 것을 서쪽에서 채워 넣었으니, 이는 뜻하지 않은 일이다. 그러나 이 재물은 상인이 습득한 것인데, 내가 곤궁함에 몰려 못할 짓이 없게 되어 버린 나머지 협박조로 말하며 억지로 그것을 나누어 가졌으니, 이보다 더 심한 불의가 어디에 있겠는가. 사람의 마음속에 부끄러운 일이 없다면 굶어 죽는다 해도 즐거운 일이 될 뿐이다. 나는 내 몸을 불의로 더럽힐 수 없다.' 그리하여 마침내 "상인은 잠깐 멈추시오."라고 큰 소리로 외쳤는데, 상인은 박생이 또다시 자기 물건을 마저 다 가지려는 것일까 봐 두려운 마음이 들어 뒤도 돌아보지 않고 가던 길을 계속 갔다. 이에 박생은 빠른 걸음으로 그를 따라붙은 뒤 방금 전 속으로 생각한 내용대로 타일러 주고는 백금을 모조리 다 돌려주었다.

박생이 집으로 돌아오자 아내가 굶주려 누워 있다가 문으로 나와 맞이하면서 "집값을 얼마나 받아 왔소?"라고 하였는데, 박생은 차마 잃어버렸다는 말은 하지 못하고 거짓으로 둘러대며 "사려는 사람이 없으니, 우선 가을까지 기다려 봅시다."라고 하였다. 아내는 그 말을 듣자 어두운 표정을 짓기는 하였으나, 행역을 나갔다 집에 돌아온 박생을 위하여 몇 되 정도 되는 거친 보리를 전부 내다가 절구질을 하기 시작하였으니, 저녁밥을 지으려는 요량이었다. 그런데 절구에 절굿공이를 내리칠 때마다 절구와 바위가 서로 맞대어 있어서 귀를 찢는 요란한 소리가 울렸다. 박생은 집에 들어온 뒤 쭉 울적한 기분이 계속되어 그때까지 마음을 풀 길이 없다가 그 소리를 듣고는 화급히 가래로 바위 주변을 파낸 뒤 절구를 끄집어내어 가지런하게 정돈하고자 하였다. 그런데 그때 홀연 예닐곱 말 정도가 담길 만한 항아리가 그 밑에 묻혀 있는 것이 보였고, 그것을 꺼내 보니 그 속에 백금이 볼록하게 담겨 있었다. 이에 박생은 깜짝 놀라며 "이것은 하늘이 내게 내려 준 것이다."라고 하고는 마침내 집과 밭을 사서 종신토록 부유하게 살았으며, 뒤에 또 사마시에 입격하여 태학에 들어갔다. 그 자손들은 현재 죽산부(竹山府)로 이거하여 살고 있다고 한다.

번암자(樊巖子)는 다음과 같이 말한다.

“사람의 마음은 본래 하늘과 통한다. 사람이 선을 행하면 하늘은 어느 경우에도 그것을 살피지 않음이 없는데, 박생의 일이 바로 그 경우에 해당한다. 불선함에 대하여 하늘이 어찌 혹시라도 살피지 못하는 부분이 있겠는가. 그러나 천도는 늦게 실현되는 경우가 있고 빨리 실현되는 경우가 있는데, 그에 따라 사람에게 내리는 하늘의 보답은 그 본인에게 실현되기도 하고 그 아들이나 손자에게 실현되기도 하며, 멀리는 증손이나 현손에게 실현되기도 하므로, 그 이치는 이랬다저랬다 일정치 아니하여 가늠하기란 불가능한 것처럼 보인다. 하지만 재앙과 경사가 저마다 그 유(類)대로 응하는 것은 일관되게 똑같다. 사람이 하늘의 보답이 빨리 실현되었다는 이유로 선에 힘쓸 줄 알고, 늦게 실현된다는 이유로 악을 경계할 줄 모른다면 되겠는가. 아, 조심해야 하며 또 두려워해야 하는 것이다.”

지은이 **채제공(蔡濟恭)**

1720년(숙종46)~1799년(정조23). 조선 후기의 문신으로, 본관은 평강(平康), 자는 백규(伯規), 호는 번암(樊巖)・번옹(樊翁)이며, 시호는 문숙(文肅)이다. 1743년 정시 문과에 병과로 급제하여 승문원 권지부정자에 임명되면서 관직 생활을 시작하였다. 1748년 11월 영조의 특명으로 시행한 한림 소시(翰林召試)에서 수석을 차지하여 예문관 검열과 대교가 되었고, 이후 대사간, 한성부 판윤, 병조 판서, 예조 판서, 호조 판서 등을 역임하였다. 1780년 역적 홍국영과의 친분, 사도세자에 대한 신원 주장으로 공격을 받자 사직하고, 명덕산(明德山)과 노량(鷺梁) 등지에서 은거하였다. 1788년 우의정이 되었으며 2년 후 좌의정으로 승진하면서 3년간 혼자 정승을 맡아 국정을 운영하였다. 영조가 사도세자의 죽음을 후회하여 기록한 〈금등(金縢)〉을 정조와 함께 보관할 유일한 신하로 채택될 만큼 두 국왕의 깊은 신임을 받았으며, 정조의 탕평책을 추진한 핵심적인 인물이었다. 사후인 1801년 황사영 백서 사건(黃嗣永帛書事件)으로 관작이 추탈되었다가 1823년 영남만인소로 신원되었다. 문장은 소차(疏箚)에 능했고, 시풍은 위로는 이민구(李敏求)・허목(許穆), 아래로는 정약용(丁若鏞)으로 이어진다고 한다.

옮긴이

전백찬(全百燦)

경북대학교 대학원에서 한문학과 박사과정을 수료하였다. 경북대학교・영남대학교・계명대학교 등에서 강의하였다. 한국고전번역원에 재직 중이다. 《성호전서》, 《창계집》, 《죽석관유집》, 《일성록》 등의 번역에 참여하였고, 〈태재 유방선의 시세계〉, 〈송목관 이언진의 작가의식〉, 〈정제두 경학의 철학적 기저〉 등의 논문을 발표하였다.

정문채(鄭文采)

부산대학교 국어국문학과를 졸업하고 서울대학교 국어국문학과 석사과정을 수료하였으며 한국고전번역원 부설 고전번역교육원 연수과정을 졸업하였다. 현재 한국고전번역원 고전문헌번역실 교점번역위원이다.

김정기(金正基)

한림대학교 부설 태동고전연구소와 강원대학교 국어국문학과 박사과정을 수료하였다. 현재 한국고전번역원 고전문헌번역실 교점번역위원이며, 한국국학진흥원 영남선현문집번역 객원연구원이다.

번암집 14

채제공 지음 | 전백찬 정문채 김정기 옮김

2021년 12월 31일 초판 1쇄 발행

발행인 신승운 | 발행처 한국고전번역원
등록 2008. 3. 12. 제25100-2018-000049호
주소 (03310) 서울시 은평구 진관1로 85
전화 02-350-4800 | 팩스 02-350-4994 | 홈페이지 www.itkc.or.kr

번역 전백찬(제54권~제55권) 정문채(제56권, 제59권) 김정기(제57권~제58권)
연구총괄 양기정 | 연구기획 김지민 | 자문 정선용

책임편집 하현주 | 편집진행 김태훈 신진호 김지수
편집교정 김상순 박성희 유정님 | 조판 김지현 | 제작 김형석
디자인 씨디자인 | 인쇄 ㈜대유기획인쇄

값 20,000원
ISBN 978-89-284-0910-5 94810
978-89-284-0427-8 (세트)